中日联合江南地区民俗调查报告辑

福田亚细男
主　编

冯莉　何彬
执行主编

学苑出版社

编委会

（按姓名笔画排序）

主　　编： 福田亚细男

执行主编： 冯　莉　　何　彬

编　　委： 小林忠雄　王　恬　　刘晔原　　刘铁梁
　　　　　　　陈勤建　　桥谷英子　菅　丰

编委会成员简介

福田亚细男　　（日本）国立历史民俗博物馆名誉教授

冯　莉　　中国民间文艺家协会理事，《民间文化论坛》执行主编，编审、研究员

何　彬　　南京农业大学教授，（日本）东京都立大学名誉教授

小林忠雄　　（日本）加能民俗之会会长，原北陆大学未来创造学部教授

王　恬　　浙江省民间文艺家协会副主席兼秘书长，研究馆员

刘晔原　　中国传媒大学教授，博士生导师；中国民间文学出版大系专家组专家，歌谣组组长

刘铁梁　　北京师范大学文学院教授，山东大学人文社科一级教授；中国民间文艺家协会顾问，北京市文史研究馆馆员

陈勤建　　华东师范大学终身教授，上海市非物质文化遗产保护专家委员会副主任

桥谷英子　　（日本）东洋文库研究员，新潟大学名誉教授

菅　丰　　（日本）东京大学东洋文化研究所教授

编辑说明

本书是一套反映20世纪末至21世纪初中国江南地区民俗学研究的资料性文集。1989—2010年，由福田亚细男教授主持，中日两国学者联合就中国江南地区民俗生产、民俗变化动态过程开展了6期村落田野调查，这是中日学术交流史上首次由中日民俗学者共同完成的村落民俗调查与民俗志书写的科学实践。

6期调查报告分别于1992年、1995年、1999年、2001年、2006年、2011年印刷，仅在小范围作成果分享，并未正式出版。本次为全球首次公开出版，将6辑报告统一规格，并定名为《中日联合江南地区民俗调查报告辑》。本书共汇集56位学者的调查报告120余篇，记录了当时的村落民俗风貌，为现今的研究提供了大量珍贵的资料。

本套书收录原调查报告分6辑，分别为：

1992年《中国江南民俗文化——中日农耕文化比较》

1995年《中国浙江民俗文化——环东海农耕文化民俗学研究》

1999年《中国浙南民俗文化——环东海农耕文化民俗学研究》

2001年《中国江南村落民俗志研究——上海近郊村落民俗》

2006年《中国江南沿海村落民俗志——浙江省象山县东门岛和温岭市箬山》

2011年《中国江南山区民俗文化及变迁——浙江省江山市廿八都和龙游县三门源》

因本套书收录的6辑报告时间跨度较大，为最大限度呈现报告所对应的文化时代，保留了当时报告的写作用词风格，尊重中日用字及符号的差异，未作硬性统一。因原6辑报告时间延续性较长，且实际印刷行尺寸不一，本次出版为了更好呈现原报告内文及提供良好阅读体验，对以下几方面进行了调整：

1. 总书名及分册名。本次出版将原6册报告汇编，定名为《中日联合江南地区民俗调查报告辑》。分册标题页将原报告日文标题翻译为中文，并在背面呈现原报告标题、年份等信息。

2. 本次出版新增总序，由主编福田亚细男教授作序、彭伟文教授翻译。

3. 特设编委会，负责出版过程中组织、协商等事宜。本书作者众多，原报告

无作者介绍，此次未一一增补，仅对编委会成员增加介绍。

4. 原报告每辑的开头均有一篇介绍研究经过和调查地概况以及研究组织的文章，仅有日文，本次出版以原样呈现为基本准则，保持原有形式，不再另行翻译。

5. 版式。原报告包含扉页、前言、目录、正文、发行印刷信息等内容。每本报告因年代不同，并非同一尺寸。本次出版为了最大化呈现原报告结构，保留原分册标题、版本等信息，并将开本尺寸、内文版式作了统一。因尺寸的修改，对内文作重新排版，并修正原有报告版式断行、错行等问题。

6. 目录。原报告每辑仅有日文目录，本次增设中文目录。

7. 摘要。本书每篇文后有相对应的摘要，中文报告摘要为日文，日文报告摘要为中文。其中，第一辑中周星《话说泰山石敢当》一文无对应摘要，该文原计划由小熊诚撰写文章摘要，后写作时拓展成长文《石敢当小考——围绕周星论文的要旨及其评论》，原报告按独立文章处理呈现。此两篇文章遵照原报告处理，本次出版不再另补充摘要。

8. 注释。原报告均为文后尾注，为了方便阅读，本次出版统一将尾注改为页下注，原注释内提示内容根据实际页码进行了调改。

9. 图片和表格。由于中文与日文在出版规范上的差异，我们并未将两方文章图表名、注作硬性统一，仅编排序号在原报告基础上作了全书统一。因时间跨度大，许多内文图片没有电子文件，现书中所用图片均为扫描原报告后加工使用，特说明。

10. 内文以最大限度呈现原报告内容为原则，涉及的人物、地域划分等信息均以写作时间为准，不做修改。仅在内文出现明显错误、严重影响阅读、引起歧义等处做修改，如多字、少字、错字、别字等。

总　序

1. 长达 20 年的共同研究

1992 年到 2011 年 20 年间陆续刊行的 6 册中日合作江南调查报告书，这次得到了在中国复刻出版的机会。这是我一直以来心怀愿望，但又觉得无法实现的事，能够得偿所愿，实在是令人欣喜。日本和中国的民俗学研究者一起进行 20 余年的长期调查研究，在中日间漫长的学术交流史上，恐怕都无法见到第二个同样的例子。参与过这个共同调查研究的各位，理应引以为荣。

这个长期进行共同调查研究的计划，并非从一开始就是如此。首先，中日两国的研究者一起进行田野调查，这本身就没有先例。只要完成一次这样的调查，就已经值得赞许。日文和中文这两种日常语言之间的差异，首先就是一个既存的障碍。仅仅是研究者之间的沟通就已经极为困难，这一点在最初就已经预想到了。接下来的问题是，进入中国的村落社会之后，对当地人进行以访谈为主要方法的调查，其困难又更进一层。尤其是对日本方面的研究者来说，这是一个严重的问题。当然，在日本也有不少对中国社会、中国文化进行研究的学者，一直以来都使用中文进行研究并到中国访问。但是，民俗学研究者则大多专注于对日本的调查研究，完全没有在中国进行调查研究的经验。在明知道会有这些困难的情况下，构想中日共同实施的调查研究，并在实现后持续 20 年之久，其原因要从它的起点说起。

2. 民俗学学术交流的开始

日本的民俗学是作为一国民俗学成立的，其视野限定在形成于日本列岛，并在这里发展的生活文化。对其进行细致的调查研究，促使对日本的既有理解得到了修正，取得了很多成果。在这些积累的基础上，国立历史民俗博物馆在 1981 年成立。虽然这家博物馆是作为对日本历史进行研究和展示的博物馆而设立的，但并不只是一直以来那种通过文字资料究明历史的传统日本史学，还对等地加入

了考古学与民俗学，是一家以历史学、考古学、民俗学三学科协作为目标的博物馆。并且，在设立之初，它就不是以展览为中心的博物馆，而是以研究为中心，展示研究成果的博物馆。同时，它还有一个定位，就是供大学的研究者共同使用的大学公用机构。

在这座日本最早的以三学科协作为目标的博物馆，民俗研究部被认为是重要构成部分，按计划配置有共计 13 名民俗学研究者。当时，在日本设有民俗学课程的大学非常少，而有专任教师的大学则更少，即便有也不过是一两名而已。从这一点就可以看出，国立历史民俗博物馆的民俗研究部，对民俗学来说是多么重要的存在，它无疑是当时日本代表性的民俗学研究机构。

在国立历史民俗博物馆民俗研究部工作的研究者，对自己是日本代表性民俗学研究机构的一员这一点，也有充分认识。尤其是担任第一任民俗研究部长的坪井洋文，这种意识特别强烈，怀有巨大的使命感。他认为，国立历史民俗博物馆必须代表日本和世界各地的民俗学研究者进行交流，承担起发展民俗学的责任。早在 1985 年，坪井先生就已经到中国贵州省东部的黔东南苗族侗族自治州进行过民俗调查。当时，得到了贵州民族学院和贵州省民间文艺家协会的大力支持。在黔期间还通过座谈会、演讲等形式进行了学术交流。次年，坪井先生获得日本政府文部省支给的科学研究费补助金（海外学术调查），在贵州省西北部的威宁彝族回族苗族自治县进行调查。1987、1988 年又进行了再调查。

这些在贵州省的调查，部分原因是受到当时日本研究趋势的影响。在日本，很早就有关于日本人和日本文化源头的讨论，当时吸引了很多人的学说之一，是向中国西南的少数民族寻求根源。关注日本民族起源的人们造访云南省和贵州省，希望发现这些地方的民族和日本之间文化上的共通性和类似性，以证明日本文化的故乡在那里。但是，这是将文化中的个别要素抽取出来，寻找其表面类似性的做法。坪井先生的调查包含了对这些现象的批判，以深入地方，把握和理解民俗的整体样貌为目标。我也参加了这一系列调查，和坪井先生一起行动，有着相同的使命感。

中国西南和日本之间有很远的距离，在两地之间，是汉族居住的广大地区。那种无视汉族文化的根源论显然存在是有问题的。日本人自古以来就备感亲近的中国江南地区，在中国历史上有重要地位，没有对这一地区的理解，当然就不可能理解中国文化。我们认为，应该首先放下简单的根源论，或放弃表面的比较，

把握和理解包括汉族在内的中国民俗文化。对于最初的研究区域，我们首先想到了江南地区。而且，理所当然地要考察中国的民俗文化，中国民俗学研究者的帮助是必不可少的。实际上，我们希望共同进行研究，并且摸索了这种可能性。

以上，就是出于日本方面的考虑进行江南调查的前提。

3. 共同研究的构想

我第一次造访北京，是在1985年3月。那是一次私人旅行，在京期间，对北京师范大学进行了为期一天的访问，和中国民俗学代表性研究者钟敬文先生见面。安排这次见面的，是此前到国立历史民俗博物馆访问交流的张紫晨先生。当天，王汝澜先生到我入住的宾馆来迎接，带我到北京师范大学。面对不懂汉语的福田，王先生亲切地用流畅的日语进行交谈，帮了略感紧张的福田大忙，使其后内容充实的会谈得以实现。在北京师范大学，以钟敬文先生为首，张紫晨、刘魁立、王汝澜以及其他几位研究者参加了这次会谈。仰赖于王先生准确的翻译，谈话的内容很充实。

在这次会谈之前不久，日本研究者已经开始到中国访问，进行研究交流，但到访的日本研究者大多是研究中国民间文艺学的。日本的民俗学者到中国访问、研究交流，还几乎没有过。中国研究者关于日本民俗学的信息，也大多来自研究中国民间文艺学的日本研究者。就这一点而言，恐怕可以说，这次会谈几乎就是日本民俗学研究者和中国民俗学研究者进行的最早的会谈。钟敬文先生对日本的民俗学研究状况有非常强烈的兴趣，问了各种各样的问题。同时，双方还互相确认，今后有必要更多地进行中日民俗学的学术交流。

几个月后，福田又再次见到了钟敬文先生和张紫晨先生、刘魁立先生。1985年6月，国立历史民俗博物馆相关人员30多人访问了中国，其中包括民俗研究部的成员。整个访问团在文化部的安排下，访问了北京、大同、太原、西安。在北京，访问者们与中国社会科学院和中国民俗学会的相关人士见了面，进行了亲切的交流。这次会面并没有讨论深入细致的交流计划，但是借此机会，确认了中日民俗学研究者今后进一步交流的纲领。其具体化，则留待下次机会再进行。

1987年7月，坪井洋文和福田访问了北京。这次是私人旅行，但目的是和中国民俗学的代表性研究者见面，讨论中日民俗学研究者今后的交流计划。二人

连日和中国民俗学研究者会面，访问民俗学研究者所属的机构或团体。其中最重要的一次，是访问北京师范大学。在这里，两人和钟敬文、张紫晨两位先生进行了会谈，就具体的研究交流计划进行了讨论。说到研究交流，一般的印象是研究者互相访问，举办研究会或研讨会，进行学术报告，但坪井和福田准备的计划并非如此，而是中日民俗学研究者一起在中国江南地区展开民俗调查，共同讨论其成果，共同将研究成果整理出来并刊行报告书。对于这一提案，钟敬文先生表现出极大兴趣，赞成对其加以具体化。对研究计划进行具体化的实际工作，由张紫晨先生和福田协商推进。那以后，两人保持紧密联系，完成了研究计划的拟定。研究的必要经费通过申请日本政府文部省的科学研究补助金（海外学术研究）解决，由福田撰写具体研究实施计划，坪井洋文先生作为研究代表提出申请，研究题目定为"日本与中国的农耕文化比较研究——中国江南地区的民俗调查"。由于研究代表坪井先生在 1988 年 8 月去世，福田代替其成为代表。

4. 调查研究的开始和经过

很幸运，我们的研究计划顺利入选，1989 年开始了为期 3 年的研究项目。由于日本的会计年度是从 4 月到翌年 3 月，故研究时间为 1989 年 4 月到 1992 年 3 月。我们根据预计获批的研究费金额制定研究计划，和中国方面的研究者互相联系，开始了准备工作。但是，获批的研究费相对于申请金额被大幅缩减。因此，我们相对于申请时的研究计划，缩小了研究对象区域和研究团队规模，缩短了调查日程。变化最大的是，原计划以江苏省、浙江省、福建省为调查对象，收缩为江苏省和浙江省，从第二年起，进一步将对象地区限定在浙江省。

由于种种原因，调查的实施是从 1990 年 3 月开始的。中日双方各 9 名研究者组成调查团，加上 5 位长年在江苏省和浙江省从事民俗学研究的学者作为协助研究者，又请了两名日语熟练的北京师范大学民俗学专业研究生加入。这样大规模的一行人，全部都以相同的日程参加了调查。当时道路状况不好，路上需要很多时间，但长时间挤在小型巴士上，让大家变得亲近起来，在调查研究方面加深了相互了解，也得到了促进相互交流调查资料的机会。

第一期调查在 1990 年 3 月、1991 年 3 月，以及 1991 年 10 月（只有日本方面的研究者参加）共实施了 3 次，于 1992 年 3 月顺利刊行了研究成果报告书。1990 年 12 月，中国方面的 10 位研究者访问日本，在国立历史民俗博物馆举行了

研究成果讨论会，并在千叶县佐仓市、茨城县牛久市以及冲绳县读谷村进行了民俗调查。尤其是在冲绳，对读谷村的两座村落进行了调查，收获了很多成果。在第一期调查期间，中日双方都提出，这种合作关系仅止于这次共同调查实在可惜的看法。尤其是中方代表张紫晨先生，表达了特别强烈的意愿。日本方面的意愿也很强烈，遂决定计划第二期调查。因为这是就进行中的共同调查的下一步计划提出申请，中日间的联系和协调也很顺利。和1991年的第一期同样，以"环东海农耕文化的民俗学调查"为题申请了文部省科学研究费（国际学术研究）。此外，第二期计划的规模相比第一期缩小了，研究对象限定在浙江省的3个地方，研究团队的规模也有所缩小。尤其是在研究团队方面，计划调查中国西南少数民族的民俗，而不是江南地区的中日研究者分离出去，另外申请研究费实施调查。由于中国方面的代表张紫晨先生去世，中国民间文艺家协会的林相泰参加进来，担任中国方面的代表。

就这样，在研究实施的过程中构思下一次的研究计划，以申请科学研究费并获得立项为前提，中日研究者进行协商，或是和准备调查的地方的研究组织、团体商议，进而通过地方文联等向设定为对象调查点的市县或镇的政府机关联系申请，毫不懈怠地进行准备。研究计划也不是纸上谈兵，而是有可操作性的内容和可预见的研究成果。正因为如此，实现了长达20年的6期调查研究，研究计划几乎连续性地得到立项通过，这是一般情况下不可能做到的。全部6期的调查研究概要整理出来如下表所示。此外，随着我离开国立历史民俗博物馆，对接单位也先后改为成新潟大学和神奈川大学，但研究团队基本维持不变。

期次	研究时间	调查地区	成果报告书（刊行年月）
Ⅰ	1989年—1991年 （3年）	江苏省苏州市常熟市白茆乡； 浙江省金华市金华县曹宅镇、兰溪市姚村； 丽水市山根村、敏河村、堰头村	《中国江南民俗文化——中日农耕文化比较》（1992年3月）
Ⅱ	1992年—1993年 （2年）	浙江省湖州市小梅村、东明村；嘉兴市桐乡县利星村；宁波市奉化市崎山，余姚市河姆村，象山县溪东村；温州市永嘉县廊下村、花担村，吴坑村，瑞安市东溪村，苍南县田贡村、碗窑村	《中国浙江民俗文化——环东海农耕文化民俗学研究》（1995年6月）

续表

期次	研究时间	调查地区	成果报告书（刊行年月）
Ⅲ	1996年—1998年（3年）	浙江省丽水市碧湖镇、灯塔村、黄桂村，景宁畲族自治县西岸底村、惠明寺村，青田县洲头村；温州市瓯海区黄坑村、周岙村，永嘉县廊下村、小溪村、蓬溪村	《中国浙南民俗文化——环东海农耕文化民俗学研究》（1999年3月）
Ⅳ	1999年—2000年（2年）	上海市松江区张泽镇、车墩镇	《中国江南村落民俗志研究——上海近郊村落民俗》（2001年2月）
Ⅴ	2002年—2005年（4年）	浙江省象山县东门岛、温岭市箬山	《中国江南沿海村落民俗志——浙江省象山县东门岛和温岭市箬山》（2006年3月）
Ⅵ	2007年—2010年（4年）	浙江省江山市廿八都镇、龙游县三门源村	《中国江南山区民俗文化及变迁——浙江省江山市廿八都和龙游县三门源》（2011年3月）

5. 研究成果及意义

在20年间分6期实施的中日联合江南地区民俗调查，其最大的成果就是进行长期的连续性共同调查这件事本身，应该说这是有学术意义的。必须说，中日两国的民俗学研究者以特定的田野调查地为对象，全员按照同一日程实施调查，这就足以令人吃惊。虽然调查本身是基于各位研究者自己负责设计的调查计划进行的，但在对同一对象按照同一日程进行调查过程中，实现了调查信息的相互交换和调查着眼点的共享。一起进行田野调查的中日研究者，作为研究者相互信任、互相指导，增加了调查内容的深度。由于日本和中国一样使用汉字，所以会有轻易地认为同样的文字所指事象相同的倾向。但是，从民俗的层面看来，相同的文字所表示的内容，在日本和中国大不相同的现象有很多。日本的研究者有带着日本式的汉字理解进入调查，以日本的汉字记录调查结果的倾向。在这次共同调查中，这样的错误得到了纠正。这种理解，随着一次次调查不断加深。同样的，中国学者对日本民俗的理解，可以说情况亦是如此。

日本民俗学一直是以建立在田野调查上的研究作为基础的。这种形式在当时应该对中国学者有很大参考意义。因为在那之前，在特定地区进行数年的连续调查这种方式，中国学者还未采用。对这种在同一地区长达数年的持续调查，中国学者最初似乎感到困惑，但逐渐理解了它的有效性，对同一地区进行调查研究的时间设定也开始长期化。尤其是第五期和第六期，分别在同一地区进行了4年的调查，对该地的民俗传承进行了广泛而深入的把握，成果报告书的篇幅就说明了这一点。

这种为期数年的长期调查，首先将第一年定位为预备调查，在对象地区实施广域的调查，即对多个调查地进行1—2天的短时间访问，把握概况，对其结果进行检讨；第二年对调查对象地点进行精选，花较长时间进行正式调查。在调查地，我们和当地人也成了"老朋友"，调查得以融洽地推进；在最后一年，参加者各自将调查的经过写成报告论文，刊行研究成果报告书，但在这一过程会出现不少有疑问的地方，因此会进行以确认这些问题为中心的补充调查。在3年或4年的研究计划得到批准的第一期、第三期、第五期、第六期，第一年设定为预备调查，第二年和第三年设定为正式调查，最后一年则设定为补充调查。这种预备调查、正式调查、补充调查的三阶段式调查，在日本也比较少使用，在中国的民俗调查中应该也没有先例。通过三个阶段让调查逐步深入这种方式使江南调查得以成功实现，今后也可能会在日本和中国成为民俗调查的基本方式。

此前，无论在日本还是中国，都没有对民俗调查对象区域有明确意识地加以把握。在日本，民俗调查的结果被冠以"民俗志"之名刊行一事古已有之，但民俗传承的单位是模糊的。这种倾向一直持续到20世纪80年代。在我们的江南调查中，调查对象基本设定为村。经过预备调查，确定具体的村为调查对象。按照中国的行政区划，市、县之下是镇或乡，镇或乡之下设村。在村里组织有村民委员会，设有村民委员会主任等职。村以聚落作为基础，看似可以作为村落加以把握，但并不能说就一定是历史上形成的村落。这一点在当地是有自觉认识的。设置村民委员会的村被称为"行政村"，相对的，以聚落作为基础的组织被称为"自然村"加以区别，这样的现象广泛存在。由于我们的调查是在行政机关的许可和支持之下进行的，必然是以"行政村"作为调查单位。但是，在每个调查地，"行政村"以外都还有"自然村"。一个"行政村"包含多个"自然村"是很常见的，相反的情况也不少。我们努力将"行政村"和"自然村"两者都纳入视

野，在其相互关系中对民俗加以把握。这一视角，不仅对中国的民俗研究，对日本的民俗调查研究应该也会带来很多启发。

1990年之后的20年，是中国社会经济迅速发展、生活剧烈变化的时期。"改革开放"给中国带来了巨大的变化，尤其是在位于沿海区域的江南地区更为显著。我们的调查就是在这个时期进行的，当然也目睹和记录了这些变化。在1990年开始的第一期调查中，到达调查地时往往会有大量村民出来围观我们，人山人海。但是，这种现象很快就消失了。沉下心来稍微一想，甚至会因为很少能见到人而感到冷清。我们看到了解放后变成工作间或杂物间的祠堂逐渐恢复原有功能的现象，也看到了此前一直被藏起来的族谱，同时，看到新编纂的族谱的机会也多了起来。因为第四期的调查地是上海近郊的农村，我们访问了变化很大，整齐排列着新建筑的聚落。

此外，这20年也是中国对民俗的认识和态度发生巨大变化的时期。第一期调查得以实现，也是因为有了这种变化，虽然当时民俗仍然被认为是封建制度的残渣，是应该被消灭的东西。但是，从第二期开始，民俗作为人们自古继承至今的生活文化得到认可，被视作有价值的存在。同时，伴随着都市的急剧发展，在这些地方消失的，被称为传统的生活空间、事物成为观光对象。因在经济上稍微有些落后而得以保存下来的市街、村落，作为古镇、古村受到瞩目并得到保护，进而被修缮和改造，以吸引更多观光客。我们的调查对象区域也包含了很多这样的古镇、古村。此外，在日本被称作无形文化遗产，在中国被称作非物质文化遗产的事物受到关注，来自国家的保护事业得到大力推行，民俗学研究也深入参与其中。我们的调查也开始将古镇、古村以及非物质文化遗产保护纳入视野，这些现象对地方产生的影响以及带来的变化也成为我们的课题。可以说，这6册成果报告书也承担了将变化的江南地区民俗记录下来，留给后世的重大任务。

6. 感激之情

对于中日联合江南调查这一由日本和中国的民俗学研究者共同进行的长期民俗调查，虽然我们自认为取得了巨大成果，自诩为中日双方的民俗学研究发展做出巨大贡献，但毋庸置疑，持续实施这一共同调查，并非只靠研究者的努力就能够实现。

首先必须感谢的，是在各个调查地接受我们的访谈，和我们聊了很多的人

们。他们当中有一多半是亲身经历过半世纪前日本侵略的人。听说在最初接受调查的时候，有人发出了"我们曾经深受日军之苦，为什么要帮日本人？"的疑问和反对的声音。其中，还有人对我们坦言自己在日军的空袭中失去了父母。他们就是这样一边心存芥蒂，一边配合我们的调查。我们也就父祖辈的侵略行为进行了真诚的反省，并清楚地表达了我们的反省之意。当地的人们一边克制着心中的不快，一边亲切地接待我们，积极地配合我们的调查，令人不胜感激。在6期的调查中麻烦过非常多的人，每次翻看当时的照片，都会一一想起当初麻烦他们的情景，那都是令人怀念的老朋友。

其次要感谢的，是使调查得以实施的各个机构和团体。能够从日本到中国，和中国民俗学研究者进行共同调查，完全是因为得到了很多人以及机构和团体的理解与支持。不能忘记这一点。同意实施调查，给日本民俗学研究者发出邀请函的国家教育委员会、中国文联、北京师范大学、华东师范大学、中国社会科学院民族文学研究所等相关单位，以及为安排调查地不辞劳苦的来自中国民间文艺家协会、江苏省社会科学院、浙江省文联、浙江省民间文艺家协会、华东师范大学的各位人士，还有接受委托在具体调查地认真准备的江苏省常熟市，上海市松江区，浙江省湖州市、桐乡县、宁波市、余姚市、奉化市、象山县、温岭市、金华市、兰溪市、衢州市、江山市、开化县、龙游县、丽水市、景宁畲族自治县、青田县、温州市、苍南县、瑞安市、永嘉县的人民政府外事办公室、文联、民间文艺家协会，在此向这些机构和团体的各位表达诚挚的谢意。尤其是对在浙江省的调查中一直帮助我们的浙江省文联、浙江省民间文艺家协会的陈德来、王恬、程士庆，感激之情，无以言表。此外，还要感谢在调查地亲切地接待和配合我们的村民委员会、文化馆的各位人士。无论在哪里，都是人数超过20人的团员连日到访，搅扰得当地喧嚣不宁，有赖于各位的妥善处理，调查才得以顺利进行。

最后，必须感谢担任翻译的人们。日本方面的学者大都不懂中文，没有翻译将一筹莫展。同时，中国方面的学者也很难听懂当地的方言。因此，我们的调查必须依赖众多的日语翻译和方言翻译。在日语翻译方面，很多来自不同机构的人都加入团队承担了翻译工作，尤其是浙江省农业科学院的朱富云先生、浙江工业大学的徐萍飞女士，给了我们很多帮助。第五期、第六期得到了很多日语专业学生的帮助，但仍然是在徐萍飞女士的指导下实现的。方言翻译则仰赖于各地民间文艺家协会或文化馆的各位人士。全赖有各位准确的翻译和解说，我们才能进行记录。

调查就是这样在很多的机构和团体，以及众多的个人支持之下才得以实施的。通过这6期调查，不仅民俗学和民俗学者的中日合作关系得以发展，加深了相互之间的理解；在普通人当中也实现了中日间的相互理解，并产生了友谊。在中国学者访问日本进行调查时，可以说也同样如此。

　　这6册研究成果报告书都曾只有少量印刷，即便是专业研究者也很少有机会得到。感谢学苑出版社决定将这些有纪念意义的报告书一次性复刻刊行。不仅是研究者，很多对中国江南地区民俗抱有兴趣的人，也可以很容易地读到了。印刷这些汉文和日文混合的报告书，是一项比预想更困难的作业。向妥善处理这些问题，将这些报告书完美地刊行出来的学苑出版社各位人士表示衷心感谢。

福田亚细男

2022年4月

（彭伟文　译）

総　序

1. 20 年に及ぶ共同研究

　この度、1992 年から2011 年までの20 年間に刊行した日中共同江南調査報告書 6 冊が機会を得て中国で復刊されることとなった。願ってはいながらなかなか実現しないことと思っていたことがここに見事に達成できたことを本当に嬉しく思う。日本と中国の民俗学研究者が共同して20 年に及ぶ長期にわたり調査研究したことは恐らく長い日中の学術交流の歴史のなかでもほとんど例を見ないことだと思われる。この共同調査研究に関係した皆さんはそれを誇りとしなければならない。

　当初からこのような共同調査研究を長期に続けるという計画ではなかった。先ず日中の研究者が共同してフィールドワークをするということ自体が未経験のことであった。それが一回でも成功すればそれだけで賞賛に値するものだった。日本語と中国語という日常言語の相違が先ず障害として存在した。研究者間のコミュニケーションだけでも困難を極めることは最初から予想されていた。さらに中国の村落社会に入って地元の人たちから主として聞き書きという方法で調査することの困難性はそれ以上に大きな障害として浮かび上がっていた。これは特に日本側の研究者にとっては深刻な問題であった。もちろん日本においても中国社会・中国文化を研究する、いわゆる中国研究者は少なからずおり、中国語を駆使して中国を訪れ研究してきた。しかし、民俗学研究者の大部分は日本での調査研究に専念し、中国での調査研究経験は皆無であった。そのことが分かっていながら、日中共同の調査研究を構想し、さらにその実現後に20 年に及んで継続したのには、その出発に理由があった。

2. 民俗学における学術交流の開始

　日本の民俗学は一国民俗学として成立し、日本列島で形成し、展開してきた生活文化に視野を限定し、緻密な調査研究を行い、それまでの日本理解に訂正を迫る成果を挙げてきた。その蓄積を基礎に1981 年国立歴史民俗博物館が設

立された。この博物館は日本歴史を研究し展示する博物館として設立されたが、従来の文字資料で明らかにされるオーソドックスな日本史ではなく、考古学と民俗学も対等に加わった歴史学、考古学、民俗学の三学協業を目指した博物館であった。しかもその設立にあたっては、展示を中心とした博物館ではなく、研究を中心とし、研究成果を展示する博物館であり、また大学の研究者が共同利用して研究する大学共同利用機関として位置付けられた。

民俗研究部は、日本で初めての三学協業を目指した研究博物館の一翼を担う存在として位置付けられ、計画では全部で13名の民俗学研究者が配置されることになっていた。当時、日本では民俗学を教える大学はごくわずかであり、しかも専任教員がいる大学はさらに少なかった。いるとしても1名か2名であった。それから見れば、国立歴史民俗博物館民俗研究部が如何に民俗学にとって大きな存在か分かるであろう。間違いなく、日本を代表する民俗学研究機関であった。

国立歴史民俗博物館民俗研究部に赴任した研究者は自分たちが日本を代表する民俗学研究機関の一員であることを十分に自覚していた。特に、初代の民俗研究部長に就任した坪井洋文さんにはその思いは強く、使命感に燃えていた。国立歴史民俗博物館が日本を代表して世界各地の民俗学研究者と交流し、民俗学の発展を担わなければならないと考えた。すでに坪井さんは1985年に中国貴州省東部の黔東南苗族侗族自治州を訪れ民俗調査を行っていた。その際には、貴州民族学院や貴州省民間文芸家協会からの大きな支援があり、滞在中には座談会や講演を通しての学術交流を行った。これは翌年には日本政府文部省の科学研究費補助金（海外学術調査）の交付を受けての貴州省の西北部の威寧彝族回族苗族自治県での調査、さらに1987・88年度の黔東南自治州での再調査となった。

この貴州省での調査は当時の日本における研究動向に影響された面があった。日本では日本人と日本文化のルーツが古くから論じられてきたが、当時多くの人びとが惹きつけられた説が西南中国の少数民族にそのルーツを求めるものであった。日本民族の起源に関心を持つ人びとが雲南省や貴州省を訪れ、その地方の少数民族と日本との間の文化の共通性や類似性を発見し、日本人の故郷をそこに設定しようとしていた。しかし、それは文化の個別要素を取りだして表面的な類似

性を見つけることであった。それへの批判を込めて、地域に深く入って民俗の全体像を把握し理解することを目指したものであった。この一連の調査には福田アジオも参加し、坪井さんと共に行動し、使命感を共有するにいたった。

　西南中国と日本との間には大きな距離があり、その間には言うまでもなく漢族が居住する広大な地域がある。漢族の文化を無視してのルーツ論には問題があることは明白である。日本でも古くから人びとが親しみを感じている長江（揚子江）から南の江南地方は中国の歴史において重要な地方であり、そこの理解なくしては中国文化の理解は不可能であることは言うまでもない。私たちは、安易なルーツ論を批判し、また表面的な比較を止め、漢族も含めた中国の民俗文化を把握し理解することが先ずなされるべきだと考えるにいたった。その最初の研究対象地域として江南地方が浮かび上がった。そして当然のことながら、中国の民俗文化を考察するには、中国の民俗学研究者との協力は不可欠であり、むしろ共同して研究することが望ましいと考えることになり、その可能性を模索した。

　以上は、日本側の事情による江南調査への取り組みの前提である。

3. 共同研究の構想

　福田アジオは1985年3月に初めて北京を訪れた。これは個人的な旅行であったが、滞在中の一日北京師範大学を訪れ、中国の代表的民俗学研究者である鐘敬文さんにお会いする機会を得た。これを設定してくれたのは、その前に国立歴史民俗博物館を訪問し交流をしていた張紫晨さんだった。当日は私の泊まっているホテルまで王汝瀾さんが迎えに来て、北京師範大学までご案内下さった。中国語の出来ない福田に優しく流暢に日本語で話しかけて下さった王さんは緊張気味であった福田を助けて下さり、その後の面談を内容あるものにした。北京師範大学では、鐘敬文さんはじめ、張紫晨、劉魁立、王汝瀾その他何人かの研究者が出席し、王さんの適切な通訳で、内容ある面談となった。

　しばらく前から日本の研究者が中国を訪れ、研究交流することは始まっていたが、訪れる日本人研究者は中国を研究する研究者であり、分野的には口承文芸の研究者であった。日本の民俗学研究者が中国を訪問して研究交流することは未だほとんどなかった。日本の民俗学についての情報も中国の口承文芸を研

究する研究者からのものであった。その点では、これが日本の民俗学研究者が中国の民俗学研究者と面談するほぼ最初の例であったと言えるかも知れない。鐘敬文さんは日本の民俗学の研究状況に非常に強い関心を持っていて、種々質問をされた。そしてこれからも日中民俗学の学術交流を重ねることの必要性を互いに確認した。

それからわずか数ヶ月後に福田は再び鐘敬文さんはじめ張紫晨さんや劉魁立さんとお目にかかることとなった。1985年6月、国立歴史民俗博物館の関係者30名余りが中国を訪問することになり、その中には大勢の民俗研究部の人間も含まれていた。旅行全体は文化部の世話で北京、大同、太原、西安を巡るものであったが、北京では民俗学研究者は社会科学院で中国民俗学会の関係者と会い、親しく交流した。この会合は踏み込んだ交流計画を検討するのではなく、これを機会に日中の民俗学研究者の一層の交流を図るという総論的な確認をするものであった。その具体化は次の機会に委ねられた。

その2年後の1987年7月に坪井洋文さんと福田は北京を訪れた。これはやはり個人的な旅行であったが、北京で中国の代表的な民俗学研究者に会い、日中の民俗学研究者の今後の交流計画を具体化することを目的としていた。北京で連日民俗学研究者と会い、また民俗学研究者の属する機関や団体を訪れて交流した。そのなかで最も重要な訪問が北京師範大学を訪れたことである。そこで鐘敬文さん、張紫晨さんと面談し、具体的な研究交流計画について協議した。研究交流というと一般的なイメージでは、研究者が相互に訪問して、研究会やシンポジウムを開いて研究発表をすることであったが、坪井と福田が準備していたのはそれとは異なった。日中の民俗学研究者が合同して江南地方で民俗調査を行い、その成果を共同で検討し、共同で研究成果をまとめて報告書を刊行するというものであった。この提案に対して、鐘敬文さんは大変強い関心を示し、その具体化に賛同した。実際の研究計画の具体化は張紫晨さんと福田との間で協議して進めることになった。これ以降、二人は緊密な連絡をとりあい、研究計画を練り上げた。研究に必要な経費は日本政府文部省の科学研究費補助金（海外学術研究）を申請することにし、その具体的な研究実施計画を主として福田が作成し、坪井洋文さんが研究代表者となって申請した。研究題目は「日本と中国との農耕文化の比較研究—中国江南地方の民俗調査—」とした。

なお、研究代表者の坪井さんは1988年8月に亡くなったので、替わって福田が代表を務めた。

4. 調査研究の開始と経過

　幸いなことに私たちの研究計画は1989年度からの3年間の研究として無事採択された。日本の会計年度は4月から始まり翌年3月までであるので、研究期間は1989年4月から1992年3月までであった。認められた研究費の交付予定額にもとづいて具体的な研究計画を作成し、中国側研究者とも連絡を取り合い、準備を始めた。これはこれ以降どの期の研究でも同じであったが、認められた研究費は申請額に対して大きく減額された。そのため、申請した研究計画よりも研究対象地域を狭め、研究組織を縮小し、調査日程も短縮するなどの対応をすることになった。最大の変更は、研究計画では江蘇省、浙江省、福建省を調査対象とすることとしていたが、それを江蘇省と浙江省に絞ったことである。そして2年度目からはさらに対象地域を浙江省に限定することになった。

　1989年度は諸般の事情で調査の実施が年度末の1990年3月とななった。日中双方各9名の研究者が調査団を組織し、加えて江蘇省と浙江省で長年民俗学研究に従事してきた研究者5名が研究協力者として加わり、さらに日本語に堪能な民俗学専攻の北京師範大学の大学院生2名に参加を求めた。この大規模な一行が全員同一日程で調査に取り組んだ。当時は未だ道路事情が良くなく、移動に多くの時間を要したが、そのマイクロバスの長時間の缶詰状態は互いを親しくし、調査研究についての相互理解を深め、また調査資料についての情報交換を促す機会となった。

　第一期の調査は、1990年3月、1991年3月、そして1991年10月（日本側研究者のみの参加）の3回実施し、1992年3月にその研究成果報告書を無事刊行した。また1990年12月には、中国側研究者10名が日本を訪れ、国立歴史民俗博物館で研究成果検討会を開くと共に、千葉県佐倉市、茨城県牛久市および沖縄県読谷村で民俗調査を実施した。特に沖縄では読谷村の2村落で調査を行い、多大の成果を挙げた。第一期の調査期間中に、この協力関係を今回の共同調査で終わらせるのは惜しいという意見が日中双方から出された。特に中国側代表の張紫晨さんがそのことを強く表明された。日本側でもその意見は

強く、第二期の調査を計画することになった。共同調査が進行中での次の計画の立案であったので、日中間の連絡調整も支障なく進み、1991年に第一期と同様に文部省科学研究費（国際学術研究）を「環東シナ海（東海）農耕文化の民俗学的研究」の題目で申請した。なお、第二期の計画では、一期よりも規模を小さくして、研究対象は浙江省の3地域に絞り、研究組織も小規模にした。特に、研究組織では、江南地方ではなく、西南中国の少数民族の民俗調査を構想する日中の研究者が分離して別に研究費を申請して、研究を実施することとなった。また中国側の代表者であった張紫晨さんが死去したため、中国民間文芸家協会の林相泰さんが加わって、中国側の代表を務めることになった。

　このようにして、研究の実施期間中に次の研究計画を構想して、科学研究費を申請し、採択されることを前提に、日中の研究者が協議し、また予定している地方の研究組織や団体と相談し、さらに調査対象地域として想定した市県や鎮の政府機関にも地元の文聯などをとおして打診をし、準備怠りなく進めた。研究計画も、絵に描いた餅ではなく、実施可能な内容で研究成果も予測できるものであった。そのため、普通にはあり得ない、20年間に六期にわたり、ほぼ連続して研究計画が採択されることになったものと考えられる。全六期の調査研究の概要を整理して示せば、ほぼ以下の通りである。なお、研究代表者福田アジオの国立歴史民俗博物館からの転出に伴い、窓口は新潟大学、神奈川大学と変わったが、研究組織の基本は維持された。

	研究期間（年度）	調査地域	成果報告書（刊行年月）
I	1989年度～1991年度（3年間）	江蘇省常熟市白茆郷、浙江省金華市曹宅鎮、蘭渓市姚村、麗水市山根村、敏河村、堰頭村	『中国江南の民俗文化―日中農耕文化の比較―』（1992年3月）
II	1992年度～1993年度（2年間）	浙江省湖州市小梅村、東明村、桐郷県利星村、奉化市畸山、余姚市河姆村、寧波市溪東村、永嘉県廊下村、花担村、温州市呉坑村、瑞安市東溪村、蒼南県田貢村、碗窯村、	『中国浙江の民俗文化―環東シナ海（東海）農耕文化の民俗学的研究―』（1995年6月）

総　序

前頁表の続き

	研究期間（年度）	調査地域	成果報告書（刊行年月）
Ⅲ	1996年度～1998年度 （3年間）	浙江省麗水市碧湖鎮、灯塔村、黄桂村、 景寧畬族自治県西岸底村、恵明寺村、 温州市黄坑村、周呑村、永嘉県廊下村、小渓村、蓬渓村	『中国浙南の民俗文化－環東シナ海（東海）農耕文化の民俗学的研究－』（1999年3月）
Ⅳ	1999年度～2000年度 （2年間）	上海市松江区張沢鎮、車墩鎮	『中国江南村落の民俗誌的研究－上海近郊村落の民俗－』（2001年2月）
Ⅴ	2002年度～2005年度 （4年間）	浙江省象山県東門島、温嶺市箬山	『中国江南沿海村落民俗誌－浙江省象山県東門島と温嶺市箬山－』（2006年3月）
Ⅵ	2007年度～2010年度 （4年間）	浙江省江山市廿八都鎮、龍游県三門源村	『中国江南山間地域の民俗文化とその変容－浙江省江山市と龍游県三門源－』（2011年3月）

5. 研究成果と意義

　20年間に六期にわたって実施した日中共同の江南民俗調査は、長期にわたって継続的に共同調査を行ったことが最大の成果であり、学術的な意義であると言える。日中両国の民俗学研究者が特定のフィールドを対象に全員同一日程で調査を実施したことは驚異的なことと言わねばならない。調査自体は各研究者の責任で設計された調査計画に基づいて行われたが、同じ対象を同じ日程で調査することで、互いに情報を交換し、調査上の着眼点を共有することが出来た。フィールドを共同する日中の研究者は、研究者として互いに信頼し、教え合い、調査の内容を深めた。日本と中国では、同じ漢字を用いているため、同じ文字が指し示す事項は同一であると安易に考える傾向がある。しかし、民俗レベルで見ると、同じ文字が意味する内容が日本と中国で大きく異なることも多い。日本の研究者は日本流の漢字理解で調査に臨み、日本の感覚で調査結果を記録することも行われがちである。今回の共同調査はその間違いを是正して

くれた。これは調査を重ねるなかで深められた。同じことは、中国側研究者の日本の民俗についての理解にも言えた。

　日本の民俗学はフィールドワークによる研究を基本にしてきた。そのあり方は中国の研究者にとって大きな参考となったものと思われる。特定の調査地を複数年にわたって継続的に調査する方式はそれまでの中国の民俗学研究ではほとんど採用されてこなかったので、この同一地域での複数年の継続調査は最初は中国側研究者に戸惑いがあったように感じられたが、次第にその有効性が理解され、同一地域に対する調査研究期間も長期に設定されるようになった。特に第五期、第六期の調査はそれぞれ4年間もの間同一地域の調査を行い、地域の民俗伝承を幅広く、また深く把握することとなり、そのことが成果報告書の分量に示された。

　複数年にわたる長期の調査は、先ず最初の年を予備調査と位置付け、対象の地域での広域調査を実施した。多くの調査地に一日か二日の短期間訪れて概況を把握し、その結果を検討し、翌年度には調査対象地を絞り込んで日数を費やしての本調査を行った。本調査は限られた特定の調査地に日数多く、しかも反復訪問して調査を行った。調査地では地域の人びととも「老朋友」となって、親しく調査を進めることが出来た。そして、最終年度には調査の結果を各人が報告論文にまとめ、研究成果報告書を刊行したのであるが、その過程で少なからずの不明な点が生じたので、その確認を中心とした短期の補充調査を行った。研究計画として3年間もしくは4年間認められていた一期、三期、五期、六期は、初年度が予備調査、2年度目および3年度目が本調査、そして最終年度が補充調査という位置づけであった。この予備調査、本調査、補充調査という3段階の調査は、日本においても採用されることは少なかったが、中国の民俗調査でもそれまではなかったものと思われる。3段階で調査を深化させるという方式はこの江南調査を成功させると共に、今後の日本と中国それぞれの民俗調査の基本的な方式になるものと考えている。

　民俗調査の対象地域は日本でも、中国でも必ずしも明確に意識して把握されてこなかった。日本での民俗調査の結果は民俗誌と名づけられて古くから刊行されてきたが、その民俗の伝承する単位は曖昧であった。その傾向は1980年代まで続いていた。私たちの江南調査は調査対象を基本的に村に設定した。予備

調査を経て調査対象として確定したのは具体的な村であった。中国の地方制度では市や県の下に鎮や郷があり、その鎮や郷の下に村が設定されている。村には村民委員会が組織されており、村長以下の役職がある。村は集落を基礎にしており、村落として把握できそうであるが、歴史的に形成されてきた村落とは必ずしも言えない。そのことは地元でも自覚されており、村民委員会が設定されている村を「行政村」、それに対して集落を基礎にした組織を「自然村」と呼び、区別することが広く行われている。私たちの調査は行政機関の了解と支援を受けて調査を行ったので、必然的に「行政村」を調査単位とすることになった。しかし、どの調査地においても「行政村」とは別に「自然村」があった。一つの「行政村」に幾つかの「自然村」が含まれているのが常態であるが、逆も珍しくなかった。「行政村」と「自然村」の両方を視野に入れ、その相互関係のなかで民俗を把握することに努めた。その視点は中国の民俗研究だけでなく日本の民俗の調査研究にも示唆する所が大きいであろう。

　1990年からの20年間と言えば、中国社会は経済的発展が著しく、生活も変化変貌が烈しい時期であった。「改革開放」は中国全土に大きな変化をもたらしたが、特に沿岸部である江南地方はそれが顕著であった。その時期に私たちの調査は行われた。当然その変化を目の当たりにし、それを記録することになった。1990年に開始した第一期の調査では、調査地に到着すると大勢の村人が私たち一行を見るために出てきて黒山の人だかりになることがしばしばであった。しかし、そのような状況は急速に消えた。ややもすると寂しい感じがするほど人びとを見ることが少なくなった。そして、解放後は作業小屋や物置になっていた祠堂がその機能を回復していることが確認され、またそれまで秘匿されていた族譜を閲覧できるようになり、さらに新しく編纂された族譜を見る機会も増えた。第四期は上海近郊農村が調査地域であったので、その変化は大きく、新しい建物が整然と並ぶ集落を訪れた。

　そして、この20年間はまた民俗への認識や対応の大きな変化の時期でもあった。第一期の調査が可能になったのもその変化があったからであるが、しかしまだ民俗は封建制の残滓であり、なくすべきものと考えられていた。しかし、第二期以降、民俗は人びとが古くから受け継いできた生活文化であると評価され、価値ある存在と見られるようになった。そして都市の急激な発展に伴い、

そこでは失われてしまった伝統的とも言うべき生活空間や事物が観光の対象になった。やや経済的に取り残されて保存されていた街や村が古鎮、古村として脚光を浴び、保護され、さらに改修され、多くの観光客を集めるようになった。私たちの調査対象とした地域にもそのような古鎮・古村が多く含まれていた。また日本で言う無形文化遺産、中国で言う非物質文化遺産が注目され、その国家的な保護事業が大きく推進され、民俗学研究もそれに深く関わることとなった。私たちの調査も、古鎮・古村や非物質文化遺産保護を視野に収めながらの調査となり、それらが地域に及ぼす影響や変化をも把握することが課題になった。6冊の成果報告書はこの変化する江南地方の民俗を記録して後世に残すという大きな役割を果たしたと言える。

6. 感謝の気持ち

　日本と中国の民俗学研究者が共同して長期にわたり民俗調査を行った日中共同江南調査は大きな成果をあげ、日中双方の民俗学研究の進展に大きく貢献したものと自画自賛するが、この共同調査を継続実施できたのは研究者の努力ばかりではないことは言うまでもない。

　先ず第一に感謝しなければならないのは、各調査地で私どもの相手をしてお話を聞かせて下さった大勢の人びとである。その人たちの大半が半世紀前に日本の侵略を身をもって経験した人たちであった。受け入れに際しては、日本軍に苦しめられた我々が何故日本人に協力しなければならないのかという疑問や反発もあったと聞いた。また実際に日本軍の空襲によって両親を失った経験を表明する人もいた。そのようなわだかまりを持ちつつ、調査に対応して下さった。私たちも率直に父祖世代の侵略行為について反省し、そのことを表明した。皆さんはわだかまりを抑え、親しく接し、積極的に協力して下さった。有り難いことであった。六期にわたる調査でお世話になった人は大変な数に上るが、当時の写真を見る度に今でも一人一人のお世話になった情景を思い出す。懐かしい老朋友である。

　第二に調査の実施を可能にして下さった諸機関・組織である。日本から中国を訪れ、中国側研究者と共同調査できたのには実に多くの人たちや機関・組織の理解と支援があったからである。そのことを忘れてはならない。調査実施を

了解し、日本側研究者への招聘状を発行して下さった国家教育委員会、中国文聯、北京師範大学、華東師範大学、中国社会科学院民族文学研究所などの関係者の皆さん、そして調査地の設営に労苦を惜しまずあたってくださった中国民間文芸家協会、江蘇省社会科学院、浙江省文聯、浙江省民間文芸家協会、華東師範大学、さらにそれらからの依頼を受けて具体的な調査地域で準備怠りなく進めて下さった江蘇省常熟市、上海市松江区、浙江省湖州市、桐郷県、寧波市、余姚市、奉化市、象山県、温嶺市、金華市、蘭渓市、衢州市、江山市、開化県、龍游県、麗水市、景寧畲族自治県、青田県、温州市、蒼南県、瑞安市、永嘉県の各人民政府外事弁公室、文聯、民間文芸家協会の関係者の皆さんに改めて深く感謝したい。とりわけ浙江省での調査をお世話くださった浙江省文聯・浙江省民間文芸家協会の陳徳来、王恬、程士慶の皆さんには感謝の言葉もない。そして、調査地で私どもを温かく迎えて対応して下さった村民委員会の皆さん、文化館の皆さんに感謝したい。どこでも総勢20名をはるかに超えるメンバーが連日訪れ、騒がしい状態を作りだしたが、適切に対処して、スムーズに調査が行えるようにして下さった。

第三に感謝しなければならないのは通訳の任に当たって下さった方々である。日本側研究者は大半が中国語を解せず、通訳なしには何もできなかった。また中国側研究者も方言を解するのに苦労した。調査には大勢の日本語通訳、方言通訳を依頼しなければならなかった。日本語通訳については様々な機関に属する人たちが参加して通訳して下さったが、特に浙江省農業科学院の朱富雲さん、浙江工業大学の徐萍飛さんには大変お世話になった。第五期、第六期では大勢の日本語専攻の学生に助けて貰ったが、その指導を徐萍飛さんがして下さった。方言通訳では各地元の民間文芸家協会や文化館の方々に大変お世話になった。皆さんの適切な通訳と解説があって記録することができたのである。

このように調査は多くの機関や組織、そして大勢の人たちによって支えられ実施できた。六期に渡る調査を通じて、民俗学や民俗学研究者の日中の協力関係が進展し相互理解が深まっただけでなく、草の根での日中の相互理解と友情形成が行われた。このことは中国側研究者が日本を訪れて行った調査についても言える。

6冊の研究成果報告書はいずれも少部数の印刷刊行であり、専門の研究者で

もそれを手にする機会はほとんどなかった。今回、この記念すべき報告書を一括して復刻刊行することを決断された学苑出版社に感謝したい。研究者だけでなく、江南地方の民俗に興味関心を抱く多くの人びとが容易に読むことができるようになった。日本文と中文が混在する報告書の印刷は予想外に困難な作業であったが、それを適切に処理し、立派に刊行して下さった学苑出版社の皆さんにあつくお礼を申し上げる。

2022年4月

福田 アジオ

福田亚细男和张紫晨在第一期调查中

(1990 年 3 月江苏省常熟市)

第一期調査での福田 アジオと張紫晨

(1990 年 3 月江蘇省常熟市)

调查场景

(1998 年 8 月浙江省永嘉县，刘铁梁)

調査風景

(1998 年 8 月浙江省永嘉県、劉鉄梁)

在日本的调查场景

(2000 年 10 月日本滋贺县中主町，陈勤建)

日本での調査風景

(2000 年 10 月日本滋賀県中主町、陳勤建)

调查间隙的谈笑

(2003 年 8 月浙江省象山县，徐萍飞、王恬、当地研究者、刘晔原)

調査の合間の談笑

(2003 年 8 月浙江省象山県、徐萍飛、王恬、地元研究者、劉曄原)

总　目　录

第一辑：中国江南民俗文化——中日农耕文化比较

第二辑：中国浙江民俗文化——环东海农耕文化民俗学研究

第三辑：中国浙南民俗文化——环东海农耕文化民俗学研究

第四辑：中国江南村落民俗志研究——上海近郊村落民俗

第五辑：中国江南沿海村落民俗志——浙江省象山县东门岛和温岭市箬山

第六辑：中国江南山区民俗文化及变迁——浙江省江山市廿八都和龙游县三门源

総 目 録

第1集：中国江南の民俗文化——中日農耕文化の比較

第2集：中国浙江の民俗文化——環東シナ海（東海）農耕文化の民俗学的研究

第3集：中国浙南の民俗文化——環東シナ海（東海）農耕文化の民俗学的研究

第4集：中国江南村落の民俗誌的研究——上海近郊村落の民俗

第5集：中国江南沿海村落民俗誌——浙江省象山県東門島と温嶺市箬山

第6集：中国江南山間地域の民俗文化とその変容——浙江省江山市廿八都と龍游県三門源

中国江南村落民俗志研究

——上海近郊村落民俗

中国江南村落の民俗誌的研究

―上海近郊村落の民俗―

福田　アジオ　編

2001 年 2 月

目 录

调查的经过与研究组织	福田亚细男 菅　丰	1

I　张泽镇民俗志

村落	福田亚细男	9
家族生活	中込睦子	25
姻亲关系、交际行为和自治组织	刘铁梁	60
村民交际中的人情伦理与互惠原则	顾伟列	72
农村生产与土地制度	菅　丰	80
民居	朱希祥	99
饮食生活和居住生活	陈　玲	109
婚姻礼仪和生育礼仪	辻雄二	127
招婿婚俗	刘晔原	136
祖先崇拜和生育习俗	欧　粤	145
信仰	古家信平	154
岁时习俗	尹荣方	163
信仰与文艺	陈勤建	171
谜	桥谷英子	181

II　车墩镇民俗志

村落	福田亚细男	201
家族生活	中込睦子	216
姻亲关系、交际行为和自治组织	刘铁梁	253
礼物馈赠与村民交际	顾伟列	263
农村生产与土地制度	菅　丰	272
民居	朱希祥	282
饮食生活和居住生活	陈　玲	293

婚姻和生育的礼仪	辻　雄　二	316
婚姻习俗	欧　　　粤	329
出嫁女儿与娘家	刘　晔　原	336
信仰	古　家　信　平	342
岁时习俗	尹　荣　方	359
信仰与文艺	陈　勤　建	367
儿歌	桥　谷　英　子	378

目　次

調査の経過と研究組織……………………………福田アジオ　　1
　　　　　　　　　　　　　　　　　　　　　　　菅　　豊

Ⅰ　張沢鎮民俗誌

村落………………………………………………………福田アジオ　　9
家族………………………………………………………中込　睦子　25
姻戚と交際、自治組織…………………………………劉　　鉄梁　60
交際と倫理………………………………………………顧　　偉列　72
生産と生業………………………………………………菅　　　豊　80
民家………………………………………………………朱　　希祥　99
食と住……………………………………………………陳　　　玲　109
婚姻と産育………………………………………………辻　　雄二　127
婿入り婚…………………………………………………劉　　曄原　136
育児と信仰………………………………………………欧　　　粤　145
信仰………………………………………………………古家　信平　154
年中行事…………………………………………………尹　　栄方　163
信仰と文芸………………………………………………陳　　勤建　171
謎…………………………………………………………橘谷　英子　181

Ⅱ　車墩鎮民俗誌

村落………………………………………………………福田アジオ　201
家族………………………………………………………中込　睦子　216
姻戚と交際、自治組織…………………………………劉　　鉄梁　253
贈答と交際………………………………………………顧　　偉列　263
生産と生業………………………………………………菅　　　豊　272
民家………………………………………………………朱　　希祥　282
食と住……………………………………………………陳　　　玲　293

中日联合江南地区民俗调查报告辑

婚姻と産育	辻　雄二	316
婚姻と婚礼	欧　　粤	329
嫁と実家	劉　曄原	336
信仰	古家　信平	342
年中行事	尹　栄方	359
信仰と文芸	陳　勤建	367
わらべ歌	橋谷　英子	378

調査の経過と研究組織

福田　アジオ・菅　豊

1. 研究計画

　私たちは、中国江南地方を対象とした民俗調査を1990年以来3期にわたって実施してきた。第1期では、江南地方の江蘇省と浙江省の地域から調査地を決め、第2、3期は浙江省に絞って調査を行った。いずれも多大の成果を挙げたことは、それぞれの研究成果報告書に示したとおりである。しかし、過去3期の調査は、やや広域的な地域を比較の対象としたため、村落などのコミュニティーの内部における詳細な民俗の相互関係については、十分な資料を収集することはできなかった。

　このような調査を遂行した結果、この地域の民俗文化の関連性や異同を、より実証的、構造的に取り扱うために、日本文化と同位相の条件で取り扱える民俗誌的方法が必要不可欠であるという問題が提起された。そこで、この問題を深化させるために、江南地方における民俗誌を作成すべく新たな研究計画を検討した。そして、研究計画に相応しい新たな研究者への参加を要請した。各研究者から快諾を得たので、若干の研究分担者の入れ替えを行い、新しい研究組織を作り、研究計画を作成し、1998年に文部省科学研究費（国際学術研究）を「中国江南村落の民俗誌的研究」という課題で申請した。

2. 研究の開始

　幸いにして文部省から採択の通知があり、1999年度（平成11年度）から2年間の研究計画として承認された（科学研究費補助金制度が変更され、交付は日本学術振興会によって行われた）。早速、中国側の対応機関として最終的に

決定した華東師範大学・対外漢語系の陳勤建氏と連絡を取り、承認と招聘状発行の手続きを依頼した。また、具体的な実施計画を日中双方の研究分担者が連絡を取り合い協議して決定した。その結果、研究課題に最も相応しく、研究期間内に研究を有効に行える調査地として条件の整っている上海市近郊農村（青浦県、嘉定区、松江区）を調査対象地域とすることとなった。研究期間が2年として承認されたので、初年度の第1回調査において、まず、フィールドの選定のために、対象地域の村落をエクステンシブに調査し、この地方の全般的傾向を知るとともに、集中調査の候補地を決めた。さらに、第2回調査において、集中調査を行い、重点調査の対象村落として上海市松江区の張沢鎮井凌橋村、四村村、車墩鎮聯建村、聯庄村を決定した。そして、翌年度の第3回調査において、絞り込まれた重点調査地の集中調査を行って、民俗誌作成のための詳細な資料を収集した。

　対象地域の各級人民政府その他の機関との折衝、宿舎、交通手段の確保など調査全体の問題については、華東師範大学にお願いすることとなった。とくに、その任にあたったのは、華東師範大学・対外漢語系の陳勤建氏、陳曉芬氏、薛偉紅氏らを中心とする華東師範大学の方々である。その献身的なご尽力によって、2年間におよぶ調査は支障なく円滑に実施できたといえよう。また、多くの日本語に堪能な通訳の方々に助けていただいたことも明記せねばならない。さらに外事弁公室をはじめとする地方政府の方々、調査に快く応じてくださった村民の方々の多大なるご協力なくして、本研究を遂行することはできなかった。ここに、あわせて御礼を述べる次第である。

3. 研究組織

　発足時の研究組織は以下の通りであった。
　研究代表者　福田アジオ（神奈川大学外国語学部）
　研究分担者　橘谷（馬場）英子（新潟大学人文学部）
　　　　　　　古家信平（筑波大学歴史・人類学系）
　　　　　　　廣田律子（神奈川大学経営学部）
　　　　　　　菅　　豊（北海道大学文学部〈のち東京大学東洋文化研究所〉）

　　　　伊東（中込）睦子（筑波大学歴史・人類学系）
　　　　辻　雄二（琉球大学教育学部）
　　　　陳　勤建（華東師範大学対外漢語系）
　　　　劉　鉄梁（北京師範大学中文系）
　　　　劉　曄原（北京広播学院電視文学系）
　なお、科学研究費補助金の制度的変更によって、外国の研究者については研究協力者と表現されることとなったが、共同調査研究の方式には特別な変更はなく、円滑に研究を進めることができた。また、今回の調査対象地域で長年調査を行い研究蓄積のある以下の5名の研究者を研究協力者として依頼し、事前の対象地域の設営に協力してもらうとともに調査に同行してもらうこととした。
　　　　朱　希祥（華東師範大学対外漢語系）
　　　　顧　偉列（華東師範大学対外漢語系）
　　　　尹　栄方（上海海関高等専科学校）
　　　　欧　　粤（上海市松江区地方史誌弁公室）
　　　　陳　　玲（新潟大学大学院〈のち新潟県立歴史博物館〉）

4. 研究経過

　具体的な調査経過については以下の通りであった。大きくは3回の現地調査および1回の中国側研究者の訪日活動であった。

第1回調査
1999年8月15日～23日
　参加者：福田アジオ、橋谷（馬場）英子、古家信平、伊東（中込）睦子、辻雄二、菅豊、陳勤建
　　8月15日　上海着
　　8月16日　華東師範大学関係者との打ち合わせ会議
　　8月17日　南市区文廟および白雲観廟、城皇廟における廟会・道教施設
　　　　　　　の見学
　　8月18日　浦東新区竜王廟および崇福道院における廟会・道教施設の見学
　　8月19日　青浦県練塘鎮朱家村、商榻鎮石米村における民俗調査
　　8月20日　嘉定区馬陸鎮石岡村における民俗調査

中日联合江南地区民俗调查报告辑

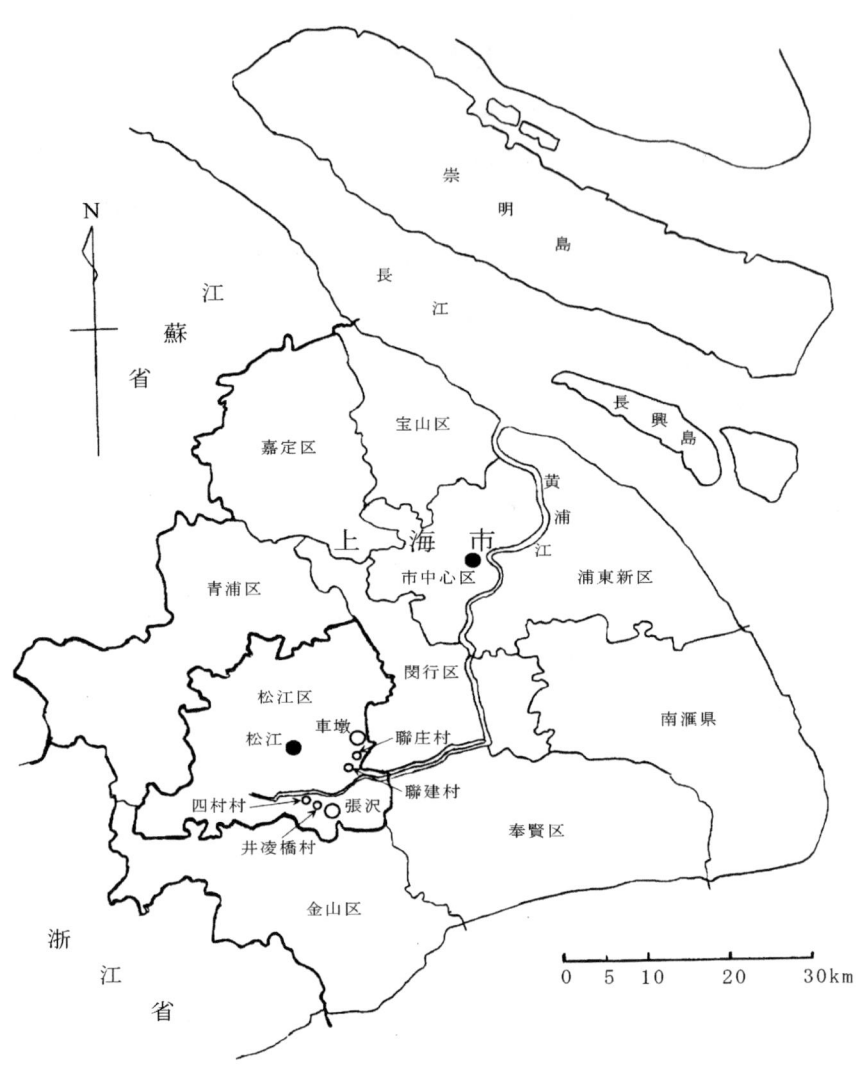

図1　調査地の位置

8月21日　江蘇省昆山市周庄鎮（青浦県商榻鎮との隣接地）における民俗調査
8月22日　南市区文南花鳥魚虫市場の民俗調査
　　　　　上海図書館で資料収集
8月23日　帰国

第2回調査

1999年11月23日～12月7日

　参加者：橋谷（馬場）英子、古家信平、伊東（中込）睦子、辻雄二、菅豊、陳勤建、朱希祥、顧偉列、尹栄方、劉曄原、欧粤、陳玲、福田アジオ（12月1日～5日参加）

- 11月23日　上海着
- 11月24日　華東師範大学関係者等との打ち合わせ、および調査計画検討の会議
- 11月25日　松江区張沢鎮井凌橋村における民俗調査
- 11月26日　松江区張沢鎮井凌橋村、四村村における民俗調査
- 11月27日　松江区張沢鎮四村村における民俗調査
- 11月28日　松江区車墩鎮聯建村における民俗調査
- 11月29日　松江区車墩鎮聯建村、聯庄村における民俗調査
- 11月30日　松江区車墩鎮聯庄村における民俗調査
- 12月1日　研究討論会（於：華東師範大学）
- 12月2日　嘉定区封浜鎮先農村における民俗調査
- 12月3日　嘉定区封浜鎮先農村における民俗調査
- 12月4日　嘉定区江橋鎮勤豊村における民俗調査
- 12月5日　嘉定区江橋鎮勤豊村における民俗調査
- 12月6日　華東師範大学関係者等との打ち合わせ、および調査成果検討会議
- 12月7日　帰国

第3回調査

2000年8月6日～22日

　参加者：福田アジオ、橋谷（馬場）英子、古家信平、伊東（中込）睦子、辻雄二、菅豊、陳勤建、朱希祥、顧偉列、尹栄方、劉鉄梁、劉曄原、欧粤、陳玲

- 8月6日　上海着
- 8月7日　華東師範大学関係者等との打ち合わせ、および調査実施計画決定のための会議
- 8月8日　松江区張沢鎮井凌橋村における民俗調査

8月 9日　松江区張沢鎮井凌橋村における民俗調査
8月10日　松江区張沢鎮井凌橋村、四村村における民俗調査
8月11日　松江区張沢鎮四村村における民俗調査
8月12日　松江区張沢鎮四村村における民俗調査
8月13日　研究討論会（於：松江賓館）
8月14日　松江区車墩鎮聯庄村における民俗調査
8月15日　松江区車墩鎮聯庄村における民俗調査
8月16日　松江区車墩鎮聯建村、聯庄村における民俗調査
8月17日　松江区車墩鎮聯建村における民俗調査
8月18日　松江区車墩鎮聯建村における民俗調査
8月19日　松江区岳王廟、西林寺等仏教・道教施設の見学
8月20日　松江区佘山鎮における道教儀礼（五七儀礼）の調査
8月21日　調査成果検討および研究成果取りまとめのための会議
8月22日　帰国

中国側成員の日本訪問

　中国側研究協力者は2000年10月20日から29日まで来日し、全員による調査成果の検討会に参加するとともに、問題発見のための短期間の民俗調査を行った。調査期間は10月22日から25日まで、調査対象地は滋賀県野洲郡中主町安治であった。民俗調査を行っただけでなく、地元の人々との交流もあり、大きな成果を挙げた。調査に際しては中主町教育委員会には種々ご高配いただいた。また調査終了後国立民族学博物館を訪問し、中国研究者と交流した。

Ⅰ 张泽镇民俗志

Ⅰ 張沢鎮民俗誌

村　落

福田　アジオ

　張沢鎮は松江区の東南部に位置する。北側を画するのは黄浦江であり、南側は金山区である。低平な土地が長江の河口部に展開する三角州地帯の一部であることを示している。縦横に水路が走り、その水路に沿って集落が展開している。水田稲作地域といえるが、近年は工場も増加している。交通は古くは水路による舟運が中心であったが、現在は公路が発達し、自動車による。松江鎮との間もバスが頻繁に走っている。

　張沢鎮の井凌橋村と四村村で調査を行った。井凌橋村では主として陸家村、そのなかでも勤楼、勤労の二つの小隊が中心であった。それに対して、四村村では南村で調査を行った。したがって、記述は専らこの二つの地域についてのものである。

　張沢鎮には古くから地方志が編纂されている。『張沢志稿』および『張沢志』である。それらにはこの地方の歴史を教えてくれる記述が多い。またその伝統を引き継いで1999年に『張沢志』が刊行された。その記述は詳細であり、張沢鎮を構成する各村についてもその行政的変遷を解放前から記述している。しかし、本稿では地域の人々からの聞き書にもとづいて記述し、それらの地方志の記述を援用したり、引用挿入することを敢えてしなかった。また、聞き書と地方志の記述に矛盾がある場合も、多くの事項については聞き書のままにした。ただし、地名については、地方志の記述に照らして聞き書きが明らかに間違いと認定できるものは訂正した。なお、地元の人の表現は漢字表記に「」を付した。

1. 井凌橋村

集落 井凌橋村は張沢鎮の中央部に位置する①。集落としてまとまっているわけではなく、水田が広がる低平な土地のあちこちに集落が点在している。井凌橋村はあくまでも行政村であり、その内部には多くの集落がある。村の中央部を東西に道幅の広い葉新公路が走っており、交通量も多い。また葉新公路と交差する形で公路が南北に走っている。この道が井凌橋村内の各集落を結びつけている。村の戸数は350戸程である。

集落は基本的には東西に家々が並ぶ列村ともいうべき配列になっている。この家々の並ぶ一列を「埭」と言う。家の前面か背後には人工の水路が走っている。現在は道路が家々を結び、集落と集落を結んでいるが、現在のような自動車が走ることができる道路は解放後のものである。井凌橋村のなかでも今回

---

① 張沢志編纂委員会編『張沢志』（1999年）「巻一　地理」96～97頁で井凌橋村の概況を以下のように記述紹介している。

井凌桥村，位于紫石泾之西，因境东部有井亭桥（别呼井凌桥）得名。村民委员会所在地顾家埭（又称官塘路）在集镇西北一公里。包括塘田、储家阁、盐铁塘、塘江埭、官娄埭、陆家埭、顾家埭等自然村。1990年，全村共384户，1399人，建11个村民小组。1997年，全村336户，1276人，建11个村民小组，有耕田1490亩。有8个村办工业企业，职工525人，总产值4632.5万元，利润297万元，固定资产原值376万元，人均收入4552元。

塘田位于村南部，张米公路两侧。溯其源，地由官绍塘、大泖港、須顾泖积淤而成，地势低于四周，故得名。东谓东塘田，建塘田村民小组。以顾姓为多。西称西塘田，建勤民村民小组，聚张姓。

储家阁位于村西南部。清康熙年间诸生储敷锡居此村，建有阁，因得名。聚储姓，建勤南村民小组。

盐铁塘位于储家阁南，中心港北。因村建于小盐铁塘两侧而得名。聚储姓，建勤新村民小组。

塘汇埭位于村西部。小盐铁塘与官娄港汇于此，故得名。以张、储姓为多，建勤乐、勤谊两个村民小组。

官娄埭位于村北部，张米公路西侧。古官娄港经过此村，故得名。建勤娄村民小组。以孙姓居多。

陆家埭位于村东北部，东靠老张泽塘，西挨张米公路，以陆姓居多，因此得名。建勤劳、勤北两个村民小组。

顾家埭位于村东部，东临老张泽塘，西靠张米公路，聚顾姓，村以姓氏命名。村东张泽（官绍）塘岸是明清郡城至卫城官塘大道，故又名官塘路。今村西设完全小学，又是村党支部、村民委员会所在地。另设有商店、工厂，是村政治、文化、经济中心。建勤东、勤建两个村民小组。

訪れた勤楼小隊、勤労小隊の家々を外に結びつけている道路は1960年代に造られたもので、その際にそれまであった水路が埋め立てられた。

解放前の地域行政　この土地が解放されたのは1949年5月であった。8月に共産党幹部が来て人民政府が成立した。解放前は保甲制であった。区一郷一保一甲という序列で編成されていた。現在の井凌橋村を含むこの地域は葉樹区に属した。この葉樹区は現在の張沢鎮と葉樹鎮を含む範囲であった。区には区公署があった。その下が郷に分かれていたが、この地域は善福郷と言った。現在の井凌橋村、四村村、興楼村であった。ここは善福郷の第七保であった。第七保はほぼ現在の井凌橋村と同じ範囲だったという。保の内部を原則として10戸ずつに区分して、甲を編成していた。保には保長、甲には甲長がいた。保長は有力者、資産家が固定的になっていた。甲長は保長の任命であった。保甲制の大きな機能は、「税」（農業税）、「捐」（臨時賦課金）、「公粮」（米の供出）、「拉壮丁」（徴兵）の四つであった。1947年あるいは48年に改組され、善福郷は張沢郷となった。張沢郷は6保で構成された。保とは別に、村も存在した。

大戦中は日本軍が占領し、米市渡に駐屯していた。その下で、「偽政府」が地域を支配した。偽政府の役人は区、郷とも全員中国人であった。日本軍に従属して中国人の「偽軍」が存在した。「和平軍」と名乗っていた。日本軍は月に数回この地方の村を巡邏し、反日活動をしたり、日本軍へ非協力的な人を捕まえ、一般の家に侵入して物資を奪った。巡邏の際には、日本軍3人位に偽軍が10人ほど従い、中国人通訳を同行していた。

解放後の変遷　井凌橋村になったのは1980年のことである。それまでに目まぐるしい変遷があった[①]。井凌橋村にあたる範囲は解放前には陸家村、一長村、維賢村であった。その陸家村は解放後先ず南村郷陸家村となった。1957年に勤聯村となり、その規模で張沢人民公社のなかの一つの生産大隊となった。勤労生産大隊といった。後に、勤聯生産大隊勤労生産小隊となった。張沢人民公社勤聯大隊は7生産小隊から構成されていた。すなわち、勤労、勤楼、勤東、勤南、

---

① 張沢志編纂委員会編『張沢志』（1999年）「巻一　地理」84頁に掲げられた井凌橋村を中心とした行政単位の変遷表は以下の通りである。

農村行政単位の変遷一覧表

清朝					民国初(乡)	解放前夕		自然村	1956~1949		1958~1956		1959~1958			1961~1959			1979~1961		1997~1980	
图	区	保	乡	庄		保	镇		村	乡	大队	社	排	连	营	小队	队	区	生产队	大队	村民小组	村
一	三	十	云		井亭	三	张泽	东塘田	一丈	牌楼	三	黎明	一	十	一	勤民	勤联生产队	南村管理区	塘田 勤民	勤联	塘田 勤民	井凌桥村
								西塘田			勤南		一	一		勤南			勤南		勤新 勤南	
								盐铁塘	汇溪	南	勤乐	勤联	二	二		勤乐			勤乐		勤乐 勤谊	
								储家阁					一	二								
								塘汇埭			勤娄		一	二		勤娄			勤娄		勤娄	
								官委房	陆家	村	勤劳		三	三		勤劳			勤劳 勤俭		勤劳 勤北	
								南六房 西高家埭 姚家浜 彭家埭											勤劳			
											勤东		四			勤东			勤东		勤东 勤建	
		十	同	张泽	西塘	三	张泽	东高家埭	高隆	牌楼	七	五	一	八	三	南隆	五一生产队	管理区	南隆	五一	南隆	塘坊桥村
								定胜头			八		二	九		高隆			高隆		高隆	
								沈家埭 桂家埭 王浜斗	沈家		九		三	七		姚家			姚家		姚家	
八	一										五		一			河西			杨西 河西		杨兴 河西	
											六		二	六		河东			河东		河东	
								娄华埭			四		一			沈家			沈家 团结		东高 沈家 团结	
九	三			泽				朱家埭	油车		三		三			娄家			娄华 林家		娄华 林家	
								娄家埭			一		二			朱家			朱隆		朱隆	
								油车埭						五		兴业			兴业		兴业	
								白塘里	金阳		五		四			白塘			白塘		白塘	

勤北、勤楽、勤建であった。

　1980年に井凌橋村となり、そのなかの村民小組では勤労と勤北になった。1999年9月に松江区は「折二併一」という方針を出して、村の合併を進めた。そのときに隣接の新楼村を合併して新しい井凌橋村となった。新楼村という名称は消えた。

　井凌橋村は1980年代以降全部で11の生産小隊があり、それに対して合併した新楼村は10生産小隊があった。したがって、新しい井凌橋村は全部で21生産小隊で構成されることとなった。

　井凌橋村の地名の由来は、橋の名前からきている。黄浦江から東海に出る張沢塘に架けられた橋に井凌橋があって、この地方では名前が知られた橋であった。井凌橋村の地域から葉樹、経渡、奉賢方面へ行くときには必ずこの橋を利用していた。しかし、1968年ごろにこの橋は壊れてなくなった。この周辺の人々だけでなく、大戦中は米市渡方面の人たちもわざわざこの橋を利用した。それは日本軍を避けるためであった。大戦中、日本軍がここから西北四キロメートル程の米市渡に駐屯していた。

　村と行政　解放前の陸家村は管楼路、陸家埭、南埭路の三つの村から構成されていたが、それが人民公社の生産隊としては管楼路は勤楼、陸家埭は勤労、南埭路は勤東になった。

　陸家村も他の一長村、維賢村と同じように行政的な単位であった。また井凌橋村も行政的に編成されたものであり、古くから存在するものではない。

　井凌橋村の範域にある自然村は6村と考えられている。塘田村、儲家角、塘溝路、管楼路、陸家埭、南埭路であるが、そのうち塘田村が一長村に、儲家角、塘溝路は維賢村となり、残りの三村が陸家村となった。他方、新楼村の自然村は、封家埭、徐家浜、徐家埭、黄泥楼、楊家湾、銭家屋、許家の七つである。

　管楼路は井凌橋村に属する一つの自然村と考えられている。人民公社の生産隊としては勤楼隊と言った。その範囲、規模は同一である。戸数は40戸ほどであり、その下位の区分はない。

　村民委員会　井凌橋村の村民委員会は村主任（村民委員会主任）1人、副主任3人、婦女主任1人、治保委員1人、調解委員1人、民兵委員1人、計画生

育委員1人（婦女主任が兼ねる）、会計1人（他の仕事と兼ねることが多い）である。党支部書記は村主任とは別である。村民委員会の委員は三年任期であり、その選挙は三年に一回行われる。18歳以上の男女の村民が直接選挙する。その方式はほぼ以下のとおりである。先ず、任期終了となる前期の村民委員会が村民小組長とも相談して候補者を選定する。このとき、21人の村民小組長はそれぞれ組内の者と討議をする。選定される候補者は、主任2人、副主任5人、委員が4ないし5名である。その候補者を記載した投票用紙を作成し、選挙大会を開催する。選挙大会は広場で行い、投票箱を用いて投票し、開票の結果50パーセント以上の者に当選資格があり、そのなかの上位から当選者を決める。

河北と河南　管楼路の中央部を地元の人々が「小河」と呼んでいる水路がある。かつては「管楼港」と呼ばれていた。この水路を境に「河北」と「河南」に区分する呼び分け方はある。それに基づく組織はない。しかし、結婚式や葬式に際しては、近隣の親しさで手伝いをし、また祝いや弔問に訪れる。仲のいい関係であれば、葬式には家族全員で訪れる。それほど親しくなければ、家から一人のみ訪れる。その場合、男女どちらでもよいし、老人でも構わない。結婚式は葬儀と異なり親しい関係の家のみが参加するが、招待をうけて出席する。現在は結婚式の招待状を届けるが、かつては結婚する家の主人が式の半月前くらいに各家を回って挨拶し、招待した。なお、結婚式、葬儀とも自分の家で行うのが普通である。

「埭」は家並みの意味である。横に家々が並んでいる状態を埭と表現する。小河をはさんで両側に家が並んでいるが、その反対側を「前埭」と呼んでいる。

隔壁隣居と親戚　隣の家を「隣居」、特に近い家を「隔壁隣居」といい、両隣二軒あるのが普通である。隔壁隣居はまた「隣舎隔壁」とも呼ばれる。隔壁隣居の家は何事にも往来するが、結婚式や葬式に際して、来客に出す料理を作る役目をする。

先祖を同じくする同姓の家を「自家屋里」という。実際に、自家屋里として付き合うのは、祖父の代の兄弟の子孫であり、しかも他所へ出た兄弟の子孫は自家屋居としての付き合いはしない。

それに対して、親族関係にある人々は「親戚」という。親戚は「堂親」、「表親」、「過房親」である。堂親は父方の関係者であり、表親は母方の関係者である。過房親は過房子の親族関係者である。「丈母娘家」というのは岳母家里のことである。すなわち、「娘舅」（妻方の伯叔父）と「娘娘」（妻方の伯叔母）である。

結婚式や葬式に手伝いに来てくれるのは自家屋居と隔壁隣居であり、親戚は手伝わない。

龍灯 井凌橋村では現在龍灯をしていない。古くは行っていた。日本が降伏した翌年の1946年の春節に「出龍灯」をした。その後続けていたが、1958年の大躍進運動以降廃絶し、消えた。

毎年春節にしていた頃は、希望者が集まって自発的に行うものであった。龍灯には「火龍」、「白龍」、「黒龍」などの種類があるが、自分たちの村は龍を出さず、毎年「兎子灯」であった。竹で枠を作り、布をかぶせて兎の形を作る。人間が一人中に入り、前側が兎の頭と上半身、後が兎の胴体と尾っぽとなる。兎の頭と尻にそれぞれロウソクを入れて灯した。兎子灯は一人で行動することはできない。必ず5、6人がグループとなって練った。

「年初三」から「元宵節」までの間に張沢鎮の全域を訪問して舞った。各村には訪問する日程を書いた通知書を届ける。龍灯の一行が村を訪れると、龍灯を自分の家に招こうとする家では「高升」をする。すなわち爆竹を鳴らすのである。そうすると、一行はその家を訪れて龍灯を舞う。舞うと「紅包」といって現金を包んで一行に贈る。一日に二、三か村ずつ訪れる。もちろん徒歩であった。

2. 四村村

村と集落 四村村は張沢鎮の西北部に位置する。村の北端は黄浦江が西から東に向かってゆるやかに流れている。四村村も行政村であり、内部に多くの集落を含む。集落の規模はいずれも大きく、東西に横一列に並んでいるのが基本である。四村村には南村、西村、北村、東村があるが、それぞれの内部はさら

にいくつかの集落に分かれている①。 以下では、四村村のうち主として南村のことについて記述報告する。

　四村村の地域が解放されたのは1949年4月であった。解放前はこの地域は広福郷と呼ばれていた。広福郷は現在の四村のみでなく、勤聯、勤楼を含む範囲であった。広福郷の下には保があった。広福郷は後に善福郷の一部になり、ほぼ現在の四村村、興楼村、井凌橋村の範囲であった。

　1949年に善福郷は葉榭区となった。そして4つの村は南村郷となった。そしてその下で4か村はそれぞれ旧来の村名を称えていた。たとえば、大南村は葉榭区南村郷南村であった。その後、めまぐるしい変遷を遂げて現在に至っている②。

　四村というのは南村、北村、東村、西村の4村を指しており、古くからこれらをまとめて四村と呼ぶことは行われてきたという。

---

　①　張沢志編纂委員会編『張沢志』（1999年）「巻一　地理」94～95頁は四村村の概況を以下のように記述している。

　　四村村，位于紫石泾之西，北靠黄浦江。村民委员会所在地黄界口在集镇西北3公里。由于包括东村、南村、中巷村、北村四个自然村，故得名。1990年，全村共526户，2044人，建15个村民小组。1997年，全村496户，1819人，建15个村民小组，有耕地2822亩。有村办工业企业7家，职工248人，总产值2214.4万元，利润101万元，固定资产原值827万元，人均收入6617元。

　　东村在东北部，村成折尺形，浦塘港从村中穿过。建新东、新村、新桥3个村民小组。居民以徐姓为多，周姓次之。清光绪甲辰（1904年）贡生徐廷铺，民国初张泽乡董徐在川居此村。

　　南村在南部，东与北靠张米公路，浦塘港河在村东段、清水港在村西段穿村而过。村成长蛇形，长一里许，有大南村之称。建新庵、新跃、新中、新二、新丰、新四个村民小组。居民以杨姓、沈姓居多。现致公党中央副主席、致公党中央社会主义学院院长、中国科技大学教授杨纪珂和财政部会计管理司司长、人民大学及辽宁大学兼取教授杨纪琬兄弟故乡即此村。抗战之前，村上有豆腐店、肉庄、茶馆、槽坊。日军占领之后遂辍办。村西南有两个浜潭，俗称"天打潭"，疑是河湖封淤成陆时的遗述。

　　中巷村又称中央村，位西部。东南有南村，东北有东村，北有北村，西隔乡界泾有三家村（今属泖港乡），故有是名。建新西、新华两个村民小组。居民以陆姓为多数。清光绪末科举人，民国年间上海具具长陆龙翔故居于此村。

　　北村在四村西北，北濒黄浦江。建新建、新劳、新北、新九个村民小组。居民以姓隊、张姓为多。明隆庆年间（1567～1572年），安吉州学正顾汝绅居此村。

　②　同書に掲げられた四村村を中心とした行政組織の変遷は以下の通りである（同書83頁）。

農村行政単位の変遷一覧表

1997~1980		1979~1961		1961~1959			1959~1958			1958~1956		1956~1949		自然村	解放前夕		民国初(乡)	庄	清朝			
村	村民小组	大队	生产队	区	队	小队	营	连	排	社	大队	乡	村		镇	保			乡	保	区	图
四村	新庵	四村	新庵	南村管理区	四村生产队	新庵	—	六	一	勤建	一	南村乡	新南	大南村	张泽镇	—	广福乡	张泽庄	仙山乡	八保	三区	三十一图
	新跃		新联						二													
	新中		新中			新中			三		二											
	新二		新南			新南		七	一		三											
	新丰		新勤						二													
	新四		新东			新东		八	三	勤劳	四		新东	东村								
	新东		新桥			新桥			一		五											
	新村		新建			新劳			二		六											
	新桥		新劳																			
	新建		新北			新北		九	一	勤联	三		新北	北村								
	新劳		新西			新西			二		四		新西	中巷村								
	新北		新华						三		五											
	新九																					
	新西																					
	新华																					
兴娄	兴东	红卫(兴隆)	兴东		兴隆生产队	黄泥		三	一	兴隆(齐心)	勤西	村	黄泥	黄泥娄			普善乡	泽庄	云同乡	十保	一区	八图
	兴娄		兴娄			兴屋			二		勤北											
	兴屋		兴屋			兴钱		四	三		二		徐家	钱家埭								
	兴北		兴北			兴南			一		一			徐家浜								
	兴钱		兴钱			兴浜		五	二		三		新民	蔡家埭								
	兴南		兴南						三		四			封家埭								
	兴建		兴浜																			
	兴浜		兴民																			
	兴谊																					
	兴民																					

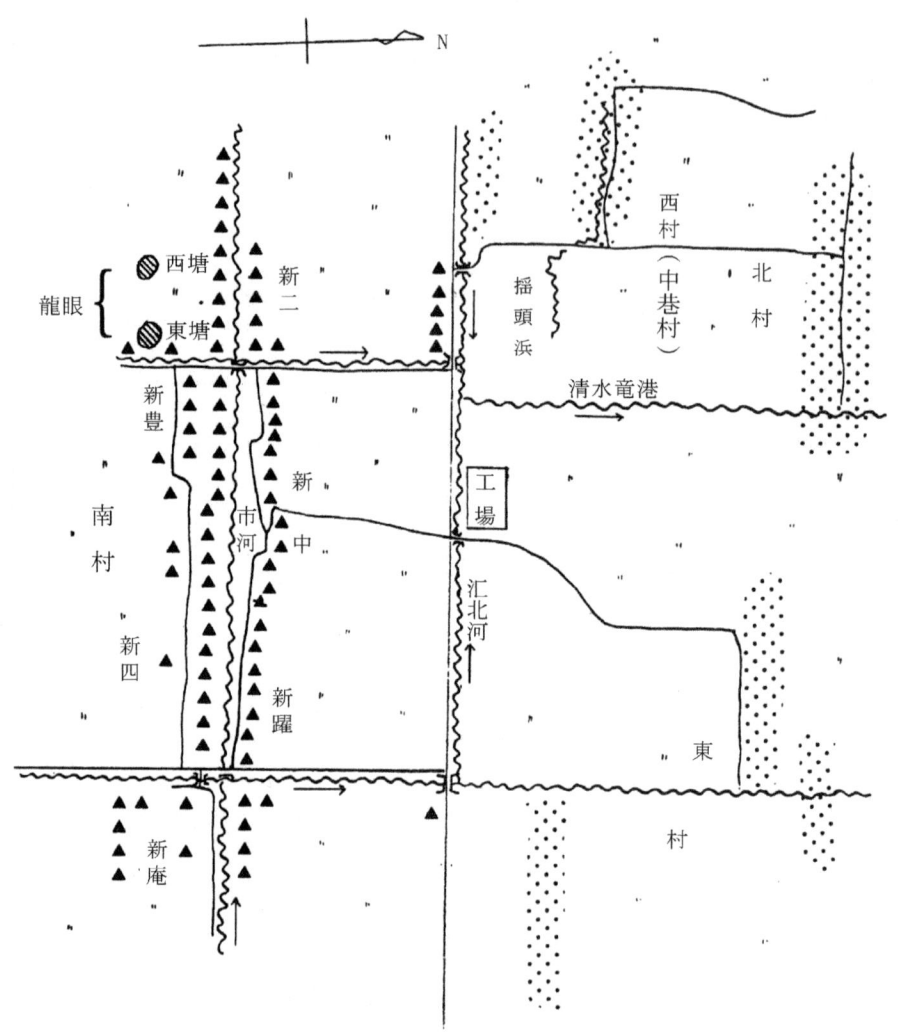

図1　四村村南村概念図

龍眼と龍尾　南村の西側に二つの池（塘）がある。「東塘」、「西塘」と呼んでおり、二つの池は50メートルほど離れている。現在もあるが、道路建設のため一部埋め立てられ、はっきりしなくなっている。この二つの池は「龍眼」と考えられている。それに対して、同じく南村の西北部にある「揺頭浜」と呼ばれる蛇行する河川跡の池は龍の尻尾とされる。南村は西側を龍によって守られた村という。解放前、沈姓のある家が二つの塘の間に墓を造った。墓は「龍鼻」とされた。しかし、この墓を造った家では次から次へと人が亡くなり、つ

いに一人になってしまった。もともと二つの池の間は風水の良い所だった。出世した人も大勢出た。しかし皆が死んで一人だけになったので、不安に思い、墓を少し横に移した。移したとき、墓の下から亀が発見された。また鳳凰以外のあらゆる鳥がそこにはいたという。この二つの池は雷が落ちてできたものと伝えられている。

解放前の地主と佃戸　解放前、南村の楊姓には楊伯茂という地主がいた。所有していた土地は300畝余りで、50畝が「分種地」で自作し、残りの250畝が「租田」で小作に出していた。

分種地も自分自ら耕作するのではなく、人を雇用して耕作を請け負わせる方式であった。雇われた人間を「分種地佃戸」といい、「三七開」、すなわち70パーセントを地主が取り、30パーセントを佃戸が取る方式であった。分種地佃戸は住み込みではない。

租田は「売地面」で小作に出していた耕地をいう。契約書（「地単（契）」）を交わすが、そこで10年とか5年という年限を決めて耕地の「田面」を貸すもので、借りる農民を「租佃戸」という。租佃戸は最初に土地代を納め、その後毎年「租」を納める方式であった。租は原則として米で「租米」と呼ばれた。租米は一般に一畝に対し150斤であった。租は佃戸が自ら地主の家に運んで納入した。その土地の「公粮」は地主が納入した。それに対して、地主が土地そのものを年限なく売却するのを「売良田」といった。なお、佃戸は借りている租田を他人に貸しても構わなかった。これを「転租」というが、このあたりでは転租は少なかったという。

収穫が悪い「荒年」には地主が租の減免処置をした。1945年頃に、地主に対して佃戸が小作料減免の要求をして集団的に行動したことがある。佃戸の中に指導者がいて、地主、郷長、保長の家に押しかけ、食事を出すように要求した（「混吃飯」）。富農の家にも押しかけた。大人は皆出かけた。自分の茶碗と箸を持参し、押しかけた家で料理を作って食べたが、米や品物を持ち出すことはなかった。張沢、葉榭、亭林さらには黄浦の南側全域に広がり、2ヶ月ほど続いたが、その後国民党軍が来て、指導者を捕らえて殺害し、行動は収束した。「抗租」は地主に対する個人的行為として行われた。また「抗粮」は荒年に、水稲の出来具合を見て、集団的に「県知府」に陳情するもので、大規模ではない

が行われた。

　平常の地主の収入は分種地と売地面からの租米であり、また「放高利貸」と呼ばれる貸付金の三分の一の利息を取る高利貸し収入であった。地主の家には「帳房先生」と呼ばれる会計を担当する番頭がいた。この人物は雇われていたが、住み込みではなかった。また地主の家に住み込みで雇われる「雇工」がいた。子供の雇い人である「小雇工」もいて、草刈り、牛の飼育、養豚等に従事した。雇工の指揮統率をする人物は「雇工組長」と呼ばれた。

　解放前は稲作のみの一毛作であったが、解放後は二毛作となった。特に指導があったわけではないが、機械化と共に二毛作が普及した。表作の「大熟」は米、裏作の「小熟」は麦類（小麦、大麦、元麦）、油菜である。米は粳と糯である。糯稲はどの家でも作っているが、量は少なく、販売せず、自家用である。元宵節の「湯円」、端午節の「粽子」を作る。

　土地制度と行政制度　1949年冬から土地改革が行われた。先ず、「収地、画分階級」を行った。南村は地主と認定された家が五戸、富農が一戸で、残りが中農・貧農であったが、全体の80パーセントから90パーセントが貧農であった。地主・富農の土地をすべて没収し、年齢・性に関係なく、すべての村民に1人あたり2畝ずつ分配した。1950年に「互助組」が組織された。20戸から30戸で一つの互助組となった。互助組は互いに助ける組織であり、特に家の労働力不足の場合、互助組として手伝いにいった。南村には8つの互助組が組織された。組で1組、2組と番号が付けられた。互助組には「組長」と「計帳員」が選挙で一人ずつ選出された。1955年に「初級社」が組織された。南村では8互助組のうち2つのみが初級社に移行した。初級社は各家の土地を合併し、それを労働力（「幹活量」）と拠出面積に応じてそれぞれ50パーセントずつ分配した（「工労分紅」）。

　高級社　毛沢東の「批判小脚姑娘」の発言を契機に1956年「高級社」へと展開した。南村と東村が一つになって「勤建高級社」、北村と西村が「勤労高級社」となった。高級社成立当時の南村は8互助組で120戸、東村は5互助組で70戸であった。高級社は書記、副書記、社長、副社長、監査主任、総会計、出納員などの役職があり、生産隊には計帳員、隊長がいた。勤建高級社は6つの生産隊に編成された。南村が三つ。東村も三つであった。南村が1隊から3隊まで

の生産隊、東村が4隊から6隊であった。生産隊の下に小組が置かれた。南村の第3生産隊は50戸で、500畝の土地を耕作した。第3生産隊は四つの小組で構成された。小組には組長がいた。高級社は、土地分配を取り消し、土地は高級社に属する形にし、それを生産隊単位で耕作し、収穫物は労働に応じて分配した。生産の規模は生産隊の人口に基づいて耕作面積を決めた。大型トラクターは高級社で所有し、小型農具は生産隊の所有であった。農具類は倉庫に保管し、各家には農具は一切なかった。それまで所有していた農具は、価格を算定して高級社に譲り渡した。高級社は養鶏場、養豚場そして小工業の工場「草包廠」を設けた。

人民公社 1958年に至って、張沢人民公社が成立し、4村が合併して「四村大隊」となった。4村の中央部に「弁事処」が置かれた。このときはじめて四村という名称ができた。それ以前には四村は用いなかった。四村のうち、南村が最も大きいので、大南村と呼ぶ。1958年の人民公社成立時には葉樹区は亭林区と名称が変更になった。そして58年から59年にかけての軍事化のなかで、区―営―連―排という組織に編成された。ここは亭林区のなかの第一営に属した。営は全部で15であった。第一営は現在の勤聯、新楼、四村の範囲であった。営の下位の単位である連は、南村が8連、東村が9連、北村が10連、そして西村が11連であった。したがって、連は現在言うところの自然村ということになる。排はそれまでの生産隊であった。「生活集体化」と「工作軍事化」をスローガンに公社が統一的に指揮をとった。人々は男女別々に住んだ。住宅は旧来の家を利用し、男子用と女子用に区分した。農作業にあたっても、軍隊と同じように、隊列を組んで往復した。

この仕組みはわずか一年で終わり、59年には亭林区は廃止になり、四村大隊となった。生産大隊は全部で17あった。四村大隊は11の生産小隊に編成された。南村が1から4生産小隊、東村が5、6生産小隊、北村は7、8、9生産小隊、西村が10、11生産小隊であった。大型農具は生産大隊が所有した。土地は生産小隊を単位に分配した。生産小隊が農業経営、耕作の単位となった。各家には所有土地はなかったが、住宅は自分のものであった。

その後、1972年に15の生産小隊となった。この時点で、各生産小隊に名前が付けられた。それは以下の通りである。

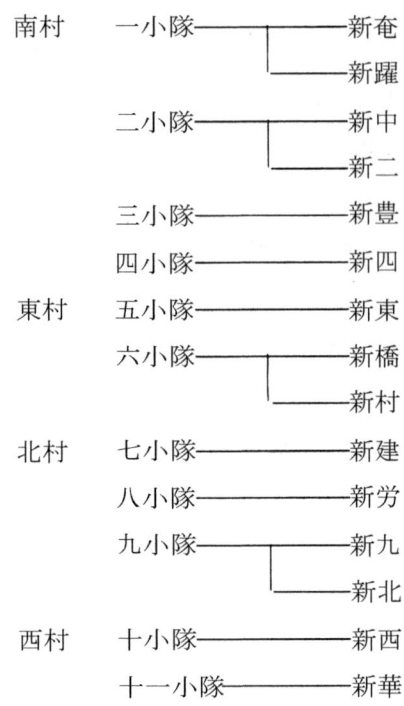

　この生産小隊の名称は現在でも使用されている。会議の際にもこの名称で行われる。

生産請負制　1978年に「家庭連産承包責任制」に移行した。ここでは男女、年齢の区別なく、人口のみを基準に各家に分配した。5人家族の家では7畝の土地が分配された。それから30年間は固定し、人口の増減による調整はしないこととなっていた。1999年からは60年の責任請負となった。配分を受けていた人物が死亡した場合には、子供がそれを継承する。子供の間で分配することも可能である。しかし、分配された土地を他人に貸すことはできない。ただし労働力不足で耕作できない場合には、他所から人を雇ってきて耕作してもらう。1日10元程度の日当であり、これを「做生活」という。同じ生産隊の人もいれば、近隣の村の人もいる。また150畝程の農場がある。これは松江区農業局の経営である。150畝の土地は新豊・新四の土地である。最初安徽省から2戸の農家が来て土地を借りて耕作していたが、農業局がそれを止めさせ、四年前に農業局の農場にして、四村の人を雇って経営している。安徽省からの農家は生

産隊から土地を借りて耕作し、1畝につき200元を生産隊に納入していた。また農業税を負担した。住まいは生産隊の倉庫を借りていた。

村の合併　1999年9月の「折二併一」によって、四村村と斜漢村が合併して新たに四村村となった。斜漢村には10の生産隊があったので、新しい四村村は合計25の生産小組からなることになった。

南村の構成　南村は大南村とも呼ばれるように四村村の中で最も大きい集落である。基本的には、東西に走る一本の「市河」と呼ばれる河の両側に列状に家が並ぶ。その東西の距離は大きく、しかも河が完全に直線ではないので、家々の並びも蛇のように曲がっている。道路は家々を結ぶように宅地の前を通っているが、宅地と道路の境が明確でない部分もあり、集落としては雑然としているという印象を受ける。多くの家は新しい二階建となっており、主屋と竈屋が別棟となっている。

南村の中は新豊、新二、新四、新中、新奄、新躍の生産隊に区分されている。

大南村は現在220戸であるが、そのうち多い姓は、楊姓が約50戸、沈姓が同じく50戸ほどである。楊姓、沈姓の家々は南村のなかの特定の地区にかたまっているわけではない。先祖がいつ頃ここに住んだのか分からないし、どこから移住してきたかも分からない。家譜も昔からなかった。祠堂もなく、沈姓が一緒に集まってする行事も古くからなかった。もともと沈姓の家々はそれほど豊かでなかったという。解放前に地主はいなかった。

摘要

村 落

福田亚细男

张泽镇位于松江区东南面，北依黄浦江，南邻金山区。该镇土地低平，属长江三角洲水稻耕作区。近年来这里工厂林立，厂房剧增。本次民俗调查主要在张泽镇的井凌桥村和相邻的四村村进行。井凌桥村的调查以陆家村，尤以其中的勤劳、勤楼两个小队为中心，在四村村则主要调查了南村。

井凌桥村和四村村均为行政村，分别由多个各自分散的自然村组成。自然村基本上沿东西走向排列，呈列村状，之间流淌着人工河，所以行政村从景观上看，不具备集村的条件。

行政村作为行政区划的单位，自1949年以来经历了多次沿革，并未以一定地域的形式固定下来。作为社会组织完遂生活互助功能的，是位于行政制度末端的生产队。生产队以自然村为其基础，地名上多带姓字，共同体的性质不强。

在四村村的南村调查中考察到有关与村落布局相关的龙尾龙眼传说，不仅在地理布局上特征明显，又有相关传说伴随，可以说是以风水学说解释村落布局的一个典型例子。

家　族

中込　睦子

1. 家族生活の場としての住居

住宅の新改築　上海近郊農村では、1980年代におこった建築ブームで住宅の新改築が急速に進んだといわれている。井凌橋村・四村においても、現在の農村景観を特徴付けるのは、通路に南面して、二階建てのコンクリート住宅が軒を連ねて建ち並ぶ光景である。三階建ての豪邸も見られる一方で、取り残されたように瓦葺・煉瓦積みの平屋の民家も散見されるが、その数は全体から見れば少数といってよい。1985年の房屋建築基本情況統計表（『張沢志』1999年）によれば、四村の農業戸542戸の内二階建て以上の建物（楼房戸）は196戸（36%）、井凌橋村では395戸の内103戸（26%）となっているが、80年代から90年代へと続いた（そして今も続いている）新築ブームにより、二階建ての比率はさらに高まっているものと考えられる。

こうした住宅建設が、この地域の急速な経済発展を背景としていることはいうまでもない。しかし同時に、兄弟間での住宅分割という家族の制度的規範が今日も厳守されていることは、住宅の活発な新改築のもう一つの要因となっている。結婚を控えた息子達それぞれの新居を確保するために、あるいは兄弟の分家を機に旧宅を二階建て・三階建てに改築するのは親として当然の義務と考えられており、さらに工場や会社に勤務する息子達は収入の相当部分を割いて、子ども達のために増改築を繰り返している。現在村内に残る平屋の民家の多くは、こうした流れからいわば取り残された形の老夫婦の住まいである。

今回調査を行った住宅も、大半は1980年代に建築された建物であり、それ以前の状況は聞き取りによってその概要を知るのみである。住宅の状況は、各家庭

の経済状態や家族構成など様々な要因によって決まってくるので、一概にはいえないが、この地域の住宅の変化はおよそ以下のような経過をたどったと考えられる。1960年代まで、一般の農家は瓦葺・煉瓦積みの平屋住宅で、入り口のある中堂・客堂間の東西に居室が並列する三間取り・四間取り、または天井（中庭）を囲んで南北に中堂を配し、ロの字型に居室を配置する閉鎖型の間取りであった。並列型の間取りでは、南側に居室のある母屋、その北側に天井を挟んで灶間・猪棚（豚舎）・雑間（物置）などのある別棟の小屋が建てられていた。1970年代から二階建て住宅への改築が進み、並列型の間取りに二階の各室をあげるかたちの建物が現れた。この場合も、灶間は別棟の小屋に設けられる。

　1980年代以降、現在見られるような小屋部分を取り込んだかたちの二階建てが建てられるようになり、この形式が一般化して今日に至っている。平面図でみると、閉鎖型の間取りの西半分を独立させたような逆コの字型の造りで、南側に客堂間と次間、北側に灶間ともう一室があり、南北の二室を廂房などと呼ばれる一室でつなぐ。一階部分は、厨房や食事室などの家族の共用部分で、二階部分が居室にあてられる。兄弟で一棟の建物を建てる場合には、こうした間取りを左右対称に配置し、天井を囲む閉鎖型に近い形となる。

　平屋三間取りの事例　解放以前の一般農家は、三間取りの平屋が基本であったとされる。図1（41頁写真1）は、その当時の状況を残していると考えられる数少ない事例の一つで、井凌橋村・封A氏宅の間取りである。日中戦争開始以前に建てられたものといわれ、瓦葺の平屋で、木の柱組に煉瓦を積んで壁土で目積みする工法で建てられている。内部は現在も土間で、両開きの板戸を入った中央の後堂、東側の東里房、西側の西里房の三室に区分されている。東西の二室は、戸を付けた板壁で南北二つに仕切られているが、屋根裏部分は吹き抜けで後補であることがわかる。

　平屋四間取りの事例　図2は、四村の徐B氏（1931年生まれ）旧宅の間取り図である。1970年頃に建てられた建物で、1985年に現在の住宅を新築するまで使われていた。建築当初は、入り口のある中堂の西側に一室（西房）、東側に二室がある四間取りであったが、後に東側に二室を増築し、図のように二つの中堂を挟んで二室ずつ六室が横並びに並ぶ間取りになった。東西の端に猪棚（豚舎）が設けられ、南房の北側の披に灶間があった。北側の小屋には灶間と猪棚があった。ただし、西側三室は後補である。

中国江南村落民俗志研究

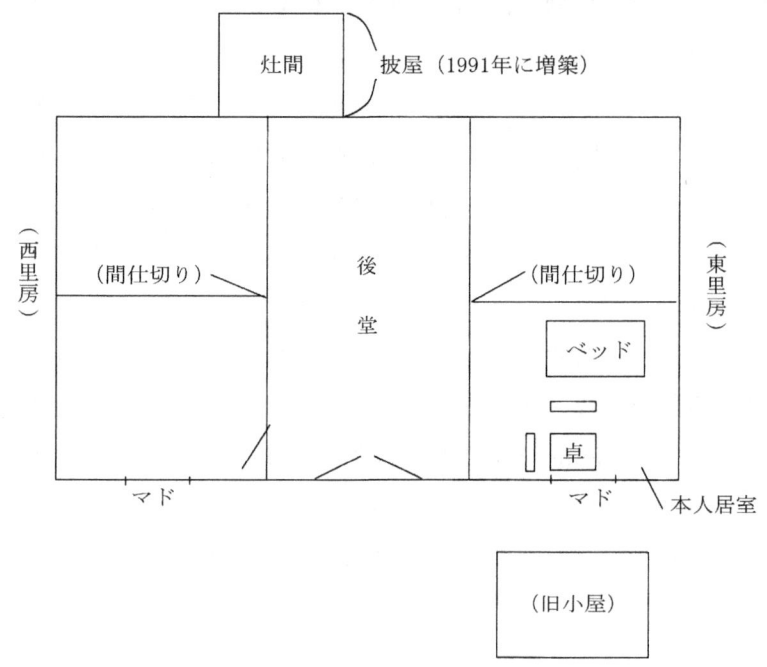

図1　井凌橋村　封A氏宅の間取り図

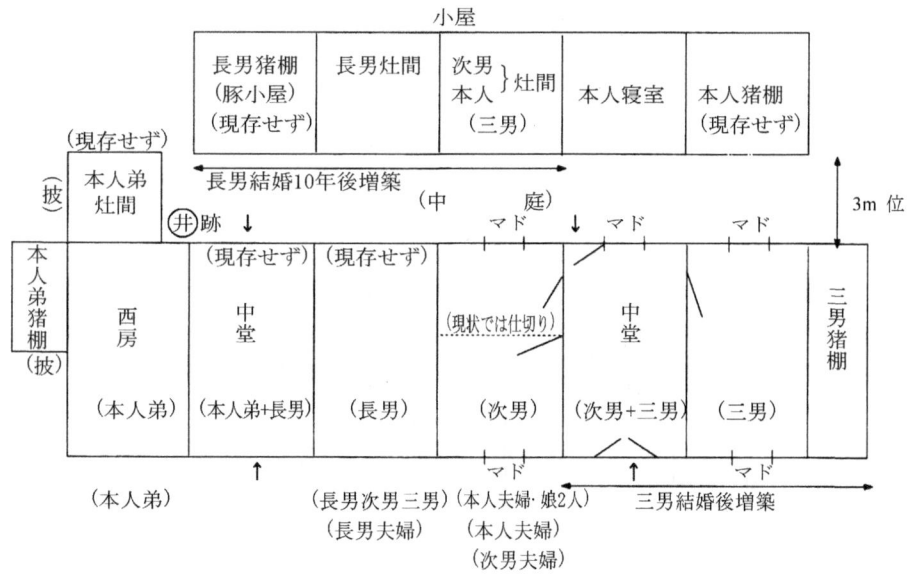

図2　四村　徐B氏旧宅間取り図

・27・

中庭を囲む閉鎖型の事例　図3は、四村の楊C氏（1930年生まれ）旧宅の間取り図で、氏の子供時代から1979年に取り壊されるまでの住宅の様子を聞き取りによって復原したものである。天井を囲んで、南北に中堂と四室、東西に听（廳）を配した閉鎖型の間取りである。祖父の時代には比較的裕福な暮らしぶりだったといわれ、祖父の兄弟、伯父叔父、本人の兄弟などが順次居室を分割しつつ大家族で暮らしていた。灶は各夫婦の居室の一画に設けられ、普段の食事はそれぞれの夫婦ごとだった。中堂と天井、听（廳）は家族の共用スペースで、東西の天井と听（廳）は東西それぞれに居室を持つ家族の共用、中堂と中央の天井は冠婚葬祭など大きな行事の際にこの家に住む家族全体で使っていた。南側の中堂には、牌位を安置する客堂が設けられていた。氏がこの家に住んでいたのは1979年までで、その後中堂の両脇の居室を順次（イロハニという順番で）取り外し、83年には完全に取り壊されたとのことである。

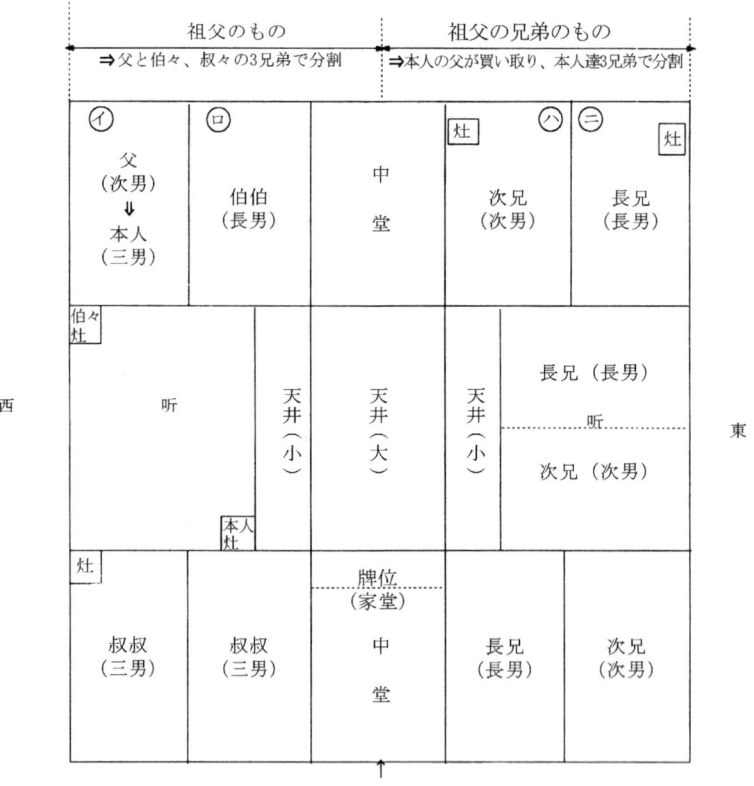

図3　四村　楊C氏旧宅間取り図（復原）

現在の二階屋の事例　現在、井凌橋村・四村で一般的に見られる住宅は、南側の母屋と北側の小屋部分を棟続きに接合した二階建ての建物である。図4は、井凌橋村の封D氏（1927年生まれ）の次男家の現在の間取りである。1986年に建てられたもので、南側に入り口のある前頭間と西次間、北側に灶間のある東間と西間があり、南北の部屋をつなぐ部分は二階への階段と廊下、バス・トイレになっている。西側はやや狭い天井で、井（井戸）がある。二階は、次男一家の居室になっている。

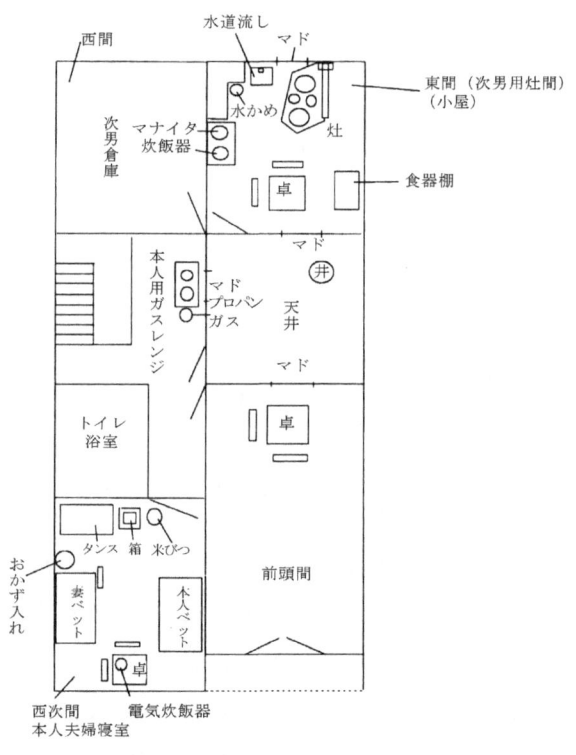

図4　井凌橋村　封D氏次男宅

　図5は、井凌橋村の徐E氏（1928年生まれ）の次男家と三男家の間取りである。図4の間取りを左右対称に組み合わせた形で、1985年頃に建てられた。南側の中央に次男家・三男家それぞれの中堂（堂屋）、その両側に東南房、西南房がある。天井を挟んだ北側を小屋といい、それぞれの灶間と雑間・食事室が二室ずつある。天井の東西には廂房が一室ずつあり、小屋の各室と廂房へは天井から出入りする。中堂の二階は中堂楼、東南房・西南房の二階を南房楼、廂

房の二階を廂楼といい、次男と三男の家族の居室がある。棟続きの建物ではあるが、一階二階とも完全に二つに仕切られており、入り口も別である。ただし、天井を通って容易に行き来できる構造になっている。

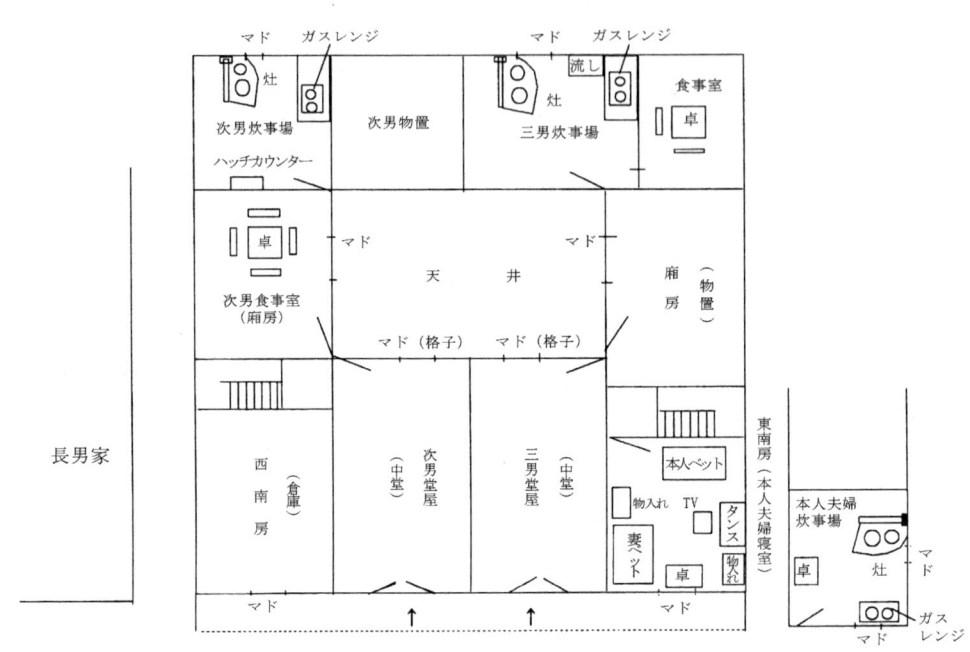

図5　井凌橋村　徐E氏次男三男宅

部屋の名称と機能　建物は原則として南向きに建てられる。入り口を入った広間は、客堂（間）・中堂・堂屋・前頭間・後堂などと呼ばれ、婚葬喜事（冠婚葬祭）や清明などの過時酒（祭祖）の行われる儀礼の場である。牌位のあった当時は、客堂間の北側の壁際に棚（これを客堂ともいう）を作って牌位を安置し、現在は埋葬されるまで遺骨をこの部屋に安置している例（四村）もある。天井に近い北側の窓の側に卓と椅子を置いて接客や食事をする家もあるが、普段は家具をおかず作業場にしている家が多い。

　家族の居室は、平屋の場合は客堂間の東西の次間や廂房、二階建てでは主に二階の各室を当てる。一階の客堂間の隣室は空き室・雑間（物置）になっている例もあるが、親夫婦が同居する家ではここが老人の居室となる。家族構成の変化によって、空き室となった部屋は雑間として不要品を収納したり、来客用の部屋に当てる。

灶のある厨房は、灶間・灶頭間・厨房間とよばれ、壁際に灶・ガスレンジ・流し・食器棚を置く。窓際に食卓を置いて食事をとる家もあるが、近年は隣室を喫飯間（食事室）とする方が多いようである。灶は三つ口ないし四つ口で、大鍋をかける二口と余熱で湯を沸かす小さな口があり、壁際の烟囱（煙突）で排煙する。「火灶小心　人口太平」「灶前多積水　灶後少堆柴」「福禄」などの文字や築造年月日を記し、壁面の棚には以前は灶の神が祀られていた。四村では1990年～95年頃にプロパンガスが入り、ガスレンジが併用されている。水道は1992年から95年頃に常時使えるようになった。

2. 家族の構成と老親扶養

家族の範囲　中国の伝統的な家族の形態は、一般には既婚の息子達とその子どもたちから成る父系的な「大家族」と考えられている。先に示した四村の楊C氏旧宅などは、そうした「大家族」の生活を彷彿とさせるものといえるが、同一家屋に住む人々の全体が日常の家庭生活の単位になっているわけではない。

人々にとっての第一義的な家族とは、灶と家計をともにする範囲であり、夫婦と未婚の（または分家前の）子どもを基本とする。息子達が結婚し、分家して灶を分け家計を別にすれば、それまでの家に共に住み続けているとしても、それぞれは別の家族と認識される。息子達に財産を分け終わった親も、元気な間は灶を別にし、退休金（年金）などで暮らしをたてる。親夫婦が息子の家に居室を持っていたとしても、それは別の家族である。息子夫婦と「同居」している老人に、家族の員数を問うとしばしば「夫婦二人暮らし」という答えが返ってくるのは、家屋よりも灶と家計の共同が家族の基準となっていることを示すものと考えられる。

老親扶養と親子関係　こうした状況のもとでは、独立の灶・家計を維持できなくなった老親の扶養は、家族内部の問題というよりも、むしろ息子達の家族間の問題ということになる。後述する井凌橋村の封D氏のように、息子達の家を均等に回る輪流は、少なくとも子ども達が村内に近接居住する場合にはごく一般的な形である。

一人息子の場合は、兄弟間の財産分割を伴わないため、親夫婦と子夫婦の関

係は日本の直系家族の形に近くなる。親夫婦に退休金などの収入があっても、灶を共通にし老親扶養は同居する息子夫婦の責任とされる。また、近年では、息子達が都市部に職を求めて他出しそこで新居を購入する例が増加しており、複数の息子があっても結果的に一人の息子と同居する形となったり、文字通りの夫婦二人暮らしとなる例も少なくないようである。

　一方、夫婦単位に灶を分けた息子達が親夫婦のもとに一堂に会する機会として、年夜・春節や他の過時酒（祭祖）の機会がある。分家後の過時酒（祭祖）は、原則としてそれぞれの家族ごとに行われる事になるが、親が健在な間は親のいる家に息子達が集まって行事をする例が多い。後述する井凌橘村の徐Ｅ氏のように、春節には近隣に住む兄弟が互いに招きあって親夫婦と一緒に食事をする例や、他出している息子達が親と同居している息子の家に帰ってくるなどは今日でも一般的な慣習である。老親扶養と同じく祖先の祀りは、財産分与をうけた息子達共同の責務と考えられ、儀礼の場において（共通の祖先との関係において）いわゆる「大家族」の姿が立ち現れて来るともいえる。ただし、祭祖の機会は現在では簡略化されており、息子世代では過時酒の行事を全く行っていない例もある。

　なお、家族の農業経営については、解放以後複雑な制度上の変化をたどっているため、今回の調査では充分に明らかにすることができなかった。現在の制度では、農村戸籍を持っている16歳以上の者に生産隊から口糧田が配分され、これを家族単位に耕作する形態をとっている。他に、自留田・雑辺田も家族単位に耕作しており、例えば井凌橘村の徐Ｅ氏の場合は、後述するように親夫婦と長男・二男・三男はそれぞれ別個に農業経営を行っている。農地が個人単位に配分されること、耕作に要する農業機械などは生産隊所有となっていることなど、農業経営の単位としての家族の輪郭は、日本の農家を見慣れた者の目には不分明に感じられる。さらに息子世代は会社や工場に勤務する俸給生活者でもあり、家計に占める農業の比重は軽いものに成りつつある。今日見られる農村家族の親子関係のあり方も、こうした就業形態と深い関係があるものと考えられる。

中国江南村落民俗志研究

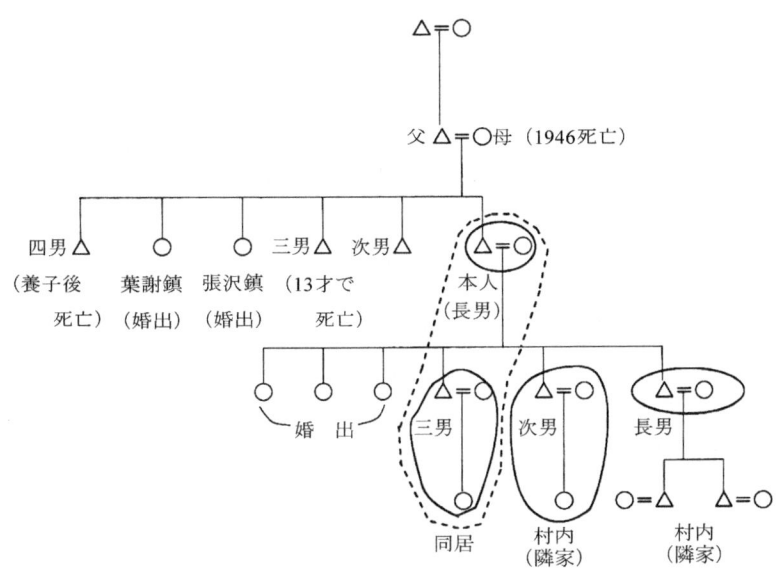

図6－1　井凌橋村　徐Ｅ氏の家族関係

親子の同居と灶の分割　図6から8は、親夫婦が息子の一人と同居しつつ灶を分けている事例である。このような場合、息子達の内末息子と同居する例が多く、井凌橋村では一般に「老扶小」つまり親は小さな子どもの面倒を見なければならないとされているからだと説明される。結婚した長男次男から順次分家して、三男は結婚後も親と共に暮らすことになる。ただし、共に暮らすとはいっても家計と灶は親子で分けるのが通例である。また分家の仕方についても、次節に述べるように家によって様々なケースがある。

図6は、図5に間取りを示した井凌橋村の徐Ｅ氏（1928年生まれ）の家族関係を示したものである。氏には三男二女があり、娘二人は既に婚出している。長男は小学校教師で一男一女があるが、既に二人とも結婚して市街地のマンションに住んでおり、現在は夫婦二人暮らしである。次男は、建築会社の会計士で、一人娘は大学に進学しており農村戸籍はない。三男は村の幹部をしており娘が一人いる。次男家と三男家は、図5に示した棟続きの建物で、その西隣に長男の家が並んで建てられている。つまり、三人の息子の家が一区画の敷地に並んで建っている形である。本人夫婦は、三男家一階の東南房に居室を持っているが、日常の食事は三男一家とは別に、東隣にある小屋の灶間で夫婦二人で

・33・

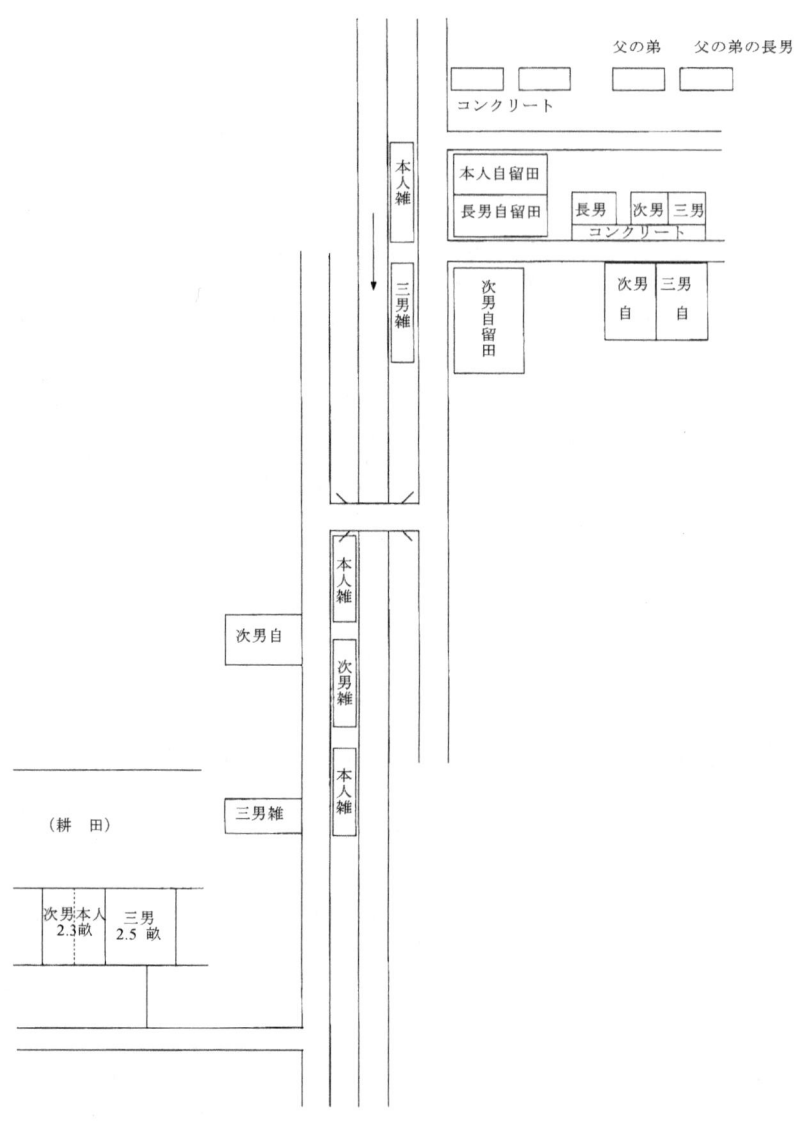

図 6-2　井凌橋村　徐 E 氏の耕地の配置

食べる。長男二男三男は、それぞれの灶間で（ガスレンジを使って）調理し、それぞれの食事室で食事をする。ただし、春節の時には、年夜の食事は長男家で作り、親夫婦と二男三男の一家を招いて一緒に食事をする。初一（旧正月一日）は次男家で、初二（旧正月二日）は三男家で同じように兄弟揃って食事をする。親夫婦は春節の三日間、子ども達の家に順番に招かれる事になる。

中国江南村落民俗志研究

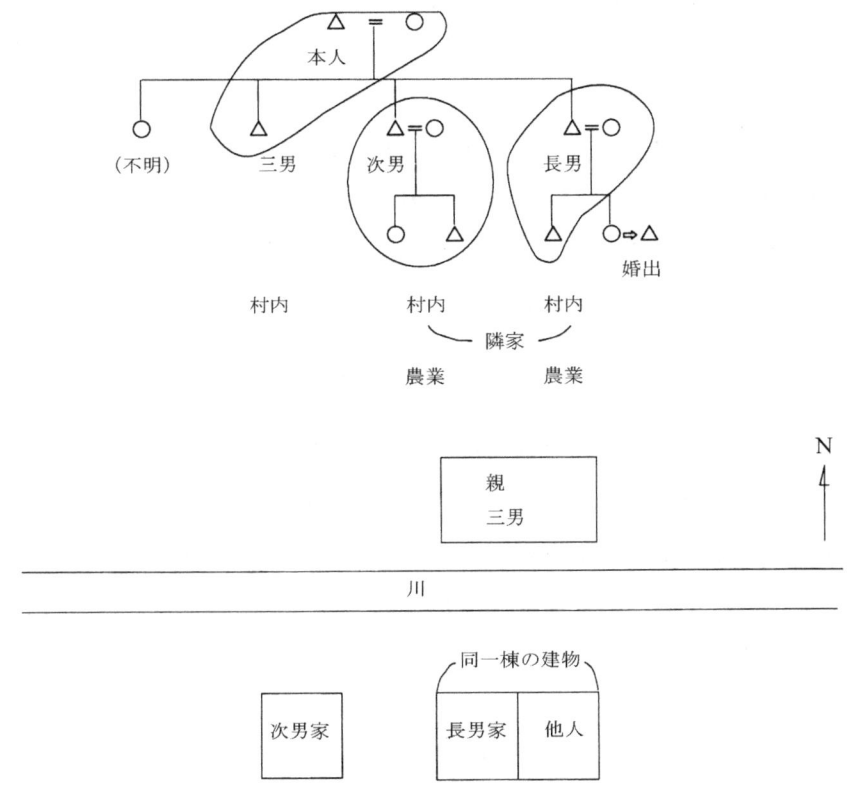

図7　井凌橋村　陸F氏の家族関係

　三男家に同居しているとはいうものの、家計や農業経営は全く別で氏自身は「夫婦二人で暮らしている」と説明している。本人はかつて郷長を勤めていたことがあり、定年後も毎月退休金が入る。妻は現在も手袋工場で働いている。生産隊（興南隊）からは、口糧田が一人あたり6分ずつ割り当てられ、別に希望すれば承包田が配分される。承包田の配分をうけた場合には、一畝あたり年間210元の地代を払うことになっている。そのほかに野菜畑として自留田が一人あたり1分ずつと雑辺田（川の縁や畑の隅などの半端な土地に作られた畑）が配分される。本人夫婦は、現在口糧田（二人分）1.15畝、自留田を4分（婚出した娘の分も含む）と雑辺田を1分ほど作っており、承包田は持っていない。長男は教員なので口糧田の配分は辞退しており、自留田を2分5厘、雑辺田を3厘ほどもっている。次男は、口糧田（娘を除いて二人分）1.15畝、自留田を1畝5厘、雑辺田を1分ほど持っており、三男は口糧田（三人分）2.5畝、自留田を1畝5

厘、雑辺田を5厘ほど持っている。農作業は長男次男三男は勿論、本人夫婦も別々に行っている。田畑の配置は、およそ図10-②のような形で、本人と次男の口糧田は一枚の田を半分ずつ分け合っているが、農作業は別々で、生産隊から耕田の機械を借りる場合にも作業員の日当はそれぞれが支払う。

図7の井凌橋村の陸F氏（1926年生まれ）の場合も、三人の息子が近隣に住み、本人夫婦は三男と同居している。氏には三男一女があり、長男次男は結婚して三男のみが未婚である。長男次男ともに農業を営んでいる。長男には一男一女があるが長女は既に婚出しており、次男にも一男一女がある。長男と次男の家は、隣り合って建てられており、本人夫婦（と三男）の家とは川を渡ってすぐの近い距離にある。本人夫婦と同居する三男とは、灶も家計も別にしており、老夫婦は内職で生計を立てている。三男との同居について、次男の陸G氏は、長男から結婚して家を出るので最後に残った末息子のところに親が住むようになることが多いと説明している。過時酒の行事は、長男家と親の家ではしているが、次男家ではしていないとのことであった。

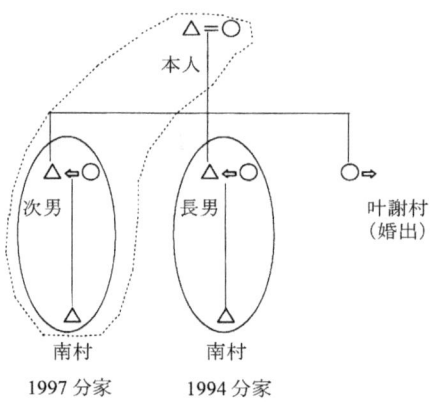

図8-1　四村　陳H氏の家族関係

図8に示した四村の陳H氏（1936年生まれ）の場合は、現在二人の息子の内次男の家に居室を持っている。氏には、二男一女があり、娘は既に婚出し、息子二人も結婚している。長男は上海の石華工場に勤務し、次男は建築関係の仕事に就いており、それぞれ息子が一人いる。この家では、長男次男の結婚に際し、二度家を新築している。1981年、長男の結婚に際して建てられた四間取りの建物では、客堂間の東側に長男夫婦（東端の一室）、本人夫婦（客堂間寄り

中国江南村落民俗志研究

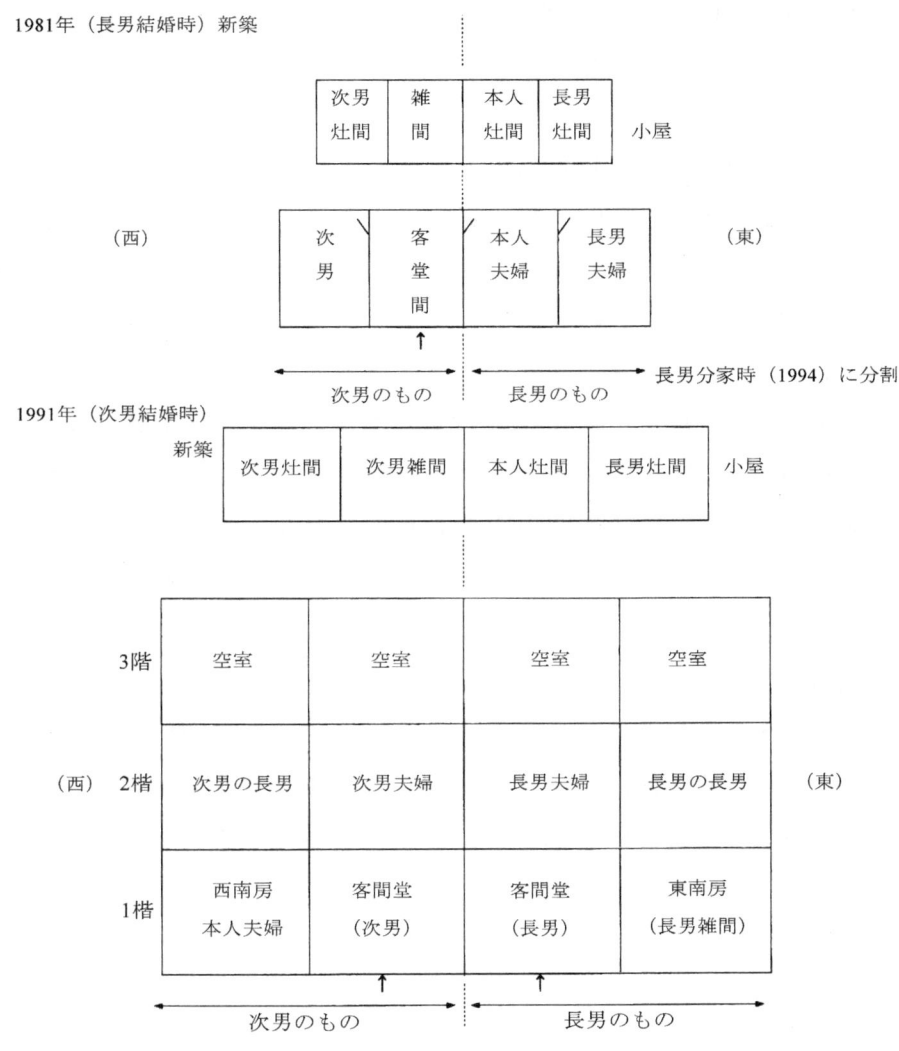

図8-2　四村　陳H氏宅居室配分

の一室)、西側に次男の居室があり、後に長男次男で母屋・小屋を分割して、東半分を長男のもの、西半分を次男のものとした。この時点では、本人の居室・灶間は長男側にあった。1991年、次男の結婚に際して、現在の三階建ての母屋を新築した。一階から三階までの各階四室を真ん中から二室ずつに分け、東半分を長男家、西半分を次男家としている。それぞれに客堂間と入り口があり、内部では行き来できない構造である。本人夫婦の居室は次男家一階の西南房にあり、灶間は小屋の東半分（長男分）にもうけられている（図8-2）。四

・37・

村でも井凌橋村と同じく、親夫婦は末の息子と同居するのが一般的とされ、その理由についてここでは「天下父母愛小児」ということをいうからだと氏は説明している。

次男家に居室を持ってはいるものの、氏によれば「夫婦二人で暮らしている」と説明され、食事・家計・農業経営は全て息子達とは別々である。本人には定年後月70元ほどの収入があり、田畑の仕事と子ども達からの若干の援助（決まった額ではない）で生活している。四村では、工場進出が進んでから水田面積が減少しているとのことであるが、現在本人夫婦（二人）は口糧田5分、自留田5分の合わせて1畝、長男夫婦は口糧田1畝、自留田1分、次男夫婦も口糧田1畝、自留田1分を耕作している。分家以前は、本人夫婦が承包田6畝を耕作し、長男次男も休日などには農作業を手伝ったということである。

輪流の事例　財産を均等に分割して分家した息子達は、老親扶養の義務も平等に負担すべきものと考えられている。親夫婦が息子達の家を順番に回って生活する輪流は、その最も典型的な姿である。次に述べる井凌橋村の封D氏（1927年生まれ）の例はその一例であるが、井凌橋村の場合息子と同居する親の多くがこうした輪流をしており、上に述べた徐E氏のように親夫婦の居室が固定している例の方が少ないとのことであった。輪流する場合には、息子同士

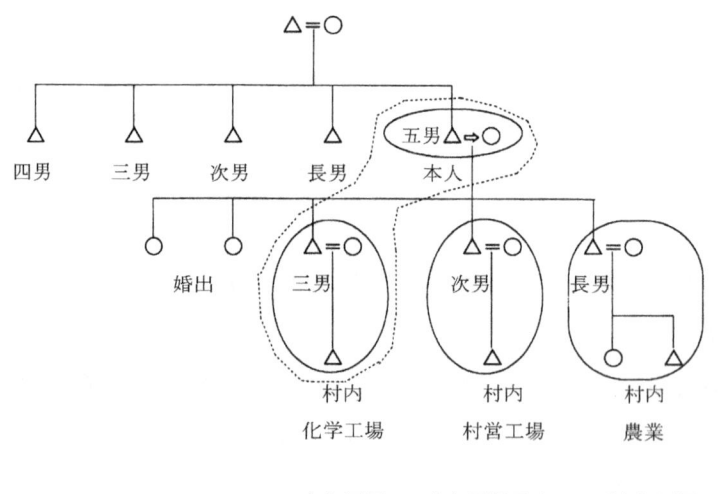

図9　井凌橋村　封D氏の家族関係

で話し合って一年ごと、半年ごとなどと期間を決め、親が順番に各家を回る。図9は、先に図4に間取りを示した封D氏の家族関係を示したものである。氏には三男二女があり、娘二人は既に婚出している。長男は農業を営み、一男一女があり、次男は村営工場に勤務、三男は化学工場に勤務してそれぞれ息子が一人いる。長男次男三男の家は、歩いて2、3分の距離にあり、長男の結婚以来何度か新築、増改築を重ねている。まず長男の結婚に際して、現在の次男家のある場所に二階建ての家を新築した。一階二室、二階二室の二軒の家が接合した建物で、建物の東半分に長男夫婦、西半分に本人夫婦と未婚の三男と次女が住んだ。次男は当時軍隊に入隊しており、長女は既に婚出していた。また、本人の義母（本人は招女婿で妻の母が同居していた）が同居しており、長男の家の一階に居室を持っていたが、食事は本人夫婦と共にしていた。小屋も長男夫婦と本人夫婦で東西に分け、それぞれ灶間をもっていた。次に次男の結婚に際して、現在の三男家を新築し、次男夫婦が入った。本人夫婦と未婚の三男は、もとの二階屋で長男夫婦と同居していた。三男が結婚する際には、次男のために新築した家を改築して三男夫婦と本人夫婦が入り、次男夫婦は本人夫婦と入れ代わって長男夫婦の住む二階屋の西側の居室に入った。本人夫婦の灶間は次男夫婦が引き継いだ。その後、長男夫婦は現在の家を新築して移り、残った次男夫婦は現在の家に改築、三男夫婦も現在の家を部分的に改築して今日に至っている。長男家では、その後1995年に三階建てに改築している。

　本人夫婦は、三人の息子達にそれぞれ家を持たせてからは、三男夫婦と同居していたが、1997年から輪流するようになった。その理由について、氏は年をとって農作業ができなくなったので、働けなくなった親を息子達が交替で世話をする形になったと述べている。しかし、輪流はしていても、息子達とは家計も灶も別にしており、息子達に完全に扶養されているわけではない。この点では、先に見た息子夫婦と同居する事例と同じである。

　現在、本人夫婦は、一年交替で息子達の家を順番に回って生活している。息子達の家では、図4にみられるように一階の前頭間西側の部屋を親夫婦の部屋として確保しており、毎年陽暦一月一日に居室を移る。その年に暮らす家の息子が親夫婦を迎えに来て、ベッドや道具類など室内の全てのものを運んでいく。陽暦一月一日というのは、計算がしやすいように息子達で話し合って決め

たといい、家によっては旧暦の一月一日に移る例もあるという。このようにして、1999年には三男家、2000年には次男家で暮らしており、2001年には長男家に移る予定である。

　それぞれの息子の家で暮らすとはいっても、本人夫婦と同居する息子一家とは家計も灶も別々である。図の次男家でも、厨房は息子夫婦のものであり、日常の食事は親子別々にとる。本人夫婦は、専用のガスコンロと炊飯器を持ち回り、廊下や堂屋の隅に置いて夫婦二人分の食事を作って寝室で食べる。過時酒の行事はそれぞれの家で行い、春節の食事だけはその年に同居している息子の家族と一緒にとる。本人はかつて生産隊幹部を務めていたので、定年後は毎月退休金が入り、そのほかに分紅（生産隊の共同利益の配当金）として毎年1000元の収入がある。これらの収入に加え、水田1畝を作って生活している。こうした生活について、氏自身は「夫婦二人で暮らしている」と説明している。なお、バス・トイレは、各家の一階にある家族共用のものを使い、息子夫婦の居室のある二階部分へは出入りしないとのことであった。

　一人息子・一人娘との同居　一人娘・一人息子の場合は、兄弟間で財産分割する必要はなく、老親扶養も同居する一子が担うことになる。図10に示した四村の楊C氏（1930年生まれ）の事例では、一人娘（姉妹二人の内一人は夭死しているため）に招女婿を迎えて同居している。氏の妻は1992年に亡くなっており、現在本人と娘夫婦、その長男の四人家族である。娘は現在合弁会社に勤務しており、婿（氏の説明では息子）は内装関係の仕事（個人営業）をしている。楊家は、祖父・父の代まで水田40畝近くを所有する比較的裕福な農家で、本人も勤めに出ることなく農業を営んできた。従って、退休金など本人の収入はなく、生活費は全て娘夫婦の収入でまかなっている。娘夫婦とは灶も分けておらず、居室（孫と同室）も娘夫婦と同じく二階にある。娘夫婦は共稼ぎのため、家事は親夫婦が担当しており、妻が亡くなってからは毎日の食事を氏本人が調理しているとのことである。農業経営も家族全体で行い、現在は、口糧田2.7畝（四人分）、自留田4分（同じく四人分でこのうち野菜畑が2分、水田が2分）を作っている。農作業は、ほとんど婿が行い、本人は自留田に肥料をかけるなどの軽作業をするのみである。

中国江南村落民俗志研究

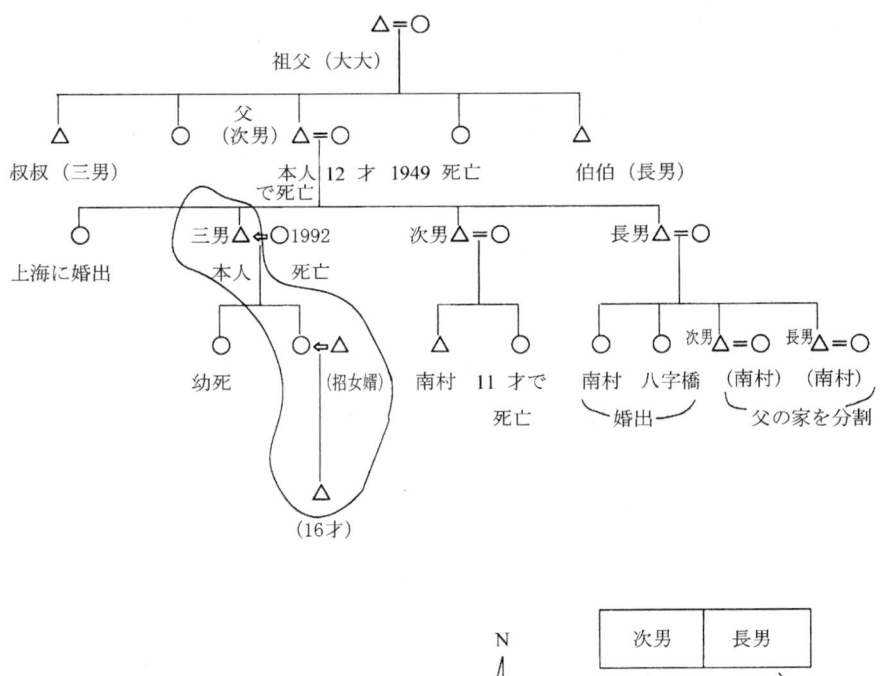

図10　四村　楊C氏の家族関係

写真1　平屋三間取り民家の外観　井凌橋村

兄弟の転出と一子との同居　現在の農村では、若い世代の農外就労、都市部への転出が進んでおり、兄弟が村内に近接居住する状態は崩れつつある。次に示す二つの事例は、兄弟が転出した後、残った一子と親夫婦が同居している事例である。図11は、図2に旧宅の間取り図を示した四村の徐B氏（1931年生まれ）の家族関係を示したものである。氏には、三男二女があり、娘二人は既に婚出している。長男は村営のゴム工場の工場長を務め、亡くなった先妻との間に一男一女がある。娘は既に婚出し、息子も張沢鎮で勤めているため同居していない（2000年には軍隊に入隊）。次男は現在松江区在住で検察院に勤務、三男は張沢鎮在住で武装部に勤務しており、それぞれ息子がいる。息子達は、結婚当初は全員図2に示した旧宅に居室を持っていたが、次男、三男と順次他出し、現在は長男が新築した家に、本人夫婦と長男夫婦が同居する四人家族である。

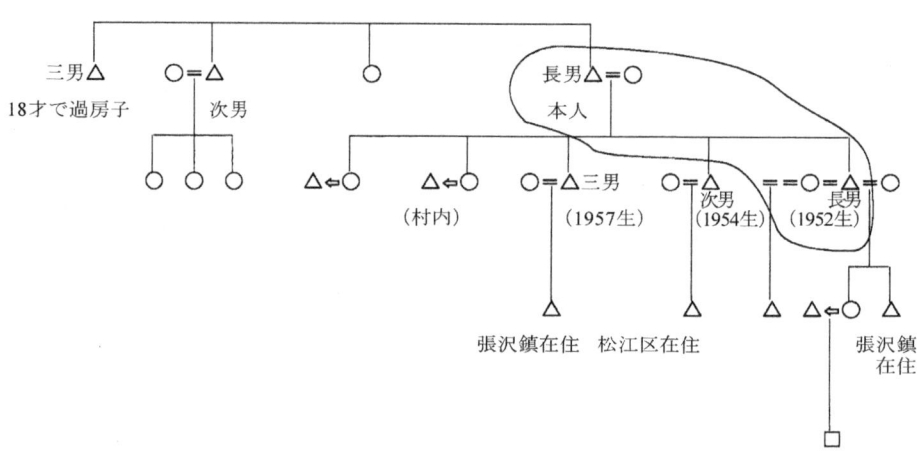

図11　四村　徐B氏の家族関係

　現在は灶は分けておらず、居室も長男一家と同じく二階にある。生活費は全て長男夫婦の収入でまかない、本人が受け取る退休金は親夫婦の小遣いになる。長男夫婦は共稼ぎのため、日常の食事は、本人の妻が灶で調理して家族揃って食べる。年夜や清明には、次男一家三男一家、婚出した娘達の一家が帰ってくるので、揃って食事をする。本人の妻が中心になって嫁達や娘達が調理を手伝い、人数が多いので客庁と食事室を使って食事をする。農業経営は、以前は氏自身が田6畝を耕作していたが、現在は2畝ほど作り、農作業もほとんどしないとのことである。

中国江南村落民俗志研究

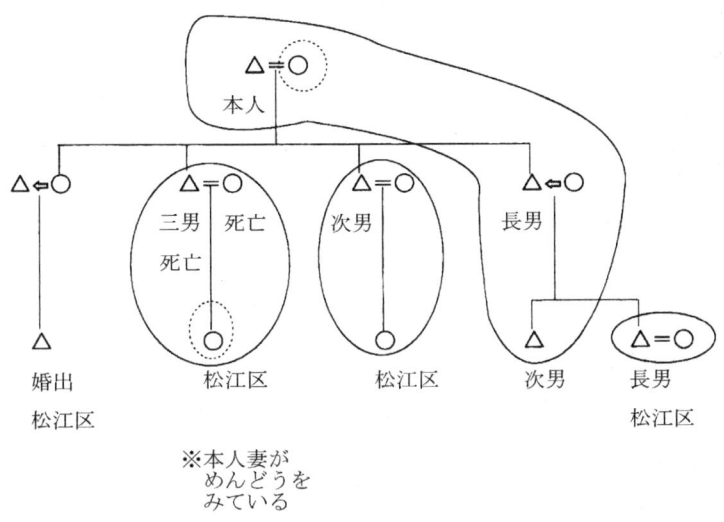

図12　四村　沈I氏の家族関係

　図12は、四村の沈I氏（1933年生まれ）の家族関係である。氏には三男一女があり、娘は婚出し息子達も全員結婚している。長男は集団経営で建築業を営み、二人の息子がある。長男の長男は松江区在住で地震局に勤務しており、長男の次男は個人営業の運転手で現在同居している。次男は、松江区在住で、化学工場に勤務し娘が一人いる。三男も松江区で幹部をしていたが、松江区の自宅の火事で夫婦とも亡くなった。残された娘は現在も松江区に住み、本人の妻が同居して世話をしている。従って、現在は本人と長男夫婦、長男の次男の四人家族で暮らしている。

　現在灶は分けておらず、居室も長男夫婦と同じく二階にある。調理は長男の妻が担当し、厨房で家族揃って食事をする。春節には、次男一家や婚出した娘一家も帰ってくるので、年夜のご飯は客庁で揃って食べ、終わると各自の家に戻る。年夜の食事も全て長男の妻が作る。生活費は全て長男夫婦の収入でまかない、一家の家計は全て長男の妻が取り仕切っている。同居している長男の次男の収入も、現在は全額長男の妻に渡して母親から小遣いをもらっている。本人はかつて幹部をしていたので毎月退休金が入るが、これは小遣いになる。

長男の次男は2000年5月に結婚する予定で、そのために現在の家の隣に二階建ての新居を建築中である（1999年時点）。結婚後は、家族全員で新居に移り新婚夫婦と同居する予定であるが、結婚すれば親の手を離れて妻が生活費を管理するようになるとのことである。

3. 分家と兄弟関係

　兄弟の財産分割　住居の項で述べたように、井凌橋村・四村村ともに、兄弟間での財産分割は、極めて厳格な均等分割の原則に従っており、これは基本的に現在も遵守されている。兄弟が二人、三人いる場合には、財産は必ず平分（平等に分ける）され、親が持っていた房銭田（住宅と金銭と農地）の全てを等分してそれぞれの息子に家を持たせるのが親としての責務と考えられている。平分にしなければ兄弟間で争いが起こるので、親は必ず平分になるようにあらゆる努力をする。解放以後、農地の均分はみられなくなったが、住宅についてはこの原則が守られ、息子達の結婚の度に頻繁に増改築を繰り返している様子は既にみたとおりである。居室を平等に分けるだけでなく、中堂や天井などの共有空間も半々の権利とし、小屋も東西に分割する。その後二階建て三階建てに改築する際には、（たとえ棟続きの建物でも）それぞれが中堂・天井・小屋を持つ住宅として建て替えられる。

　このように、息子の結婚に際して親が住宅を改築するのは、単に新婚夫婦の居室を確保するというだけでなく、将来の分割をも想定しているからである。息子夫婦の居室を確保し、分割するに充分な住宅を確保できなければ、息子達の結婚は遅くならざるを得ず、また息子が多ければそのうちの何人かは招女婿や養子（過房子）に出さざるを得ない。井凌橋村のある話者は、次男、三男の結婚が共に27歳の時であったことについて、家が貧しくて新婚夫婦の部屋を用意できなかったので結婚が遅くなったと語っている。後述する過房子についても、家が貧しかったので…という説明がしばしば聞かれた。

　娘の処遇と嫁入り道具　娘達の生家での立場は、招女婿や過房子に出る息子と同様で、財産均分の対象には含まれない。四村のある話者は「娘は必ず嫁に行かせる」「息子がいれば（娘に招女婿を迎える必要がないので）必ず嫁に行かせるし、行かせなければいけない」といい、嫁に行けばこの家のものではな

くなるので、財産も分ける必要はないと語っている。話者に子どもの数を尋ねると、まずは息子の人数を答え、娘のことはこちらから質問しないと答えないケースが少なくないのは、親にとって家族の問題はまずもって息子達との関係と考えられていることを示すものであろう。とはいえ、娘が嫁にいく際に持っていく嫁妝（嫁入り道具）は親が整えるものとされ、息子達への財産分与と同様親の責任と考えられている。四村の話者によれば、嫁妝として持たせるものは、被頭（布団、いくつももたせる）、脚桶（洗濯などに使う盥。昔はお産の時にはその中に座って産んだ。大小あわせて2、3個）、面盆（洗面器）、馬桶（寝室に置いておくオマル、2個）、衣服（四季用＝一年中の衣服）、箱子（衣服を入れておく箱、大小一つずつ）、四方桌子（梳妝台、四角い机で化粧台）、登子（小登子、小さい腰掛け）等で、中でも衣服は四季用で一番多いという。これら以外の新婚夫婦の調度品（ベッドやタンスなど）は、すべて男性の方の親が用意する。娘が多ければ、こうした道具類の準備も親にとってはかなりの負担になるといえるが、これらは財産分与とは考えられていない。

　財産分割の対象とならない娘達の名前は、記憶にとどめられないことがままある。本人の娘、姉妹は通常個人名がわかるが、父の姉妹（オバ）は個人名まで覚えていない例が多い。四村の話者（71歳）は、祖父、父、父の兄弟（伯伯・叔叔）の個人名はすべてあげられるが、父の姉妹の名前はわからないという。この話者によれば、祖母、母も名前はわからないといい、その時代には女性に名前はなく、母も生家の姓で徐氏または婚家の姓と合わせて徐楊氏と表現されたという。

　分家の経過　分家という用語は、財産を分けて息子達がそれぞれ家を持つことをさしているが、結婚した息子が灶を分けて独立の生計を営むことも分家という。結婚、灶の分離、財産（住宅）の分割を経て、息子達はそれぞれ分家することになるが、その経過は各家庭の事情によって様々である。話者の息子世代では、結婚すれば1年以内に分家するともいうが、これは息子夫婦が工場や会社に勤務する近年の就労形態と関連していると思われる。

　伝統的な分家の仕方について、四村の話者は次のように説明している。息子達は、原則として年長者から順番に長男次男三男と結婚するが、分家の時期については次のような二つのケースがある。一つは、長男が結婚しても次男三男

が未婚であれば分家せず、三男の結婚をまって分家するというケースである。三人息子がある場合には、末子の結婚を待たずに次男が結婚した時点で長男次男が分家し、未婚の三男が親と同居することになるケースもしばしばみられるが、少なくとも長男の結婚から分家までは相当期間を経ることになる。もう一つは、長男が結婚すれば、次男三男が未婚であってもすぐに分家するケースで、これはどちらかといえば親と長男の折り合いが悪い場合、または兄弟の仲が良くない場合だと説明される。この様な場合、親は普通下の息子と一緒に暮らすことが多いが、それは下の息子の方が親に優しく親密になりやすいからで、下の息子と親が合わないなどということはまず考えられないという。どちらの場合でも、最終的に財産は均等に分けられるので、長男が先に分家する場合にはまず長男の取り分（息子三人であれば三分の一）を分け、残りの息子達の分はとっておいて二男または三男の分家の際にさらに分割する。

　従って、原則として、息子達は結婚から分家まで何年かは親の家族の一員として生活することになる。この間、灶は分けず、家計も親が一括して管理する。息子達に収入があれば（その少なくとも半分は）親に渡し、食費や生活費は親がまかなう。調理は主に母親が（親の灶で）担当し、家族揃って食事をする。親は来るべき息子達の分家に備えて息子達の新居を建て、息子達が無事に分家し終われば親の手元には何も残らないことになる。井凌橋村のある話者は、長輩のもの（上の世代の者）が子どもに家を建ててやるのは当たり前で、自分たちも親にそうしてもらったと語っている。親の手元に何も残らなくても、もう年寄りなのだから、住むところとご飯を食べるところがあればよいのだという。

　分家の直接のきっかけについて、四村の話者は食事の問題をあげている。息子達の収入を管理する親の食事に子ども達が満足しなくなると、親はまかないきれずに灶を分けることになるのだという。灶を分ければ収入もそれぞれで管理することになり、財産分割・分家という経過をたどる。勿論、息子達にそれぞれ子供が生まれて住居が手狭になることや、老齢に達した母親が一家の家事を担いきれなくなることも、分家の重要な要因である。

　子ども達が分家してからも、親が健在な間は年6回の過時酒（祭祖）は親のいる家で親の手で執り行われる。この場合は、子ども達の家では祭祖は行わない。年夜、清明などには、息子達や嫁いだ娘達も親の家に帰ってきて、揃って

食事をする。親が亡くなれば、過時酒は各自の家で行われることになる。以下、分家と財産分割について、いくつかの事例をあげる。

3世代にわたる分家事例　41頁図10は、先に閉鎖型の間取りの事例として挙げた四村楊C氏（1930年生まれ）の曾祖父以下の家族関係を示したものである。楊家は、祖父の時代には田40畝近く所有する裕福な地主で、田は全て人に貸していた。祖父には三男二女があり、本人の父は次男で、伯伯（長男）と叔叔（三男）が一人ずつあった。兄弟三人は分家に際して田を等分し、およそ12畝ずつに分けた。この頃は田を人に貸さず自分たちで耕作し、人手が足りないときには短工を雇った。先に間取り図3（15頁）に示した住宅は、元々曾祖父の家を祖父とその兄弟（おそらく兄）が二つに分割したものといわれるが、この間の事情は詳しくわからない。祖父の持ち分である家の西半分を兄弟三人で分割し、長男（伯伯）と次男（本人の父）は北側の中堂の隣の二室を、三男（叔叔）は南側の中堂の隣室二室を与えられ、西側の听（廳）と小さな天井は三人の共有とされた。

父には三男一女があり、本人は三男で二人の兄がいた。妻と四人の子ども達を養うには父が分与された田では足りなかったので、妻（本人にとっては母）の実家の援助で田23畝を買い足し、35畝の農地を経営していた。父は本人が2歳の時に亡くなったが、母と四人の子どもの五人で暮らし、長兄・次兄が結婚して本人が14歳（当然未婚）になったときに分家して、住居と田を分けた。田35畝を長兄12畝、次兄12畝、本人11畝と三分割したが、長兄と次兄の田は12畝の内自田（自分で耕作した分は自分のものになる所有地）は8畝で、残り4畝は租田つまり借りた田だった。租田は収穫の十分の一ほどを租米（借地料）として納めなければならなかった。本人分の11畝は全て自田だった。もっとも、1937年に長兄が結婚するとすぐに日中戦争が始まり、家族は村を離れたこともあったので、通常の分家ではなかったともいう。

住宅の分割は、本人の父が祖父の兄弟から買い取った建物の東半分を長兄と次兄で二つに分割した。南の中堂の東側の二室、北の中堂の東側の二室をそれぞれ長兄次兄で分け、東側の听（廳）と小さな天井は二人の共有とされた。未婚だった本人は母妹と西側の父の居室で暮らした。分家後は灶も分けるので、当時は長兄、次兄、本人と母の三つの灶に分けていた。母は1949年、本人が20

歳の時に亡くなり、その後結婚した本人夫婦は父母の部屋を引き継いだ（図3はこの時点での居室配分を示している）。本人一家は旧宅に1979年まで住み、1990年に現在の家を新築して移った。1979年以降旧宅の居室は順次取り壊され、1983年には完全に取り壊された。伯伯、叔叔、兄達の一家もそれぞれ家を新築して家を出た。

　本人は、既に述べたように娘夫婦と同居しているが、長兄は二人の息子に家を分けている。長兄には二男二女があり、娘二人が婚出した後、長兄の建てた家を、長男次男で二つに平分して住んだ。この家は、長兄が分家に際して新築した家で二度改築しており、二つに分けてからは長兄夫婦は次男と一緒に住んだ。その後、まず長男が東側の少し離れたところに新居を建てて移り住み、長兄夫婦の死後、次男が西側の少し離れたところに家を新築して住んだ。旧宅は既に取り壊されている。次兄には一男一女があり、娘は11歳で亡くなっている。長男は結婚後も親と同居して灶は分けていたが、次兄の死後はそのまま家を引き継いだ。

　2世代にわたる分家事例　42頁図11は、先に並列型の間取りの事例としてあげた四村の徐B氏（1931年生まれ）の兄弟姉妹以下の家族関係を示したものである。氏は、三男一女の四人兄弟の長男で、妹の下に二人の弟がいる。末の弟（三男）は、18歳で過房子（他家の養子）にいっており、本人（長男）と弟（次男）の結婚後、家を二つに分割して住んだ。27頁図2に示した旧宅（1970年頃建築）は、その当時の状況を示したもので、中堂を挟んで東側の二室に本人の一家（本人夫婦と三男二女）、西側の一室に弟の一家（弟夫婦と娘三人）が住み、灶もそれぞれに設けていた。本人夫婦と未婚の娘達は東側の一室、息子三人は西側の一室に住み、北側の小屋に本人の灶間と猪棚があった。弟の娘達は幼かったので、西房一室に夫婦と娘達で暮らし、西房の北側の披に弟の灶間、西側の披に弟の猪棚を設けていた。

　この建物を建てた1970年頃、長男は17、18歳、次男は15、16歳、三男は12、13歳だったが、その後息子達は順次軍隊に入隊しているので、息子達は常時この家に住んでいたわけではない。長男の結婚当時は、次男三男は入隊して不在だったため、西側の居室を長男夫婦の新居に当て、次男が軍隊から帰って結婚した際には、東側の居室を次男の新居として、本人夫婦は小屋に居室を作って移った。これは、母屋の部屋数が足りなかったからで、新婚の次男夫婦に

中国江南村落民俗志研究

写真2　過時酒の供物の並べ方

よい部屋を与えるために自分たちは小屋に引き移ったとのことであった。さらに三男の結婚に際して旧宅の東側二室を増築し、中堂と三男の居室とした。図2は、この時点での旧宅の居室配分を示したもので、旧宅を長男次男三男に均等に分け、元々の中堂は長男と本人の弟、増築した中堂は次男と三男の共有となった。ただし、次男は結婚当時軍隊に入隊して不在がちであり、1、2年後には次男の妻も次男のもとに転出したため、実際に次男夫婦が同居していた期間はごくわずかである。1985年に長男は現在の建物を新築して、本人夫婦と共に移り、旧宅に残った三男一家も2、3年後には勤務先に新居を購入して転出した。不要になった次男三男の家具は旧宅に現在ものこされているが、居室としては使われていない。

　長男が分家して灶を分けたのは、結婚して10年後、三男の結婚の前後である。息子達の結婚後も分家するまでは灶は分けずに、本人の妻が調理して家族揃って食事をしていた。娘達も婚出し、息子達もそれぞれ結婚した段階で分家し、小屋の西側を増築して長男の灶間と猪棚を新たに作った。この時点で次男は実際には同居しておらず、三男も結婚前後の時期だったので、次男三男は本人の灶間を共同で使っていた。長男夫婦が新居を建てて移りすんでからは、本人の灶間を三男が使っていたが、三男も新居に転出したため、小屋部分は空き家の状態である。親である本人夫婦が健在なので、年夜には次男三男の一家が長男の家に集まり、一緒に食事をする。

・49・

弟一家の転出時期ははっきりしないが、娘三人は婚出し弟は既に亡くなっている。かつての弟の居室は空き家のまま残されているが、披の部分は取り壊されて現存しない。

近年の分家　次に近年の分家の例として、図8－1に示した四村の陳H氏（1936年生まれ）の長男次男の分家の経過について述べておく。既に述べたように、この家では長男の結婚に際して一度、次男の結婚に際してもう一度現在の三階建ての家を新築しており、現在は三階建ての建物を東西に分割して長男次男の一家が棟続きに暮らしている。長男の結婚は1986年、次男の結婚は1991年で、次男が結婚し現在の家を新築した後、1994年に長男が分家し、ついで97年に次男が分家してそれぞれ灶を分けた。息子達が未婚の間は、息子達の収入は全て親に渡し親が家計を管理していた。息子達が結婚してからも、分家して灶を分けるまでは、収入のおよそ半分を親に渡し、残りは自分たちで生活費として使っていた。食費は親がまかない、本人の妻が調理して家族一緒に食事をした。分家すると灶を分け、息子達の収入は全て自分たちで管理するようになる。長男次男の分家後は、長男次男と本人の三つの灶に分かれている。次男の結婚の際に親が新築した家は、長男の分家時点で二つに分け、本人の居室は後で分家した次男家の側に設けられている。

写真3　路辺の墓　四村

4. 招女婿と過房子

招女婿の事例 以上に述べた家族の展開過程は、全て息子が一人ないしそれ以上いることを前提にしている。従って、夫婦に息子がいなければ、招女婿・過房子などの方法で「息子をもらう」ことが必要になる。

息子がなく娘のみの場合に、娘と結婚して妻の家に入る入り婿のことを招女婿という。結婚と同時に妻の家に入る場合と、いったん妻方の養父母の養子になり1、2年後に娘と結婚する場合とがあるが、後者の場合は、妻の親にとっては「息子をもらった」と意識され、招女婿と過房子（養子）は同じこととして説明される。招女婿・過房子は介紹人の仲介で、双方の親同士が相談して取り決める。介紹人は、双方の家庭の事情を知る知人などで、息子のいない家と息子を養子に出しても良いという家との間を取り持って話をまとめる。息子を出す側の家の事情としては、子どもが多くて息子を結婚させる（嫁を迎える）経済的余裕がないことがあげられ、何人も兄弟がいる場合には複数の子どもが招女婿や過房子に出ている例もある。招女婿は同姓から迎える場合と異姓から迎える場合とがあるが、異姓の場合も結婚後姓を変えることはなく、子どもは妻方（養家方）の姓になる。

井凌橋村のある家では一男二女があったが、息子が亡くなったため、姉妹の妹に招女婿を迎え、婿は結婚と同時に妻の家に入った。姉が婚出したのは、妹に招女婿を迎えた後である。婿の生家は、同じ村内にあり同姓だが特に親族関係はない。妻の家に来てから、婿は名前を変えているが姓は（同姓でもあり）変えず、子ども達も同姓である。婿は男ばかり六人兄弟の末っ子で、23歳の時に招女婿として妻の家に入った。その理由について、婿本人は、生家が貧しくて嫁をもらうだけの経済的な余裕がなかったからと説明している。兄弟の内長兄は本人が3歳の時に亡くなり、上海に出ていた三番目の兄は本人が17歳の時に、浙江省に出ていた五番目の兄は11歳の時に亡くなった。父親も17歳の時に亡くなっている。二番目の兄は、本人が20歳の時に未亡人の家に二度目の夫として入っており、本人が結婚した当時は四番目の兄が嫁を迎えて母と同居していたが、この兄もまもなく病死している。

四村のある家では、娘が二人あったが、一人は夭死したため残った娘に招女婿

（過房子）を迎えている。21歳の時に養子として迎え、一年後に娘と結婚した。婿の生家は同じ村内にあり異姓で親族関係はない。結婚後も姓は変えず、子ども達は妻方の姓になっている。ただし、昔は過房子は養家の姓に変えたという。

過房子・過房女　四村では、子どものいない家で養子養女を迎える場合、養子を過房子または過継子、養女を過房女という。夫婦に子どもができない場合、子孫がいなくなってしまうので「香火をつなげるために」養子養女をもらう。このようなケースでは、養女の方が心が優しく養父母を大切にしてくれると考えられているので、過房女の方が人々に好まれているし、実際にその例の方が多いという。過房女をもらう場合は、10歳ぐらいの小さな女の子をもらう。招女婿と同じく介紹人が仲介し、そうした仲介がなければ娘の親も簡単には養女に出さない。過房女が成長すると、養女に過房子を迎えて結婚させる。　四村では、こうした過房子・過房女の例は多いといい、介紹人は女性が多いそうである。

5. 家族の祭祀と祖先

灶神　灶の壁面（口のある側のやや高いところ）のくぼみの部分には、以前は灶神、灶男とよばれる灶の神をまつっていた。井凌橋村・四村ともに現在は祀られておらず、壁面のくぼみは調味料などをおく棚として使われている。

井凌橋村封Ｄ氏（1927年生まれ）宅では、本人の妻の若い頃には、陰暦12月23日に灶の神を天に送る送灶神の祭りをしていた。灶の壁面の横に線香、蝋燭を立て、黄色い紙（または金紙）で作った元宝を供えて、磕頭（床にひざまずいて頭を地につけて拝礼）し、元宝を床の上で燃やす。若い

写真4　屋内に安置された遺骨　四村

世代になってからは、祭りをしていない。

　四村徐B氏（1931年生まれ）宅では、以前は灶の壁面に灶男の石像を飾り、旧暦12月23日に祭りをしていた。現在は石像もなく、まつりもしていない。

　過時酒（祭祖）　各家族では、年6回祖先の祭りをする。これを過時酒（過寺酒とも）、祭祖、拝太太という。清明・夏至・中元（七月半、旧暦7月15日）・十月朝（十月桌、旧暦10月1日）・冬至・年夜（大年夜）の年6回で、年夜だけは夜に行われるが、他の行事は全て昼間に行われる。井凌橋村・四村とも期日や行事内容はほぼ同じである。ただし、現在では、年6回の祭りをするのは比較的余裕のある家や丁寧な家で、生活の苦しい家やそうでなくても簡略化する家では、清明と年夜の2回だけ行う。しかし、どのような家でもこの2回だけは必ず祭りをするという。特に年夜には、先にも述べたように息子達や嫁いだ娘達が家族と共に親の家に帰ってきて、揃って年夜飯を食べるのが現在でも慣例である。

　過時酒の行事は、中堂・堂屋・客堂間で行われる。図13と49頁写真2は、井凌橋村陸家埭の陸家の供物の並べ方を示したものである。部屋の中央北寄りに、四角い卓をおき、6種類の料理を盛った大皿6つを並べ、卓の周囲には三方（東側・北側・西側）に酒盃と箸を祖先の人数分並べる。料理は鶏肉、魚、豚肉、蔬菜（野菜）等の料理で、必ず偶数にするとされ6皿ないし8皿を並べる。井凌橋村の封D氏宅では、その他に圓子（大きめの団子）を50から60個一皿に高く盛り上げて供える。酒盃の数は、祖先の人数分ということで写真の家では25人分を用意していた。封D氏によれば、自分が覚えている祖先の数だけ供えるといい、20人分供えるという。同村内の陸J氏宅では30何人分供える。徐E氏宅では、自分の家の祖先20人分の他に、別に卓を用意して8人分の料理と酒盃を供える。これは例えば自分のオジや父のイトコ等に子供がなく、その財産を自分が受け取っている場合に、そのオジの分も用意しなければならないためであるという。酒盃には、端から三回（三巡）酒を注ぐ。写真の家では、酒は家の長が注ぐという。

　卓の南側には、紅色の蝋燭を2本灯す。線香に火を付け、金紙を燃やして、卓の正面（南側）で7、8回磕頭する。磕頭は家族全員でする。拝礼が終わると蝋燭を消し、料理をいったん下げて、あとはその料理で家族が会食する。年夜

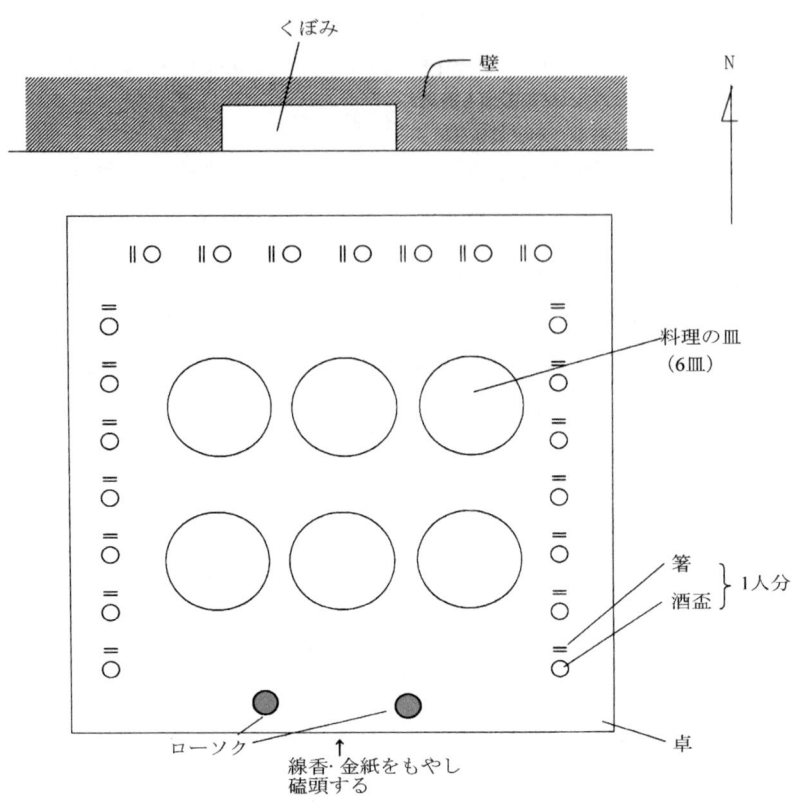

図13 井凌橋村 陸家の過時酒の供物

の年夜飯以外は、昼食に料理を食べる。

　四村の場合も、料理の供え方や行事の内容はほとんど同じである。四村の楊C氏宅では、中堂の北寄りに八仙桌という四角い卓を置き、周囲に長凳（長い腰掛け）をおく。卓上に料理を最低でも4皿、普通は6皿か8皿並べ、酒盅（陶器の盃のこと）と筷子（箸）を並べられるだけ並べる。料理は、魚、肉、蔬菜（野菜）、ホンスー（肉と野菜の炒め物）などで、四村の沈Ⅰ氏宅では、清明と年夜には8皿、他の行事には6皿用意するという。楊氏宅では、酒盅の数は決まっていないとのことだったが、沈氏宅では以前は24個、三男夫婦が亡くなってからは2個増やして26個にしている。同村の許H氏宅では20個の酒盃を東西両側に並べる。酒を三回ずつ注ぐのは井凌橋村と同じであるが、沈氏によれば、一回目の酒を端から酒盃に注ぎ、一巡すると5分間待ち、二回目も同様に注いで5分間待ち、三回目も同様にして5分間待つという。5分間待つ理由に

ついては、昔からということで意味はわからないとのことであった。また四村の徐B氏宅では、酒盃を24個並べ、酒でなく甘い水を注ぐ。三回注ぐのは酒の場合と同じで、終わると水は棄てる。

　卓の正面（南側）に香炉をおき、線香を3本ずつ立てる。香炉の両脇に蝋燭台（蠟燭台）を並べ、紅色の蠟燭をともす。香炉の前の床（台下）に鍋をおいて、錫箔を入れて燃やす。その前で磕頭する。磕頭の仕方は、まず立って合掌しつつ拝礼し、次に地面にひれふして地に頭をつけて拝む。これを三回繰り返す。香炉に香を立てるのは、家の中の一番長輩の人（上の世代の長老の男）の役と決まっていて、それが燃えている間に皆で礼拝する。

　過時酒が終わると、酒盅の酒は飲まないで土に棄てる。料理は、蠟燭や香が消えるまでそのままおいて、消えてから下げる。下げた料理は必ず灶のところにいったん置いて（火にはかけず、灶の面に形式的に置くだけ）、あたためてから家族のものが食べる。徐B氏によれば、下げた料理は必ず一度あたため直してから家族が食べるといい、あたためないものを食べると記憶が悪くなるとの言い伝えがあるとのことである。

年夜の食事　年夜には、外に出ている息子達や嫁いだ娘達も家族と共に親の家に帰ってきて、揃って食事をする。ただし、嫁いだ娘は、初一（旧一月一日）は嫁ぎ先の（夫方の）親の家に帰るのが通例である。四村の許K氏によれば、年夜は夫の親の家で食事をし、初一（旧一月一日）と初二（二日）は自分の家を出ては行けないことになっているので、初三（三日）または初四（四日）に妻の実家に帰るのが慣例であるという。もっとも、嫁ぎ先の家の事情によっては、娘が年夜に実家に戻る場合もあるので、実際には色々である。

牌位　「文化大革命」以前には、各家の客堂間・中堂に祖先の牌位がまつられていたが、大革命期の「破除迷信」運動で完全に破棄され、現在は全く見られなくなった。井凌橋村・四村ともに牌位をまつっている家は皆無といってよく、「昔はあったが今はもうない」というのが共通する説明である。同時期に破棄された墓は一部復活しつつあるが、牌位は復活されていない。以下、聞き取りによってかつての牌位のまつり方を述べる。

　井凌橋村の徐E氏宅では、旧宅の中堂の中央、高さ2メートルほどの高さに東西に細長い棚を作って、牌位を並べていた。この棚を客堂といった。客堂

は、部屋の幅いっぱいに細長い板を渡し、裏側（北側）を板でふさいで仕切り板で六つに仕切ってあった。仕切られた一つ一つを格といい、「一格同輩」といって仕切りごとに同輩（同じ世代）のものの牌位を並べていた。従って、兄弟は一格の中に並べ、父の兄弟達は一格に並べる。長輩のものの牌は上手（右手）の格、小輩のもののは牌は下手（左手）の格に並べ、一格の中でも年長者ほど上手に並べられる。夫婦の牌は、一格の中に二枚並べておき、夫が上手妻が下手になる。嫁に行った娘は嫁ぎ先の客堂にはいるので、生家には牌はない。ただし、招女婿の場合は生家の客堂にはいる。当時は牌位が10枚以上あったということであるが、誰がまつられていたかははっきり記憶されていない。牌位をなくしたのは、「破徐迷信」運動の時で、各家一斉に牌位を燃やして破棄した。現在も牌を復活した家はないとのことである。

　四村の楊Ｃ氏宅では、旧宅の南側の中堂の北側の壁際に、高さ2.5メートルほどのところに東西に長板を渡し、牌位を並べていた。この棚を客堂といった。客堂は、幅80センチメートルほどの細長い板を北側の壁に接する形で部屋の幅いっぱいに渡し、後方の壁をやはり80センチメートル幅の板でふさいで、仕切り板で五格に仕切ってあった。上輩のものの牌は上手（東側）の格、下の輩のものの牌は下手（西側）の格にならべ、一格内部でも上手と下手が区別されていた。この家の場合、一番上手に祖父と祖母、その隣に父と母、その隣に父の兄弟の内先に亡くなった叔父、その隣に伯父という順で並べていた。伯父や叔父の子供が亡くなれば、それぞれ伯父・伯父の格に一緒に入れ、本人の兄弟が亡くなれば父母の格に一緒に入れる。

　牌位は、死者一人一人に作り、夫婦でもそれぞれ一つずつ作る。死者の名前を書いた板を台の板に差し込む形で、表の面に「先考〇〇〇之神位」と亡くなった月日を書き入れる。ただし、「神」の字の労は縦棒のない形にしておき、土葬すると縦棒を入れて「神」の字を完成する。「入土為安」といって、死者は土に埋めてはじめて安らかになるからだという。

　四村では、牌位を客庁の机の上に置いたり、部屋の隅の高いところに三角に棚をつって牌を並べることもあったという。

　墓　現在、上海市では法令で火葬を定めており、井凌橋村・四村ともに火葬が行われている。しかし以前は土葬で、遺体を入れた棺材を埋葬し土盛り

（塚）を築いて墓を作っていた。井凌橋村では、その当時決まった墓地はなく、風水先生の指示で墓を作っていた。地主など裕福な者の墓は、棺のまわりを石で囲ってその上に土を盛って巨大な塚を築き、死者一人一人に石碑（墓碑）を建てた。一般の農民の墓は、棺のまわりを漆喰のようなもので固めて土を盛った小さな塚を作るだけで、石碑はなかった。井凌橋村の徐 E 氏によれば、解放以前には封姓の大地主がいて、高さ3メートルから5メートルはある巨大な墓を作り、三代の死者を埋葬していたという。墓の内部には、東側から一代夫婦、二代夫婦、三代夫婦と輩順に棺を並べた。また、昔の地主には何人も妻がいたので、第一夫人から順番に棺を並べたという。一般の農民の場合も、夫婦の棺は一つの墓（土盛り）に埋葬した。

現在70歳代の話者の親から上の世代には、以前はこうした墓があったとのことであるが、牌位と同じく解放後の迷信打破の運動で破棄され、全く現存しない。井凌橋村では、1958年の大増産の時代に「平増土地」といって耕地を増やす運動が行われ、一斉に墓を壊して耕地に変えた。古い墓は掘り起こして、遺骨を田の片隅や畑の下に地中深く埋めたり、川底に沈めたりした。

火葬になってからは、遺骨を埋葬して小さな墓を作る。現在の墓は、路辺（道路の両脇の管理されていないところ）や、田の脇の少し小高いところなどに作る。土盛りだけで石碑を建てない墓も多いが、四村では子ども達が親夫婦の墓に石碑を建てる例も散見された。50頁写真3はその一例である。四村のある話者は、8年前に亡くなった妻の墓を作ったとのことであった。遺骨は木箱に入れて埋葬し、夫婦の塚は並べて作って後で一つの塚に築き直す。

四村では、墓参りを上墳といい、清明の時のみ墓に参る。墓に線香と錫箔（金紙銀紙の紙銭）を持っていき、墓前で錫箔を燃やす。井凌橋村でも、塚や石碑がなくても家族を埋めたところは覚えているので、昔の墓でも場所を覚えていれば錫箔を燃やすだけはするという。ただし、話者の親世代の墓については、墓参りをする例はあまりないとのことである。

火葬骨は、すぐに埋葬せずに三年間は自宅においておく。四村では、夫婦ともに亡くなるまで先に亡くなった者の遺骨を自宅に安置し、夫婦一緒に埋葬する例も見られた。四村のある家では、長男の先妻の遺骨と写真を客庁の東南隅の高いところに棚を作って飾っている（52頁写真4）。長男が亡くなれば、先妻

の遺骨と共に埋葬する予定であるという。同じく四村の別の家では、13年前に亡くなった父親の遺骨を兄の家に安置しており、母は健在で末の弟と同居しているとのことである。

6. 同姓と祠堂

同姓と祠堂　今回の調査では、井凌橋村・四村共に同姓の親族組織についてはほとんど情報を得ることができなかった。家譜、祠堂についても、昔はあったが「文化大革命」の「破四旧」運動でなくしてしまった（井凌橋村）、あるいは昔からそうしたものは全くなかった（四村）といわれ、話者自身の同姓の具体例としては聞くことはできなかった。祠堂については、井凌橋村の旧地主封姓について若干の情報を得ることができたので、それを以下に述べる。井凌橋村には、解放前には1000畝以上の土地を所有する封姓の大地主がいて、大きな祠堂があった。建物は前後に二棟あって、内部に庭園があり、入り口の両脇に獅子の石像が飾られていた。広さは6畝ほどもあり、建物の間口は4間の家4軒分ほどで二階建ての石碑楼だった。建物内部の詳しい様子はわからないが、客堂のような飾り付けがしてあったという。当時は封姓の貧しい人が、祠堂の敷地内に住まわせてもらうこともあった。現在の農道を挟んで西側に祠堂、道の東側に先に述べたような封姓の巨大な墓があって墓の周囲は大栢樹で覆われていた。現在は、祠堂も墓も全て水田になっており、跡形もない。彫刻を施した石材の破片が、水路や農道の脇に埋もれているのみである。

　なお、生産隊になる以前の自然村の名前には、姓にちなむ名称（〇〇姓の多い村）が多く見られ、同姓ごとに集住している様子はうかがわれる。井凌橋村では、徐家浜・封家埭などの自然村名が見られ、それぞれ徐姓、封姓が多い村の意であるという。徐家浜は現住40戸ほどの内、他からの転入者（清朝末期といわれる）である1戸を除いて全て徐姓で、封家埭も全戸の80％は封姓である。封姓の祖先は、嘉定県の封浜鎮から来たといわれているが、非常に古いことなので詳しくはわからないという。村内の封姓を共通の祖先につながる一族とみる意識は、聞き取りの限りではほとんど見られなかった。

摘要

家族生活

中込睦子

本报告的课题是：上海市近郊张泽镇井凌桥村、四村村的家族生活的现状和变化的具体事例所提示出的问题。随着改革开放，近年的经济发展给这一地域的家族的状态也带来了各种各样的变化，但是在农业依存度相对较高的井凌桥村、四村村，维持以往的家族制度规范的倾向性依然较高。兄弟间的财产均分原则，即父母把所有的房钱田地平等分给已婚儿子被认为是父母的责任，直至今天依然得到严格地遵守。解放以后，这个原则通过住宅平等分配得以维持，同时它也是近年住宅改建和新建活跃的重要原因。儿子分家以后，父母亲在生活还能自理时，灶、家庭收支都与儿子分开，农业经营也是分别进行。在居住方面，父母亲和最小的儿子一起生活的例子较多，但是因为考虑到赡养父母是继承财产的儿子全员的平等的义务，最终还是通过父母在邻近的儿子家之间轮流居住，使儿子们得以平等地承担赡养父母的责任。所以可以说，在这一地域，像儿子的婚事、父子以及兄弟间灶和家庭收支的分离（家庭分离）、住宅的分割和兄弟邻接居住、父母在兄弟间轮流赡养这样的家族展开过程，直至今天仍然基本上维持着。分家后的儿子和父母亲齐聚一堂的机会有大年夜以及清明等"过时酒"（祭祖）等，外出的子女归省现在也仍然是一般的习惯。诸如只有女儿时的招女婿、没有子女时的过继子的例子也有相当数量得以确认，它被当作收养方后继有人的保证和过继方避免分割财产继承权的理由。因为家谱和祠堂已经被废除，关于亲族组织没能详细地调查清楚。牌位和坟墓在"文化大革命"时被破坏，已不复存在，但是关于祭扫习俗近年有一部分正在渐渐复活。

姻亲关系、交际行为和自治组织

刘铁梁

前言

如题目所标示的，本报告将按照姻亲关系—交际行为—自治组织这样的顺序，分别叙述浦北、浦南各两个村庄有关家庭和家庭之间、个人和村落社会之间地位关系的某些习俗现象，包括村民所讲述的一些常规性情况和一些具体的生活事件。

需要说明的是，姻亲关系一般是属于家庭、家族和亲属方面的问题，因而本文这一方面的资料就可能与其他报告有所雷同，但我的着眼点在于考查若干联姻家庭是否构成了某种循环状态的利益交换秩序。在松江县平原，农业聚落相对靠拢而人口相对密集，在这样的社区空间里，这是一个值得注意的问题。同时也要考查寡妇再嫁的抢婚仪式、续婚家庭与前妻娘家姻亲关系的保持、招婿等现象，关注这些带有较大地方性特点的习俗与普遍的婚姻规范之间是否发生了冲突，或者仅是一种被迫变通的婚姻形式，而实质上维护了基本规范。再如，"娘舅"的地位是象征性的还是实体性的，他怎样担当姻亲家庭权力关系中的角色。诸如此类，都是对于地域社会利益关系的一种观察，因此对于姻亲关系的叙述就与本报告的另外两个基本内容：人际交往关系和社会地位关系发生了密切的联系。

在人际交往习俗方面，侧重考查村民之间在地缘邻里关系上的利益因素和感情因素，以及这二者在具体生活事件中的表现。在体现地域社会结构的一些民俗现象当中，诸如"出灯舞龙"这种村落集体的节庆活动虽然已经停歇半个世纪，但在70岁左右老人的记忆中还是比较清晰的。访谈中发现有某些日常社会权力在节庆活动的举办上发挥着特别作用，而其中带有"江湖"性质的人物，又可能对村庄整体利益的维护或损害造成重要影响。

1949年以前在自治组织及制度方面，土地租佃和买卖制度直接牵涉到村落家庭成员生活条件和社会地位的变化，"保正"在这一制度中扮演着习惯法仲裁人的角色，是重要的民间权威。不多见的绅士地主，其权力地位和社会影响迥然有别于那些半农半"江湖"的人物，他们在传统农村中与官方政权直接相依赖，而在地方权力结构中占有重要位置。此外还注意到，村落社会里除了经济生活领域中的职业分化现象之外，在人生仪式、祭祀、堪舆等活动方面又有哪些重要的人物，他们对于乡土社会生活秩序的建构与维护都发挥着怎样的作用。

围绕着权益关系的民俗生活现象在松江有丰富的内容，而本报告所描述的范围却很有限，也难以达到深入，不过，通过对采访对象个人生活史的某些介绍，可能会在一定程度上弥补不足，特别是有利于我们理解这些习俗规范对当地人的生活具有什么实际意义。

浦南两村的记述

张泽镇的井凌桥村和四村村是邻村，四村村在井凌桥村的西北方向，均地处黄浦江南岸。四村村由于包括东村、南村、北村、中巷村四个自然村而得名。民国期间，四村村曾被称为"松江府华亭县三区八保二十一图"。四村村现有人口1800余人，户数500余户，有合资企业"上海双龙橡塑制品有限公司"，依靠它而使村集体与村民个体收入较快地增加。井凌桥村现在和其西边的兴溇村合并为一村，范围和人口虽然都大于从前，但仍未建起村办企业，近年盖了准备制作服装的厂房，可是由于未能引进投资而空在那里；目前人均收入远少于四村村。历史上，四村村和井凌桥村一带的洪涝灾害十分严重，其主观的原因是人们曾普遍认为浦南这边地势高于浦北，因而思想麻痹，不肯花费财力物力修建防汛设施。但近几年，他们模仿江北，在浦江边也修建水泥堤坝，所以在汛期已很少发生洪涝灾害。两村农业生产仍然呈现不断改善和提高的势头，与江北村落相比较，由于没有修建公路所带来的冲击，所以还没有那么多村民离开土地或到外地经营。在井凌桥村，甚至正新办一个较大规模的养猪场，说明农业生产的传统格局还有相当的保留。

在这两个村庄里，我接触到的几位老人，对村落社会的进步和发展都抱有比较关切的态度。同时，对他们所经历过的历史也有很深刻的记忆。

（一）姻亲结构

花烛夫妻

　　四村村中巷村（西村）76岁的陆家兴，他是现任村支部书记兼橡塑厂厂长徐秀龙的岳父。4年前，他的二女儿即徐秀龙的妻子病故，徐秀龙再婚后仍然对陆家兴尽到他做女婿的义务。徐秀龙现在的妻子也非常孝敬这位老人，天天都过来给患有关节炎的老人做家务、洗衣服。这一事例体现了本地区在姻亲关系方面的一种道德规范，即对最初婚配的夫妻关系十分重视，称原配夫妻为"花烛夫妻"。如果丈夫在前妻病故后又续婚，那么他和后妻仍有义务孝敬前妻的父母，更要爱护和抚养好前妻留下的子女。我曾随陆家兴老人到他家访问。那一天，因为下雨路滑，徐秀龙开吉普车送我和老人从村委会回西村。本来我仅有去陆家的目的，所以在路经徐家时，徐秀龙虽然要进屋去取一样东西，却没有邀我顺便进去看看。但是徐秀龙从屋中出来后又表示欢迎我到家中一坐，于是我和老人走进徐家的房间。在看过他的堂屋和后院之后，老人领我走进了家主人的卧室。我注意到老人的目光朝向了挂在东墙上的一幅照片。过一会儿，他告诉我说，这就是他的二女儿，这时我才理解老人对这个家庭是一种怎样的感情。我也猜想，徐秀龙之所以没有很快提出邀请，并不是因为他没有时间，而是出于对岳父的关心，担心老人进家后可能会动感情。对于男人丧妻而续婚的家庭，本地民众还有一种说法："花烛夫妻的鬼是走不掉的，它要看着你这个家里。"这一结合着信仰的观念大约起到了很大的作用，后妻对丈夫前妻的孩子大都像对自己孩子一样悉心养育和爱护。后妻（"填房妻子"）孩子的起名，顺序上都随着前妻的孩子，认为不这样做，自己的孩子就长不大。另外，一种文字的象征性表现在夫妻合墓的墓碑上，如果丈夫曾有先故的前妻，那么就要把她的名字列在后妻之上。

嫁妆

　　封百贤，男，66岁，是封家埭人，有一个儿子和五个女儿。在大女儿出嫁及儿子娶媳妇后，他有一个被派出工作的机会。那是在1972年，公社从各大队选定种田技术好的农民共75人，赴湖南省零陵地区传授双季水稻种植技术，他有幸成为其中一员。那一年他每个月得到当地支付的酬金是50元，但须上交30元给自己的公社和生产队，本人剩下20元。除去伙食花费，这一年下来可有不到100元的积蓄，他盘算着应该买些什么货物带回家。当地有一种木制的洗脚

盆，木材是上好的，在松江这边很难遇到，他觉得这种东西正可以买回去，留着给四个还未出嫁的女儿用作嫁妆。他买了四个木盆，每只价格4元钱。为了携带方便，将组成木盆的一圈板块都编上号码，卸下铜箍拆成散件，回家后再请木匠重新装好。女儿们对父亲特意带给她们的这件嫁妆都感到满意，从结婚时一直使用到现在。那个年代，封百贤在村里是属于见过世面的人，1956年到辽宁营口当兵为期4年，这一次到湖南的经历更是难忘，当地人叫他"上海老师傅"或"秧师傅"，还有机会往韶山参观毛主席故居。用挣得的钱就地花费，带回木盆和其他一些特产，这令他十分得意，因为经济上划算不说，家里人看着也高兴。

封百贤说，过去一般家庭给女儿的嫁妆当中一定会有大桶、小桶、大盆、小盆等器皿，讲究一些的是这些桶、盆要用铜箍，另外还要配上一套漆器。梳洗台也是必不可少的，因为抬嫁妆时要把被子摞在梳妆台上面，周围用木条扎实，这样看上去就像一顶轿子，可由4人来抬。四村村老人陆家兴说，现在已用写字台代替梳妆台。

过继和招婿

为解决无子女家庭的继嗣问题，一种办法是在叔伯间过继儿子，但如果没有这种过继条件，还可能采取从贫苦人家中领养儿子的做法。陆家兴的祖父当年一共领养了3个儿子，并且规定老大读书，老二撑船运大米，老三种田。陆家兴的父亲是由井凌桥村领过来做了撑船的老二；1937年，在给日本军队挑担时，鸦片烟瘾上来而跌落水塘又被士兵刺死。老大后来读书有成，做过本县县长，但是在他把自己的3个儿子带到浦北后，就与这边没有了来往。老三小的时候因为偷外边人家的东西而被打死。祖父原来田地最多时有100亩左右，由于父亲抽鸦片，将田产卖掉很多而仅剩6亩。陆家兴与哥哥分家后陆续收回一些，至土改时有田产26亩（被定为中农）。

如果有女而无子，通常的做法是招女婿进门。陆家兴的大儿子陆顺贤是张泽服装厂厂长，他的女儿于1994年春节结婚，男方是金山县亭林镇人，叫杨继永。虽然现在的风俗杨继永已不必改姓，但结亲方式却表达出是上门作女婿。本地年初一不举行婚礼，怕人家说"小气鬼"；一般是择双日分两天在家中招待至亲和好友吃喜酒，陆家这次是在一天里同时请来亲戚和朋友，其中陆顺贤的朋友和杨继永的朋友来的最多。与一般娶媳妇的迎亲仪式在方向上刚好相反，是用小汽车从男方家接来女婿，"嫁妆"也是从男方家送过来。物品种类与嫁女的情况完全

一样，包括传统的箱子、被子、木盆、马桶和铜汤婆子（过去是火笼）以及现在时兴的电视机等。送红包（相当于"彩礼"）关系也相反，是由女方家长和介绍人将10000元的红包送到男方家。婚礼之后陆顺贤称继永为"儿子"，陆家兴称继永为"孙子"。每年遇到节假日，继永夫妇还要带上礼物"回娘家"。

（二）村落的集体娱乐与团结合作

龙灯

1949年以前张泽镇及周围村落在每年的正月十五举行"吊龙灯"活动。据老人讲，全镇共有十几条龙灯，都是以竹篾编成支架并用棉布裹成龙身的布龙，分别是青、红、绿、黑、白等颜色。龙身之中燃点蜡烛，由于它是悬挂在龙身中间的，所以在舞动当中烛头永远朝着上方而不会发生危险。这些龙灯来自各个村落，是由表演地点的主人邀请来的。一般在主人那里会布置一个"龙门阵"，把竹竿按一定位置一根根插在地上，每根竹竿顶上都吊起一盏红灯，龙灯就在竹竿之间绕来绕去。龙灯所过之处会有支持者送上蜡烛。舞龙基本上属于村落间的联合行动，一条龙灯能否受到邀请，特别是远方的邀请，这在龙灯主人及其伙伴来说是声望和地位的证明，但也有得不到别人邀请而仅在本村自娱自乐的。

本地的舞龙灯与日常的社会权力有比较密切的关联。封家埭当年有一位出名的人物叫封企曾，对于舞龙极为积极，封家埭的龙灯就以他为首，这不仅因为他在村中有钱有势，而且还因为他长期出没江湖，在上海附近地区与不同政治力量打交道，所以在他的带领下舞龙可以放心大胆。此人由于组织土匪武装，解放初期被镇压。但是在四村村情况稍有不同，村中仅有的一条青龙是由擅长文娱的王结林来领头，他不过是当年北村王家兄弟里的老大而已。这条龙一般是在东、西、南、北四村范围内表演，如果受到别的村庄邀请也会前去助兴。据说邀请者会赠给龙灯表演者以钞票和烟酒之类。

小青班

四村村有为本村及附近的人家结婚办喜事时演奏音乐的班子，本地人称为"小青班"。这种班子绝不到丧事场合活动，有时候会参加节庆娱乐活动。本村小青班的名号是"马良堂班"，因为开创乐班的人是马良堂。解放以后乐班就不活动了，但老年人还记得当年一个班是由12人组成，演奏的乐器有二胡、京胡、琵琶、三弦、笙、笛、锣、鼓、镲、板等。马良堂班成员除马家三兄弟外，其余

都是姓王的一家人。马良堂的三个儿子，老大马跃林弹琵琶，老二还是老三拉板胡记不清楚了。王结林作为王家的领头人与马跃林是一个辈分，他的弟弟王结泉也是拉板胡，堂弟王宜生拉二胡。参加婚礼演出两天没有金钱收入，仅是在当事人家吃饭，具有作为乡邻而尽义务的性质。组成这个"小青班"的两姓人家，都住在北村。与他们共为邻居的另外两姓，陈姓人口最多，而顾姓仅有两户。顾姓人口虽少却建有整个四村村唯一的祠堂，这是因为族中有人在松江做过大官，迁到那里的族人就回故地造了祠堂。

打佃发

在张泽镇西边有个观音堂村，那里的村民多有善于表演一种民俗歌舞者，称"打佃发"。每年春节期间从正月初一至十五，演者一人挑上担子，前后装着道具，另一人从旁敲小锣，到各个村庄给每家人"口彩"，即以贺年祝福的名义表演歌舞。动作主要是将三个木制小锤轮番抛起和接住，类似杂技。地方志载民间传说：刘君王之妻为训子，误伤其头，恐夫归受责，便悄然离家。刘君王为寻妻而令两名家丁扮演此节目，以吸引民妇观看，借机发现妻子所在。(《张泽志》437页，学林出版社，1999年) 然四村村老人讲的比较简单：打佃发所挑担子的一端有小佛堂一座，里面供奉的小菩萨是个被气死的妇人，立个佛堂是为纪念她。佛堂之上挂一些绣花鞋，是指这妇人生前被人"穿了小鞋子"。看来，表演这一节目的农民实际上是利用农闲时间得到一些收入，而观看的人亦愿意付出一些零钱，可能多少有信仰心理在支配。

抗洪与防汛

井凌桥村的封百贤说，1950年发生了一次大洪灾，那时还没有实行土改。(此年份的记忆可能有误，据《张泽志·大事记》记载："1949年7月25日，大汛，降暴雨，淹高坑地，此年秋歉收。") 因黄浦江水位超出高位，用于保护农田的圩堤已经抵挡不住大水倒灌，甚至于堤岸上的水都要没到膝盖，无奈只得放弃大片地势较低的田地。灾后村民间互相救助，受灾较重家户依靠受灾较轻而关系友好家户的帮助，暂时渡过难关。这其中，在刚成立的人民政府引导下，地主不仅拿出粮食送给困难户，还在秋后实行减租。在集体化时期，浦江南岸的防汛设施是逐渐完善的，在很长一段时间里都落后于江北，所以尽管地势比江北高一些，却受到洪灾的更大威胁。当汛情发生时，公社成立指挥部，经大队通知小队

建成各级防汛组织，日夜在江岸上巡逻监视险情。紧急时刻，由队长担任指挥的抢险突击队赶往出事地点，肩扛草包或担挑泥巴去充填大堤的缺口。所有强劳力都是突击队成员。虽然在汛期到来之前已经准备了很多装好泥巴的草包，可还是会不够用，所以除了再用担子运送泥巴外，还会紧急动员村民将自家的木头、毛竹、铅丝等物，乃至门板都捐献出来，用于打桩固定堤坝。封百贤曾献出过两个门板。

在冬春之季为加强防汛能力，各级行政动员与组织村民参加义务劳动，进行固堤和挖河的工程。县内各部门、各单位也被分配任务，负责某一地段工程的完成。在挑泥巴的路上，人们排成长长的队伍，一边小跑着，一边"嗯哼，呀哼"地喊着号子。广播的大喇叭也不断发出指挥命令和鼓动宣传的声音。上级领导部门派人来放电影，派剧团来演戏，向工地上劳动的人们表示慰问。当时的人们不计较报酬，每天得到一点伙食补贴已感满足。张泽境内，现有的20多条河渠构成网络，对于排除洪涝具有很大作用，其中大部分是新开凿的，原有的河流也得到整治。修河工程是从20世纪60年代后期开始，于70年代进入高潮，至80年代初基本完成。其后的浦江北岸水泥护岸工程，主要是政府投资由承包单位来完成的。对于当年集体团结合作，兴修水利的经历，封百贤这个原生产队长难以忘怀，我随他走在乡间的路上时，他每看见河流都会主动告诉我那是哪一条河。

（三）民间纠纷和权力关系

打官司

陆家兴老人在解放前曾为解决田产争端而与邻居陈姓一家打官司。他想收回12亩租出的田地，但陈姓佃户不肯。陆认为他有充分证据收回，先是请保正与保长解决，但没有成功。陆知道陈家男人在上海谋生而比较有钱，他认为保正和保长受了陈家的贿赂所以才不为他说话。陆于是到松江正式打官司，但遭失败。又往苏州去告，官司还是打输了。这里面的关键一环是保长的证词。为打这场官司，陆把用40石大米所换得的钱都花掉了。在四村村，解放以前打官司的事只有这一起。虽然村民之间还有不少纠纷难以解决，但由于约占70%的人家都是穷人，他们没有钱去打官司。这种已形成的习惯实际上也影响到今天。曾在"小青班"的王宜生现年81岁，他在10年前有一次生病发烧，"赤脚医生"给他打针，没想到耳朵聋了。他发现这是由于误用药品而造成的事故，本想与赤脚医生打官司，但家人觉得官司不好打而加以阻拦。最后还是私下解决，由赤脚医生作

出赔偿,给了王宜生一个助听器。

看风水

仇火云,现61岁,会看风水。他初中毕业,曾在部队服兵役又接着当义务兵多年。回乡后从1964年起做民办教师,1970年转成正式小学教师,1995年退休。他认为坟墓风水比较重要,对后代的生活好坏有影响。至于房屋,当然也要讲究,不过遇到的实际情况比较复杂,在处理上也就应该灵活一些。所说的灵活,含有以调解纠纷为目的的意思。村中各家因盖房发生矛盾,很大程度上是由于当事人对风水的解释不同,在这种情况下,仇火云怎么说是非常重要的。所以他必须做到既要讲出道理,又不能激化矛盾。他善于抓住当事人的心理来发表意见,指出他们什么地方出了问题以及应该怎么做。一般村民多少知道一点风水上的规定,比如,在临河一侧的两家房屋,如果是顺河流的方向,一前一后靠近,那么前者高度不得超过后者。但是若二者距离较远,特别是二者之间有小路的话,就不成问题。两家房屋虽然紧邻,但如果都是门口面朝河流,就更不会计较对方房屋的高低。复杂的情况是碰上河流拐弯处,在河的一旁如何安排房屋的朝向,就比较难以把握。因为在这种情况下不仅要考虑邻居利益,也要考虑自己房子的风水位置是否有利。仇火云说他看风水的本领是跟家住小昆山的师傅学来的,可是这师傅的师傅(家住松阴)却是跟仇火云的祖父学的本领,因此仇火云与师傅同为祖父的传人,而且很早就认识。

照片1 陆家旧物:门墩

民间绅士

现属井凌桥村的封家埭是松江一带非常有名的村子，清末至民国期间，这里有一位绅士地主，名为封文权，是近代江南著名藏书家之一。其"祖上历为书香门第，为望族"，"博览群书，而于宋儒性理之学，钻研颇深。不应科举，以布衣终其身。""自奉甚简，爱书如命，收购书籍，毫不吝惜。""筑'簀进斋'五楹楼房以藏书，总数不下10万多册。手编《目录》71册。"（《张泽志》96、551、552页）在土改时，封文权家被没收的古书足足运走20多船，封百贤当时亲眼见过这一场面，也曾感到惊讶。封文权拥有土地2000多亩，他的粮食大部分存在市中米行，家中仓里也很多，遇上灾荒年月会拿出一些来周济乡亲。另外他会看病，一般都不收钱。封文权的儒雅与富有使他在地方社会享有很高威望，因而也和官方有着密切的关系。据说，他坐的轿子可以直接通过当年日本人所设的关卡。反过来，他利用和官方的关系，给自己争取到更多特权和发财的机会。《张泽志》载：清末修筑沪杭铁路，路基所经坟墓，一律迁移，乃独力创办华娄代迁局，迁葬自枫泾至莘庄一段无主弃棺。按封百贤的说法，这件事情对当地百姓来说虽有好处，但封文权也从中得到很多钱财。因为他在组织迁坟过程中，可以通过对有主或无主坟墓数量的报告做手脚，而从铁路上获得相当一笔补助金。封文权与封企曾是邻居，又是叔侄关系，但是他看不上这个侄子。可能是封企曾带有太多的江湖习气，与封文权正统的文人气质格格不入。

村中的宗教信仰

本地佛教民间化的现象比较突出，在村落间庙殿不是很多的情况下，所了解到的大部分庙，或是以拜观音菩萨为主的庵堂，或是在名为关帝等保护神的庙中却曾有僧人长住。封家埭有菩善庵一座，原有正房3间、一边一间厢房，合为5间。"文革"时庙被废，房子也拆了。近年来因有妇女香众一起念经，原为尼姑的张林珍，在旧址上盖起正房一间，所供对象和从前一样是观音、眼光娘娘和如来佛。张林珍现年68岁，法号又德，是由法号称为石定的师父所命。石定现已101岁，在县政府办的养老院里度晚年。张林珍老家在奉贤县平安乡，村名记不得了，5岁进庵，8岁来松江。11岁"下发"，香痕烫在臂弯上。"文革"时还俗，结了婚。有二男一女，丈夫封金云6年前故去。她现在身边有一个从浙江平湖来的"徒弟"。

四村村北村有昙花庵一座，房子也是原来的尼姑黄娟华近年新盖，以此重新为香众念经。她的经历与张林珍相似，老家也在奉贤。1956年她11岁时由祖母送过来，因祖母信佛。还未"下发"和得法号就赶上"文革"。她有两个师父，法名分别称慧心、慧净，都是菩善庵尼姑石定的徒弟，而与张林珍为一辈。除了每月初一、十五，观音生日庆典时要接待更多香众，昙花庵在腊月二十三送灶、正月半迎灶时，也会特别焚香念经。

照片2　昙花庵远景

封家垘西首村边还有一座小城隍庙，所供的城隍仅一尺半大小，也从来没有被抬出巡游过。此庙由菩善庵兼管。与张泽镇在东边相邻的叶榭镇，有一座大城隍庙，每年清明节都会把庙里的城隍抬出来巡视地方，还特别作戏来娱神。这个庙有庙田20亩，而小城隍庙没有庙田。可是本地有一个流行的说法：大城隍虽然大，但是他没有小城隍的官位大。封百贤还进一步解释说，大城隍相当一个村长，小城隍却相当一个乡长。这个说法的更多内容、有什么特殊的背景与含义还不甚清楚。

"土工"的职责和角色

本地有一特殊民俗角色，即负责到办丧事的人家给死者穿寿衣，被称为"土工"。其活动的区域范围有严格规定，现在仍是按清代的基层行政划分。家住封家垘的一位土工，所负责区域是一图、二图、八图、十五图和九图的一半，共"四个半图"。他很清楚哪些聚落和家户属于他服务的范围。此地的习惯，人死两

天之后丧家才会请来土工，为死者穿衣服，然后入殓。所以，穿的时候比较麻烦，土工会向旁边的人说："大家帮帮忙。"事后，丧家要给他一点钱。四村村南村也有一位土工，也是在他被规定的地段内服务，事后收钱。北村有一位姓马的人不是土工，但现在丧家也来找他帮这种忙，事后一般送一条纸烟。土工都是父传子，在乡间不受歧视，但仅有一点，他们自己会注意谁家正办婚事，不要到那儿去。

要旨

姻戚と交際、自治組織

劉　鉄　梁

　本調査において、筆者が強い関心を持った問題は、第1に、かつての松江農村における社会生活のなかで、利益と権利を支配する基本的ユニットとしての家庭に着目したとき、姻戚関係・隣人交際・組織自治などに関する習俗及び分配と交換の秩序がいかに成立してきたのかということである。第2の関心点は、個人がそのような秩序の規範において、どのように位置づけられ、またどのような選択を行うか、さらにそのような個人の行動がどのような感情及び道理上に裏づけられたものなのかということである。叙述内容は全てこれらの問題に絞っており、地元の特徴的事象を重点的に述べた。

　浦南（黄浦江の南岸）張沢鎮の井凌橋村と四村村に関しては、個人の経歴と結びつけて述べ、たとえば花燭夫妻（はじめて結婚する夫妻）の位置づけ、娘の嫁入り道具の重視、養子と入り婿の差異、村落間の共同による龍灯舞い、結婚式における楽隊及び春節の家を尋ねるパフォーマンス、洪水との戦い及び増水防止における集団活動、民間紛争と保長、風水師の重要な役割、民間紳士の特権地位と行為、尼と尼寺、世襲の左官などである。

村民交际中的人情伦理与互惠原则

顾伟列

在松江张泽镇乡间,礼物往来在村民交际中扮演着重要角色。当地村民认为,送礼就是"送人情",显然,他们把礼物馈赠看作是人情表达的主要方式。村民们本着"有来有去",亦即"礼尚往来"的朴素观念,通过礼物交换传递感情,维持并巩固着既有的亲属关系和其他社会关系。村民中的礼物往来,以双向流动为常态,即以对称性模式在相互间流动,然而在某种情况下,礼物馈赠又呈单向流动,上述现象的存在,揭示着礼物馈赠背后的人情伦理和互惠原则。

大人情与小人情:乡村社会的道德伦理与关系网络

在村民的人际交往中,人情是他们关注的核心概念。他们习惯于将"送礼"说成"送人情"。在村民的理解中,"人情"这一概念大体包括两个方面的内涵:其一是道德义务,其二为感情表达。前者表现在孝敬长辈、关怀亲友等道德伦理的层面,后者表现为通过礼物传递感情,如关爱、眷恋、友谊、责任、贺喜、哀悼等。于是,礼物馈赠便承载着尽道德伦理和表达情感的双重内容。在当地村民看来,一个懂人情、讲人情、善于在不同场合按规则"送人情"的人,就是一个讲道义、有感情的人,当然,他与亲友、邻里也能保持着一种亲密的关系,他所构建的关系网络是可信赖的。反之,一个不懂人情的人,不仅会使既有的关系因疏于往来而情谊淡薄,而且不可能在既有关系的基础上创设新的关系。

在张泽镇井凌桥村和四村村的调查中,受访村民向我解释了"大人情"和"小人情"的区别。首先,人情的大小之分,与送礼的情境和礼物价值的大小相关涉。一般而言,凡婚姻、丧葬等仪式性场合,受对方邀请出席而送的礼物,价值较高,此属"大人情";在探望病人、节日互访等非仪式性场合,所送礼物价值较小,则属"小人情"。其次,人情的大小之分,又取决于送礼者和受礼者之

间的亲疏远近关系。村民们谙熟本人与私人网络中所有人员在关系上的亲疏远近,并以此决定礼物数额的大小。按当地习俗,私人网络中的成员分为三个层次,核心层为至亲,包括阿舅、舅姑、阿姨、姨夫、外公、外婆、祖父、祖母、叔叔、伯伯、寄爹、寄妈等,由于当地青年大批进入城镇务工,所以一般又将本人的师傅、师娘也列入至亲范围。第二层次为一般亲戚,如堂房叔伯、堂兄弟姐妹、表兄弟姐妹等。第三层次为乡邻、朋友与同事等。四村村村民王荣森随口背诵了当地的民谣:"儿子好不算好,媳妇好真的好;女儿好不算好,女婿好真的好;兄弟好不算好,伯母(兄弟之妻)好真的好;亲戚好不算好,邻里好真的好。"此外,当地还流行"劫难之中喊四邻"的俗语。可见,上述层次的划分,意味着村民交际早已越出父系宗族的范式,而将姻亲也纳入至亲的范围。此外,他们又十分重视邻里关系。

  关系纽带的维持,依赖于平时的走动和礼物往来。四村村一队的陈金龙老人告诉我:"送礼是件既简单又复杂的事情,说它简单,是因为每个人都要懂得人情,不能有事有人,无事无人;说它复杂,是你要了解送礼的规矩,送得多,对方压力很大,送得少,你也拿不出手。"陈金龙对困难之中见真情感触尤深。去年,陈突患小中风,先后入住镇医院和区中心医院抢救治疗,住院期间,除镇领导和村办企业双龙橡塑制品有限公司的领导亲临慰问外,其亲属包括哥哥、阿舅、连襟、过房儿子、堂房兄弟、堂房妹夫等都赶来探望,并送了礼。陈信仰基督教,叶榭镇上有他6位教友,彼此关系密切,他们闻讯后,先后两次携礼探望。陈金龙经济并不宽裕,住院治疗花去医疗费4000元。按当地习俗,探望病人所送的礼为"小人情",数额多在100元左右,由于探望者众,礼金也有2000余元。领导和亲友的探望,不仅使他感受到道德的关怀、人情的温暖,也使他在经济上得到了支撑。陈记录了每笔礼金的数额,他表示,今后亲友有事,自己也要还礼。今年3月,陈的大阿舅不慎摔伤,陈得知后即去探望,送礼金100元。6月,陈的连襟工伤骨折,陈拟携礼探望,连襟考虑到陈的实际情况,在电话中反复强调不收礼金,但陈仍购买了蹄髈等食品送去,执意要对方收下。陈告诉我:"回礼虽不等于还债,但空手去,道义上讲不过去。"我在其他受访者处也听到类似的表述,村民们忌讳将回礼说成还债,而是说成"还人情",显然,他们把"送人情"和"还人情",都视为一种道德义务。

  张泽镇一带村民间的礼物往来,以往常见糕点烟酒一类的实物性礼物,如今都已被现金所替代。就礼物本身而言,已不存在某种象征意义或超自然的含义。

礼物只是一种传递道德关怀和感情联系的工具,从这个意义上说,不是礼物本身,而是人的感情将馈赠和收受双方联系在一起。这种联系,村民们称之为人情,"大人情"与"小人情"在名义上虽有大小之分,但都离不开感情联系这一核心要素。

喜账:乡村社会礼物流动的真实记录

在张泽乡间,家家户户都有制作和保留喜账的习俗。喜账是由红纸裁成32开大小,装订成册。封面居中书写堂名,左下角书写举行仪式的日期,右上角书写"龙凤呈祥""鸾凤和鸣""新婚之敬"(婚礼),"落成之敬"(上梁),"松鹤之敬"(寿诞),"汤儿之敬"(喜三朝)等表示吉祥的词语。喜账内按辈分大小排列次序,辈分大的居前。有的喜账在末页附有文字说明,记录举

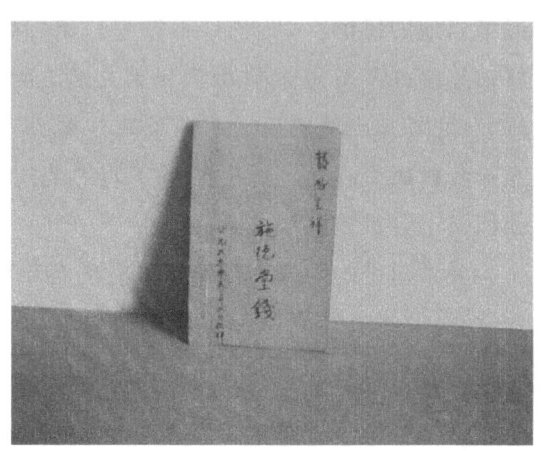

图1 喜账封面

行仪式当天发生的一些事,如某人酒醉,某人闹新房时的别出心裁之举等,类似婚礼大事记。如今一些老年记账先生仍按此传统,于喜账末页附录婚礼见闻(见图1、图2)。

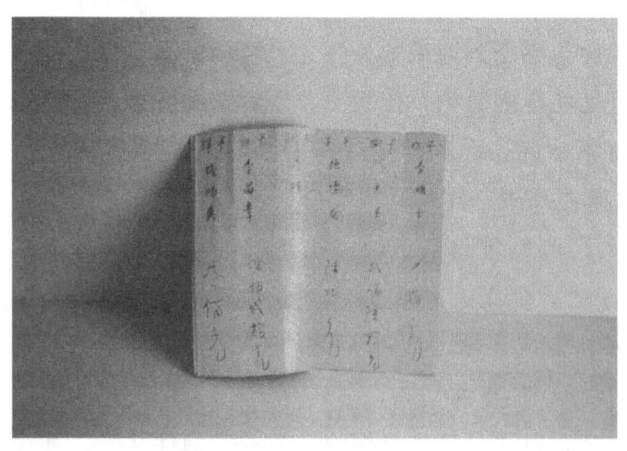

图2 喜账内页

喜账是家庭举办重要仪式(诸如婚礼、喜三朝、升学、参军、丧礼等)时,主人收到所有礼物的正式记录。在举办仪式的当日,为了记录收到的礼物,主人特意在客堂西首房内设八仙桌一张,聘请村内会计或亲戚中文化程度较高的担任记账人。出席仪式的客人,都会到该处

奉上预先准备好的红包,红包内装有现金。记账者每收到一个红包,都要编上号码,并将送礼者姓名及红包号码记入账册。按当地习俗,记账人不能拆红包,待仪式结束后,才由主人会同记账人拆开红包,并点清每笔礼金数额,然后将数额填在编号后。通过对红包的拆点和礼金的登记,主人能清晰地了解到哪些亲友参加了仪式,以及每份礼金的数额。显然,喜账是村民家庭社交史中重大活动的真实记录,它显示了主人公人际关系网络的总貌。

村民们精心保存着每一份喜账。一位67岁的老人告诉我,他结婚于18岁,如今近半个世纪过去了,但他结婚时的喜账依然保存完好。喜账的神圣性不仅在于为当事人记录下日后可供回忆的人生重要一幕,更在于为他日后需要决定自己在类似的场合回赠礼物时,提供了数额上的依据。关于回礼的数额,通常是在对方所赠礼金的基础上增加10%—20%,对当地村民来说,这是一种常识,是人情往来方面的通则,因为礼物一方面是双向流动的,另一方面又不能斤斤计较于礼物的价值。

攀过房亲:乡村社会的一种互惠形式

攀过房亲又称"过继",此俗在松江流传久远,至今未绝。攀过房亲一俗的缘起,本是婚后不育而领养兄弟之子,以后则发展为非亲属关系的两家,由于攀过房亲而结为亲戚。如今在张泽乡间,攀过房亲仍很流行。过房的原因多为两家本有着亲密的朋友关系或邻里关系,经过房的仪式,两家发展为亲戚关系。此外,也有的是出于乡间"冲喜"的传统信仰,即小孩体弱多病,家长怕其夭折,通过攀过房亲为小孩"冲喜",以辟邪祛病保平安。

攀过房亲的程序为,两家经商定过房,即定下攀亲吉日。攀亲当天,过房儿子或女儿打扮一新,父母备厚礼携孩子前往寄爹(娘)家。到寄爹(娘)家后,过房儿子(女儿)行大礼,叫"寄爹""寄妈",乡间称此为"叫应"。拜礼后,寄爹赠过房儿子(女儿)"见面钿",又称"压岁钿"。当日,寄爹备丰盛菜肴,招待过房亲,有时也邀请至亲好友同来庆贺。过房亲认定后,寄爹(妈)还得为过房儿子(女儿)取个"继名",继名从寄爹(妈)姓,继名如同小名,正式场合仍用原名,不用寄名。

过房亲是私人关系中的特殊型构,虽非亲属,实同亲戚。例如,过房儿子(女儿)结婚成家,在所邀请的至亲好友中,寄爹(妈)的排位在舅舅、姑夫、

叔伯后，位居第四，可见，攀了过房亲的双方都把对方视同至亲。当然，寄爹（妈）参加过房儿子（女儿）的婚礼，他们所送的喜礼，价值要超过一般来宾。

寄爹（妈）认了过房儿子或过房女儿后，逢年过节，一般都要携礼看望。所送的礼物为小孩衣物、食品、玩具及现金等，春节期间，压岁钱是不可少的。当地有认过房儿子、女儿在8个左右的，俗称"一桌"。攀亲过多，意味着礼物开支大，经济上压力不小，因此当地也有压岁钱给3年的习俗。但通常情况下，两家既已攀亲，往来自然增多，礼物馈赠也较频繁。寄爹（妈）看望过房儿子（女儿），送些礼物是一种道德义务。攀了过房亲的两家的第二代，俗称"过房兄弟"。多数情况下，因第二代有各自的社交圈子，彼此往来较少，导致关系渐渐疏远。当地有谚语这样形容过房亲为一代亲的情形："过房亲一代头，黄瓜棚抽掉梁。"

张泽一带，小孩认寄爹（妈）时的年龄多在3岁左右，此时寄爹、寄妈正值大有可为的青壮年。他们一般从认了过房儿子（女儿）后，既在经济上通过礼物馈赠的形式，为小孩的成长提供一定的资助；又通过上门探望，逐渐培养起双方的感情。随着小孩长大成人乃至结婚成家，他们的寄爹（妈）也渐入晚年，这时过房儿子（女儿）就有义务于逢年过节之时，探望寄爹（妈）。他们也通过礼物馈赠的形式，在给寄爹（妈）提供一定的生活资助的同时，又让老人感受到亲情的温暖。

在井凌桥村和四村村，笔者的采访对象以老年人居多，其过房儿子（女儿）不仅早已成家，有的第二代也已结婚成家，尽管如此，他们大多与年迈的寄爹（妈）保持着较密切的联系。以下几个个案较典型地反映了过房亲之间的互惠互助。井凌桥村勤楼队的陆宝根年届70，其过房儿子每年除夕都要前来拜个早年，并送礼金200元，几十年如此，已成惯例。四村村新陆队的马德余年轻时认有两个过房儿子，在他们成家前，每逢春节、中秋，马德余总不忘前去探望，送给压岁钿或食品。如今几十年过去了，过房儿子成了家，有了第二代，但逢寄爹生日，他们都会携礼前来祝贺，其第二代称马德余为"寄大大"。四村一队陈金龙30余年前认有过房儿子、过房女儿各一人。近年来，过房儿子的母亲患严重胃病，陈常上门探望。去年陈患小中风住院，今年陈的妻子又住院开刀，可谓祸不单行，他们住院期间，过房儿子、女儿多次买了营养品前来探望，使陈金龙老夫妻倍感温暖。

上述事例表明，通过攀过房亲构成的社会关系，以前期由长辈（寄爹、寄妈）关怀小辈（过房儿子、过房女儿），到后期由小辈关怀长辈，客观上造就了

一种乡村社会的互惠机制，相信这一互惠模式与其所依存的攀过房亲习俗，依然会在乡间传承。有趣的是，四村村年轻的行政副主任高峰告诉我，他于1999年结婚，新婚期间，他与朋友攀了过房亲，认了好友的女儿为过房女儿。攀过房亲当天，他送了1000元给过房女儿作压岁钱，他表示，今后每年将不少于两次登门看望过房女儿。这一事实的意义在于，攀过房亲这一传统的人际交往习俗，依然能被观念新潮的年轻人接受。

不以贫富取人：乡村社会的交际规则

随着张泽地区的经济发展以及工业化、城镇化程度的提高，大量农业剩余劳动力，特别是年轻人从事着非农业生产，年轻人向城镇的转移，导致乡村的常住者多为老年人。由于老年人大多无固定收入，加之农副产品价格低廉，造成贫富差距的扩大。笔者在调查中深切感受到，社会变革并未对古朴的民风造成冲击，也未导致人情的冷漠和异化。在礼物馈赠和人际交往方面，人情伦理依然涵盖着各种关系，村民们把交际中的以贫富取人者视为势利者，他们对这类人表现出极大的鄙夷，同时，对个人关系网络中经济困难的亲友，在礼物往来方面表现出真诚的体谅、宽容和关怀。在下述情况下，礼物馈赠是非对称性的。

首先，已结婚成家并与父母分居的子女，逢年过节大多回家探望父母，并利用这一机会向父母馈赠现金和食品等。在受访者中，那些已丧失劳动力的年迈村民，其日常生活开支，主要来自子孙的馈赠。后代向长辈的馈赠，是一种不求回报的道德义务。当然也有少数漠视孝敬、不尽赡养义务的小辈，他们的行为受到乡村舆论的谴责，同时村干部有责任出面干预和调解。

其次，以回礼的方式表示体谅和关怀。一部分老人由于无固定收入，经济拮据，而人际交往中的礼物往来又不可避免，从而使他们陷于两难的尴尬。一位老人告诉我，当地谚语说："人情不大照章发。""章"指的是规矩，"发"意谓送礼。另外又有"进门发"的说法，意思是长辈踏进客人大门，小辈前来招呼，"叫应钿"是不能不发的。于是，一些老人在出席仪式性典礼活动时，常会产生矛盾而复杂的心情，一方面，难得的亲友聚会可以给平静的晚年生活带来欢乐；另一方面，因囊中羞涩又害怕被邀。虽然，乡村社会的礼物馈赠以对称性互动为通则，但是当地不少办事的东家，出于人情伦理的考虑，常用回礼的方式，变礼物的双向流动为单向流动。井凌桥村勤楼队的陆宝根告诉我，他为儿子和女儿举

办婚礼时,他的姐姐、姐夫都应邀出席,并送了礼金,陆很体谅他们的生活拮据,所以在婚礼结束告别时,陆回赠他们一个红包。陆还告诉我:"对方送礼须收下,不可推辞,拒收会使对方误以为自己看不起他,所以回礼一定要在告别时,这样就不会造成对方的尴尬和误解,这叫'礼到情不薄'。"陆宝根与其姐姐、姐夫和弟弟往来密切。陆的弟弟虽家住金山松隐,但几乎每月都来张泽探望哥哥;其姐姐、姐夫每年前来做客 3 次左右,由于经济不宽裕,他们常空手而来,陆对此并不在意。他表示,若对方携礼而来,自己反而会感到很不安。与其姐、弟相比,陆在经济上较宽裕,他前去姐、弟家做客,一般会带些礼品送对方。显然,陆在与姐、弟的交往中,礼物馈赠是呈单向流动的。这一个案表明,村民视野中的礼物馈赠,有别于商品的交换价值,贫富的差异可以导致礼物馈赠的非对称性流动,但在多数情况下,贫富的差异不会导致亲情、友情的淡漠。

张泽一带的乡村社会生活中,包含着关怀、责任、体谅等诸种道德因素的人情,深刻影响着村民的人际交往。笔者因此感悟到,关系是一种资源,任何资源都是有限的,而人情则是无处不在的;礼物是有价的,而人情则是无价的。

要旨

交際と倫理

顧　偉　列

　本稿では、張沢鎮の農村地域における贈与交換をめぐる民俗事象の分析を通して、村人の交際に見られる人情、義理及び互酬性の特質について考察を試みる。

　一つ目には、交際の際に村人の持っている人情、義理に対する認識について分析を行なった。結論から言えば、贈答品のやりとりが、村人の間で、義理、人情という二重の役割を果たしている。

　二つ目には、祝儀などの記録である「喜帳」の作成と保存に見られる民俗のあり方、及びその機能について考察を加えた。家同士の交際史と言ってよい。「喜帳」には、また人間関係の全貌がはっきりとうかがわれる。

　三つ目には、村人の交際で頻繁に見られる義理の親子関係という民俗事象についてのことである。事例分析を通して、この様な村人の間に作られた擬制的な親族関係がこの地域における農村社会の互酬性のメカニズムを作りだしていると考えられる。

　農村社会に成立した交際規則を探り、事例に基づきながら、激しい社会変革と貧富の差が深刻化していく中で、義理、人情には実に様々な人間関係を含んでいる。とくに贈答品のやりとりに限って言えば、従来の贈答品の交換に見られる対等な贈答行為以外に、一方的に贈るという非対等な贈答行為が一つ新しい現象として現われている。

生産と生業

菅　豊

1. 解放前後の張沢鎮井凌橋村、四村村の生産

張沢鎮における農業生産の変遷と現況の概観

　松江の立地する長江下流域のデルタ地帯は、年間の無霜期間210～270日、年降水量1000ミリ以上と、気候は温暖湿潤である。おおむね標高5メートル以下の低地であり、低湿な水田を中心とした耕作地のあいだを縫うようにしてウーパン（河浜：用水路）と呼ばれるクリークが網の目状に発達している。

　宋代以降、松江を含む長江デルタは、好田、囲田開発などの工学的適応と、占城稲の移入と早稲、晩稲の品種改良などの農学的適応によって、中国の一大穀倉地帯となった。現在は、夏場の水稲栽培を中心として、微高地においては綿花、ゴマなど商品作物を栽培する。また、解放前にはなかった冬季栽培も行われており、冬小麦、大麦、アブラナなどが栽培されている。その他、養魚、ブタ、ヤギ、ヒツジ、ニワトリなどの家畜飼育も、家庭単位で行われている。農業生産の様相は、この50年間で大きく変化してきている。

　張沢鎮における農業も、温暖湿潤、低湿な環境に適合したものである。農業生産の中心は水稲栽培であり、これは現在でも生産の基盤となっている。しかし、その生産形態は、過去50年の歳月で一様ではなかった。1949年前後、すなわち解放期およびそれ以前は、稲作への依存度は現在よりも格段に高く、農村経済に占めるその重要性は、現在に比べかなり大きいものと見積もることができる。

　解放前後の稲作は、農村経済の中心とはいうものの、その展開は在来技術を基礎としていた。具体的には、晩稲の一期作（一年一熟）で、土地の生産性を

高める施肥等の技術はとくにみるべきものはなかった。それが、解放後、政治体制の大きな変革にともない、国家規模の増産政策と軌を一にして、技術改革が行われる。たとえば、早稲の導入による二期作（一年両熟）や、冬季の小麦・大麦やアブラナ栽培という裏作、また、裏作と二期作を組み合わせた年三作（一年三熟）が導入された。しかし、そのような生産量に主眼をおいた農業生産は土地に対する負荷を高め、生産力は低下する。結果、1980年代の経済改革によって、生産物の収益性を重視した形態に変化していく。二期作は、一期作へと戻され、その分、上海という都市部の近郊農村という立地条件を生かした換金作物の栽培へと力点は移されている。

　この都市近郊という立地条件は、労働力の需給にも大きく影響をおよぼしている。たとえば、四村村（行政村）において、1984年をピークとする人口（2114人）が、長江デルタが経済開放区に指定される翌年には減少しはじめ、1998年にはピーク時の85パーセント（1812人）までにも減じている。集体経営の工場も存在し、農業生産からの直接的収益は過去に比べ相対的に低下していることは間違いない。たとえば、四村村には現在、村で経営する4工場があり、エスカレーターの持ち手用のゴムの生産や、段ボール、エアコンの保温材などを生産している。

苗作りと本田の耕起

　50年代初頭までは、井凌橋村、四村村の周辺では晩稲の一期作栽培が行われていた。晩稲として「鉄梗青」、「緑種」、「黄種」、「野稲」と呼ばれる品種が存在したが、とくに「鉄梗青」が栽培の約8割以上を占めていたという。当時は、これらの晩稲米は、「松江米」という銘柄で上海市場において良質米として取り引きされていた。そのため、その種籾は他地域への流出や販売は好まれず、自家で必要な分は自家で再生産するものであった。ただし、種籾として留保するものを特別な方法、あるいは特別な栽培地で確保するということはなく、普通に収穫された籾の一部を翌年まで保存して用いるというものである。

　ヤーディ（秧田：苗代）は、家に近く水が豊富で日当たりが良い水田を選ぶ。「秧好半熟稲（苗が良ければ半分は実ったようなもの）」といわれるように、苗作りは重要であった。苗代は幅2～3メートルで、長さは水田の大きさに合わせた短冊状であった。播種は穀雨（公暦4月20日頃）以後で、遅くとも立

夏（公暦5月6日頃）までには行う。播種の1週間ほど前に、4歯のテッダー（鉄搭（鎝か？）：クワ）で耕起し、水を引いて均し、播種前日に1度水を落とす。種籾は、あまり浸漬をしなかったという。また、ヤーディには基肥を施さず、人糞や藁の灰などの追肥のみで、除草もしなかった。当時の播種量は、現在に比べると格段に多く、1ムー（1畝＝約6.667アール）あたり5〜6キログラムも播いており、その育苗量は30〜40ムーのダーディ（大田：本田）を賄うことができた。天候に左右されるが、だいたい25日前後で田植えできるまでに苗は育つ。ヤーディは、毎年同じ田を用い、苗をとった後にはダーディ同様苗を植え直す。

育苗期には、同時に本田の耕起も行う。解放前の張沢鎮は、基本的に一年一熟（晩稲の単季作）のため、冬場はほとんどの水田が休耕されていた。そこには秋の収穫1週間ほど前にオンホーツォ（紅花草：レンゲ）の種を播き、春の耕起で犁こみ、基肥とする。オンホーツォは、ウシの飼料としても重要であった。

耕起は粗おこしと、代掻きの2段階に分かれる。5月初旬から中旬にかけて開始された粗おこしは、黄牛、水牛にリー（犁：カラスキ）を曳かせるガンディ（耕田：ウシによる耕起）が基本であるが、ウシを所有せず、かつ借用するほど経済力のない人々は、クワを用いた人力のツーディ（鋤田：人力による耕起）をしなければならなかった。ガンディはツーディに比べ、約10倍ほど効率が良かったとされる。

粗おこしがすむと、シディ（施田：代掻き）である。畦畔を直した本田には、リャンドンツ（両頭子：畜力揚水機）、あるいはニュウチャツ（牛車子：畜力揚水機）という農具を用いて水をクリークより引き揚げる。「一粒穀、七担水（一粒のコメには、7担（350キログラム）の水がいる）」といわれ、この時期の水は貴重であった。水をいれると、ボウ（耙：マグワ）で砕土し田土を細かくする。さらにボウよりも歯の間隔が狭く大型のドウ（？：マグワ）でシャディ（削田：田面の均し作業）を行う。

田植え

ツォンヤー（種秧：田植え）は、早ければ小満（公暦5月21日頃）に開始し、遅くとも芒種（公暦6月6日頃）には取りかかり、夏至（公暦6月22日頃）には終わらせなければならない。当然、苗作りの遅れている人は、田植え

時期も遅れる。田植えは人手がいるので、手伝いを雇ったり、相互に労力を交換して確保していた。

　田植えは、縦横それぞれ一定の間隔で植える正条植である。植え付けの際基準となる縄を用いる。縄には約20センチメートルごとに印が付けてあり、これをまず一直線に張り、これを挟んで1名ずつ田植えを行う。ひとつの印の列に、1株7～8本の苗を約12センチメートル間隔で6株植える。すなわち、1列1人分はおよそ60センチメートル、2人分で120センチメートルの植え付けの列となる。1列植え付けるごとに並んで後退し、田の端に来ると、植え付けた苗の列の端から約120センチメートルあけて縄を張り、同様にその縄を挟んで2人で田植えを行う。そうするとすでに植え付けた列と60センチメートル1人分があけてあることになる。これは、縄を用いた田植えが終わってから、1人ずつ植え込む。この際、両側にすでに基準となる苗があるので、縄を用いる必要はない。

　田植えには、「最初の植え付け時に口をきいてはならない」、「田植えをダー（埭：堤防、あるいは畦畔など盛り上がったもの、場所）で見てはならない」、「苗の束を他の人のダーに置いてはならない」、「ダーの上で小便をしてはならない」など様々な禁忌がともなっていた。

中耕除草と施肥、揚水・落水

　田植えで残った苗は、7月初頭までとっておき、うまく根付かなかった場所に補植する。田植え後、およそ2週間で最初の除草を行う。中耕除草にはまず、タン（耥：除草具）を使う。タンは、下駄状の板の裏面に釘の歯をつけ、長さ3メートル～4メートルの柄を取り付けた中耕除草具である。これで水田面の雑草を掻き取る。その際、正条の株間の広い方（つまり20センチメートルのあいだ）を6株分1列ずつ中耕除草していく。ちょうど田植えの方向と垂直方向にタンをこするように走らせる。このタンを用いた中耕除草作業をタントゥ（耥稲：除草具耥を用いた中耕除草）と呼ぶ。

　タントゥの翌日にはユントゥ（耘稲：手での除草）という除草作業を行う。ユントゥは、タントゥによってそぎ取られた雑草を回収、あるいは地面に埋め込む作業で、道具を用いず人の手によってなされる。ユントゥではタントゥとは垂直方向、すなわち田植えと同じ方向に狭い株のあいだを作業していく。

「花靠鋤頭、稲靠稍（綿花（の収穫は）はクワしだいであり、稲（の収穫は）はタンしだいである）」、「花靠鋤頭、稲靠拳頭（綿花（の収穫は）はクワしだいであり、稲（の収穫は）拳（手）しだいである）」と語られるほど、中耕除草は作柄に大きく影響を与えたという。第1回目のタントゥとユントゥののち、たいてい20日後には第2回目のタントゥ、ユントゥを行う。それぞれ2回ずつ中耕除草を行う方式を、「二稍二耘」という。丁寧な人は、これにさらに1回ユントゥを加え「二稍三耘」の方式で中耕除草する。

　稲は「小暑発棵、大暑長粗（小暑に分けつし、大暑に長くのびる）」といわれる。そのため、中耕除草と並行して、分けつと成長を促すために小暑（7月8日頃）と大暑（7月23日頃）に施肥を行う。まず、小暑に1回目の追肥を行う。肥料としてはツーシャー（猪樹：ブタの糞と藁灰を混ぜた堆肥）、ウーニー（河泥：クリークに溜まった泥）、ホアフェイ（化肥：硫安などの化学肥料）を用いた。ツーシャー、ウーニーは自家で調達したが、ホアフェイは購入せねばならない。大暑には、2回目の追肥としてホアフェイを施肥する。分けつはあまり多すぎるとコメの生産量が落ちるので、小暑の後に分けつを止めるため、1度水を落として中干しし、大暑に再び水をいれる。

収穫と調製、貯蔵

　白露（9月8日頃）には、気温が下がりはじめ、稲が力を失うので、むやみに水田の中に入ってはならない。このころの状態を「白露白迷迷（白露には稲は意識がぼんやりする）」と表現する。さらに「秋分稲抽穂（秋分（9月23日頃）に稲は穂を出す）」といわれるように、秋分前後が出穂期である。その後、「寒露無青稲、霜降一全倒（寒露（10月9日頃）には青い稲はなく（寒露には稲はすべて熟して黄色になるという意味））、霜降（10月24日頃）にはすべての稲が倒れる（霜降にはすべての稲が刈り取られるという意味）」と表現される。この表現にもあるように、解放前は霜降前後に収穫を行っていた。

　稲刈りをグトゥ（割稲：稲刈り）という。刈り取りには、ワーン（横：鎌）を用い、田植えと同じく1人6株単位で刈り取っていた。刈り取った稲は、そのまま水田上で3日間ほど乾燥させる。これをシャットゥ（晒稲：稲の乾燥）という。乾燥させた稲をコントゥ（梱稲：刈り取った稲をしばる作業）して家に運搬する。

家では穂付きのまま稲積にして保管する場合もあるが、大半は脱穀して保管した。脱穀は、細竹を桟としたトゥドン（稲床：打ちつけ式脱穀機）に打ちつける方法と、回転式のガートゥジ（軋稲機：足踏み脱穀機）で行う方法があった。脱穀の後、フォンチッ（風車：唐箕）で風選された。

脱穀した後に残った藁は、庭先に積み上げてザートォ（基（齊）頭：藁ニオ）にして保管し、日常の煮炊きの燃料として利用する。樹木などの薪炭になる資源に乏しいこの地方では、藁は燃料として生計維持に不可欠であり、化石燃料を手にいれることのできる現在でも、大半の家では藁を用い続けている。燃やした後の灰は、ブタの糞と混ぜてツーシャーという肥料にする。藁はまた、黄牛、水牛の冬季の飼料、敷き藁としても重要な意味をもっていた。

コメの保存は、大半が玄米か籾の状態であり、白米で保管するのは経済的に貧しい家が多かった。籾は短期の貯蔵を目的として行われ、長期で保管する場合は玄米で貯蔵する。玄米も籾も、直径1メートルほどの竹の桶にゼーティヨ（站条：竹製の貯蔵具）という竹の筵をはめ込んで円筒状にした貯蔵具にいれる。この貯蔵具は、家の中に保管し、湿気を防ぐため桶の下に藁を敷いていた。白米は、モトーン（米筒：藁製の貯蔵具）という藁を巻いて作った貯蔵具にいれて保管する。

籾摺りは、チーロン（？籠：籾摺り臼）という、人力の回転式ひき臼を用いる。また、精白には、ツンチュウ（椿臼：精米具）という道具で搗いて行った。

稲以外の栽培植物、および非栽培植物の利用

解放前後の期間、張沢鎮の農業生産は、晩稲単作の水稲栽培を主体としており、耕地の利用も水田が主であったために稲作以外大きな生産をあげる作物はなかったといわれる。水稲以外には、綿花、小麦、アブラナ、豆類、ゴマや蔬菜類を、自家用として僅かな土地で栽培することが行われるのみであった。

ミーホァ（綿花：綿花）は、張沢鎮では水田より高度の高い微高地において僅かに行われていた。そこで生産された綿花は、自家で紡ぎそのほとんどは自家用に供された。4月下旬から5月上旬にテッダー（鉄搭（鍇か？）：クワ）で軽く耕起し、畦立てする。立夏（公暦5月6日頃）前後に、そこへ種を播く。施肥はなく、中耕を2～3回行う。先に「花靠鋤頭、稲靠䅉」、「花靠鋤頭、稲靠拳頭」という俚諺を紹介したように、綿花の中耕にはクワを用いる。9月から

10月にかけて綿花の摘み取りであるが、手間がかかるため稲作の合間を縫って収穫されていた。この作業は、主として女性が担っていたという。

　小麦も綿花と同じく、水田以外の僅かな余剰地を用いて栽培されていた。10月に畑を耕起するが、畦立てはしなかった。11月に入ってから種を直播きする。芒種（6月6日頃）前後に収穫し、穂付きのまま保管され、必要に応じて脱穀、風選、製粉された。

　アブラナもまた、その種は自家で油を搾られ消費された。僅かに存在する裏作であり、稲の刈り取りの終わった11月に種蒔きされる。ほとんどの水田に緑肥となるレンゲ草が栽培されるため、地力を下げるアブラナを栽培するものはほとんどいなかった。

　豆類には、ワンドゥ（黄豆：大豆）、マオドゥ（毛豆：大豆）と呼ばれる大豆が主で、その他ガンドゥ（豇豆：?）、パーピードゥ（白扁豆：?）など複数の種類があった。大豆は、畑やエー（岸：水田の畔）に5月に播種され、11月に収穫された。大豆のほとんどは、自家用油として搾油された。蔬菜類にはチンツァイ（青菜：チンゲイサイ）、茄子、カボチャ、瓜、ネギ、ニラなどであり、専門の栽培者はなく、すべてを自家消費していた。

　日頃手をかけないが、人為的に植え付けたものとしてイーソンツォ（? 笋竹：?）という細い竹がある。春にタケノコを食すほか僅かながら販売もしていた。このイーソンツォは、農具、生活用具に用いる重要な原材料であったため、各自自分の土地に植えていた。また、現在も植えられるが、サトウキビと良く似た植物で、ルーソ（蘆?：?）というものがあった。直径1センチメートル位の茎を、サトウキビと同じように噛みながら、出てきた甘い汁を味わう。子供たちのおやつ代わりにもなる。

　非食用の植物にロッツォ（落草：ホウキグサ）があり、現在でも庭先や水路の縁で自家用に栽培されている。ロッツォは分枝が多く、ソーズ（掃箒：箒）を作るのに適している。

　ジャオバイ（茭白：マコモ）は現在では、水路の中や、水田を改変した耕地に栽培されているが、解放の頃は、湿地に自然に生えているもので栽培種ではなかった。湿地や河の中には、他にもジュンサイやヒシがあり、採集して自家消費していた。

漁撈

　松江一帯の地形は低平で、網の目状にウーパン（河浜：用水路）が張り巡らされているために、どこででも漁撈を行うことができた。とくに盛んに行われていた漁法は、竹で枠を作り下面に網を張ったグイマオ（赴網：掬い網）である。夏場、ウーパンの水位が腰くらいのときが最も良く、片手にもったモングイツ（網赴竹：魚追い込み用の道具）という竹で、手前に魚を追い込むようにし、グイマオへ誘導して捕る。フナ、コイ、ライギョ、エビなど様々な魚類を捕ることができる。この漁法は、現在でも行われている。その他、チャーユィ（挿魚：ヤス）で魚を挿し捕ることも行われた。夏季には夜間に火を灯して水田の回りでオーゼ（黄鱔：タウナギ）やニチュ（泥鰍）、雨天には青蛙なども捕っていた。ニチュは冬に土の中に籠もるので、ウーパンの岸を掘って捕まえることもあった。貝類では、タニシが捕れ、販売もされていた。

家畜・家禽飼育

　解放前の張沢鎮には、役畜の黄牛、水牛のほかにブタ、ヒツジ、ヤギ、ニワトリ、アヒルなどがいた。

　役畜の黄牛、水牛は、土地を多く所有する人が飼育しており、少ししか土地をもたない貧農は飼育していなかった。親族で共同所有したり、親族間で無償供与したりすることもあった。また、非所有者が役畜を使用するために、役畜所有者へ金銭を払い借用したり、自分の労働力と黄牛の労働力を交換（黄牛：人間＝1：2の比）するものもいた。水牛は、黄牛に比べ力が強くて作業の効率が良く、また、寿命（水牛およそ10年、黄牛およそ7年とされる）も長いので、黄牛より高価で、裕福な家が所有していたという。ただし、夏場は1日に数度水浴びをさせなければならず、飼育には手間がかかった。飼料としては、夏場は水田回りの草を与え、冬場には藁に綿花の実の粕、ふすま（購入）を混ぜて与える。

　ブタは、食肉用としての目的以外に、ツーシャー（猪榭：ブタの糞と藁灰を混ぜた堆肥）の生産がその飼育の重要な目的であった。これも、経済的に零細な家では飼育できなかった。飼料は家の残飯以外に、ふすまや米糠などを与えた。50年代に成長の良い外来種が導入されるまでは楓泾黒猪という在来種で、

1年で去勢オスは60キロほどまでしか成長しなかった。ブタの飼育小屋は、家に連続して建てられており、肥料として集めやすいように、下面に糞尿が溜まるようになっていた。

ヒツジは、フーヤン（湖羊：湖羊）という品種であり、皮革用の子ヒツジ生産と、肥料となる糞尿獲得をその飼育の主たる目的としていた。フーヤンはブタと同じく舎飼いしていた。ヤギは、食肉用として売買されており、屋外で繋留飼育していた。

ニワトリは、卵肉ともに利用するために飼育されていた。各家でおよそ6～7羽は飼育しており、多い家では20羽も飼育することもあった。自家で孵化させるほか、春季、浙江省の蕭山からやってくる雛売りから購入したりした。日常は放し飼いで、籾殻や糠、くず米などを給餌していた。メスは年間約40個ほど産卵できたらしく、10数個産卵すると、ブーショウトン（孵小朦：就巣）といって、抱卵するため巣に籠もる。卵をどうしても欲しいときは、それを解除しなければならない。そのようなときは、ラープー（懶孵：就巣の解除）といって、就巣中のニワトリを外に出し、1週間ほど片足立ちにしたままストレスを与え続けたりした。

アヒルは、春にニワトリと同じようによそから来た雛売りから、雛を購入する。それを昼間は水田に放し、草や虫を食させる。夜は家へ連れて戻ってくず米などを与える。ニワトリ同様卵肉ともに利用する。

以上のような、家畜・家禽は、その飼料などの飼育コスト上保有数が限られており、日常的な食生活に寄与することは少なかった。販売されるほか、祭事や来客時の特別な食材として用いられるのが普通であった。

2. 解放前後の張沢鎮井凌橋村、四村村の土地制度

土地所有と小作慣行

この地域は、解放まで田面と田底にかんし二重の権利が発生していた。

井凌橋村封家埭、四村村大南村では、田面と田底の所有者が同じでない水田をツーディ（租田：小作田）、所有者が同じ水田をリャンディ（良田：自作田）と呼ぶという。全水田のうち70～80パーセントは、小作されるツーディであった。

田底を所有する、すなわち土地のみを所有する人をディーズ（地主：地主）、田底を所有する、すなわち土地の耕作権を小作する人をディーウ（佃戸：小作人）と呼ぶ。通称ファーデー（方単：土地登記書）、あるいはディデー（田単：土地登記書）と呼ばれるディーチッ（地契：土地登記書）をディーズは保有する。ディーズとディーウには、契約が取り交わされ、ツー（租：小作料）が設定される。

数千ムーもの水田を所有するディーズは、たいてい松江などの県城に居住し、数百ムー以下しか所有しない小さなディーズは農村部に居住している。この地域の小作は、作柄に応じてツーが変化する。家計に余裕のある人は、ツーを金納する場合もあったが、ほとんどが現物納であり、玄米で納める。

解放前、作柄を判断するために、稲が実る旧暦10月頃に、松江の紳士が農村地帯を巡検し、相談の上、県の公署に諮問する。県公署では、それをもとに減免率を決定し、県城において通知する。租を減免することをゲーツ（減租：減租）という。生産高が減少すれば、ゲーツされる。たとえば、平常時のツー（租）の70パーセントにゲーツするときは、「七成」、75パーセントだと「七成半」と表現する。

租は、土地の生産力によって変わってくる。

水田は、大きくタンディ（蕩田：低湿田）とガオディ（高田：水はけの良い田）に分けられる。タンディは、低湿田で、洪水などの天災を被りやすいので、通常時でも租を低く見積もる。ガオディの租はシツー（実租：基準となる租）といってこれを基準とし、タンディの租はシュイツー（虚租：減歩された租）と呼んでシツーに比べ低く押さえられた。

租の額は、地主と佃戸の関係によっても異なり、地域によって一定ではない。

井凌橋村封家埭（自然村）のF氏の記憶によると、その率は比較的低いものであったという。安定した生産の望めるガオディでは、籾で通常1ムーあたり3～4石（およそ225～300キログラム）の生産量があった。租は玄米にして現物で納めなければならない。この地域では、籾摺り以後の玄米にする歩留まりが約80パーセントと考えられており、1ムーあたりの生産量は、平時、玄米で約180キログラム、豊作時には240キログラムであった。その租（シツー）は、玄

米およそ75キログラムであった（租の率は約31〜42パーセント）。

　ガオディの場合、作柄の悪いときでも、約150キログラムの生産が望め、そういう不作のときはシツーは減額されて、「八成」で60キログラム（租の率は約40パーセント）となるが、これ以上は減額されなかった。

　天候に影響されやすく作柄の安定しないタンディでも、豊作時は1ムーあたり玄米約180キログラムの生産をあげることができるが、租（シュイツー）は約53キログラム（租の率は約30パーセント）で、不作で1ムーあたり120キログラムほどしか生産できなかったときには「七成」で約38キログラム（租の率は約31パーセント）に減額されたりした。

　租の率は、ガオディの方がタンディより高率で、同じ生産高であったならば、租はガオディの方が負担が多くなる。しかし、ガオディでは、豊作時には租を差し引いた純益は、不作時90キログラム、平年作で105キログラム、豊作時には165キログラムにものぼる。一方、タンディでは、稀にしかない豊作時でも約127キログラム、不作時には80キログラム前後しか収益をあげられなかった。さらに、タンディは、長期的にみて生産量が安定しているために、租が幾分高くとも、ガオディの田面を保有する（耕作権を保有する）ことを望む人が多かった。したがって、ガオディの田面は、タンディの田面より高値で取り引きされたという。

　四村村大南村（自然村）のC氏の記憶によると、F氏に比べ租は高率であったという。1ムーあたりの平年の玄米生産量は約200キログラムで、租は約120キログラムであったというから、租の率は約60パーセントにものぼる。

　租は、冬至を納付期限とする。この期限を、「頭限」という。さらに冬至過ぎから春節までを「二限」といって、この期間に納めれば、1〜2割り増しの租を支払わなければならない。さらに、春節以降は「春租」といって、5割り増し、さらになかには「頭限」の2倍の租を過酷に請求する地主もいた。この納入期限の遅滞割り増しは、地契を取り交わすときに地主と佃戸のあいだで契約されている。租の滞納があると、なかにはタオザーニン（討債人：取り立て人）を佃戸に派遣して、強引に催租（取り立てる）する地主もあった。タオザーニンはたいてい県城にたむろするごろつきで、力ずくで取り立てるほか、支払うまで居座り取り立てる（座催）こともあった。

封家埭あたりでは、土地税は、地主が支払うもので、県公署による租の取り立て代行と税の先取りはなかった。地契の登記は県の「田糧処」で管理されたというが、解放期には公的な登記は減って、民間の相対で行う契約が多くなっており、土地関係を政府は厳密に把握できていなかった。登記された水田は、租の25～30パーセントを土地税として収税されたという。租の収納にかんして、保正が関与する場合もあったという。

族田

　解放時まで、井凌橋村封家埭の封家には、宗族で所有する水田があった。

　封家は、太平天国の乱を契機にこの地に移住してきたという。先住地は不明。封家埭は90パーセント以上が封姓である。解放前まで存在した封家の家譜には、第5代目から記載されており、話者F氏は12代目にあたる。封家は、清末に栄えたらしく、八図という行政区画は、封八図という異名ももっていた。

　封家には、ツーダンディ（祠堂田：祠堂田）という族田が解放まであった。およそ、150ムーで、F氏の祖父の従兄である封文権の財産を元に作った。この族田を、小作させその租は、春分と秋分の先祖祭祀（春秋二祭）の費用にあてられるほか、宗族中の貧困家の葬儀などの救済費、封八図近辺の橋梁、道路の整備などに用いられた。ツーダンディの管理は、文権の長男、さらにその長男と受け継がれたが、文権の孫が管理しているときに土地改革によって接収された。

　封家の祠堂は、自然村でいう黄泥婁村と徐家浜の境界に文権により設けられ、それに文権一族の墓地と、風水を顧慮した池塘が付された。祠堂自体は土地改革後も残ったが、「文化大革命」によって完全に破壊された。

　封家の第10代目の封文権は、学才に恵まれ、清朝末期の文人官僚となった。滬杭鉄道の終辦としてこの地域で大きな富を築き、江南一の書の収蔵家として知られる。1000ムー以上の土地を保有したが、4人の息子に220ムーずつ相続し、残り約150ムーをツーダンディにした。登記上は、最後まで封文権の名前になっていたという。F氏20歳のときに、文権は82歳で他界した。

墳田

　ツーダンディ（祠堂田）と区別される族田にワンディ（墳田：墳田）がある。これは、封一族の清明節の費用を調達するための水田で、ツーダンディと

同じく、小作に出される。5～6ムーをF氏の家を含む、10代目で分家した中房の6戸で共有された。

ワンディは、7代目の香浦公の時代に購入。したがって、登記は香浦公の名前でなされていた。毎年、共同所有する家が年番で管理する。この土地からの収益の余剰は、その年の管理を受けもった家のものとなる。

堂租

解放前、松江の県城には、身よりのない老人を収容する老人堂、孤児を収容する育嬰堂、寡婦の援助をする全節堂などの福祉施設があった。これらの施設は、有力地主たちより、田地の寄付を受け、それを小作に出すことによって、運営されていた。その際の租が、ダンツー（堂租：堂の租）である。この堂租により、各堂は運営されているため、佃戸はかならず「頭限」までに、租を納入しなければならない。

地主より寄進されると、当然、地契も変更されて、所有関係も変更される。地契の登記は、県公署の田粮処で管理される。

解放時の封家埭の成分

解放時の封家埭には40戸ほどあり、その土地は、ほとんどが封文権の子孫の所有であった。

封家埭でとられた解放後の成分と、その戸数は以下のように分けられた。

・地主：土地を所有するが、自身は耕作はもちろん農業経営をせず、すべての土地を貸し出して租のみを徴収して生活する階級。大部分が田底のみを所有し、田面は所有しない。封家埭には3戸存在していた。

・半地主：土地を所有し、僅かに農家経営を行うこともある。大部分の収入を、租に依拠し、一部の農地を経営するためチャンコン（長工：長期雇用労働者）を日常的に雇用する。所有の大部分は田底で、一部良田を所有した。封家埭にはなし。

・富農：自分で土地を所有し、基本的に自身で農家経営しする自作農で、農繁期にはマンユェ（忙月：季節雇用労働者）、あるいはマンコン（忙工：季節雇用労働者）という季節労働者や、また、バンコン（幫工（伴工？）：臨時雇用労働者）という臨時雇いを雇用する階級。封家埭にはなし。

・富裕中農：完全な自作農で、労働が自家で完結し、他の人の労働力に依拠しない階級。良田のみ所有。生活には余裕がある。封家埭には2戸存在した。

・中農：自分が使う土地を一部所有（良田）し、一部田面のみ所有・使用する佃戸として小作する階級で、生活を維持する最低限の収益を、自家の農業経営のみでようやく確保できる程度の階級。封家埭には6戸存在した。

・下中農：田面のみを所有する佃戸で、小作することで生活を維持していた。農業生産からの収益では不足するので、ときにバンコンとして労働する階級。封家埭にはなし。

・貧農：田面を僅かに保有し、小作として生活するが、面積が少ないため、マンユェやバンコンとして労働する階級。

・雇農：佃戸にすらなれない完全な無産階級。チャンコンとして恒常的に他家の労働を担い食事と僅かな賃金を得る階級。

封家埭では、貧農、雇農で全戸数の75パーセントほどを占めた。教師など農業以外の職に就いていて、土地を僅かに保有し、貸し出している階級は「小土地出租」と呼ばれ、富裕中農と同じレベルの成分として扱われた。

土地改革のときに、耕作地等を有産階級から接収し、それを無産階級を中心に、再配分した。村に存在する耕作地の面積を村の総人口（老若男女を問わず）で割り、ひとりあたり平均の耕作地の面積を基準とする。1世帯の構成員の数に、適用される平均を乗したものが、その世帯の保有する耕作地として配分された。

できるだけ平均に配分することを原則としたが、水田の形状で完全に平等にならない場合や、富農、富裕中農など土地をある程度保有するが、団結して地主層を打倒する階級として取り込むための優遇措置を行う場合、再配分の面積は、ある範囲内で差が出る。容認される範囲の最大値が大平均で、最小値が小平均である。

たとえば、封家埭では、大平均は2.3ムーで、小平均は1.8ムーである。封家埭に関係する地主は、松江県城に住む不在地主（封文権家の子孫）であったため、地主には耕作地の再配分を行わなかったが、通常、地主や半地主は打倒階級として、土地の再配分は最低限の小平均に押さえられた。一方、富農など団結する層は、人口1人あたり平均以上の耕作地を与えられたが、大平均を超え

るものではなかつた。

雇用労働

　田植え、施肥、除草、収穫など特定の時期に集中して労働力が必要な農繁期の臨時的な労働者をマンユェ（忙月：季節雇用労働者）、あるいはマンコン（忙工：季節雇用労働者）という。期間を決めて、給与が支払われる。また、田植えや揚水、中耕・除草、施肥、収穫など臨時に労働力が必要になったときに、裕福な家で雇われる労働者をバンコン（幫工（伴工？）：臨時雇用労働者）という。一日の作業量を単位とし雇用された。

　チャンコン（長工：長期雇用労働者）は、長期にわたって特定の裕福な家に雇用される労働者である。経済的に最も貧困な人々が、これに従事して生活を維持していた。農作業のほか、地主など雇用者の雑務、家事一般にも従事し、隷属的な地位に甘んじていた。その契約には、半年と通年があるが、チャンコンの雇用にかんして雇用する側の権限が強かった。このような労働力を積極的に雇用するのは、農業経営を行う裕福な農家であり、租の収入のみに依拠する地主では、農業労働よりも雑役に使役していた。零細な家は、雇用する費用がないので、同じような経済規模の家と労力交換をして、繁忙時をしのいだ。

分種田

　水田を所有し自作する家、あるいは水田の耕作権を有する家（佃戸）の労働力が不足し、耕作が困難になった場合に、その耕作に雇用労働者を用いずに他家の労働力を導入する方法としてフォンツォンディ（分種田：請負耕作）がある。

　これは、小作というよりも生産請負であり、経営はあくまで土地所有者（田面も含む）と請負者が一緒に行っていると認識されていた。水田の貸借関係ではないので、土地の所有者を地主と呼ばないし、また、耕作を請け負う人も佃戸とは呼ばれない。

　良田を耕作する自作農や、あるいは租田の田面のみを所有する佃戸で、鎮に働きに出たりして、労働力が不足した場合に、生産の代行を労働力の余剰があるものに頼む。その際、土地を提供する側は、肥料（ツーシャー）、種子を提供する。

　耕作権の所有者と耕作者の収穫の割合は、耕作権所有者約7割に対し、耕作

者は約3割と、耕作権の所有者に非常に有利になされていた。フォンツォンディは、分益小作的な形態をとる。耕作者側は、取り分の増加と耕作者としての継続を望むため、常に精勤が求められる。耕作の代行契約は1年年限で、生産高が芳しくない場合、耕作権を有するものは耕作者を一方的に変えることができる。地主－佃戸関係でみられる地契のような正式の文書は取り交わさず、口頭で行うのが多かった。地主－佃戸関係では、佃戸が租を適切に納入する限り、土地の所有者である地主が、その土地の使用権を有する佃戸の耕作を侵害することはできないが、フォンツォンディの場合、耕作権の保持者が強い立場にあり、請け負った耕作者をいつでも更改できる。

　フォンツォンディは良田において主としてみられるが、田面と田底の所有者が異なる租田でも、佃戸によって経営された。良田を保有するものには、労働力に不足した場合でも、土地の所有権を失わずに農業経営を継続できるという利点があった。佃戸の場合も、労働力が不足して、自家だけで生産が行えないときに、耕作権を失わず、かつ大きなコストをかけずにすむフォンツォンディは、租の率が低い場合に利点があった。たとえば、封家埭のF氏が記憶するような低い租の率（30～40パーセント）ならば、佃戸は地主の2倍以上の収益をあげられることになる。したがって、佃戸がもしその土地をフォンツォンディにして、別の人に耕作させた場合、地主への租をおよそ3～4割、耕作者への配分を3割支払っても、佃戸は労働力を投下せずに生産物の3～4割を留保できることになる。

　このような状況から、小さな地主よりも、むしろ良田を保有する富農の方が生活が豊かだということもありうる。田面を多く集積すれば地主並みの収益をあげることができるが、実際は経済的に佃戸は、そのような田面を極端に多く集積することはできなかったという。

抵押

　土地を抵当に借金することをディーヤ（抵押：抵当をとった借金）という。葬式など急に大きな出費を必要とするときに、自分のもつ良田を抵当にして融資を受ける。たいていは親族関係のあいだで執り行われる。

　2～3年年限の借用が多く、借用する際に、返済時の利子額（年利10パーセントほど）も含めて「借据」という借用証文を貸し主に渡す。抵当とする土地

の地価より低めの額を借用する。借用期間の耕作は元通り土地の所有者である借り手が行い、そこからの収益をあげる権利を有する。期限に利子を含めて返済できない場合、貸し手、借り手は協議し、最悪土地を売却することとなるが、親族関係の場合、返済期限が延ばされることが普通であった。どうしても返済不可能で売却した場合、売却益は返済額を上回るので、弁済の後の余剰は元の所有者が得る。しかし、当然、この後に土地の所有権はもとより耕作する権利も失うこととなる。

典賣

　土地の権利を売ることをディマ（典賣：土地を売ること、あるいは出典）という。ディマには、良田ばかりではなく、租田の田面や田底のみの売買もあった。売買形態には、ワッチ（活契：回贖（請け戻し）請求権のある売買）とジェッチ（絶契：回贖（請け戻し）請求権のない）売買）があった。

　ワッチは、良田（田面権＋田底権）、および田面権の売買において主に行われた。権利の価格の6～7割の価格で売る代わり、ある期限の後に売り手（入典者）によって買い戻す権利が留保される。張沢鎮では、通常、5年年限でワッチされた。買い手（承典者）は、この期限内はその土地における使用、収益権を保有する。たとえば、それが田面のワッチであった場合、耕作する権利をこの期間中に売り手より得ることになる。しかし、期限が過ぎると、元の所有者（売り手：入典者）に同額の金額で請け戻す経済的余裕と意志があれば、それを買い戻すことを承典者は拒むことはできない。田面権のワッチの場合、年限中の地主（田底権所有者）への租の支払は、耕作し収益をあげる承典者が行う。

　ジェッチは、いわゆる通常の売買で、権利の市価の全額で売ることにより、すべての権利を買い手へ受け渡す。当然、請け戻す権利もない。田面権のジェッチの場合、租の納付義務も当然買い手へ移行する。

　ディマには、その契約内容を明記する文契を売り手と買い手で取り交わす。封家埭では、契約の履行を保証するものとして、この契約書に保長や郷長、図正、正人、代筆といった保証人の名が記される。これらの保証人には、全体として取り引き価格の20パーセントほどが謝礼として支払われていたという。とくに、在地で土地取り引きや収租に精通している図正に最も多く報酬を支払っ

ていた。

花粉田

　解放以前、裕福な家庭では娘が嫁ぐ際に持参財として水田を与えた。この水田をフーファンディ（花粉田：おしろいを買うための田）と呼んでいた。その面積は家の裕福度、兄弟の数によって異なり、貧しい家では娘に与えることはできなかった。娘に対する財産分与で、男兄弟が分家時に受け取る水田に比べ、小さいものであった。

　フーファンディは、嫁が田底の地契を持参し、水田の財産としての管理は夫が行う。財産としての所属は婚家ではなく、夫婦に属する。したがって、夫が、まだ財産分与を受けて分家していない場合、分家時にはこの財産は分配の対象として算入されず、夫婦に留めおかれる。実際の耕作は佃戸に任せる。そこからの租の徴収が実家から、娘夫婦に委譲されるわけで、フーファンディとして所有権が変わり、以後租の納入先が娘夫婦に変更されることを佃戸に知らせる。

　解放前に張沢鎮で最も大きかった地主・徐家の娘が嫁ぐ際には、200ムーものフーファンディが持参されたという。

摘要

农村生产与土地制度

菅丰

松江所在的长江三角洲地带气候温暖湿润，无霜期210—270日，年降水量达1000mm以上，大致是海拔5m以下的低地。被称作"河浜"的水渠把以低湿水田为中心的耕地连接起来，形成了发达的网状灌溉系统。

张泽镇的农业是与温暖湿润、低湿的生产环境相适应的农业。农业生产的中心是水稻栽培，现在仍然是生产的经济基础。但是，与五十年前相比，生产的形态已经发生了变化。

本章将从生产方式和土地制度两个方面记述1949年前后张泽镇农村经济。特别是，关于农业生产，将以水稻栽培的秧田和翻耕水田、插秧、中耕除草和施肥、收获、储藏等一系列农业活动为中心进行记述，除此之外，棉花、小麦、油菜、芝麻、豆类和蔬菜类等水稻以外的栽培作物以及非栽培作物也将是记述的对象。同时，为了解该地区生产方式，对渔捞、家畜家禽饲养略费笔墨也是不可或缺的。最后，为了了解该地区的土地所有和佃耕惯行，将对常规耕作、族田、坟田、雇佣劳动、分种田、抵押、典卖、花粉田等进行记述。

民 居

朱希祥

本文从民居的选址依据，民居的形态与建造、民居的房间布局与家具陈设三个部分概括与说明上海市松江区张泽镇井凌桥村和四村的住宅特征、风俗习惯及发展、演化过程。

当地民居的选址依据是：祖传宅基、风水先生选择、风俗习惯、政府规划指定。选址的风俗习惯主要有近河、面东南而居，排列齐整，路、水、桥的冲撞禁忌等。

当地民居式样依时间段而分：20世纪四五十年代及以前的民居，20世纪70年代的民居，20世纪80年代以后的民居。建造风俗体现在打地基、柱帖、上梁、做正日、满工酒、进新宅的过程中。

民居的房间主要有正屋、东南次屋、厢房、厨房、小屋等。厨房的设施和卧室的家具因居住人的年龄、经历不同而有差别。

调查考察时间：1999年11月25日至11月27日，2000年8月8日至8月12日。

采访、座谈的对象：井凌桥的孙仙林（官楼埭，65岁）、陆宝根（官楼埭，67岁）、陆顺明（陆家埭，77岁）、戴品芳（兴溇，73岁），四村的杨剑璠（新北村，70岁）、陆家兴（庄行村，74岁）、陈金龙（大南村，65岁）等。

一、居民的选址依据和风俗习惯

当地称民居为民房、住宅，其重视程度，一般都要超过吃和穿。父母再穷，也要将房子造起来。

村民建造、翻新、重造民居的选址依据是：1.祖传地基；2.风水先生选择；3.风俗习惯；4.政府规划指定。

这4项因素有时综合起作用，有时因时间变化、时代或社会变革而侧重于突出某一项。如当地较老的民居（50年以上）的选址，主要依据是祖传地基和风水先生的决定（风水先生有的就是算命先生，用一类似指南针一样的罗盘实地测量、验算后确立。罗盘是什么？当地人一般说不清）。20世纪70年代后，造房选址由政府批准（人民公社和以后的镇政府），由建房组统一规划，统一批准，方可建造。

多年来，当地民居选址中的一些风俗习惯与风水禁忌仍被保留着，变化不大，主要是：

1. 近河、面东南而居的习俗

当地的村落，基本都近河而居，民居建造在河流的两边，喜欢隔水相望式的建造方式（如图1）。房屋离河10m左右，邻居横向间距2—3m。河北对着河南，横向平行建造，而不喜欢纵向建造。原因是朝向问题。当地民居一般朝东南或西南（东南为最佳），不朝正南，正南向被认为是庙宇或龙穴的方向，平民不宜。当地人不喜欢别人造在自己的南面，自己也不愿造在别人的北面（除非是自家人）。如果河流是南北流向，那就形成了另一种"非"字型的建造方式。这在当地也是有的。房屋间距则达10—20m。

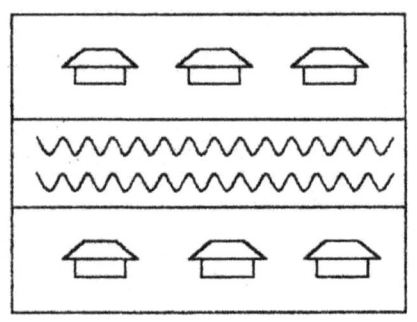

图1

2. 排列齐整的原则

当地人对横向建造的民居的排列顺序非常讲究，要求排列整齐，左右方都不能超过别人的住房。特别是东首方不能超过西首方。如超出，即被认为"挡住风水"，是绝对不允许的。民居的高度也极讲究齐整，要求同一楼层不能高出别人的房屋，除非多造一层楼。所以在当地，并排的村落楼层也基本是一样的。你造平房，我也造平房；你翻建成两层，我也设法盖成两层，大家平起平坐。不然，就觉得吃亏了，风水被冲了。

房屋造得高，在当地是一种口彩；低就比不上人家。因此，为房子造得高低问题，村里经常有吵架、打闹的。井凌桥村勤劳队陆家埭塘的陆顺明家，就因为西面邻居家造的房子比自己家高两层砖，10cm多一点，结果两家就不和（陆的二儿子、二媳妇为此不高兴），多年来两家互相不说话、不理睬。

3. 路、水、桥的冲撞忌讳

除以上所说的一些风水习俗与禁忌外，当地选址造房的禁忌大多与路、水、桥有关。

当地造房要求房子的大门前不能有正对着的路和河（即与门直接对接）。因为路和河都是让人走来走去，来来往往的，正对着房门，房子就被冲破了，所以不吉利。即便是隔一条横向的河与马路，但对面仍有直着对大门的路与河，也不吉利。因为客观情况实在避不开正对着的河与路，或者造好以后才发现有这种情况，那么当地人就在门的上方挂一面镜子，将不吉利的河与路反掉。

另外，河道对着房门（如图2），说明那是河头、浜头，当地人说那是邪神居住地，不吉利，用现代观念看，实际是不卫生，因垃圾容易堆积此处，肮脏不堪，滋生毒害。

房门对着桥，在当地也是禁忌的，因为桥的作用与路相同，也有冲的意思。

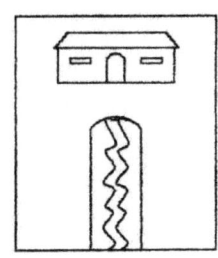

图 2

二、民居的形态特征与建造习俗

当地民居形态与结构的特征，是随时代、社会与人们的审美观念变化而变化的，最根本的因素是随着村民们经济条件的改善而发生变迁。所以，民居形态与结构特征，可大致以历史发展的时间段来分类。

（1）20世纪四五十年代及以前的民居。目前在当地能看到的最老式的民居一般都是20世纪四五十年代及以前建造的，个别的距今100年左右，被称为草屋、小瓦房、平房（真正的草屋已看不见了）。

这个时期类别的民居的式样主要有：

①披屋（如图3）。屋顶是披式（又称落檐式）的，即四面都是瓦顶，梁、柱均为木制，墙是单砖砌的，较薄。

②馒头顶。草屋的基本式样，称为一戳两间，两间都不正规。

③多梁式。以屋梁的多少命名房屋，主要有5架梁、7架梁、9路头（9根梁）等。

④落库（舍）房子。有3开间（3间正屋）、5开间（5间正屋）等。

（2）20世纪70年代的民居。主要是硬山头（又称硬铁头）（如图4）和新村式房子。这两种房屋除了瓦片是旧房屋拆下的外，其余都是用新建筑材料。新村

图 3　披屋

式房子已开始采用水泥柱与水泥预制板，有了楼层、阳台。房屋式样相同，排列更为整齐。

图 4　硬山头

（3）20世纪80年代以后的民居。主要是新建和在原有住房基础上翻造而成的两层楼和三层楼的房屋（如图5），现代气息较浓，普遍采用了铝合金门窗、瓷砖等新建筑材料。

比较以上几种类型的房子，可以发现，当地民居外形上的特征，除了楼层、门、窗（门变化比较小，窗由原木框花纹结构改为简单的木制和钢窗、铝合金窗）变化外就是屋顶、屋脊的形态变化了。这种变化趋势是繁→简→繁。20世纪50年代以前的老式房屋，因是披屋，落檐式，故呈现一种大屋顶的势态。这类房子屋脊的形态较多。从侧面看，除了硬山式 ⌃ 外，还有观音兜式 ⌢、马

图 5　20 世纪 80 年代（左）和 90 年代（右）的民居

头式⌐⌐等。后两种比较美观、讲究，是地位较高、钱财较多的人家的房屋式样。硬山头式的房子的屋脊（房子最顶部）也较为简单，砌一层瓦，高出屋顶即可。20 世纪 80 年代后至今新造或翻建的屋脊上，常常用龙、凤、鸡做基本图案（如图 6）。具体形态的构成与艺术水平，与工匠的手艺有关。大部分人家的屋脊两头和中间雕塑成弯或翘起的钩子，看不出像什么，只是使房子的外形有点变化，有点民俗审美性。

图 6　20 世纪 90 年代后期建造

在当地，无论是哪一种类型的民居，其建造风俗都是基本相似，一脉相传的。这些建造风俗一般体现在以下几个方面或几个阶段：

1. 打地基

当地旧式房屋（即20世纪50年代以前的房屋）的地基，不延伸至地底下，只是在地面上或稍深入地皮下一点的地方置上墒皮（石板一样的基石）和柱头（圆柱形石材），再在上面树木柱，搭架子，造屋。墒皮和柱头的作用是为了房子的坚固和干燥。定地基、立柱头和确立主梁高度的工作称为泥工定墒、木工圆木。做时的规矩是只用一小时左右，就停下不做了。届时由东家送给他们喜钱（现称为红包），请他们喝茶，然后再继续做。

以后的房子越造越高，墙壁也因砖块的增大而加厚、加重。所以，地基需要挖深一些。这时地下的作用就显得相当重要了。当地村民为了使地基在事实和名义上都牢固、安稳，采用了不少带有浓郁色彩的民俗方法。例如，挖好地基，夯实后，就用生铁皮（一般用破旧铁锅敲碎）放入其中，与石子、黄沙混用，意思是坚固，抵制别人的破坏。一些心怀叵测的人常常会弄一些死家禽（鸡鸭等）丢入地基，借以造成别人的灾祸。因此，造房主人不但要在地基中放入生铁以辟邪恶，还要在当晚守夜看护地基，防止他人破坏。

2. 柱帖、上梁

这是建造时的第二个关键。柱帖（立柱）、上梁是同一天。因梁柱都是房屋主体，所以房主特别重视，要送钱给作头师傅（造房工匠负责人、头儿），让他们干好此事。

大梁（又称正梁）本身和上梁时的风俗习惯较多。

以前大梁上用小铜钿串挂，另用红布袋装上大米，也挂在大梁上，叫"柱粮钿"（留住粮食和钱财的意思）。现在一些人家不这么做。

上正梁时要放爆竹、鞭炮，作头师傅唱口彩，说一些恭喜发财、子孙满堂之类的话。房东要拿出4样食品（馒头、糕点、糖、水果），同时点上蜡烛、香。东家夫妇拜祖宗、磕头，像结婚时一样。这种规矩一直延续至今。磕头后，再发红纸包给作头师傅，这叫喜钿（过去40元，现在80元，根据经济条件不同有所浮动）。

正梁放好后，要搬进两根青竹竿，放在两边正柱处，上边各挂一面筛和竹篓（捕鱼用的装鱼工具），当地称此习俗叫"筛子发禄"。4个字如何写和有什么含义，村民的说法多种多样，不统一。有的说，筛子即狮子，子即儿子；有的说，筛子起过滤作用，好的留在篓子里；篓因口小、筐大，进去出不来，有聚钱发财

的意思。三件物品，含义丰富，所以直到现在此习俗仍被保留着。3至5天后，这些物体可以拿掉。

同时，正梁、正柱、正柱、脊檩上用红纸写上一些口彩性的吉利好话，内容应景应时，随时代发展而变化。老式民居东西立柱成对联，如："立柱喜逢黄道日，上梁巧遇紫微星"等。以后又有"宪法是革命成果，劳动是幸福源泉""集体优越无止尽"等内容。"福星高照""福禄寿三星高照""万事如意"之类的内容一直沿用至今。当地人极重此类的口彩，说是"声声叫好，石头变宝"。

3. 做正日、满工酒

做正日是房子建造快结束时，房东邀请亲朋庆贺的日子。亲戚朋友送礼送钱（至亲一般送馒头、糕点；其他人送钱）。房东要烧8个大菜（猪蹄、猪爪、鸡、鸭、鱼、肉等荤菜，蔬菜、豆制品不用）。经济条件好的这么做。差一点的就做早一点，收钱早一点，以补造房和请客的费用。

满工酒是在全部工程（除粉饰外，粉饰要等新房造好半年后再进行，为的是让新房沉一沉，干一干）完成后举办，也是烧8个大菜。这一日烟酒较多，要占总费用的40%以上。

4. 进新宅

当地搬入新造楼房不叫搬家或搬场，而叫进宅、进新宅。因为新房一般都是在拆掉旧房后造的，大多在原宅基地（20世纪70年代后才有政府规划重新分配宅基地的做法），建造时暂时住别人家，新房造好后，再搬回去。

届时，房东的一些讲究规矩的朋友会用大红信纸，外写"落成之喜""乔迁之喜"之类的吉利祝贺话，内夹礼钱送来。至亲则送猪大肠，口彩"长"的意思。一般亲友也送钱致贺。主人请客吃饭，菜肴品种数量根据条件安排。

进宅搬家具一般没什么规矩习俗。摆放家具时，则需注意床与梁的位置，要求顺梁（与梁平行）放，不能骑梁（即与梁垂直）放。这一规矩保留到现在。只要是木梁的房子，床的位置都应如此，不然，人就会感到不舒服。四村村发生过一件真实的事情：村办企业双龙橡塑制品有限公司有一位保安人员，因住宿在厂里，床骑梁放了，结果一直胸闷，气透不过来。后来将床调整至正常位置，人一下就觉得舒服了。什么原因？当地村民解释不出，只说是一种风俗习惯。是否与地球磁场、人体心理等因素有关，还待进一步研究。

三、民居的房间布局与家具陈设习俗

当地完整民居的结构布局（指各房间的分隔安排）一般如图 7 所示（简易的住房只有西次间、正屋、东次间三间或两间）。

正屋也叫正间、前头间、客堂、客厅，是吃饭、会客、请客、做祭事、喜事等重要活动的地方。"文革"前，祖宗牌位（考究的有各种小间型的牌位）放在正屋的北部上方，与大门相对，进门即见。"文革"后就再没有恢复。现在，至亲的骨灰盒仍存放在正屋里。位置有的由风水先生定，一般长辈在南面上方，靠东。骨灰盒存放时间有长有短，年老的早入土，年轻的多放一些时间。客厅中都有方桌（八仙桌）和长凳，个别人家还有春凳（比长凳宽一点、矮一点的凳子，原是女方放枕被嫁妆抬过来的，现坐人或放杂物）。这是吃饭、请客、做祭礼时必用的家具。因客厅面积较大，又空旷，一些村民将刚收下的粮、棉也存放在此。少数人家还有燕子的巢穴。

东、西次间，也叫东南、西南房。当地以东为贵，因此，大儿子成家就住东次间，二儿子住西次间。以东为贵的原因，是由于东面是太阳升起的地方，体现和表示的是上升、兴旺、发展。正因如此，当地的结婚队伍都安排从东面过来。白喜事也向东走去，即使坟墓在西面，也先向东走，再转向西。该风俗从古至今，一直如此。

西次间	正屋	东次间
西厢房	天井	东厢房
小 屋	门斗	厨 房

大门

图 7

天井处除一口井和相关的用具外，其他物件很少。该处如是房间，就叫中堂。

厢房是一种附带式的房屋，它的用途不固定，有时作杂间用，有时作卧室（一般次间被儿子占用后，父母退居厢房）。

正屋和次屋改建、加层的情况较多,但厢房一般都是平房,较为低矮、简易。

小屋一般指比厢房还要低矮、简陋的房子,有的由旧房改建过来或干脆就是保留着的原旧房。此屋用处较多,有作厢房的,也有作杂房(放各种农具、家什等杂物),也有的养猪、养鸡、养鸭等。现在当地的小屋一般都盖在新建房的东北处,更多的是在整幢房子的北面(相距5m左右)单独保留和建造,养家畜、家禽更适宜些。

作为厨房的小屋里几乎全有旧式灶头。灶头上方砖面上绘有一些图案和吉祥的词句,现在看到的最多的字句是"小心火烛"。灶头边一般都有一口井,取水方便。近年来,大部分农户都另配有液化气体灶和自来水。但老人们喜欢用旧灶头,因为燃料都是农田里捡拾来的稻麦草、棉花秆、野草等,不必花钱买,而且烧出的饭特别香。灶头上有一至两个水罐,烧饭菜时,水也烧热、烧开了,省时间、省燃料。但年轻人图省事,讲究干净卫生。一般都喜欢用液化气。所以,家中两种灶具并存。现在一般家庭食用都用自来水,井水只作洗刷物品用。一些家庭父母与儿女的厨房也分开(当地习惯父母同小儿子同灶吃饭),保留各自的自由、空间和生活方式。

卧室里的家具,老人与年轻人不一样。老人仍沿用旧式床,当地称之为"六树头"床,又称布机床(因形状与织布机相似)。这种床由雕花木架组成,可直接挂上蚊帐,一般都已用了四五十年,有的甚至上百年,几代人用过。一般老人的其他旧家具也保留在自己的房中,如旧式大橱、木箱、茶几、椅子、梳妆台等。特别醒目的是,不少人家还在用旧式木制便桶(俗称马桶),油漆脱落较多,铁箍也已生锈,但因不漏水,木制的,轻便,不硬冷,老人们仍喜欢用。现老人房中,都已有一台不大不小的电视机,与旧家具夹杂在一块。年轻人的家具都是较时髦的,但90年代后,年轻人大部分奋斗在外,许多人又到城中工作和买房,所以他们的房间空关较多,家具也是结婚时用的,较少改换最新潮的。

因为松江过去是个产棉地区,当时家家户户种棉花、纺棉花、织布。现在一些民居中还能看到破旧的织布机和纺纱车。四村村斜泾许家队许仁初家中现还有这两种机器,依然在少量地纺纱、织布。

要旨

民　家

朱　希　祥

　本章では民居の建設地点選択の要因、民家の形態と建造、民家家屋の配置と家具の並びという三つの側面から、上海市松江区張沢鎮井凌橋村と四村村における住宅の特徴と風俗習慣をまとめて、またそれらの発展と変化のプロセスを説明する。

　当地の民家の建築地点選択における要因は家伝の宅地・風水師の選択・風俗習慣・政府の土地計画である。住所選択の風俗習慣は主に川から近いこと、南東に向かうこと、きちんと配列すること、道・水・橋の風水とぶつからないことなどである。

　当地の民家形式は時間的によって、20世紀4・50年代及びその前の民家、20世紀70年代の民家、20世紀80年代以後の民家に分かれている。建築儀礼は打地基（基礎工事）、柱帖、棟あげ、做正日、満工酒、進新宅（新宅に入ること）に見出される。

　民家の部屋は主に正屋（母屋）、東南次間（副次的な部屋）、厢房（母屋両側の部屋）、台所、小屋などがある。台所の施設と寝室の家具は居住者の年齢もしくは経歴によって異なっている。

　調査及び考察期間は1999年11月25日～11月27日、2000年8月8日～8月12日である。

食と住

陳　玲

　これまで、江南地方の農村が近くの市鎮に大きく依存したため、村落結合が弱体化し、宗族組織が発達してこなかったなどの指摘があった[①]。しかし、このような宗族組織の特徴でもって、この地域における「家 jia」の特質として把握しにくい。

　ここで、井凌村・四村の調査で得た食生活と住生活の事例を報告し、それによって、この地域における「家 jia」の実態を述べる。具体的に話者のライフヒストリーを通して、特に、結婚、「分家」[②]、死亡などの節目に見られる家屋においての家族の移動及び「老屋」[③]から「新屋」への居住空間の生成過程を民俗誌的に詳細に記述し、その規則を見出すことを目的とする。

　井凌村、四村村では、おもに以下の四名の話者を対象に、聞き書きを行った。

戴品芳　70才　井凌村

陸順明　76才　井凌村

陳金竜　65才　四村村

馬徳裕　62才　四村村

---

　①　米倉二郎 1960 年「東亜の集落」東京、古今書院、福武直 1946 年「中国農村社会の構造」（福武直著作集、第 9 巻、東京大学出版会、1976 年刊）など。

　②　本報告書では、民俗語彙をなるべく日本語に訳すことを避けるように、鍵カッコを使うことにしている。「分家」は、動詞で家を分けるという意味から、中国の家における相続行為を指している。

　③　中国に、男子の間で家の財産を均等に分割するという「分家」という相続のあり方がある。家屋の分割もそのなかの一部の内容となっている。「老屋」が古い家屋のことを指すのに対して、「新屋」が新しく建てた家屋のことを意味する。親から「老屋」を分けてもらって、自分の子供が大きくなるにつれて、新たに「新屋」を建てるのは一般的である。従って、「老屋」と「新屋」は相対的な民俗語彙であると考えてよい。

なお、衣食住に関するその他の資料を相互に入り交じらせるという形で、報告していく。

一、一般報告

(1)家屋の特徴と間取りの使い方

・家屋の景観

ここでは、一つの「自然村」は「埭」と称されている。「埭」は、これだけでなく、家屋を指すときにも使われている。たとえば一軒の家は、たいてい前後に平行する二列の建物からなっている。それぞれ「前埭」「後埭」と言う場合が多い。細長い形を意味するのは、「埭」の本来の意味であろう。従って、「浜」というクリークを前に、ほぼ東西に伸びるように家屋が立地している。必ずほぼ南向きで、クリークに面して、一見していかに秩序正しく立ち並んでいるかのように見える。家屋と家屋との配置が「自然村」の「埭」の景観を構成している。（写真1）

写真1

・「場路」

「大門」（出入り口）の手前にコンクリートの庭が広がっている。これは「場路」という。「場路」を囲むような垣根はここでは見られない。家族の人が自分の家の「場路」を「自己場路」といって、隣近所と区別している。（写真2）「場路」は家の農作業をする場である。村では、殆どの家は一年中「竈頭」（カマドの

こと）を利用している。これと直接関係しないが、近年になって、田圃を「口糧田」①くらいしか村から貰わなくなったため、稲の刈り入れをするために専門員②を雇わず家族で十分人手が足りるという。専門員を雇わないもう一つの理由として、稲の藁を竈の燃料として使うために、刈り入れの際にきちんと藁を束ねないと困るからと言う。新しく束ねられた藁を乾燥させるために、「稲草尖」のようにして、「自己場路」に積み重ねておく。「場路」が狭い場合は、家屋の日当たりを悪くしないように、道路側に沿って置くようにするという。

写真2

また、「場路」は色々な儀礼が進行する中で、外の道路から家に入るための中間空間でもある。たとえば、火葬場から戻ってくるとき、家屋に入る直前に、「場路」で四回ほど「高昇」（爆竹のこと）を鳴らさなければならないという。ちなみに、野辺送り（この場合は火葬）に出るときが「葬事」と、火葬から戻ってくるときが「喜事」と見なされている。出るときに、「高昇」を三回鳴らすのは、「葬事」を意味している。

その他に、人が亡くなって、8日－18日の間に「送煞」という儀式を行う。

---

① 一人あたりに請け負った田のこと。
② 5、6年前から、四村に3人の若い人が生産隊の田植え機と刈り入れ機械を買い入れた。田植えや稲の刈り入れの時期になると、村の家々に行って、有料で農作業を行う。田植えの場合が一畝あたり27元で、刈り入れの場合が25－30元という相場である。

まず、亡くなった人のベッドの前で、「fei 頭」、一対蝋燭、一串の「塌餅」①、「清煮方肉」②一枚を供える。それから、「房門」「大門」の脇にそれぞれ「長発」③を置き、上に「塌餅」一串を供え、白い蝋燭を一対灯す。これでもって亡くなった人の霊を「場路」まで導き、そこで「錫箔」（紙銭）を燃やすという。このように、「房間」から「前頭間」へ、さらに「場路」へと、亡くなった人の霊を送る。「場路」はこの世とあの世の間にある境界的性格を持っていることはこの儀式から窺えるであろう。

- 「正屋」と「小屋」

　家屋は今も昔も前後にして二棟からなっている。かつて部屋の数によって、建物を「三間頭」或いは「五間頭」などのような呼び名をしていたが、現在、一棟に二間からなっているのが一般的である。後で述べるが、家屋構造とその使い方の変遷とともに、部屋の呼び名も多少変化した。たとえば、かつての「中堂」にあたる部屋が「前頭間」と呼ばれるようになった。現在の家屋から見てみると、基本的に「前頭間」のある方を「正屋」、そうでないほうを「小屋」と呼び分けている。従って、「正屋」と「小屋」は必ずしも前後という方位による呼び名ではない。家族の移動とともに、部屋の使い道が変わり、その呼び名も流動的であるという規則が調査によって明らかになった。「灶頭」のある建物が「小屋」と命名される。先に述べたように、「前頭間」は、一昔前までは「中堂」とも言われ、家屋の中央に位置する。ここから各部屋まで通るようにそれぞれの部屋に門が設けられている。従って、「正屋」は、部屋から部屋へと行くには、「前頭間」を通らなければ移動ができない構造となっている。これに対して、「小屋」は、各部屋が「庭芯」（中庭のこと）にむかって、別々の門が設けられ、「正屋」を通らず、「後門」（裏の出入り）からも出入りができるようになっている。「正屋」とセットになってはじめて一つ完全な家屋空間として完結するが、それまでに、常に家族の結婚、「分家」、更に家族が亡くなるという変動の中で家屋空間が変動、また再構成という生成過程が形成される。と

---

① 餅粉で作られた一種のお菓子である。このあたりで、何かあるときに欠かせないものであるという。
② 何も味付けをしないで茹でた四角の豚肉。
③ 木製の細長いベンチのこと。

にかく、このように「小屋」から自由に外に行き来することができるようになっている構造から、「小屋」は「正屋」から独立した性格を持つ家屋空間の一部だと言えるであろう。

　結婚した夫婦が、最初は一間の部屋を生活の拠点とする。この一間の部屋は、板によって寝る部屋の「房間」とカマドのある「灶間」に仕切られる。そして、たいていは南側の部屋を「南房」と呼ぶ。

・「亭(庭)芯」と「天橋」

　「前埭」と「後埭」の間にある庭を「亭芯」と呼ぶ。ここに必ず井戸を切ってある。また洗濯物を干す場所でもある。壁沿いに作られてある鶏屋をよく見かける。そして、現在、「正屋」と「小屋」を繋げるために、かつて露天だった「亭芯」の上に屋根をかけたりする工夫をされ、雨よけのほかに、廊下として使われる傾向が見られる。この廊下の屋根を「天橋」と、村の人が呼んでいる。また、現在の建物には、かつての「廂房」が見られなくなり、この部分が「囲墻」(れんが作りの垣根)となり、「後門」はどちらか側の「囲墻」に設けられている。このように、「亭芯」を通して、「後門」からも出れるようになっている。「後門」から出ると、家の「自留地」(自家用の野菜を作るための畑)あるいは「猪棚」(豚小屋)となっている。

(2)儀礼に見られる食生活及び家屋の使い方

・葬送儀礼に見られる食、家屋空間の使い方

　ここで、詳しく葬送儀礼を記述するのは目的ではない。葬送儀礼のプロセスにおいて、家屋空間はどのように使われているのかに注目したい。

　人が亡くなると、「前埭中堂」で死人の生前着ていた服を燃やす。地面に鍋を一つ置き、服を鉄の棒に掛け、藁で燃やす。燃やしたものはすぐに処分しないで、「中堂」の隅っこに、「中堂」の西側に住む家なら、「中堂」の西側の隅っこに置くようにする。それから「中堂」で祭壇を設置する。「八仙卓」①の上に、一対の赤い蝋燭、「酒盅」(杯)一つ、酒一本、その他に長さ5, 6センチの藁を5, 6本ほど挿した「荷包蛋」(目玉焼き)を供える。

　現在火葬になったが、火葬場から戻ってき、家の「大門」に入るとき、まず

---

① 冠婚葬祭に欠かせない正方形のテーブルのこと。

「場路」で四回ほど「高昇」を鳴らす。それから、「中堂」の「八仙卓」に箱を置き、その手前におかず六つ、「酒盅」二つ、箸二膳を置いて供える①。ただし、この日の夜のご馳走は必ず単数にして作るという。その中に、「猪頭」（豚の頭）、「豆腐干糸」（千切りの豆腐）、大根、魚が欠かせないものである。

　「五七」は7つの「七」の中で最も盛大に過ごす。この日になると、嫁に行った娘が、一テーブルほどの供え物を用意し、前の日に婿と一緒に実家に帰ってくる。その供え物としては、「菜」（おかず）、「点心」（お菓子のこと）、果物、「酒盅」、お椀、箸まで揃えなければならない。この日に家から出た娘だけでなく、「過房親」②の息子もご馳走を持ち寄るから、一つのテーブルに二軒の家の供え物を並べる。少ない場合は「中堂」に4テーブル、多い場合は8テーブルまで並べる。祭るときは、必ずすべての門や窓を閉めてから、「骨灰箱」を上からおろすという。

　「五七」の日に嫁に行った娘が持ってくるご馳走には、「清炖蹄子脚爪」、「白焼全鶏」、「紅焼全鴨」、「紅焼肉」四枚、「大肉圓」四つ、「紅焼魚」一匹、丸一つの「白肚子」がある。その他に、「圓子」「塌餅」「饅頭」など四種類の「点心」も欠かせない。場合によっては、「塌餅」、「糕」、「西瓜子」、「万瓜子」、「長生果」、林檎、サトウキビ、「圓団」「蒸糕」（小豆に少し「猪油」を入れたものを具にする。）8種類もある。「五七」の「塌餅」は様々な具が使われる。たとえば、肉、小豆、大根、大根と肉などがあるが、ただどんな具であっても、油で一旦揚げなければならないという。

　何年か経つと、「落葬」をする。この日に、「骨灰箱」が置かれている息子の家が中心となって、ご馳走を作る。嫁に行った娘も「五七」と同様な供え物を

---

① 火葬に行く前と違って、この「二」という数字は、亡くなった人とそれまで亡くなった人に使って貰うためだという。
② 「過房親」三つのケースが見られるという。一つは、仲良い家同士で、互いに相手の子供の義理の親になる。この場合において、特に儀式はなく、何かあるとき、付き合うと言う。二つ目は、子供が丈夫に育つ家に自分の子供の義理の親になってもらうことである。たいていは、それまで自分の子供が病気がちでいて、「過房親」をすることによって、子供が元気に育つようにと言う願いが込められているという。三つ目は、親戚関係が遠くなったため、子供の義理親になってもらったりして、親戚関係を濃くすると言う。

・婚姻儀礼に見られる食、家屋空間の使い方

　ここでは、結婚のことを「好日」という。解放前、「好日喫素」といって、結婚式のご馳走は精進料理がメインであるという。「豆腐干糸」、「筍干」、野菜の炒め物、「黄豆芽」、豆の煮物に棗、木耳と豆腐の炒め物、油揚げと野菜の炒め物。解放後、結婚式のご馳走はだいたい8, 10, 12, 14, 16品で偶数が好まれる。内容からみると、「全鶏全鴨」「炒蝦仁」「肉糸」「スッポン」「蛙」のように、肉類が多くなった。そして、結婚式のご馳走の種類からみれば、まずは「冷食」、それから偶数の「炒頭」、さらに「大菜」[①]（「肚子」、魚、「全鶏全鴨」、羊肉）3種類ある。そのほかに、8種類の「小喫」はお客を接待するのに欠かせないものである。「長生果」（ピーナッツ）、飴、お菓子、「西瓜子」（スイカの種）、「南瓜子」（かぼちゃの種）、果物、林檎などがそれである。

・「喫清明」

　「清明大如年」という言い方がある。正月より清明節を盛大に過ごすという意味である。「清明節」になると、各家で「開火倉」といって、ご馳走を作る。おかずは6品。「肉糸」（千切りの肉炒め）、魚一匹、卵の炒めもの、スープ（野菜スープか豚の血のスープ）、「馬蘭干炒肉」。その他に、「圓団」[②]と粽も作る。親戚が互いに「草囤」を送ることによって、親戚付き合いを続ける。「草囤」をもらっていなければ、親戚づきあいがこれで終わるという意味になる。

・季節季節の「小喫」

　「八月半塌餅」

　「湯水圓」：寒天の時に食べるもの。よく「肉糸」、「薺菜」、或いは小豆が具として使われる。

　ワンタン：夏に食べる「小喫」。肉か小豆が具に使われる。

　「米花」：秋の「小喫」。

　「油酥餃」：秋の「小喫」。餅粉で作られたもので、具に肉か小豆が使われる。油で揚げたもの。

---

　① 結婚式の料理は「冷盆」「炒頭」「大菜」という順番で出される。「冷盆」が「前菜」のこと、「炒頭」が炒め物のこと、「大菜」がメインメニューのこと。
　② 餅粉で作ったお菓子である。蒸したのを「圓団」といい、茹でたのを「湯団」と言う。

- かつて「廟会」の時、「凍肉」「凍魚」①を食べる習慣があったという。
- 「五花菜」：今は肥料として使うようになったが、かつては一種の野菜だった。柔らかいとき炒めて食べていた。固くなると、一旦干して保存する。食べるとき、水で戻し、それから炒めて食べるおかずの一品であった。
- **儀礼にみられる家屋空間方位の秩序と禁忌**

　かつて、結婚式のとき、「吹打」「放銃」②の人たちは「中堂」の隅っこでご馳走を食べ、「下等人」と見下された。これに対して、大工、裁縫師、「泥水匠」（左官）「漆匠」（漆器工）たちは「中堂」の中央で家の主と一つのテーブルを囲んで食べていたという。

　葬式のとき、「土工」「吹打」「放銃」の人たちは、一つのテーブルを囲み、食事をするが、このテーブルを「中堂」に置くのを禁じられ、「大門」の外に置かなければならない。また、葬式の時、近所の家のテーブルを借りるのはかまわないが、その家の「中堂」を借りて食事をしてはいけないという。そして、隣の家の竈を借りてご飯を炊くのはいいが、その竈で葬式の料理を作るのが禁じられているという。ただし、結婚式の時は上述の禁忌は見られないという。

(3) 家屋構造の変遷と特徴

- **80年代までは「落舎房子」**

　写真3のような寄棟の建物を「落舎房子」という。70年代に入ると、寄せ棟の「落舎房子」が見られなくなった。それまで、別姓の家が共同で一つの家屋を造る習慣があった。70年代以降、各自で独立して「両楼両底」（二階建ての二間）を造るようになった。かつて「落舎房子」に住み切れなくな

写真3

---

① 冬になると、豚の煮物と魚の煮物を、寒い所に置き、凍らせて食べる。その料理のことを言う。
② 「吹打」というのは、冠婚葬祭の際に、ラッパを吹いたり、鼓を打ったりする人のことを指す。「放銃」というのは、冠婚葬祭に際に、専門に爆竹を鳴らす人のことを指す。

るとき、脇に建てる「横屋」という小屋は、このときから名称も実物と共に消えたことが調査によって分かった。

・80年代の「両楼両底」（写真4、写真5）

「両楼両底」は二間の「正屋」と二間の「小屋」（場合によって、三間の「小屋」も見られる。）からなっている。このあたりの習慣として、まず「小屋」を造る。自分の家の竈を設け、何かあるとき、隣の竈を借りなくて済むからだという。それから次に、二間の二階建ての「正屋」を建てるという。

写真4　　　　　　　　　　　　　　写真5

・「楼廂房」

98年から経済的に豊かな家は、「小屋」を二階建てにし、「小屋」「正屋」の間は二階建ての「廂房」でつなげるような新しい家屋の様式ができるようになった。この場合の「廂房」を「楼廂房」という。

・90年代から新築ブームの停滞

90年代に入り、多くの若い世代が都市や町に出稼ぎに行き、都市の戸籍と「商品房」を購入、生活の拠点を都市や町に移すようになった。80年代から村で始まった新築ブームがこれによって停滞しはじめた。

・建てる順の変遷

かつては、まず「前埭」を、次に「後埭」を建てるという順だったが、現在は、先に「小屋」を、次に「正屋」をという順序で家屋を建てるようになったという。すなわち、かつては「中堂」が、いまは「灶頭」が重要視されるようになったと言えよう。この点については、非常に興味深いが、中国家族の変容をみる際の一つ有効な手がかりになると思われる。

二、 事例報告

(1)馬徳裕のライフヒストリー及び馬氏「家 jia」の食生活と住生活

・四村馬家の「招女婿」に来るまで

　馬徳裕氏は、張沢鎮大廟の出身で、今年で62才。早く母親を亡くしたため、父親が金山県①まで「招女婿」（婿入り）に行った。馬徳裕氏が一間半の藁葺きやを引き継いだ。24才の年に、一間半の藁葺きやを近くに住んでいる「娘娘」（父親の妹）に売り、自分が四村の馬家の「招女婿」として来たという。

・馬徳裕が嫁いだ馬家について

　馬家の「太太」②は馬江という所から四村に移り、四村の顧利発家の「長工」として下働きをし、その後顧家から少し田圃と古い小屋を購入し、この村に住み着いたという。便宜のため、「太太」を含めた馬家の家族構成図を付する。（図1）

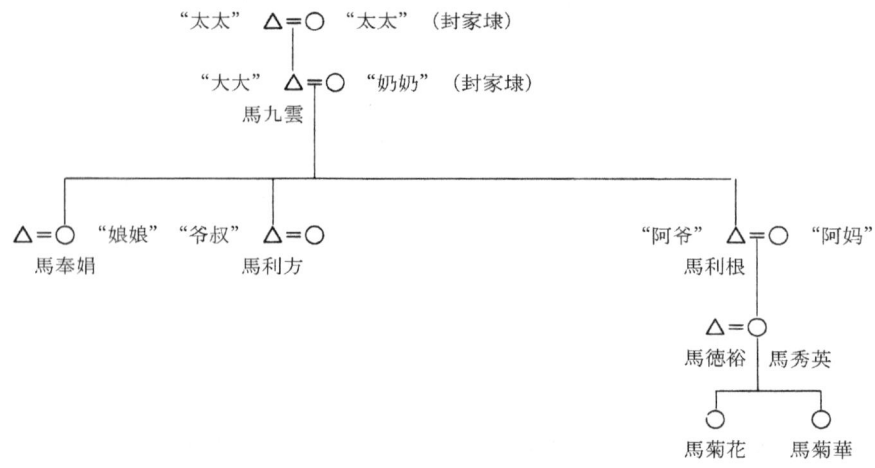

図1　馬家の家族構成図

・顧家と馬家が合同で建てた「前埭」

　「大大」馬九雲の代になると、顧家と馬家両家が合同で一棟の「三間頭」の

---

① 上海近郊にある一つの県。
② このあたりでは、祖父の上の代のことを「太太」、祖父のことを「大大」という。

「前埭」と「廂房」（図2）を建てた。中央に「中堂」、両側にそれぞれ一部屋からなっているから、「三間頭」と呼ぶ。また「前埭」に「中堂」があるから、この一棟を「正屋」とも言う。顧家と馬家が「中堂」を共有する以外に、顧家が東側、馬家が西側を半々で分けて利用していた。「中堂」の使い方に関しては、普段は半々に分けて利用されるが、「過時節」①、結婚式或いは人が亡くなったときには、「中堂」をその場として利用する権利を平等に持っている。地元の話によると、この村の「中堂」というのは、二つの家が共有する部屋のことだという。兄弟で共有する場合もあれば、別姓の場合もある。 これは、浙江省で見られる祠堂②と比べると、性格が大きく異なっているといえる。

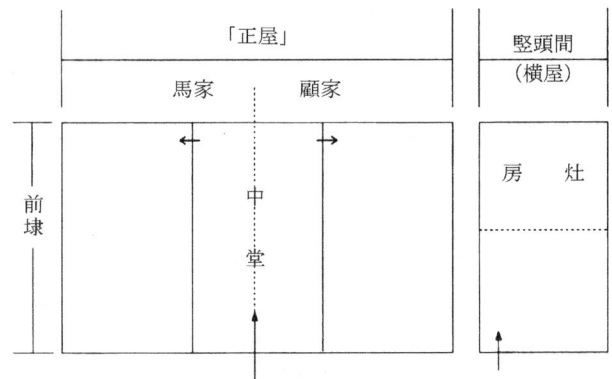

図2　顧家と馬家が合同で建てた「前埭」

・「分家」に伴って建て増した「後埭」

　顧家、馬家の息子たちの結婚、それに続く「分家」などをきっかけに、「前埭」の真後ろにさらに一棟の「三間頭」を建て増し、これを「後埭」という。そして、さらに、脇の所に小屋みたいな建物を建て、そこに年寄り夫婦用の部屋と「竈頭」が設けられる。この場合の小屋のことを「横屋」と、また「竪頭屋」とも呼ぶ。このような家屋の配置は、現在すでにみられなくなったが、当時としては、部屋が足りない場合、結婚する子どもに「正屋」を譲り、親が臨時に小屋を建てるというケースが少なくなかったという。後にその使い方を説明するが、これは決して日本の隠居屋と同様に考えることはできないと思われ

---

① 先祖を祭ることを指す。
② 先祖を祭る場所。

る。「前㟃」「後㟃」「廂房」「横屋」が揃うまでの過程は、このように家の子どもの結婚、「分家」などの行事が連続して行われるプロセスでもあると言ってよいであろう。図3は一セット揃った時点での家屋構造図とその使い方である。

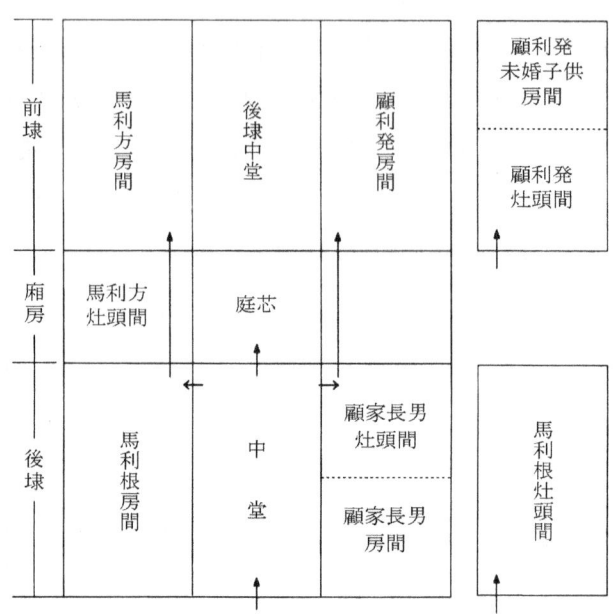

図3　家屋構造図とその利用

- 「前㟃中堂」

　顧家と馬家が共有する空間である。具体的に言うと、「中堂」を中央線に沿って、所有権も西と東二つに、物理的に分かれる。普段は、基本的にこのような分け方に基づいて利用していたという。たとえば、建てた当時は、顧家と馬家はそれぞれ西側より或いは東側よりの所に食卓をおき、そこで食事をする。また農具を置いたりして利用していたという。しかし、「過時節」になると、普段使う食卓を撤退し、時間をずらして、別々で先祖を祭るという。また、結婚式、葬式になると、当然ながら、そうでない家が、普段自分が使う場所を譲る。結婚・葬式の際「中堂」は完全に結婚式、或いは葬式の場として使われる。

- 「後㟃中堂」

　「後㟃」は、馬九雲の次男馬利方と顧家の息子が結婚するときに、新しく建て増したのものである。「後㟃中堂」は、基本的に両家の米、道具や機織り機

などを置く場所であり、倉庫の性格が強い。ただし、何か物事があるとき、「前埭中堂」が足りなくなると、ここを補充的に利用するという。

・馬徳裕氏が「招女婿」に来た直後

上述したことを背景にしながら、これからは、おもに馬徳裕が「招女婿」に来た時点での馬利発家を中心として記述していく。

ア、（図4）のように、馬秀英と馬徳裕が「正間」の部屋、馬利根夫婦が「横屋」に寝室を設け、結婚してしばらくの間、「喫弄」①といって、食事は一緒にしていた。「横屋」を板で「房間」と「竈頭間」のように仕切り、「竈頭間」で一家5人（図5）で食事していた。

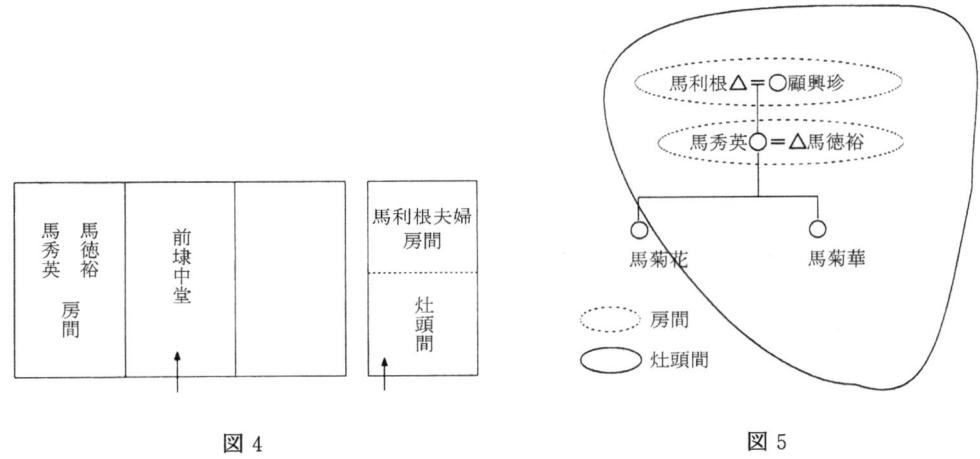

図4　　　　　　　　　図5

イ、二年後、馬徳裕夫婦は、「正屋」の部屋を「房間」と「竈間」に仕切り、「喫開」といって馬利根夫婦と別に「竈頭」を設け、別食の生活が始まった。そのとき、馬利根夫婦がまだ働けるから、扶養はいらなかったという。ただし、馬秀英の前の夫との間の子ども馬菊華が馬利根夫婦と一緒に暮らしていたから、馬徳裕夫婦が彼女の食べる分の米を負担していた。（図6）

ロ、馬利根がなくなるまでの間、娘の馬莉花と馬文花が相次いで生まれ、その暮らしの様子は図7を参照されたい。

---

① 「喫弄」と「喫開」をセットで理解すべきである。「喫弄」は一つのカマドを使って、食事をいっしょにすることを指す。これに対して、結婚や出産などをきっかけに、食事を別々にする習慣のことを「喫開」と言う。

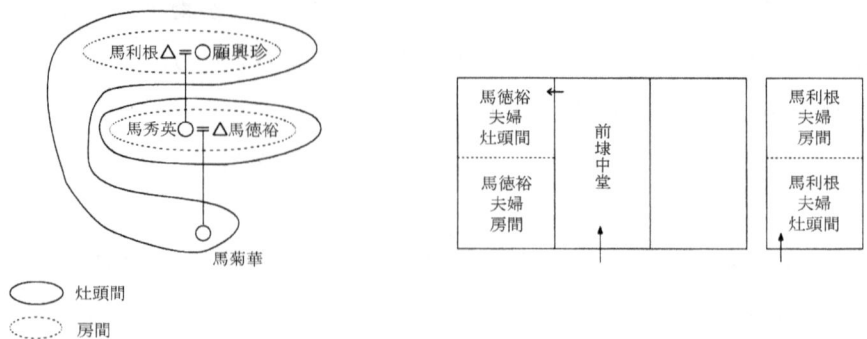

図6

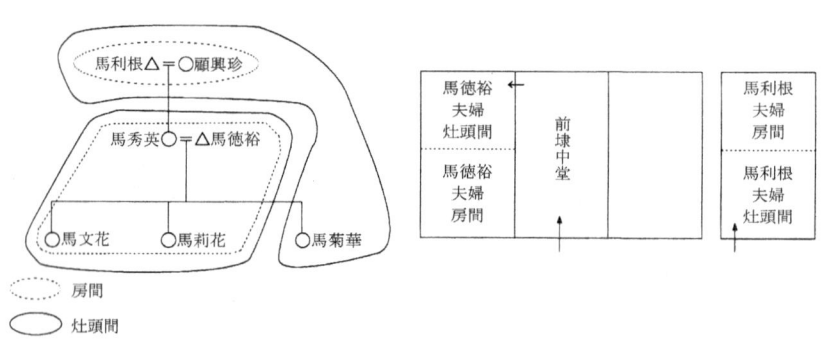

図7

ハ、馬利根がなくなって、顧興珍（馬利根の奥さん）、馬徳裕夫婦、子どもたちが、再び「横屋」の「竈頭」で、「喫弄」といって、食事を一緒にしはじめた。「正屋」の「竈間」を馬莉花、馬文華兄弟の寝る部屋として使うようになった。（図8）

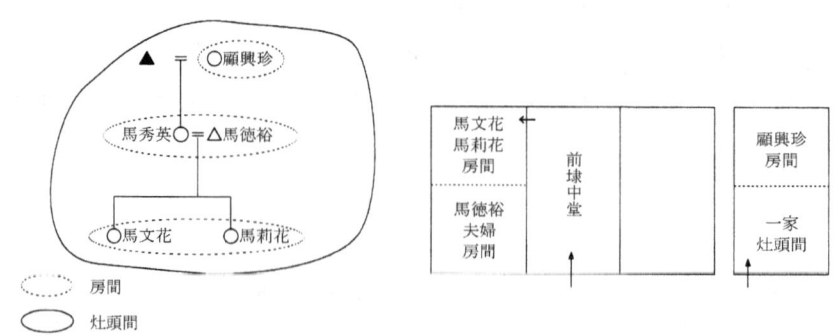

図8

二、馬莉華が結婚し、姚善新が「招女婿」で馬家に来た。それをきっかけに、馬徳裕夫婦が「横屋」に移り、「正屋」の部屋を馬莉華夫婦に譲った。 図9を参照されたい。食事は一緒で、6人で「横屋」にある「竃頭」を使っていた。二年後、顧興珍がなくなり、そして、馬文花が嫁に行ったため、家に残ったのは馬徳裕夫婦と姚善新夫婦だけになった。家族の人数が少なくなった上、姚善新夫婦が町に出稼ぎに行った故、夫婦ごとのあいだで「喫開」をする意味がなくなったという。

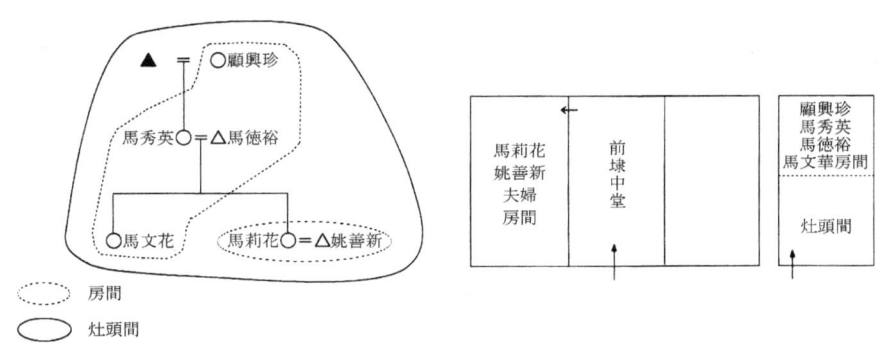

図9

(2)陸順明家の食生活と住生活

　陸順明家は、「両楼両底」の建物が二棟並んである。東側にあるのが末っ子の家で、西側が二番目の息子の家であるという。それまでは、陸順明一家は「三間頭」の「老屋」に住んでいた。現在の建物は、それぞれ89年、84年に建てたもの（図10）であるから、ここからもこの村においての家屋構造の変遷が窺がえる。84年に建てられた二番目の息子の家屋を見てみると、前後にして、二階建ての「正屋」二間と一階建ての「小屋」からなっている。「小屋」に「竃頭間」と物置の部屋があって、これに対して、「正間」に「前頭間」がある。「亭芯」が「正屋」と「小屋」のあいだに位置している。

　89年に建てた末っ子の家屋に少し変化が見られる。「小屋」がすでに二階建てになり、「亭芯」の半分が「廂房」のような形になり、ただこの場合の「廂房」も二階建てになったため、その呼びも「廂房」から「楼廂房」に変わっ

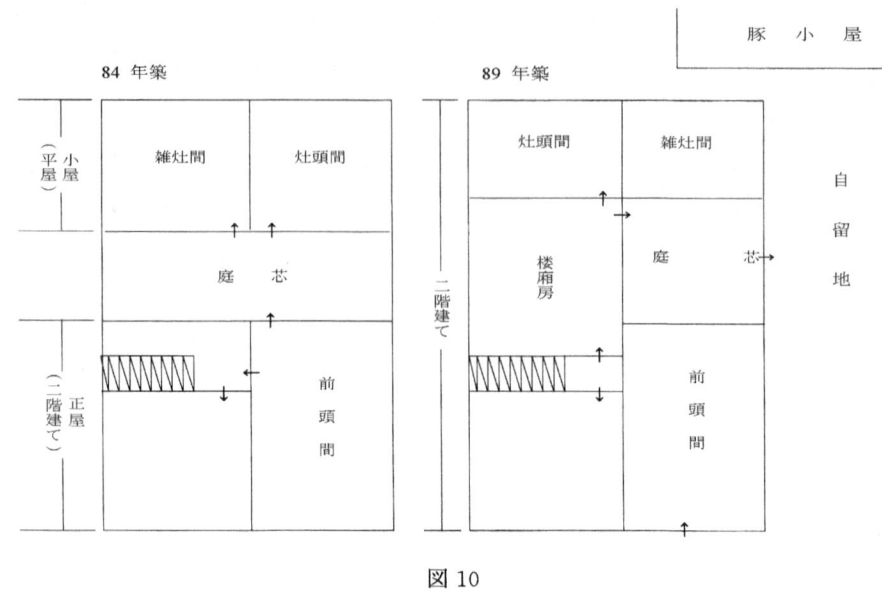

図10

た。「亭芯」から東に向かって、「後門」が設けられている。そこから「自留地」①と「猪棚」まで行き来できるようになっている。

　長男の家は、ここから一つ「浜」をはさんで、向かい側に位置している。実は、「長男」は「領養的」の息子であるということで、陸順明の実家（「招女婿」だった）の「老屋」が空家になっていたから、長男に使って貰ったという。長男が専門に豚飼いをしていた。去年、「老屋」を「新屋」に建て直した。

　現在、二番目の息子一家は、松江にマンションを購入したため、陸順明夫婦が臨時にそこで寝泊まりをし、食事は末っ子一家と一緒だという。

(3) 戴品芳家の食生活と住生活

　土地改革の時、地主の「房子」を一間貰った。そこに「房間」と「竈頭」を設け暮らしていた。戴品芳氏に四人の娘と一人の息子がいる。90年に息子が結婚する際、部屋が足りないということで、「両楼両底」と二間の「小屋」を建てた（図11）。もとの「老屋」の敷地は、現在自家用の野菜畑として使っている。「老屋」から取り外した木製の窓やドアの縁を現在の家を建てるとき使った。これは、かつてこのあたりで「老屋」を「新屋」に建てなおすときの一般のやり方だとい

---

① 野菜作りに使う畑のこと。たいてい家の付近にある。「自留地」は長く変化せず、家の所有地であった。

う。従って、「老屋」を取り壊す際、敷地だけでなく、使える材料も、「分家」の内容であったことに注目したい。

現在、息子夫婦が松江でマンションを購入し、そこにも、戴品芳夫婦の「房間」を設けてある。戴品芳夫婦が松江と井菱橋村の間で行き来している。普段は松江の息子家の家事を手伝ったり、孫の守りをしたりしているという。そして、「過時節」も松江で過ごすようになった。息子夫婦が滅多に村に来ないが、それでも、井菱村の家にちゃんと息子夫婦の「房間」が設けられている。二階に戴品芳夫婦の「房間」と息子夫婦の「房間」が並んでいて、そこに新旧の差が大きく感じられる。特に、戴品芳が嫁に来たときの嫁道具と息子夫婦の家具が混じって置いてあるため、二世代の嫁道具の変化が見られる。息子夫婦の「房間」に「五闘櫥」「三門大櫥」「書櫥」①を置いてある。80年代の嫁道具の流行がここから一目瞭然である。

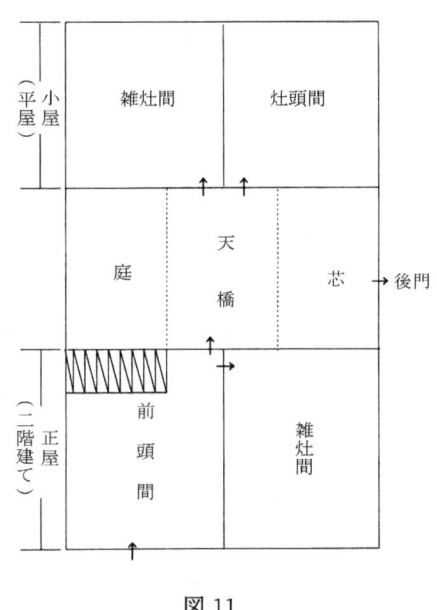

図11

一方、戴品芳が嫁に来たときの嫁道具を見てみると、二つの「箱子」（服入れ）、4枚の敷き布団、12枚の掛け布団、枕四つ。そのほかに、「馬桶」「脚桶」「套桶」「面桶」②、「熱水瓶」（魔法瓶）、「脚炉」③「銅面盆」、「銅蝋台」④一対、「銅茶壺」一つ、「毡頭」⑤一枚、「尖口繡花靴」、指輪一つ、耳イアリング一対。

---

① 70年代の嫁道具に欠かせないものである。
② かつての嫁道具に欠かせないものとして様々な桶があげられる。「套桶」はこのあたりの独特なもので、蓋が着いている。服を入れることもできるし、子供が産まれると、これを子ども入れの篭としても使えるという。戴品芳の時代に欠かせない嫁道具だったという。この他に、顔を洗うのに使う「面桶」と足を洗うのに使う「脚桶」がある。
③ 銅製で作ったもの。冬の暖房施設がない南方では、足を暖めるために欠かせないものである。
④ 先祖を祭るとき欠かせない道具。
⑤ 冬出かけるとき、子供の服の上にさらに「毡頭」をかけ、暖かくする。

摘要

饮食生活和居住生活

陈玲

　　曾经有学者指出,江南地区的农村由于很大程度地依存于附近的小城镇等原因,造成村落组织的弱体化和宗族组织的不发达。笔者认为,以宗族组织的不发达这一特征,并不能准确地把握这一区域"家"本身的特征。

　　本稿根据对饮食生活,居住生活事例的具体分析,从民俗事象的关联性这一视角出发,力求对"家"的特征进行初步性的把握。具体通过对采访对象个人的生活经历、家庭生活、人生仪礼、年中行事中反映出来的家屋空间的行动样式的把握,以及"老屋""新屋""老屋"周而复始的居住空间的生成过程的详细叙述和分析,探讨其中之特征。

婚姻と産育

辻　雄二

はじめに

　ここで報告する松江区張沢鎮に属する村々は、歴史の流れの中で様々な内的・外的要因によって、その姿形を変容させつつ今日に至っている。その要因はそこで生活する人々の営みにも多様な影響を与えてきた。

　これまで中国の婚姻習俗や産育習俗といった人生儀礼についての史料は、明末から民国期までに限ってみても多く残されている。一つには「洞房花燭夜金榜提名時」(新婚の夜と、科挙の試験に合格した時)という諺があるように、婚姻が人生最大の歓びとされ、人々にとって大きな意味をもち、婚姻届の提出よりも実際の婚礼そのものが人々に重要視されてきたためとも考えられる。しかしいずれにせよ、時代・地域・家によって異なる様相をみせる婚姻習俗についての個別具体的な研究報告となるとその量は乏しく、「新中国」以降もそのような基礎的資料の蓄積は進んでいるとは言い難い状況である。

　また1978年以降押し進められる「改革・開放」政策によって、現代化路線への転換が図られた中国では、1980年に《婚姻法》が改正され、改めて「婚姻の自由」が保証することになっているのは、すでに1950年に公布された《婚姻法》が一夫一婦制や個人の自由意思に基づく婚姻を認めていたのにもかかわらず、現実の生活レベルでの実態は、必ずしも法制通りではなかったことを表していよう。

　そしてこのような社会状況の歴史的変化は、都市・農村を問わずに波及し、現在の婚姻関係のあり方も様々な制約から解き放たれ、1960年代後半の「文化大革命」期に否定された伝統的習俗も、記憶に基づいて再生されはじめている。

そこで本報告では、これまで漢人社会において伝統的な婚姻習俗と考えられてきた「六礼」が当該地域においてどのように伝承され変容してきたのか。また産育習俗がどのようにおこなわれ、如何なる信仰がともない今日に至っているのかに注目し、個々の事象について具体的な様相を報告することとする。

1. 伝統的婚姻習俗の変容—張沢鎮の婚姻習俗—

　漢人社会で『礼記』以来の規範に基づいて形成された「六礼」と呼ばれる婚姻の儀礼は、「納采」「問名」「納吉」「納徴」「請期」「親迎」であり、これは婚約に始まり、新郎方から新婦方に使者を送り、名や生年月日を尋ねる儀礼が行われ、結納が済むと吉日を選び結婚の日取りを決め、そして嫁方に結婚の日取りを知らせ、それが了承された上で花嫁を迎える婚礼がおこなわれるという、一連の婚姻儀礼のあり方である。まずこの伝統的婚姻習俗に注目しながら、解放後まもなくの1950年代に張沢鎮で行われた具体的な婚姻のあり方を、配偶者の選択から婚約、婚礼に至るまでの過程、そして婚礼へと展開するにしたがい、それぞれどのようにおこなわれていたかを概観してみることとする。また回門と言われる、結婚後初めての里帰りについても併せて記述しておく。

　配偶者の選択　配偶者の選択は、原則として婿となるべき男子が10歳の頃におこなわれ、そこでは親の意志が総てにおいて優先され、当事者が自らの意志で選ぶことはもとよりなかった。選択の条件には通婚圏などの取り決めはないが、相手方との仲介を依託する媒人と相談して決めることが多く、この際、産まれた年月や日時を干支で表した年庚八字で占うこともあった。一般的には双方の経済状況が同等で、年齢が釣り合う女子で、健康であれば良いとされた。このような選択基準は入り婿を望む場合も同様であったが、いずれの場合も同姓の者を選ぶことはなかったという。また稀に、働き者と噂になった男を女方の親が見て気に入ると、人を介して婿方に結婚話を持ち込むこともあった。

　媒人は近隣に住む既婚女性や親族から選ばれ、一般的には30〜40歳くらいの女性が務めた。媒人はいわば両家の橋渡しをする重要な役目を果たし、両家からは非常に大切に処遇され、それぞれ両家に赴いた時には、祝いに欠かすことのできない豚の腿肉などが必ず供されたという。

　婚約から婚礼まで　媒人が両家において婚姻の承諾を取り付けると、結納品

と結納金を贈った。結納品は盆の上に落花生を載せて、その上に柏の小枝をあしらい用意した。そして茶と胡桃、茘枝、黒棗も用意され、その上にも常緑樹の小枝があしらわれた。結納金は16、32、64のいずれか吉祥の数だけ贈ることとされていたが、実際にはそれぞれ家の経済状態に応じて異なり、準備されることが多かった。かつては結納品として、金銭を米に換算して贈られたこともあり、その際にはおよそ1元が米20斤に相当し、1歳につき120斤（1石米）を基準としたという。いずれも婚約の時媒人が携え、女方へと贈り届けた。

またこれとは別に、婚礼の2～3ヶ月前に嫁入り道具を取り揃えるための支度金として更に金銭が贈られることもあった。嫁入り道具は木製の馬桶と呼ばれる室内用便器と洗面盟、湯たんぽ、そして2つの長持に木綿の服とズボン、夜具などが詰められ用意されるのが一般的であった。このうち夜具一式と衣服は嫁から姑への贈り物とされる。特に嫁入り道具の中でも馬桶は、別名子孫桶とも呼ばれ、嫁ぐ娘が早く子供を授かるようにとの願いを込めて実母によって用意された。

そして女子は13歳になると寿頭の祝いがおこなわれた。農暦6月19日、観音の生誕日に祝いはおこなわれ、この時婚約が成立している男方からは金や銀製の耳飾り、指輪、髪飾りなどが持参され、これに豚肉と魚を添えられて贈られた。婚約していない女子の場合には、母方の祖母から同様の品が調えられて贈られたという。

婚礼の日取りを決める日を作周堂と言い、男方の親と媒人が算命先生と相談し決定した。算命先生は婿と嫁それぞれの誕生日と名前から運勢を占い、黄道吉日の良き日を選び婚礼の日取りとした。風水盤を今も持ち、かつて風水先生でもあったA氏によれば、結婚は黄道吉日におこなうと良いとされ、それは農暦の天徳、月徳、天徳合、月徳合にあたるという。A氏は毎年の暦と算命を占う書をもとに、今も村の人に頼まれれば占うこともある。

こうしてとり決められた婚礼の日取りは、紙に記されて媒人によって女方に伝えられた。双方の承諾を得ると女方では婚礼の準備が始められた。

婚姻年齢は状況によって様々であったが、男は20歳前後、女は18歳前後が一般的であった。当人同士は婚約した後も婚礼前に顔を合わせることはなく、仮に両者が同じ村内に住む場合であっても、女子が男方の目に付くような行動を

とることは恥ずべき行為と考えられきつく戒められたという。

婚礼　婚礼は三日間かけておこなわれ、三天排場と言われ賑やかに執りおこなわれた。

　一日目は媒人をはじめ親戚や友人が集まり、祝いの宴が開かれる。婚礼の宴席を用意するのは厨廊師傅という専門の料理人で、3～4人が雇われ一切の準備をおこなった。特にこの日の昼宴は正席とされ、豚や鶏、鴨、魚、卵といった食材で4つの冷菜と6つの炒め物、そして6つあるいは8つの大皿料理が用意される。季節によって食材が異なることはあるが、祝いに豚の腿肉は欠かせなかった。宴会では酒が振る舞われ、飲むほどに酔うほどに盛り上がり、宴席は深夜にまでおよんだという。

　二日目は双朝と呼ばれ、嫁の輿入れがおこなわれる。この日の早朝、媒人が婿方で食事をとると、嫁方への礼品として四牲礼を取り揃える。四牲礼は魚、豚、鴨、そして貞操を象徴する雄鶏の四品で、さらに荔枝、棗、人参等の土産を携え、婿と連れ立ち花轎とともに嫁方へと出発する。すでに50年代には花轎は四人で担ぐ大型のものではなく、二人で担ぐ小型のものであったという。そして嫁方に着くと新郎と媒人は携えてきた祝いの品々を贈り、続いて両親をはじめとする嫁方の親戚に挨拶をしてまわる。その時に親戚より祝儀として壓歳銭が贈られる。中でも花嫁の母方の叔父は娘舅と呼ばれ、親を除いた親族の中で最も地位が高く大切とされ、この壓歳銭の金額も最も多く、他の親族の3倍は贈られるという。

　その後8種類の大皿料理が用意された盛大な披露宴が開かれ、婿はそこで必ず2度食事をとる決まりがある。そして一連の挨拶と儀礼が終わると、花婿一行は花嫁の出家より一足先に実家へ戻る。嫁方では媽媽あるいは媽媽阿嫂と呼ばれる介添人が嫁の世話をし、衣装を着替えさせて準備をした。

　花嫁は夕刻前に実家を出発する。その間際には母親が嫁の心得を娘に諭し、その後で別れの儀礼として母親が激しく泣いてみせる。そして嫁が土間に降りる時、兄弟もしくは媽媽によって嫁の履く靴底に、紅紙が貼り付けられて花轎へと導かれる。その紅紙は花轎に乗る直前に剥がされ、たとえ砂粒一つであっても里方のものは持たせないようにするためと言われ、時には嫁を兄弟が背負って土を踏ませずに、家から花轎まで送ることもあったという。

花嫁を乗せた花轎の前後には一対の灯が点され先導する。その前にはチャルメラとドラ、後には嫁入り道具が続いた。辺りが薄暗くなる夕刻、婿方へと輿入れをする花嫁の一行は、門前で爆竹が撃ち鳴らされる中迎えられ、花嫁は媽媽に導かれて花轎から降りると、舅姑の前に歩み寄る。そして迎えた花婿と一緒に舅姑に付き従い、蝋燭と香炉の具えられた客堂へと進み、天神・地神・祖宗、そして父母の順に三拝をおこなう。最後に花婿花嫁は互いに拝礼をし尊敬を誓う。続いて客堂の入り口に並び祝う親戚が、姑から順に紹介され挨拶をし、親戚からは壓歳銭が贈られる。その後で姑には嫁から手作りの衣服と夜具一式が贈られ、それに対する返礼として姑からは一見面礼と呼ばれる礼が尽くされ、指輪と祝儀が嫁に贈られた。

　その後、家屋の東南に位置する部屋へと入る。東南の部屋は上首と呼ばれる上座にあたり、一般的に一家の主人夫婦の部屋とされる。したがって跡取りが嫁を迎えた時にはその部屋を譲り渡し、舅姑は他の部屋へと移ることとなる。特に家に空き部屋が無い場合には、家屋の北側に新たな小家屋を建て、そこで寝泊まりをすることもあった。

　その夜は客が新郎新婦の部屋を訪れ、囃したりからかったりする鬧新房が行われた。鬧新房にやって来る客は同世代か年下の者だけで、煙草や菓子、落花生、瓜子などを祝いの品として携えてやって来た。部屋の入り口には燭台を持った者が2名立ち、客の顔を煤で塗りたくって大いに騒ぎ、夜中の3時頃まで続けられたという。

　三日目には、舅佬と呼ばれる花嫁の兄が新郎方に挨拶にやって来た。もし兄弟がいない場合は代わりに父親が務めた。そこでも必ず昼と夜の2度食事がだされ、それをご馳走になって舅佬が家へと帰ると、一連の婚礼の儀式は終了となる。

　回門（里帰り）　多くの場合婚礼から一カ月後に回門はおこなわれる。回門は嫁の骨休めとも、嫁の里方の両親に新郎新婦が揃って挨拶に行くこととも説明される。そしてその期間については姑が決めることもあり、6日目あるいは12日目におこなわれる。いずれにせよ、婚礼から経過した日数と同じ期間だけ嫁は里方に滞在し、結婚後一カ月目に回門となれば一カ月間は里方に滞在するということであった。

回門には粳米で作った菓子を、16、32、64いずれかの吉祥の数だけ用意し、それを土産に婿と一緒に里帰りをした。婿は二日滞在して家に戻るが、嫁はそのまま里方に滞在する。嫁は里方では特別な部屋を分け与えられることも無く、兄弟姉妹の部屋に泊まり、糸を紡いだり家事を手伝ったりして過ごした。そして嫁が婚家に戻る時には必ず舅佬に当たる兄弟が送り、来る際に贈られた菓子の数と同じだけの菓子を持っていく。この菓子は隣近所や近隣に住む親戚に配られた。これ以外に嫁が里方に戻ることは春節くらいで、その時は三日目に親戚の挨拶回りに行くに留まり泊まらずに帰ってくる。

2. 張沢鎮の産育習俗

ここでは産育習俗について、1950年代の張沢鎮においておこなわれた産育儀礼のあり方と、そこに付随する信仰儀礼について記述することとする。

催生 出産前およそ一カ月前の時期におこなわれる祝いで、その時妊婦の里方の母は、鶏卵や人参、胡桃といった栄養のつくものと、草紙（藁紙）、尿布（襁褓）などを祝いの品として贈る。多くの場合母親が一人で婚家へやって来て、簡単な宴席が設けられて懐妊を祝い無事の出産を祈ったという。

出産 出産の時には近隣に住む産婆を頼み、妊婦が産気づくと家の者が呼びに行った。産婆は出生児をとりあげた経験をもつ人で、それを専門で生業にしていたわけではなかったという。分娩は寝産で行われ、臍の緒は二カ所を糸で縛り、その間を鋏で切った。出生児に残った臍の緒は布で包んでおき、数日して出生児から剥がれ落ちた臍の緒は捨ててしまった。

胎盤は他人に食べられると妊婦の具合が悪くなるので、藁に包み家の梁、あるいは人目につかぬ所に吊しておき、乾燥して臭いのなくなった頃、川へと流したという。

また出産後妊婦の肥立ちが悪い時や難産の時には、天生婆婆と呼ばれる女神を祀り祈った。天生婆婆は日常的に祀られることはなく、妊婦の枕元に小さなテーブルが用意され、そこに蝋燭を立て、紅焼肉、青菜、鮒、卵を供え、そしてシボを焚いて安産と健康を祈った。

三朝酒 出産後3日目もしくは6日目、あるいは12日目や16日目に三朝酒はおこなわれる。祖父母は出生児の健康と長寿、そして幸福を願い、百家鎖（首

飾り）や玉を贈った。そして親戚や近所の人が牛頭包と呼ばれる特別な祝いの品を持って祝いに来る。牛頭包は竹籤と紙をもちいた手作りの入れ物で、中には紅糖と紅色に塗られた胡桃が入れられる。他にも肉や雪片糕、祝儀を贈ることもあった。母方の祖母は衣服や襁褓、玩具などを贈った。

命名　出生児に名をつけるのは親あるいは祖父母が一般的で、中には算命先生に占ってもらい名付けることもあったという。命名の期日やそれを披露する機会に決まりはなかったが、三朝酒までにつけることが多かった。また女児が続いて誕生すると、次に男児の誕生を願い「紀雄」（「紀」と「寄」の音から）と女児に名付けることもあった。同様の考えから「引弟」「来弟」「招弟」という名を女児につけることもあったという。

満月　誕生一カ月目には前髪后髪といって、前髪と後髪だけを残し、頭頂部と側頭部の髪を剃り落とす。これは「髪裁」が「発財」と音が似るところから、将来金持ちになるようにとの願いを込めておこなわれた。切り取られた髪は丸められて紅紙にくるみ、子供の枕元に吊される。またこの日里方の母親に出産御礼の挨拶に出かける。その際には邪気を避けるため出生児の鼻に釜の煤をつけ、赤ん坊のくるみには玉葱を一片入れて出かけた。里方では必ず長命を延ばす願掛けを祈って麺が用意され、それを必ず食べたという。

誕生祝い　一歳の誕生は家族で祝われる。この日も三朝酒と同様に近所の親戚や里方から祝いの品が届けられた。訪れた客には必ず麺が振る舞われた。

送夜客　かつて病気に罹ると送夜客という儀礼によって治癒が祈念された。夜客とは鬼を意味し、供物として笊に酒杯と肉、そして揚げた鶏卵を飯の上にのせ、そこに藁を二本突き立てたものを用意する。夜間に病人の前に供物をそなえてシボを焚き祈り、それを終えると供物をもって屋外の三叉路に行く。そこで酒を捨て杯を笊に返し、他の供物も同様に捨て、家に戻ると笊をひっくり返し一晩置いた。こうすることで夜客である鬼を病人から追い出すことができ、回復すると考えられた。

おわりに

1958年、中国国内で大躍進運動が押し進められ、人民公社の出現とともに労働力の根本的な見直しがはかられた。それは女性労働力についても例外ではな

く、「公共食堂」ができ「託児所」が整備されるに伴い、女性が一労働者として働き始めた。このような女性を取り巻く社会環境の変化によって、それまでの伝統的生活様式は姿を変え、様々な儀礼が変容してきたことは想像に難くない。

　今回の調査は主として50年代の自身の体験した婚姻と出産についての記憶をもとにおこなった。それはこれまで漢人社会において伝統的婚姻儀礼とされてきた「六礼」が新中国の下、どのような実態であったのかを確認し、そして子供の誕生に際してどのような儀礼が伝承され続けてきたかを知る目的からであった。

　その結果、婚姻儀礼では婚約から婚礼に至る過程でおこなわれる様々な儀礼は、基本的には「六礼」に沿った形でおこなわれており、特に算命先生や風水先生による「年庚（八字）」が50年代はもちろんのこと、比較的人々の中で生き続けてきたことが確認された。そして婚礼当日、特別に設けられた祭壇の前で天神・地神・祖宗、そして父母に三拝がおこなわれていたことは、家制度と祖先祭祀の問題を考えていく上で更に注意深く調査していく必要があろう。また母方の叔父である娘舅と嫁の兄弟である舅佬が特別な役割を果たしていたことは、親族関係を考えていく上で今後重要な視点となるであろう。

　そして産育習俗では、誕生した子供の健やかなる成長と長命を祈願する儀礼が伝統的であったのに対して、懐妊から出生に至る過程でみられる儀礼は催生のみであった。しかし牛頭包のような贈答のあり方は、この地域の民俗文化を知る上で興味深いものであるといえよう。そして産神的な性格をもって伝承される天生婆婆は、漢人社会で広く認められる「天仙娘娘」あるいは単に「天仙」として信仰されてきた子授けの神に連なるものと考えられる。しかし、祭祀のされ方やその性格についてはこの地域の特徴的なものであり、更に調査を続けていきたいと考える。

摘要

婚姻礼仪和生育礼仪

辻雄二

迄今为止有关中国的婚姻礼仪以及生育礼仪的史料中，仅明末至民国期间的史料就有很多，这些史料有很大的价值。可是，由于时代、地域、家庭的不同婚姻礼仪也各异。关于这方面的具体的研究报告非常少，新中国成立后，有关的基本资料的收集也没有取得很大进展。

这次的报告中，通过以民俗志研究为目的的于张泽镇进行的实地调查，特别着眼于过门礼仪，具体了一直以来汉人社会中传统的婚姻礼仪——"六礼"在新中国成立后的实际状况，以及孩子出生时，什么样的礼仪仍被沿用。

可以证实，婚姻礼仪中，在婚约至婚礼这一过程里，请算命先生及风水先生算"年庚（八字）"这一习惯保留到最近。同时也了解到花轿到墙门间（大门）时有各种各样的礼节，以及之后有拜堂礼拜这一祭祀祖先的礼仪。考虑到各婚姻的背景不同而产生的许多差异，有必要进行更详细的记述。

此外，还证实了从催生开始，存在着一系列的生育礼仪。被称为天生婆婆的女神，和在汉人社会中广为人知的授子女神"天仙娘娘"或者"天仙"的女神有联系，并且被调查的两个镇有明显的不同，这一现象值得探讨。

招婿婚俗

刘晔原

婚嫁是农村经济生活和社会生活的重要方面，而在农村的婚嫁中，主动权掌握在女方手中，嫁女一方对男家的基本要求，往往成为一个时代和地区经济模式以及人际关系的表现窗口。本文通过对上海市松江区的实地考察，对婚嫁中的招婿习俗与农村生活各方面进行论述。

关键词
  招婿婚 倒插门 赘夫进 过房儿

考察地点
  上海市松江区张泽镇四村、井凌桥村。

考察对象
  四村村许金龙（男）、陆巧凤（女）、井凌桥村官家埭村陆顺德（男）、陆五妹（女）

考察方式
  面对面直接交谈，去考察对象家里实地考察。方言翻译薛伟红。

中国俗语说，"人生大事在婚丧""老儿子娶媳妇大事完毕"。作为传统的中国农村，人生的主要任务是完成儿女婚事，让儿女稳定地生活并传宗接代。农村的人际交往、亲属形成，也主要表现在婚丧大事，尤其是婚姻的过程之中。本文重点阐明的是婚俗中的变异形态——招婿婚俗及其在农村中的作用。

一、招婿婚的现实与传统

男婚女嫁，是中国传统的婚姻形态，个别情况下男到女家则称赘婿，俗称"倒插门"，当地称"过房儿"。赘是多余、累赘，倒是不顺、颠倒，过房意为非亲生，仅从名称上看就带有明显的歧视意义。传统歌谣说："入赘女婿不是人，

倒栽杨柳不生根，要望丈人丈母招横事，领了家婆就动身。"由此可见，在中国传统婚俗中，当上门女婿是最让家庭丢脸、本人受气的一件事。哪怕是再穷的人家，只要父母在，一般都不肯做上门女婿。在女方一面，大家族为了财产的继承，也不希望出现招婚的现象。没有儿子的父母，只能领养本家侄子来养老送终、继承财产。为了阻止招婚的现象出现，甚至有"招郎招郎，倒霉三房"的谚语，意为一个小家招了上门女婿，会给他的兄弟三个家族都带来坏运气。因而有女儿又有自己财产的人家即使有招婚上门的打算，但在家族的反对之下也只能无可奈何地让女儿出嫁。因而在传统习俗中，虽然有招婿婚的习俗存在，却只能是个别现象。

中国自70年代实行计划生育政策后，为了独生女的家庭能够接受这个政策，国家曾大力宣传改变婚姻形态，提倡男到女家。戏剧小说也热闹一阵，但都没有太大的实际效果。社会习俗的阻力和白眼让个别有心上门的青年知难而退。不久仍回到男婚女嫁的老路。

但现在，在上海市的周边农村，男到女家不再是个别的现象，笔者1999年和2000年两年的调查表明，独生女的家庭只要稍有条件，大都采取了招女婿的方式。松江区张泽镇四村村，村里的婚龄女青年，除在外打工成家者外，村里留下来的女青年在家招婿成婚已不稀奇。还有相当一些家有女孩子者存有招婚上门的打算。嫁到女家的男青年不仅不受社会的歧视，有的在村里还当上了村干部。与婆媳关系紧张男青年夹在妻子与母亲之间两面不好做人相比，与岳父母相处容易，家庭气氛好。女家所在地区经济相对发达，上班便利。因此这种招婿婚的趋势还在发展。

上海郊区招婿婚的发展与形成的原因很多，从根本上说，是经济规则使人们放弃了老观念和老习惯。招女婿的人家所在的地区，在经济环境、交通条件各方面要相对优越于男青年家的所在地。到女家结婚后更有利于年青一代的发展，男方的父母也都赞同年轻人的选择。从民俗上说首先是城郊农村家族关系淡化，家族对每个家庭管束力消失，一家不管另一家事，使旧习俗的顽固屏障基本消失，小家庭的父母得以有能力顺从儿女的意见。其次，上海城郊农村社会环境发生了重大改变。商品经济和打工成习惯，人口流动性增加，打破了原有的人口封闭性，外来人不再是众人注目的另类，生活中容易接纳外来人。同时，上海地区独生子女政策实行得比较彻底，从70年代上海实行独生子女政策以来，在市区首先实行了分房子以女方为主、子女户口随母亲的原则，社会对男青年婚后的住处

的选择相对宽容。从 70 年代开始,二十几年来一代独生女长大成人,相当多的独生女的家庭都有招女婿的要求,形成了女家招婿的社会环境。

再从文化传统上说,也是得益于上海独特文化传统根基。上海以商业经济为主,民俗上重实用,以方便实惠为主,没有农村封建经济所形成的顽固的男家为主的观念,比较容易接受新事物。从老人们的叙述来看,上海郊区农村招婿婚有一定的传统,四村村这一个村子,招婿婚在上一代已经有三户,有的老村干部就是上门婿。四村村的老人马德余在 1962 年从张泽西南的大庙大队来到岳母家当上门婿,因为岳母家缺男人劳动。现在马德余自己的女儿也是招婿上门,招儿子在上海石洞口电厂工作,他和老伴在村里,老人是个乐天派,会捉黄鳝,每天能捉一二斤,年收入达三千元,是很好的财源。老人父亲也是上门婿,不同的是上一个寡妇的家去做上门婿,这种婚姻比一般上门婚更低一些,被称为"赘夫进",由姓李改为寡妇的姓——顾,当时是最穷人家的男人才肯做这样的事。马德余老人原姓李,是 60 年代上门,上门后改姓马。由于 60 年代是中国讲究阶级斗争的时期,出身穷苦成为资本,马老人没有受任何歧视。据他讲这一带前后村都有上门的女婿,上门婚比其他地区都要通行。

二、婚俗的保留与变化

实行男子外嫁婚听起来像是一场了不起的变化,但实际上却并无太大的震动。传统婚俗的各方面都得到了保留。婚礼照样是喜庆热闹,排场照样隆重,并没有在形式上有太大的简化,与宣传的简朴、革命化并不相同。

在松江区和嘉定的调查中,男到女家的婚礼仍以媒人介绍者为多,有了男方同意上门这一先决条件之后,两个当事人才进行接触,情感相投便开始了结婚的日程。由于是女家娶婿,主体是女方,要准备结婚的新房,刚盖几年的楼房要进行装修,同时准备新房内的家具和电器。新婚的前一个月,女方把一笔彩礼钱通过媒人送到男家,男家用这些钱为新郎置办嫁妆,因为事先男青年也有收入,嫁妆往往很丰厚,有的人把这笔钱原样带回,作为婚后的家用。

婚礼的前一天,新郎家要摆酒宴请亲朋好友,新娘在媒人的陪同下也来到男家拜见公婆,认识男方的亲戚,来赴宴的亲友一般都是关系极密切的人,他们都要带一些礼金送给新郎家。公婆见儿媳也要象征性地给新娘一点见面礼。从喜宴的规模上看不如娶亲,主要是人数少,但隆重的仪式是一样的。喜宴结束,新娘

便由媒人陪同返回自己的家。

  第二天，是真正的新婚日，新娘乘坐新婚的轿车与迎亲的人、媒人、乐队及仪仗一起去接新郎，这一次新娘家要给新郎父母一些现金，作为对父母养育儿子的辛苦的承认和慰藉，称为"离儿钱"。当然钱并不多，只是彩礼的十分之一或更少，如果彩礼是 10000 元，离儿钱是 1000 元，如果彩礼是 20000 元，离儿钱则可以是 2000 或 1500 元。迎亲的人在新郎家稍事休息，吃点心喝茶，同时有人指挥把新郎的嫁妆装车，然后新郎新娘乘喜车与送亲的人、嫁妆车、乐队、仪仗一起风风光光回到女家，安放嫁妆、举行结婚仪式、举办正式的婚宴。其规模要超过前一天男家的送行宴。此时，女方的父母要给新郎见面礼，其他亲戚也要带礼金来。新娘父母此时红光满面，里外应酬。亲朋好友、邻里同事，都来道喜。热闹的景象如同节日。

  第四天，也就是从正式结婚的第三天，是传统的新娘回门日，而在上门婚中，这一天就成了新郎的回门日，新郎和新娘带上礼物，回新郎家小住，一日或多日不等。有趣的是，与传统新娘回门的恋恋不舍、尽量多住的心态相反，新郎则多不愿在自己家里多住，希望早回新婚爱巢，甚至有新娘为了尽礼多住两天，新郎则找借口先回女家的情景。如果新郎新娘都要上工，常利用新婚的第一个周末去男家回门，周日晚回来，从此常住女家。

  在传统的上门婚中，新郎要改姓女家的姓，还要立下文书，写上小子无能，随妻改姓这样打击人的自尊的语言。现在则完全没有了这样的屈辱，上门婿仍然以自己的姓名对外对内，但是，他们的孩子则要姓女家的姓，称女方的父母为爷爷奶奶（对男方的父母仍称旧称）。

  传统的招婿动机，一是为了找一个劳动力支撑家门养老，二是有孙子继承姓氏，自己和祖先的亡灵能得到祭祀。现在当问到女方的父母为什么要招婿上门的动机时，多数的回答是：并不是养老，更不是祭祀，而是为了现实的生活气氛。家里有楼房，女儿如果嫁出去，家里冷清，两老人生活无趣；二则独生女儿与父母平日亲近，舍不得女儿离开；招一个女婿在家，将来有孙子抱，孩子是在自家长大，与自己自然要亲近，家里有老有少，日子有趣。可以说新婚俗中少了信仰的成分而多了现实的意义；少了无奈的对习俗的顺从，多了主动对生活的关爱和选择。人文意义的增加表现了时代和观念的进步。

三、现代城郊农村喜宴的安排

无论城乡古今,婚俗中一项重要的程序是婚宴。这既是农村人际往来的重要项目,也是婚庆之家向村民和亲戚介绍家庭新人的环节。农村房屋和院子宽敞,又有亲友相帮忙,一般不去饭店宴会厅,多在家里摆宴。一则节省许多成本,二是家里气氛好,既能突出家里的喜庆和主人的地位,也让村里邻里都感受喜庆的氛围,符合农村爱热闹和人情往来的习俗。分期分主次地摆酒可以一连热闹好几天,新人和主人都能各尽其礼,主亲和主宾会感受自己的地位,其他客人也在小场所里感到主人的热情,尽情尽欢,又能认识彼此的亲戚朋友,扩大交际面,比许多人不分主次在一个大厅里乱哄哄地几小时结束要有趣得多。尤其现在的年轻人因为有自己的同事朋友,参加喜宴的人多。所以婚宴往往要三五天才结束。一般次序是:第一天是两方的至亲和女方父母一辈的朋友;第二天是同新娘同村的朋友邻里;第三天是新郎和新娘工作单位的同事。三五天内,家里宾客不断,真的是喜气盈门。

家里摆婚宴,一般规模也要十几桌,村里传统的用桌是方桌,民俗中称为"八仙桌",意为每一面坐两人,一共八人。这种桌子各家都有,可以互相借用凑起来,但所需要大量的盘碗杯盏凑起来很麻烦。由此农村里适应需要产生了一种专门办喜宴的行当和专职人员——内场和外场,简称"内外场"。

从语义上来说,是应付民间各种宴会场合的人。具体分工有内场和外场。内场是指厨房,厨房的活计,从算好来宾人数开始,设计每桌的菜肴,提出购置原料的计划单给主人去采买。原料到手后一应的择洗、选取、备菜一直到烧好上桌,冷热搭配,全部包干。他们常年从事这个工作,得心应手,备有成套的盘碗,有颇具烹调水平的师傅和固定的助手。外场指的是管酒、茶、饭用具和收拾桌面,他们从搭炉灶烧茶开始,酒杯、吃碟、饭碗、筷子,一应俱全,每桌宴后,外场负责收拾干净,并摆好下一桌所需的餐具。内外场们自备交通工具,价目公开,熟悉市场价格,配合娴熟,懂得场面应酬,一般人家办喜事都喜欢请他们来打理。据我亲自与一位做外场的人交谈得知,他和妻子、儿子应付一般人家的红白宴会都无问题,生意不错。但近年来从事这项职业的人渐多,有一点竞争的紧张感了。

四、花烛夫妻的权利

在当代的 40 岁以上的中老年人群中，仍然保留着重视初婚的习俗。不论男女，初婚的妻子称为花烛妻子，是一生一世生死不变的妻子。即便她中途去世，仍然在家中占据着正妻的地位。后妻要认前妻的父母为干父干母，认死者为姐姐。她所生的子女记在死者的名下。我所调查的对象是张泽镇四村的村长，他的妻子四年前去世，家里的正厅仍然挂着前妻的照片。他后来的妻子认前妻的父母为干父干母，每周要为他们洗衣服和收拾屋子。她的儿子也认死者的父母为外公、外婆，并与前妻的子女一起排名。这在当地的风俗里叫作"孩子属大"。有的正妻并没有正式成婚，只要是订过亲，交换过喜帖，就被称为某某未婚妻，同样作为花烛妻子。因而当地的好人家的女儿不肯做填房的后妻，这种风俗在当地仍然得到继承。

初婚的丈夫也有这样的权利。我的调查对象车墩乡联庄村一组的施光明先生，今年 53 岁，母亲去世，刚刚给自己的母亲办丧事。他的母亲早在 50 年前就与他的父亲离婚并另外组成家庭。但是两个家庭仍然协定他母亲的骨灰和她的前夫合葬，因为彼此是花烛夫妻。而后婚的丈夫虽然和母亲感情很好，却只能自己单坟。而死者在生前也认可了这种做法，不言而喻，不论是死者本人还是施光明这一辈的儿女以及社会舆论都仍然遵从着古老的婚葬习俗，以初婚的夫妻为正式夫妻，而以后婚者为权宜之计。

五、特殊的招婿婚

普通的招婿婚是指为女儿招婿，岳父母与女婿共同生活。在经济相对发展的车墩乡联庄村，出现了另一种特殊的招婿婚——为儿媳招婿。前面提到的施光明先生，他的儿子 1995 年因车祸不幸去世，刚刚 30 岁。留下了年轻的儿媳和一个六个月大的孙女。望着家里新盖好的三层小楼，看着不懂事的孩子，真不知以后还有什么希望。如果儿媳再婚带走孩子，也是情理之中，两个老人会更觉孤单。儿媳一方，在本地上班已经有了一定基础，家里本来温暖，孩子小，也不愿离家改嫁。这样一年多之后经工厂同事介绍，与一个外地来此打工的青年认识，双方协商同意，男到女家，作为继子成婚，这样重新形成一个完整的家。现在这个特殊的招婿婚已经有了四年的历史，尽管遇到了招婿下岗失工等挫折，这个家仍在

继续，小孙女聪明乖巧，已经渐渐懂事，长得酷似父亲，给祖父带来无限的希望和快乐。当问到今后打算时，施先生明快地说，自己当小组的会计，老伴有退休金，并不从经济上指望继子养老。现在小孙女渐大，二十年后小孙女长成，自己还不算太老，未来有奔头。将来如果继子和媳妇再生自己的孩子或出去独立也没什么不可以，重要的是孙女在一个完整的家庭长大，在自己的身边长大，从孩子到老人都有一种难以替代的感情。由于各方面的原因，我没有见到这位儿媳和继子，但从同村的其他老人的叙述中可以看出这个婚姻得到了村民和习俗的认可。同时也可看出现代的这种上门婚没有被称为"赘夫进"，不是寡妇之家为生活所迫而招个贫穷的男子。从两人的年龄上看，继子比儿媳还小几个月，上门后并不改姓，也没有任何强加的义务。

六、婚俗改变对农村社会习俗的影响

在农村中，由于男女人口的比例和女性外嫁的因素，婚姻中的主动权一般是掌握在女方。这种情形在经济转型期尤其表现明显。自70年代实行计划生育政策以来，女性的出生率少于男性。而在松江这样的大城市郊区农村，青年不论男女初中毕业之后都在本地或远或近的工厂上工，女孩多从事电子产品、缝纫工作，不仅有固定的收入，眼界也开阔了，她们向往的是更高的城市文明，尽量嫁到松江市和上海的另一个郊区市闵行，使得留在本地的女青年更少。这样婚嫁的习俗便首先在这些地区产生了变异，进而对其他习俗产生了影响。最明显的是对居住习俗的改变。

中国1949年之后，土地收归国家所有，工资或土地收入也几乎是相同的情况下，每家的财产中心就是住房。在婚嫁中成为女方的首要条件。凡是有男青年的人家，无不为儿子娶亲而准备盖新房，为此，农村为了扩展住宅用地不断占用农田，甚至与国家的土地政策发生冲突。批宅基地，成为村干部的一项权力，限制盖房占地成为农村工作四大难之一。这种情况持续了近半个世纪。

现在，松江区的商品经济发展到住房，在市、镇的郊区大批兴建商品房，这里离姑娘们上工的地点近，离市区近，生活方便。与原来家里的住房相比，不仅是新，而且卫生设施齐全。与村里高低不一、新旧不等的村居相比，这里周围环境整洁，触目皆新，统一管理，又自然地与老一辈拉开了距离，因此得到了年轻姑娘的喜爱，成为婚嫁时向男方提的一个主要条件。用当地姑娘的话说：村里的

房子再好看都不要看。事实也是这样，四村村里的一户人家，90年代新盖的楼房，三楼三底，原是准备两个儿子结婚用，然而两个儿子的新娘都要求在郊区买商品房，家里的房子只好空在那里。原来准备盖新房的人家看清了形势也放弃了这个打算，老人有老房子可住，也不必再盖。笔者在2000年8月的调查中得知，无论是联建村还是四村，已经有近六年没有人再为儿子准备新房子，村里仅有的几所新房或是新装修，或是生意做大了的中年人为自己翻新的。同时我也看到村里空房很多，调查对象陆巧妹的一座二层的楼也空在那里，已经四年锁大门了。可以预见，农村中以一家一户的形式扩建住宅的风俗在不久的将来会有大的改变。当上门婚进一步发展之后，男青年之家，尤其是地处偏僻和经济不太发展的村落，由于男青年的外出打工上门和女青年的外嫁，进一步冷落下来。除老人在家之外，少有年轻人种地。而外来的承包种地的外来人又暂时不能替代，农村的人口向城镇集中成为明显的趋势，社会习俗也会在近年有一个大的变化。

要旨

婿入り婚

劉　曄原

　本章では、主に上海市松江区張沢鎮の婿入り婚の発展と変化を論ずる。松江一帯では、上海の商業文化の影響を受けて、習俗におけるフレキシブルな特徴があり、婿入り婚に対して、より寛容である。60歳前後の老人の叙述によれば、当地では、少なくとも3世代以上の婿入りの習俗がある。連続の数世代の婿入り婚を持つ、特殊な世帯さえあるという。婿入り婚は、基本的に夫側が自らの姓を放棄して、妻側の姓を名のる。歴史の要因すなわち中国の6、70年代の特殊な政治環境によって、上の2世代の入り婿の境遇はそれぞれ全く異なっている。1世代目の入り婿は貧困で、差別されているが、2世代目の入り婿にかんしては、貧困という要因で、入り婿になることが逆に革命的であると評価されて村幹部になった人さえ出ており、ある程度の権利を握っていた。3代目の婿入り婚は、90年代の現象であり、ある程度の規模を持つだけでなく、一部の婚俗ファッションさえリードしている。入り婿は自分の職業を持ち、収入もある。彼らが婿入りするのは貧乏のためではなくて、自己の選択である。彼らの着眼点は未来の発展と地域経済の将来性である。彼らが社会に及ぼした影響はあらゆる方面にあった。新たな婿入り婚の形成と同時に、伝統的な婚俗の儀礼を殆ど変えないように、媒酌人・婚資・嫁迎え・結婚披露宴・里帰りなどのプロセスを全面的に受け継いだ。変わったところは嫁入りから婿入りへの変化だけである。上海近郊では、人々が平静にこの変化しつつある婚姻習俗を受けいれた。本稿では、この習俗変容のプロセスを述べると同時に、それが社会生活各側面にもたらした影響及び原因を詳細に論ずる。

祖先崇拜和生育习俗

欧粤

井凌桥人崇拜和敬畏祖先，他们认为祖先的灵魂依然生活在他们中间，保佑着家族的繁衍和平安。任何对祖先的失敬，都会受到报应和惩罚。祖先在人们的日常生活和家庭重要活动中占据着十分重要的地位。村民们以频繁的虔诚的祭祀表达他们对祖先的敬意。

生育习俗中所有信仰禁忌的意义归结为祈求母子平安。信仰内容的中心是祈求得到超自然力的保护，基本的表现形式是祭祀祖先和神、悬挂或佩带各种驱邪物品、依靠关帝神或多子女家庭的保护、各种民间驱鬼招魂术。禁忌内容的中心是避免母子受到鬼神的伤害，以及产妇给他人带来不吉利。产妇对他人来说是污秽物、产妇和婴儿最易受到鬼神伤害的观念依然盛行，因此母子产后的行动受到信仰习俗的约束。

作为生育习俗延续的成人习俗，女子13岁做"寿头"和男子16岁"开关栅"，在井凌桥村已经演变成为男女孩过十岁生日，因而失去了原有的意义。为孩子上大学、参军举行庆祝酒宴似乎已成为新的民俗。

一、祖先崇拜

井凌桥人崇拜和敬畏祖先，表现形式是频繁地祭祀祖先，祭祖在当地称"过时节"。大多数家庭每年例行祭祀祖先五次，时间分别在清明、七月半、十月初一（称十月朝）、冬至、年夜。另外，家庭中每有重大事情发生、变化，如造房、乔迁、生育、结婚、分家等，都需以"过时节"的形式首先禀报祖先，只有在祭祖以后，人们才能开始正式活动，以表示尊重祖先，并求得祖先的保佑。再有家人久病不愈，或家中发生了偶然性的不顺利事情，人们往往会想到可能是祖宗在责怪自己，最通常的方法当然也是祭祖，以求得祖先的宽恕并求得平安。

无论年节时的祭祖、禀报式的祭祖、祈求平安的祭祖，其仪式基本一致。

祭祖均在客堂间举行。原先各家客堂间北面墙上大多置有家堂，内供祖先牌位。1955年至1958年，村内原有的封家祠堂（一所规模很大、很有影响的祠堂）以及农民家中所有的家堂均先后被拆除。

祭祖时设一二只家用方桌（当地称"八仙桌"）作为供桌，以设一桌为多。桌子必须摆在屋子正中，桌面的木纹拼缝必须摆成南北向。供品大多为八只菜，也可供些糕、团、水果等。如家中拿不出八样菜，有些菜可盛作两碗，在桌上摆成八碗。桌子东、北、西三面置酒盅和筷，以每面置八副为多，共置二十四副，也可酌情减少或增加。桌子南边置烛台、香炉。

祭祖开始，先点燃香烛，意指邀请祖先入座。往酒盅中倒红糖水（也有倒酒的），连续倒三次，将酒盅倒满。酒过三巡，家长率全家人，依尊长幼序，一一向祖先磕头（讲究规矩的人家要夫妻成双向祖宗磕头，但大多数村民不讲究）。约过半个小时后，在供桌前燃烧元宝数十只（以前还要烧经疏，即写有祖先姓名和祭祀人姓名的黄纸。由当地寺庙在年夜和七月半前分送到各家，收取大米一升左右。祭祖时将经疏压在香炉下面。50年代初，废除），意指送钱给祖先后，请他们回去。

祭祖后的食品，不能马上食用。在灶神前点香，把所有的食品端到灶头上略放片刻，说是灶神能破被鬼神碰过后的龌龊。然后，可以吃的吃掉，该扔的扔掉。

以人生重大礼仪活动为例，井凌桥人在生育、成人、结婚、分家、寿诞等活动前都要祭祖。

新生儿出生第三天祭祖，午饭前举行。没有祭祖不能开饭。禀告祖先家中添了人口，并祈求祖先保佑孩子平安成长。

儿子长到16岁，当地认为已经成人，要举行"开关栅"仪式，"开关栅"前一天祭祖。

结婚，无论新郎家还是新娘家，均在婚礼前一天祭祖。向祖先报告男婚女嫁，祈求祖先保佑新婚夫妇幸福美满。

分家，当天祭祖。先祭祖，后分家。报告祖先并祈求分家后家业兴旺。

寿诞当天祭祖，祭祖后再举行拜寿仪式。也有不祭祖的。

目前，在井凌桥村没有恢复祠堂、家堂等有形的设施，但人们对祖先的崇拜

仍有相当的影响力。当家中有人生病，事情不顺利时，往往认为是祖先对自家的惩罚。巫婆（当地称为师娘）在装神时，往往将祖先在生气、对活着的子孙不满意，说成是害病等不幸事情的主要原因，村民们也比较相信。在调查中，被调查对象或其家人，每家都依然按习俗规定举行年节祭祖，为治病等原因祭祖，在家庭重大活动前祭祖。在井凌桥村，祖先崇拜仍是民间信仰的主体部分之一。

与祖先崇拜相关的是鬼崇拜。人们害怕死去的人的灵魂留在家里，那样会使全家不安宁，必须用"送鬼"的方法将鬼送到阴间去。"送鬼"方法与祭祖相仿，只是仪式简单些。村里刚死了人，如某家不安宁，就会猜测是刚死去的人的灵魂跑到他家去了，就要求丧家派人来领他回去。丧家家长跨进该家大门后，大声说"你已经死了，还赖在这里做啥！还不快跟我回去！"然后径直回家，算是把鬼领回去了。

对鬼的活动和要求的描述，一是人们对做梦的回忆，二是巫婆的叙述。因此，凡是对人有侵犯的鬼都是生前彼此熟悉的，或是家庭成员。而人们对鬼的"要求"没有不给以满足的。村上有一老人死后，女儿做梦看到父亲在阴间向她述说没有衣服穿，没有坐的椅子。女儿和兄弟说了以后，赶紧烧了几身衣服和一把椅子，还有纸钱，以尽孝心。以下一例更有典型性，20年前（1977年），井凌桥村塘汇埭自然村农民储炳章儿子因病死亡，时年7岁。20年后，储炳章患病，久治不愈。请巫婆指教，巫婆说，你的儿子正在与同村的储永法的女儿谈恋爱，要你给他俩办婚事，你给他办好婚事，病自然会好了。储永法的女儿1978年溺水身亡，时年8岁。储炳章立即请人去储永法家说及此事，要求结冥婚（当地称"攀鬼亲"或"鬼攀亲"），储永法当即表示同意。1998年清明节，举行结冥婚仪式。

二、生育习俗中的信仰和禁忌

村民认为，孕妇和产后未足月的妇女身上"不干净"，不能上佛寺和神庙，否则要受到神灵的惩罚。前些日子，村里有一对小夫妻，妻子怀孕后不久去杭州寺庙烧香，回家后妻子就得病，后又流产。此事在村里广为流传，说成是不守规矩的报应。

孕妇不能在娘家或别的亲戚家生产，会带来"血光之灾"，破这家人家的财运、好运，故临产前孕妇不在外过夜。70年代起，孕妇大多在临产前数天住进医院，但这种禁忌在人们心中还是很有分量。孕妇生产的地方还是被称为"血

地",产妇还是被称为"血人"。产妇产后不满一月的不回娘家,怕"血人"回娘家,给娘家带去厄运。

祭祀天生公公和天生婆婆。民间信仰天生公公和天生婆婆是掌管人间生育的神,井凌桥人平时没有祭祀生育神的习惯。过去,遇生产时间过长或难产,老式助产婆会念念有词:"天生婆婆送下来,天生婆婆送下来",祈求平安产下婴儿。孩子生下第三天,不管家中是否办"三朝酒",均要在午饭前祭天生公公和天生婆婆,祈求母子平安。祭祀仪式如下:在产妇床前放一只方凳,置两只红蛋,一碗肉(也有置四样或六样菜的,但蛋和肉必备),两副碗筷(碗中盛饭),两只酒盅,两支蜡烛。由接生婆主祭,点蜡烛,在酒盅中倒红糖水(也有倒酒的,但不多)。接生婆、产妇丈夫、家中女眷依次在供凳前磕头(长辈和平辈中的其他男性不磕头),燃烧元宝数只将神送走,祭祀结束。此习俗至今仍流行。

产妇生产后,为压邪,折桃树枝数枝(少数有条件的用桃木剑),插在产妇的窗台上和产妇的床前。传说鬼神怕桃木。

婴儿满月后方能外出,之前不离家门。第一次外出,大都是上外婆家。人们认为,成年人血气方刚,使鬼神惧怕,不敢靠近。婴儿人气不足,色光较弱,容易受到鬼神的戏弄和侵害,为此,必须在孩子鼻梁上涂上铁锅灰,将孩子打扮得丑陋些,免得鬼神戏弄,俗语说"人宝贝,鬼招手;人讨厌,鬼摇头"。再须用渔网一片,将孩子兜住,或束在腰间,传说鬼神怕渔网,有渔网保护,鬼神不敢接近孩子。再折桃树枝一段,插在婴儿身上,将一瓣大蒜,挂在婴儿的衣服纽扣洞上。这些习俗至今仍很流行。

如果孩子生病,人们认为那是鬼神作怪的缘故。如果孩子昏迷不醒,或是啼哭不止,那是被鬼神摄去了魂魄。治病的方法是招魂或驱鬼,具体有几种:1. 叫喜。家长敲锅或小锣,到田头兜一圈,边走边喊:"某某(自己孩子的名字)快回来噢!某某快回来噢!"魂魄在外面游荡,听到锣声和叫声,就能跟着回家。2. 抱烟囱。父亲在黄昏时爬上灶房屋顶,双手抱住烟囱,高喊:"某某(自己孩子的名字)回来噢!某某回来噢!"烟囱是村里的制高点,容易被离家的魂魄看到,就能找到家了。3. 驱鬼或送鬼。家长经巫婆指点,说是家中有鬼,正缠住了孩子,必须将鬼驱走,否则孩子将一病不起。家中摆供桌,供酒菜,点香烛,家里人磕头,烧黄纸、元宝,送走鬼神。也有请来道士作法驱鬼。治小孩夜间啼哭的办法是,在长约 20 厘米,宽约 10 厘米的红纸上,写上"天皇皇,地

皇皇，我家有个小儿郎，过往君子读一遍，一觉睡到大天光"等句，贴在过往行人较多的桥上、墙上、树上、电线杆上。目前，为小孩治病的信仰习俗已经淡薄，特别是青年人不相信，在井凌桥村只有部分老人偶尔为之。

有些家长怕孩子养不好，给孩子起名为阿猫、阿狗，因为猫狗等牲畜易活好养。或过继给子女多的人家做干儿子，称"轧大"。正式过继那天，父母抱了孩子，带数样礼物、鞭炮爆竹到干爹家，干爹在自家大门口摆一把木梯子，父母将小孩从木梯中传给干爹干妈，并替孩子叫声干爹干妈，对方顺口答应，接着燃放鞭炮爆竹，过继仪式结束。干爹摆酒席待客，并为干儿子起个"继名"，将继名写在40厘米见方的红纸上，交给对方。孩子父母将纸带回家后，将它贴在堂屋的墙上。日后双方往来，称过房亲。也有认关帝（关羽）做干爹的，为孩子起个带"关"字的名，如关生、关平等，乡间认为孩子依附了关老爷，鬼神不敢前来作怪。认关帝做干爹那天，父母带四至六样供品和香烛、爆竹，带了孩子，到关帝庙去，摆供品，点香烛，磕头，放爆竹，仪式结束。请看庙人为孩子起名，但大多数关帝庙没有看庙人，就请识字人起名并写在红纸上，回家后贴在堂屋墙上。目前，将孩子过继给关帝的几乎没有了，过继给亲友的仍有，但目的以攀亲戚为主。

为辟邪，家长往往在孩子脖子上挂八卦图、如来、观音等玉质佩件、金银质的百家锁、长命锁。还有"狗元宝"，即取狗骨中一块似元宝的颈骨（每只狗身上只有一块），结上红流苏和红线挂在脖子上。人们认为，狗能压邪，鬼特别怕狗。此类习俗仍很流行。

大年初一、"杨公忌日"生的孩子命不好，俗称"讨饭命"，长大后不是做乞丐，就是败家子。改变命运的方法是，讨得百家米，做饭或煮粥给孩子吃。目前仍有这种说法。

产妇未满月，家庭成员以外的男人不进入产房，进入者不吉利。上了年纪的老太太不进产房，否则眼睛要瞎掉。目前人们一般仍自觉不进产妇房间，必须进去，需在客堂间先坐一下，再进去，不径直进产妇房。

产妇产后三天之内不起床，怕血崩；六天之内不睡平，半卧半坐，怕血污上升；十二天内不吃荤菜，不吃补品，说是荤菜易发，容易得病。未满月，不去邻居家，免得将污秽带入他家。60年代起，产妇的饮食起卧各人自便，吃荤吃补品都不在乎，但目前产妇外出走动仍受限制。

生育习俗中的礼物馈赠有特定的意义指向。娘家在孕妇临产前一个月左右，到孕妇家探望，当地称"催生"，必须带红糖、枣子、花生、桂圆等约定俗成的礼物，寓意早生贵子、甜蜜圆满。亲友应邀前来吃"三朝酒"时，也须带上述礼物。生下孩子后，孕妇家分送红蛋给亲友邻里，意指如鸡鸭产蛋般多产且顺利。产妇满月后回娘家，必须带圆团、塌饼作为礼物分送邻里，象征圆满、塌塌滑滑（本地方言意指顺利）。女儿回婆家时，娘家也要备同样的礼物，并分送男家邻里。这类习俗仍流行。

三、成人礼仪习俗信仰

井凌桥村历来有女子13岁做"寿头"，男子16岁"开关栅"的习俗，是庆祝男女成年的仪式。当地有谚："十三岁做娘，天下通行。"意指女子长到13岁，就已经成年，可以结婚育子了。但当地女子在民国时期的结婚年龄多为17—18岁。目前21岁左右。

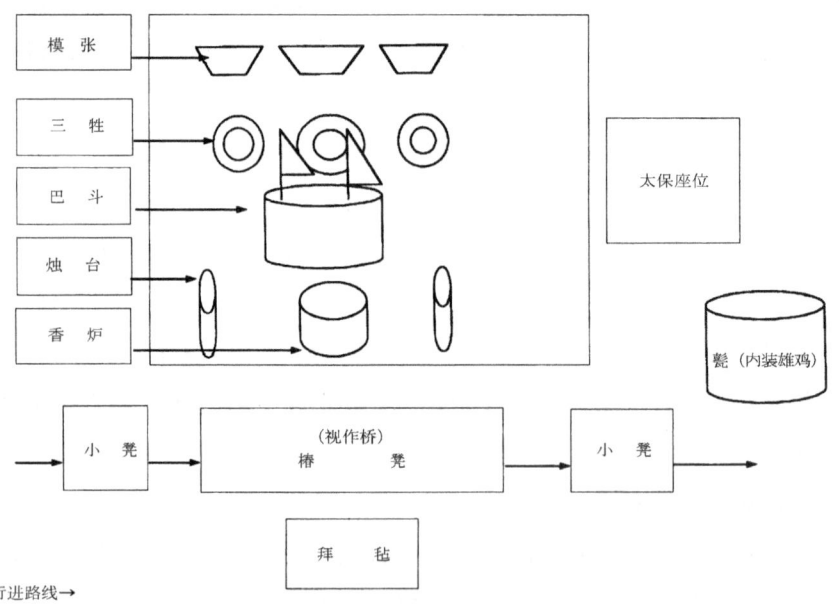

农历六月十九日，为观音菩萨生日。凡年内满13岁的姑娘均在是日举行做"寿头"仪式。当天，婆母在媒人的陪同下，送猪肉、面条和金银首饰到尚未过门的媳妇家。姑娘家收到礼物后，设便饭招待客人，下面条在村上分送，告知邻里女儿已经成年。据储应方老人讲：当天送首饰的原因是，过去卫生条件差，小

孩子不一定能长到成年，现在既然已经成年，婆家就可以放心地将金银首饰送给未过门的媳妇，同时也有表示祝贺姑娘成年的意思。观音是救苦救难的女菩萨，女人有事就求观音保佑，在观音生日做"寿头"，可以保佑姑娘一世平安。如果姑娘尚未许配人家，则由外婆家送肉和面条来为姑娘做"寿头"，但不送金银首饰。

井凌桥人认为，男孩从出生到成长共有4道关栅，分别在6岁、9岁、13岁和16岁，16岁出关成年。除16岁要举行"开关栅"仪式外，其余小关栅一般不举行仪式。开关栅不一定就是生日那天，需请太保或道士确定日子。前一天，家中先行祭祖，告知祖先孩子已经成年。开关栅当天，请太保或道士主持仪式。邀请亲戚一起参加，亲戚来时须带一块猪肉作为礼物。太保约在早上七八点钟到该家，开始准备工作：用彩纸剪各种图案的三角旗数十面，用红黄纸剪幡一面，写关帖，写疏纸。范福平老人记得他开关栅时疏纸上写有："江苏省松江府华亭县云间乡十保二区一图㳚塔界地字圩范福平"等字样。在客堂间正中设一方桌为供桌，桌子正面供关帝爷等数张模张，供半生不熟的三牲和糕点，桌上再放盛满米的巴斗一只，米中插三角旗一二十面，桌子南侧置烛台、香炉，关帖、疏纸压在香炉下。桌子东侧空出些许地方，留给太保使用。

在供桌前搭"桥"，即用椿凳一只，用竹子作柱，搭成龙门架。龙门架两头贴纸，两侧插旗。椿凳两头各放一只小凳，方便上下。东侧小凳旁倒扣甏一只，内扣彩色雄鸡一只。

开关栅开始，点香烛，太保在供桌旁念念有词，念毕，放爆竹四只。户主、开关人、太保依次在供桌前磕头。开关人手持幡在前上"桥"，太保跟在后面边念边走。开关人走下"桥"时，有人将甏敲破，雄鸡跑走，意即关栅已开。户主、开关人、太保再依次磕头，再放爆竹四只。将关帖贴在家堂上。仪式结束。午饭后，亲戚和村中人听太保说书。

50年代中期起，开关栅失传，有些家庭仍做"寿头"。80年代中期起，演变为"做十岁"，即不论男女，孩子10岁时，家长为孩子过生日。是日，家长设酒宴，广邀亲朋好友。赴宴者送钱或儿童用品，外婆家有送面条的，但不再送肉。家长下面条分送给村上邻里。孩子考上大学或者应征入伍，家长设酒宴庆祝，届时亲朋好友、老师同学欢聚一堂，场面热闹，已成为当地的规矩。

调查日期：1999年11月25日、26日

2000年8月8日、9日、10日

调查对象：范福平　男　1923年生，住荡田村

顾明光　男　1927年生　住官塘村

封百贤　男　1934年生　住封家埭

封志明　男　1921年生　住封家埭

郁仲舟　男　1915年生　住封家埭

陆志昌　男　1919年生　住陆家埭

徐秋海　男　1928年生　住徐家浜

储应方　男　1928年生　住塘汇埭

要旨

育児と信仰

欧　粤

　井淩橋村の人々は祖先に対して崇敬の念を抱いている。彼らは、祖先の霊魂が依然としてこの世界にあり、家族の繁栄と平安を守ってくれていると考えている。そして、祖先に対して何らかの不敬をなした場合、その報いとして罰を受けるとされる。祖先は、人々の日常生活と家庭活動の中で、十分に重要な地位を占めているのである。そのため、人々は祖先に対し、敬虔な祭祀でもって敬意を表している。

　生育習俗に存在する信仰や儀礼の意義は、母子の平安を祈願するところにある。信仰の内容の中心は、超自然力の保護を祈ることであり、基本的な表現形式は、祖先と神への祭祀という形であらわれる。たとえば、魔除けの物品を身につけたり、関帝への信仰、様々な家庭内の保護、各種民間の駆鬼招魂術などがそれである。禁忌内容の中心は、母子が鬼神から害を受けること、及び産婦が他の人に不幸をもたらすことを回避する点にある。他の人にとって産婦は穢れであり、また、産婦と嬰児が鬼神による害悪を最も受けやすいとする概念は、依然として盛行しており、そのため、産後の母子の行動は、信仰的な制限を受けている。

　生育習俗として引き続いて行なわれる、女子13歳の「壽頭」と男子16歳の「開関柵」などの成人儀礼は、井淩橋村において本来の意義を失ったために、男女ともに10歳の誕生日になされるようになった。子供が大学に進学し、また軍隊に入隊する祝宴が、新しい民俗として形成されている。

信　仰

古家　信平

1. 葬送儀礼

　井凌橋村の73歳の現役の道士から葬送儀礼について話を聞くことができた。
　人が亡くなると、その家では蚊帳を屋根の上に投げ上げる。村人に亡くなったことを伝えるためという合理的な説明がされた。報葬といって、親戚には亡くなったことを連絡する。連絡しないと親戚としての付き合いを断つことを意味する。白い布を裂いて細長くしたものを頭に巻いて親戚である印とする。死者の使っていた衣服をベッドの脇、家堂、道路の辻で焼く。送行衣といい、陰界にそれらとともに行くようにという意味である。死者に着せる衣服は新調したもので、家族が作った。着替えた後、死者は戸板（門板）にのせて家堂に移され、頭を南に足を北にして置き、頭の上に物干しを渡して白い布をかける。死者の親がまだ生きているときには、白い布の上に青の小さな布をかける。青は若者の象徴である。頭のところにテーブルを置いて線香、ご飯、目玉焼き、箸を置く。これらは棺を出した後に、場（前庭）の端に捨てる。金山県では死んだ日に道士を呼んで経をあげさせるが、ここでは火葬の日に呼んでいる。道士を3日間依頼する場合には、火葬の日までの3日間となる。1日の場合は祭壇を作り、道士は十方経を午前中に読み、午後は玉皇宝懺を読む。3日間ではこれらに加えて、皇経3巻を毎日1巻ずつと勲皇懺を3日かけて読む。こうした経典は「文化大革命」で10代、20代の若者によって焼かれたため、最近古い経典をもっていた金山県の道士のものを書写した。当時は迷信といわれ、恐怖感に襲われて焼かれるのは仕方がないと思ったが、「文化大革命」で経典を焼いた若者達が、今日50代になって道士を呼ぶようになっているのは皮肉なことである。

棺に入れるときには髪を整え、両側と前髪を切る。納棺後すぐに出棺する。出棺は夏は死後2日目、冬は3日目である。火葬をした日に、遺族は松江県の岳王廟に線香をあげに行き、閻王老爺に死者がこれから行って世話になることを頼んで、錫箔を焼く。人が死ぬのは生前に犯した悪行のためであって、陰界に行くと必ずそのために罰を受ける。道士が読む宝懺は罪を悔いて許しを乞うものである。解放の前までは道士は法事のある日は肉類を食べることは禁止されており、野菜ばかりを食べていた。解放の前は土葬していたが、昼食後に出葬となり、棺を墓地付近に置いた。翌日午前中に柴包棺材といってワラで棺を覆い、風雨を防いだ。必ず1年以上経過してから落葬（埋葬）していた。このときに風水先生が墓の場所を決めた。現在、火葬した骨を自宅に持ち帰って家堂の南東の壁に安置しておくのは、土葬をしていたころに埋葬までに墓地付近に置いたことと同等の意味と考えられる。清明には棺の所まで行って錫箔を焼くだけであって、棺を開くことはなかった。落葬の前夜に提神主といって死者の牌位の「神王」と書かれたところに点をうって「神主」とする。たいてい息子が行い、死者の財産はこの人が引き継ぐことになった。

　別の話者によると、人が死ぬと四村村の南村にあった尼姑庵に行き、尼に依頼して経をよんでもらった。この庵は1958年に破壊された。現在はある農家に仏堂を作って尼姑庵と称し、以前祭られていたのと同じ神仏が祭られている。聯庄村の南草庵が再建されたのと同様に、かつての信仰対象が復活しているのを見ることができる。尼を呼ぶ以外に一部の人は道士を呼ぶこともあったが、道士は四村村にはいなかった。なくなった魂霊はまず、付近の尼姑庵のような寺に行き、それから岳王廟に行って、そこで楊老爺から罰を受ける。犬や羊に生まれ変わるというのもここで決められる。罰を受けて苦しんでいることを家族に伝えるために、家族を病気にしたり、家畜に害をなしたりするのであり、それを師娘が伝える。岳王廟の神は東岳つまり山東省の泰山で治病に効能があるほかに、閻王老爺すなわち楊老爺がある。

　道士によれば、七七までは家堂の南東の隅に太平台子というテーブルを置き、死者のために一組の箸と、リンイブブのために1本の箸を置き、七七までの毎日朝は一椀のご飯と料理一品、昼は別に作ったご飯と料理を供える（夕食はなし）。五七は亡くなった魂霊ばかりでなく、老祖宗も戻って来る重要な日

なので偶数の料理を用意する。婚出した女性は五七の前夜に戻って来て、それぞれが少なくとも12の料理を用意しなければならない。この料理は亡くなった死者のためであるが、一部は野鬼のため、一部は五七に集まる客のためで、五七の日の午前9時ころには片付ける。道士を呼んで儀礼を行う場合には、前日の深夜から早朝にかけて行う。この日に戻って来る老祖宗は、五七の儀礼中に読み上げる功徳牒と黄榜に生年月日時刻（八字）、死亡年月日時刻（八字）とともに書かれている。誰をここに含めるかについては依頼者が指定するので、これによって依頼者が認めている老祖宗の範囲が分かり、野鬼との区別を知ることができる。未婚で亡くなった女性を加えることもある。儀礼の間にしばしば錫箔を焼いてあの世に送り、先祖が幸せになると依頼者は考えている。一方、道士は儀礼を執行しても現金収入のためであって、道士自身の功徳にはならない。

　回陽は亡くなった魂霊が戻って来る日で、亡くなった日の干支によって決まる。死者の魂霊がリンイブブに案内されて戻ってくる。リンイブブは鬼であるという話が聞ける。しかし、リンイブブは亡くなった日に案内して陰界に行くというが、この日に案内して来るという話は聞かれない話者もいる。その場合には、魂霊が戻って来られるように竹のカゴに白い綿花をいれて窓辺において置く。普段はこのようにしてはいけないとされる。家に戻り、使っていたベッドに帰るといわれ、そこに置かれたゆで卵に帰った印として歯形がつけられているという。ベッドから家堂までのドアに小さないすを置いて、コップ、箸、カボチャ餅を5～6個置いた皿、線香、ロウソクを置く。餅は皿に盛らずに、箸を刺し貫く家もある。カボチャ餅には家が平安であることを祈るためであって、魂霊が戻ることとは関係がないともいわれる。死亡時刻が午前中ならば午前中に、午後ならば午後に、線香とロウソクに火をつけてから1時間後に包丁でベッドをたたき、順にいすをたたきながら家堂の入り口に達する。いすをたたいた後、餅を取っていすをひっくりかえす。それから錫箔を場（前庭）で焼く。道士を呼んだときにはドアごとに経を読むだけで、包丁でたたくことはしない。このことは、包丁でたたくという行為が道教というより民間信仰起源であることを示すものかもしれない。ベッドから出た魂霊は他の鬼（夜叉小鬼：ヤーツァーショージュ）に案内されて陰界に行く。この夜叉小鬼は人が亡くなってからもこの付近の寺と岳王廟まで案内するほか、この世に生まれるときに

も魂霊を案内する。

　埋葬する日は地理先生が死者の八字と見比べて日を取る。日取りを間違えると触霉頭（チョメイトウ）あるいは倒霉（トーメイ）といい、病気になったり、金を失うなど悪いことが起こると思われている。墓地の場所も地理先生が候補地を見て決める。火葬後、通例2～3年すると埋葬する。現在もこの村に70歳くらいの人がいて、依頼すると判断してくれる。

　清明節は鬼の春節と考えられており、中元節と同じように家の家堂にテーブルを置き、先祖の数だけのコップと箸、その他皿に盛ったごちそうを用意して、南から北に向かって老祖宗に家族の健康を願った。現在も先祖の数が分からないので箸とコップの数がまちまちになっているだけで、祭り方は同じである。錫箔を焼いてから、残りを藤（ダン）という草で編んだ丸いバケツのような容器にいれて墓に行き、そこで再び焼く。

2. 墓制

　解放前に土葬していたころは、経済力のある人は棺の入る深さの穴をレンガで作り、棺を安置した後、上をレンガで覆い、さらに土をかけて回りをレンガで囲い、柏樹を周囲に植えた弓頂坟という墓を作った。棺の中には人参、桂園、糖、その他食べ物を入れた。

　1958年には「破四旧」として墓が壊された。なかには破壊される前に骨を掘り出して別途保管した家もあったが、多くは予告なしに壊され、農作物の生産のため墓地が耕地になった。骨を掘り出すと罰が当たるとは皆が思ったという。　おそらく、きちんと埋葬しなければ鬼になると考えられることと関連するであろう。迷信を破除するためとされ、なぜ墓が破壊されなければならないか、理解できないまま、国家の命令としてそうした。現在は道路の建設などで墓地を壊さなければならないときには、移転の費用を国家が出すようになっている。　10年くらい前から墓地にする土地がない場合には公墓を求めることもできる。単穴と双穴（夫婦用）があり、家族をまとめて埋葬する場合には隣接する双穴を購入する。5000～10000元を支払い、10年の使用後はさらに毎年使用料を支払う必要があり、そうしないと破棄される。公墓では個々に風水を見ることはしないので、風水の観点からするといいところも悪いところもある。

四村村には1958年まで化成庵という仏教の寺があって、経疏を管理していた。先述のように四村村の南村には尼姑庵という尼寺があったが、そこでは経疏は管理していなかった。12月20日ころから化成庵の僧侶が村の家を回って4世代ほどの先祖の数を教えていた。この人数によって人々は中元や清明節のときの供物にそえる箸やコップの数を決めていた。現在は正確な数が分からなくなっているので、大体の数で行っている。このことは聯庄村、聯建村でも聞かれたことである。このほかに各家で先祖を知る手掛かりとなる牌位（パーウェイ）は、一部は日本軍によって焼かれ、一部は58年の「破四旧」のスローガンの下に焼かれたり廃棄されたので、経疏とともに先祖を知る手掛かりが失われた。牌位があったころは、死後3年間家堂の東南の隅に置かれたテーブルの上に安置され、それ以後は家堂の天井付近に南向きにあった祭堂といわれる棚に他の牌位と一緒に並べてあった。貧しい家でも板一枚の棚を作って、そこに牌位を並べて祭っていた。一番古いものが東側にあり、新しくなるにつれ西側に置いてあった。祠堂を他の村にもつ家もあったが、それも58年に焼かれたので今はない。祠堂での祭りは春節、清明、中元（七月半）、十月朝、冬至の5回であった。

3. 異常死

　年をとって自宅で死ぬのが自然な死に方であるとすれば、ほかの村で死んだり、事故死すると異常な死に方と考えられる。ほかの村で死ぬとその村の人からは鬼とみなされることからも、異常なことと見られていることが分かる。そういう場合に、正常な死に近づける努力がなされる。四村村で村の大人と子供1人ずつが交通事故で死んで遺体が自宅に戻らずに、病院から直接火葬場に向かったことがあった。そのときは草で作った人形（稲草人：ドウツォニン）を火葬にあわせて家から出し、火葬場まで運んだ。稲草人は火葬場で焼き、実際の骨灰を持ち帰った。あるいは、自宅の場（前庭）で稲草人を焼いてから、火葬場に向かうこともあった。このようにいったんは正常な死と同じように自宅の家堂から棺を出す形を整えて、火葬を済ませたことにし、骨灰を火葬場から持ち帰るのである。死体が見つからない場合には、箱に名前を書いて稲草人をいれておき、配偶者が死んだときに埋葬地のわきに一緒に埋めるといわれる。骨を埋葬することが、死者を鬼にしないための要点とみなされており、そのた

め身代わりの稲草人をいれておくのである。この実例は聞かれなかった。

4. 太保、師娘

　四村には太保とか馬前人という霊的職能者がいて、病気を治していた。東村に1人、南村に2人いた。筶という三日月形の二つ一組の呪具を用いた。これは断面が一方は円、他方は平らになっており、これを床に投げると円の方（陽）か、平らな方（陰）が上になる。陰陽の組み合わせで判断するのである。依頼者の家で線香をつけてから3回床に投げ、その出方で占った。さらに馬章（ムーザン）という人形が印刷された紙を、唱えごとをしながら焼いた。これは鬼を焼くという意味である。病気の原因には鬼が悪さをしていると考えられることがあり、それは人が陰界に行って苦しんでいることを、陽界に知らせるためであるという。馬前人は道士とは区別され、もっぱら鬼を管理する職能者とみられており、宣菩薩（シュープセ）という儀礼を行うときには長衫を着た。

　四村には現在師娘（71歳）がおり、話を聞くことができた。この人は6、7年前から始めたのであるが、きっかけは3人の息子の一人が病気になり、なかなか治らなかったときに、師娘に聞きに行ったことにあるという。そこで解決策として示されたのは、家に祭壇を置いて神を祭ることであって、そうしないとあと2人の息子のうち1人が死ぬということであった。それからしばらくたったある日、村の会議に出た後ベッドで横になっていると、何人かの婦人が家に来たが、会わなくとも誰が来たのか分かった。そのうちに、周囲が霊的能力を認めて、師娘として依頼に答えるようになった。はじめたころは1カ月に5～6人ほど頼みに来た。依頼者が来ると、線香をつけて叩頭の後意識がなくなり、神が身体にはいって託宣をしている。本人は何を話しているか、全く覚えていない。ただ、託宣を繰り返すうちに、本人の身体が弱くなったと感じ、徐々に託宣の機会が少なくなった。はじめは1回の託宣で2～3元、現在は5元もらっている。

　はじめに氏の身体にはいったのは六図太太という神であった。このことは、託宣するときに依頼者に「自分は六図太太である」と名乗ったことから分かった。しばらくたって、2人の女性とともに杭州の寺に行ったことがあるが、そのとき一緒に行った一人の女性が病気になり胎児も死んでしまった。妊娠中に

寺に行ってはいけなかったのであったが、氏に憑く神が六図太太という地位の低い神であったために守れなかったと考え、焦家村の師娘のところに行ったところ、女性の病気も治った。この師娘の神が如来仏で、そのときすでに氏にも憑くようになっていた。現在、氏の家の2階に如来仏が祭られており、病気が治った人が贈ってくれたものである。

　依頼者の病気を治すには、その原因が邪気にあるとすれば適当な神仏に供え物をして錫箔を焼けばよい。邪気とは悪い鬼のことである。病原菌によるものなら治すことはできないが、方位を示すことはできる。つまり、その方向にある医者にかかることをすすめるだけである。氏の託宣によって病気が治った事例を次に記す。A氏の妻の姉が病気になって治らないので、氏に相談に来たとき、豚の頭を供えて線香、ロウソクをつけて神を祭らせ、病人は自宅に帰らず親戚の家に住んだ方がよいと告げた。妹の家で10日ほど過ごしたところ、病気は治った。次に、A氏の息子が病気になり、A氏は医者であったが治せず、氏はA氏の妻の父親、つまり息子の祖父の魂霊が遊びに来ていたからであると託宣し、料理を供えて線香とロウソクをあげ、錫箔を焼いて、A氏の家族が魂霊を道案内して外に出し陰界に戻したところ、病気が治った。魂霊は孫と遊びたくて、陰界から来ていたのである。このほかに病気の原因として、飛来土（フェイレートゥ）がある。これは人の魂霊でなく、土でもない、目に見えないもので、これに当たると病気になる。氏は触れてもかまわないが、医者も一般の人も触ってはならない。料理を供えて、線香、ロウソクをつけて拝み、取り除くことができる。

5. 鬼、神、老祖宗

　鬼は死者の総称で、老祖宗はそのなかの亡くなった家族を指す。個々の家族によって異なってくるが、解放前までは経疏によって3～4代前までの先祖が確認されていたともいわれる。中元には老祖宗はそれぞれの家族（子孫）のところに帰るが、一部の鬼は帰るところがない。そういう鬼がいることは概念上区別されているが、それらを総称する言葉は聞かれなかった。この話題になると、子孫のいない鬼はほとんどいないはずだ、という方向に議論が発展することが多かった。つまり、もしも祭ってくれる息子がいなくとも、娘に婿養子を

とって跡を継がせたり、娘もいなければ兄弟のうちの一人が養子に入り、養子にならなくともその人を先祖の一人として祭ることができる、というのである。そのため、ほとんどの鬼は中元に帰るところがあり、この論法でいくと祭られない鬼は希有となる。希有ではあっても祭られない鬼がいることは、六節に老祖宗のために錫箔を焼くほかに、別に少しだけ錫箔を焼く行為から知られる。別に錫箔を少し焼くのは、祭られない鬼が先祖にいたずらしないように願うためと説明される。また、家の中で老祖宗のために焼く錫箔は鉄ナベに中などでそのまま焼いてもよいが、屋外で焼くときには石灰で円を描いてその中で焼く。これも祭られない鬼が掠め取って行かないようにするためである。

　鬼はよい鬼と悪い鬼に区別され、老祖宗はよい鬼に分類される。悪い鬼の例として四村村の五神廟に祭られた死者の魂霊があげられた。この廟の由来は、明の時代に朱元璋が江南で戦ったときに多くの人が死に、死者を慰めるために廟を作ることにした。その大きさは玉皇上帝が決めることなのでうかがってみると、玉皇上帝は死者にたずねて１本の矢の高さ、２本の矢の広さに決まった。この大きさの石の祠が祭られ、六節にはここに行って、甘い言葉でお世辞を言って悪いことが起きないように願った。一般にはひどい目に遭って、これを祭るようになるほか、やくざのようなアウトローの人々も信仰していた。これも58年に破壊されたが、祠がおかれていた藪には後難を恐れて手をつけることはできず、そのまま残っている。戦争で死んだ魂霊は冤すなわち怨念を抱いているので、この世で悪さを働くのであり、悪い鬼とされる。これを野鬼ともいう。また、骨が埋葬されなかったときにも悪い鬼になる。例えば、行き倒れになって死に、遺体が戻って来ないという場合である。先に述べたように、実際の骨に代わって稲草人を埋葬することによって、鬼になることを避ける努力はなされる。

　四村村の地理先生によれば、一年に４回天赦（チース）の日があり、陰界でこの世と同じように犯罪者の罪が許される。春開（戊寅日）、夏閉（甲午日）、秋建（戊申日）、冬除（申子日）が暦に指示されている。野鬼もこの日に許されて浮遊することがあるが、一般には天赦についてはほとんど知られていない、職能者のみが知る知識である。

摘要

信　仰

古家信平

　　在井凌桥村和四村村对送葬礼仪和神汉进行了调查。因为关于解放前的礼仪，在《松江民俗》中已经有了翔实的记述，本文对各个要素的意义和神汉实际的参与进行报告。道士主持的葬礼中的礼仪主要是念《十方经》和《玉皇宝忏》，在这当中为死者烧一些锡箔等作为对委托方的回答。在回阳的礼仪中，当从死者的床上向外送出死者的灵魂（或鬼）时，道士没有用菜刀敲打的举止，由此可以看出民间信仰不仅没有和道教混同，而且形成了与道教并存的状态。据说所有死者都要变成鬼，但是其中的一部分却作为老祖宗被列进了五七功德牒，而且用经疏记录、中元等时节也为鬼烧少量的锡箔，由此鬼和先祖被区别开来。不能认为经过一段时间死者就自动地变成神，倒不如说死影响到死后的性格确定。

岁时习俗

尹荣方

张泽镇位于上海市松江区东南部,北靠黄浦江,南北纵深6.1公里,东西长达5.36公里,总面积约32.7平方公里,其中陆地面积为29.58平方公里。张泽地处温带与亚热带过渡地带,离海较近,属海洋性季风湿润气候,一年四季分明。

张泽镇下属十七个村,井凌桥村位于紫石泾之西,因境东部有井亭桥(别呼井凌桥)得名,村民委员会所在地顾家埭(又称官塘路)在集镇西北一公里。包括塘田、储家阁、盐铁塘、塘汇埭、官娄埭、陆家埭、顾家埭等自然村。1997年,全村336户,1276人,建11个村民小组,有耕田1490亩。去年,新娄村合并入井凌桥村,2000年,2540余人,建21个村民小组,有耕地2900亩。

1999年11月,2000年8月,笔者两度赴井凌桥村实地调查,访问了村民范福平(1923年出生,文化程度高小);陆志昌(1919年出生,文化程度初中);封雨发(1937年出生,文化程度小学三年级)等人,了解调查井凌桥村传统的节俗活动。调查内容综述如下:

农历正月初一,春节,俗称"过年",是辞旧迎新,一年最大的节日,人们最为看重。一般从腊月二十三起,人们就开始屋里屋外大扫除,贴春联,准备年货,开始忙过年。

初一天不亮,即起床,放鞭炮,俗称"放高升",或称"开门高升",含有高升大吉之意。

黎明时分,在客堂,点"天香",也称点"天香蜡烛",谓"斋天",客堂间里一八仙桌,桌上置蜡台一对,香炉一只,燃两支蜡烛,一束香,八仙桌中间放置六只酒盅,三只酒盅中放米饭,称"三盅饭"。另三只酒盅中放些许茶叶,称"三杯茶",家人跪下磕头后,才进里屋。

"斋天"用的"三盅饭",自家人一般不吃,任由村里的穷人上门取去。

"斋天"的目的是祈求老天爷保佑农业生产顺利、丰产。"斋天"前,家主还要洗澡洁身,以示对天的虔敬。

点天香所用之香烛有大小轻重之别,过去多数人家点半斤重的烛,也有点六两(老秤),经济条件好的人家有点1斤烛的。

"斋天"仪式结束后,家人进里屋喝"糖汤茶"。糖茶里放蜜枣两只,取甜甜蜜蜜之意。

喝完"糖汤茶"后,一家吃"年朝饭",多数人家"年朝饭"素食,菜有青菜、线粉汤等,取"长"之意。有的人家早上吃面条,也是取"长"之意。多数人家要吃年糕,取节节高之意。

年初一上午给牛吃"牛朝饭",拿一碗饭混在牛平时吃的饲料里喝,意谓牛一年犁地辛苦了,以此敬牛。

年初一称为"大败日",一般人不出门拜年,也不开门,开了要关好。当地有个说法,年初一出生的人,将来要讨饭。初一不扫地,不倒水,不干活,年初一开始到正月十五前不吃豆腐,认为吃豆腐不吉利,直至元宵节(正月十五)才吃豆腐。初一亦不能用茶淘饭,如用茶淘饭,出门遇雨多。

初二,可走亲访友,有客人来必请客人饮糖汤茶,村里老年人去附近或松江城庙里烧香。

初三早上,又要"斋天",仪式与祭品与初一同。

正月十三是杨公忌日,是所谓"凶日",尤对小孩不利。小孩一般不出门,如有小孩这日出门,别人会说:今日是杨公忌日,不宜去。

正月十五,俗称"元宵节",又称"正月半"。晚饭后,要点香烛"斋天",祭品是大圆团,用糯米做成,一般用六只大圆团,一只圆团有斤把重,馅一般用荠菜、豆腐干,六只圆团代表六棵稻,过去种稻,六棵一行,圆团做得大,是祈望老天保佑稻长得好之意,斋天圆团也有用十二只的,一只圆团代表一个月。

当地还有蒸圆团时占天之俗,蒸圆团前,用筷子在生圆团上点小圆孔,1月点1点,2月点2点,以此类推。蒸毕圆团,如代表5月的圆团小孔上水多,则这里俗信以为本年5月雨水大,有台风;如蒸毕时表示9月的圆团小孔上水多,则俗信以来本年9月水大,有台风。

这种占天习俗,反映了农业社会对天候的重视,"斋天"后,村里少年儿童,

点燃捆束的稻草,在田埂上"放野火",俗称"退拉子","拉子"是一种蚜虫。有的边跑边叫"自家田里金财宝贝,人家田里砖头落块;自家稻三石斗,别人家没得收",反映了一种典型的狭隘小农心理;也有边舞火把边喊"大家好,大家好"的。

妇女结伴"走三桥",过去这里河流多,俗信妇女走过三座桥后,百病皆消,人也会变得聪明。

年轻女孩很多要玩"请坑三姑娘"的游戏,"坑三姑娘"是"厕神"。用一饭箩,内放米糠,饭箩里插骨椎。将饭箩里的糠倒在桌上,两位姑娘抬饭箩分站桌子两旁,根据骨椎在米糖上所画之图案字纹以定吉凶。请坑三姑娘时还要在厕边焚香礼神,这是扶乩请神活动。

年轻人喜欢"舞龙灯";几家人家合伙出些钱,扎龙灯,或七节,或九节,到邻村甚至镇上舞弄,称"出龙灯";村民还扎兔子灯、蝴蝶灯、走马灯、蚌壳灯等,或舞或挂,热闹非凡。

正月十五还有"接灶"习俗,一般人家选正月十三,用纸印的灶君神像(称"模张"),放在灶台上,然后点香烛、烧锡箔、磕头。

二月十二日,百花生日。村人用线扎住一张红纸,拴在家里桃树或其他开花的树上,称"赏红"。

三月,清明节,旧时这里有"清明大似年"之说,人们十分重视清明节,节俗活动主要是祭祖上坟。清明祭祖俗谓"过时节"。旧时清明"过时节",很多人家放在清明前一日的"寒食节",清明"过时节"的仪式与祭品和其他时节祭祖的仪式与祭品相同,用四至六或八只菜,酒盅若干,烧一些纸钱。

过了"时节",午饭后,家人要上坟地祭坟,过去祭坟,要将八仙桌、菜肴、酒盅、香烛等带到坟地。先除草整土,在坟上插"长落旗",然后斟酒上香,磕头拜祖,焚化"草囤"。

清明"祭坟",家家要带"草囤",到坟上焚化,草囤里置锡箔,囤上贴红纸条,写某人(收),某人送字样,一只草囤代表一个死者,少的人家要焚化几只,多的人家焚化几十只。有长辈入葬时间不长的,上坟者还要"哭坟"。

寒食日还有一俗:用红纸写"寒食清明教九娘,九娘一去不回乡"。贴在家里醒目处,如客堂间,据说如此则蛇类动物会少光顾,九娘指蛇,一说指蚂蚁。

过去,寒食日上坟烧囤的人家多。过去这里有个说法:寒食日烧的囤是金

的，清明日烧的囤是银的。家里有人去世，一般暂不落葬。落葬一般在"清明"前后，落葬前，家人要请"地理（风水）先生"来看地方，主要看时辰、方向。

五月初五，端午节，家家户户裹粽子，俗称"五月端午，粽子生日"。

端午日，家家用稻草将菖蒲、桃枝、篷头、大蒜、蟛蜞扎成一束，挂在屋檐、窗边，有的人家甚至床边也挂，以压邪。俗信如此则神鬼不入。用雄黄调和白酒，点在少年儿童额上，一般点个"王"字，表示虎，儿童脖子上挂"香牌"，或洒在壁角墙下，俗信以为如此则八脚等毒虫不敢来碰。

午时三刻时分，点"蚊子药"，（一般在药房买，有拇指粗细，长1米余）挂在房间里，或用竹竿撑在屋里，当地俗信称：端午挂蚊子药，蛇不敢至房里。

端午节正午，平时生冻疮的人，脚放在粪坑里浸一浸，俗信以为这样可以不生冻疮。

过端午这里要吃黄鱼，谚有买条黄鱼过端午。

夏至，祭祖，这里称"过时节"。略同清明时的"过时节"，过时节的时间一般在午饭前。

六月十九日，传说观音菩萨成道日，村里老人、妇女去寺庙上香。

七月十五日，俗称"七月半"，要"过时节"，祭祖宗，大忙季节已过，等秋收。妇女到松江、金山或到本村"普善庵"及"化成庵"烧香拜佛。

过去到金山卫方老爷庙烧香的人更多。传说称方老爷有功于百姓，为防海盗侵扰，方老爷率百姓在金山卫造了三座城：一座城方形，一座城圆形，一座城长方形。方老爷的名字叫方圆长。朝中奸臣嫉恨方圆长，诬告他招兵买马要造反，皇帝见造了三座城，以为他真的要造反，就把他杀了。杀前说你如真的想造反死后血是红的；不想造反，死后血是白的。方圆长被杀后血是白的，皇帝后悔不及，下圣旨给他建庙。

七月三十，传说是地藏王菩萨生日，村人祭地藏王菩萨，在房屋四周插"棒香"，祭品直接置于地上，有苹果、生梨、桃子等水果以及红色的鲜花（如鸡冠花）。

八月十五日俗称"八月半"或中秋节，夜里点"天香蜡烛"斋天。与正月初一、正月初三、正月十五的"斋天"仪式不同的是：祭品主要用藕、菱、塌饼（一种自制的月饼）等；塌饼下大上小堆成宝塔形。时间是在前半夜，地点一般在屋外场上，经济条件好的人家用"香斗"斋天，香斗用马粪纸和香棒糊成，围

以五彩纸，中央插尺半左右的高香，另插蜡烛，家人跪拜礼天，求上天赐福。

这里中秋节，过去有长辈送礼品给小辈之俗，一般买二包月饼（一包10只，共20只），二支藕送给外孙，姑夫送内侄，舅舅送外甥等。

八月半村民去庙里烧香，本村过去有"化成庵"与"普善庵"两庵，供观音、送子观音、千手观音、眼光菩萨等。每逢八月半夜里，庵里要"放水灯"：用稻草扎一只小船，船上插一支点好的蜡烛，放在水里，称"放水灯"，俗谓这是祭"水鬼"，防以后家里小孩跌入河里不致遇害。

九月初九重阳节，家家户户要"斋灶"，祭品用糕，或自己做，或街上买来，糕上插"重阳旗"，点香烛、烧锡箔，家人灶前磕头。请灶君保佑家人安康富足。

重阳食品除了糕，本村人早上还吃无馅的小圆子。

十月初一，这里称"十月朝"，乡人必过时节，十月朝是一年中的六个时节之一。但"过时节"时，其祭祖仪式可放在十月初一的前几日。此时稻谷正收，农家过"十月朝"较七月半隆重，这里民间有"苦恼七月半，大富十月朝"之说。

冬至，"过时节"祭祖，是一年中六个"时节"之一，形式与其他时节同。这里老古话称，一年之中，"六节"最重要，无子女的人，别人就有话，四时六节也没人过。意谓，死后无人祭拜，是大不幸的事。

十二月二十三日，送灶，祭品有"糖元宝"，又有煮熟的荸荠、地栗（荸荠）等。

送灶前要敲敲锅盖，还要用火钳在火口淘淘。糖元宝是用秦糖，（麦芽糖做）黏性大。俗传灶君老爷这日上天，说人过失，用麦芽糖，是粘住灶君的牙，使不能随便说人过失。送灶时家里人还要念：灶君上天，茨菇白地（荸荠）不要多嘴捏伊。然后，家人磕头，将锡箔与灶君像一齐烧掉，表示祭灶结束。十二月二十四开始，家家里里外外彻底大扫除为过年。

十二月三十日，除夕，又称大年夜，贴门联。（或除夕前一两日）过去门联内容大多为"福如东海，寿比南山"；"地禾茂盛，种作兴隆"等；横批或贴"吉祥如意""姜太公在此百无禁忌"。也有倒贴"福"字的。

插"摇钱树"（一种常绿树种，过去多植于坟间），乡人除夕从坟间剪带叶的摇钱树枝，长尺余，插于大门屋檐下及屋外稻草堆上。这种"摇钱树"1958年因平整坟地，本地摇钱树多被平整掉，今日已不可见。

照片1　稻垛，过去除夕人们将摇钱树枝插于其上。

关于"摇钱树"的来历，有传说称：过去弟兄俩分家，兄弟小，分家时，哥哥牵牛鼻绳，弟弟拉牛尾巴，所以唯一的牛给哥哥牵走了，弟弟拉牛尾巴时拉到了牛虱子。他来到伯父家，告诉伯父说未捉到牛，只捉到虱子。伯父家有只公鸡，这虱子不小心被公鸡吃掉了，弟弟哭了。伯父劝道：莫哭，公鸡给你就是了。弟弟又到娘舅家，娘舅留他吃饭，吃饭时，娘舅家的狗把公鸡咬死了。弟弟又哭了。娘舅说：不要哭，狗就归你吧，代表那头牛。弟弟回去后，让狗犁地。用烧熟的饭搓了只饭团抛出去，狗想吃饭团，于是拉动犁，后来种子顺利撒下去了。哥哥的牛倒没犁好地，哥哥良心不好，不给牛东西吃，牛很瘦，拉不动犁。哥哥就向弟弟借狗犁地，但他不抛饭团，狗也不肯犁地，哥哥就把狗打死了，挖了个坑埋狗。此时，弟弟来要狗，哥哥说已被打死埋掉，弟弟大哭。第二年埋狗处长出了一棵树，树上落下金银财宝，称"摇钱树"。

除夕祭祖，也称"过时节"，村人或在十二月二十八日、二十九日祭祖。除夕"过时节"一般在吃年夜饭前，供祭的菜肴成双，四盘六盘或八盘，根据所祭祖宗人数，摆酒盅若干，酒倒三次，然后上饭，点锡箔，家人跪拜。斋祖毕，斋祖所用之菜肴要端回厨房。不如此做，俗谓容易忘记。这反映了一种追怀祖德，不忘祖先的民俗心理。

斋祖毕，一家团圆吃年夜饭。"过年"时节，在外的亲人必回家，过去有个说法，年夜饭吃不到的人不吉利。过去人们争吵时，一句恶毒的骂人话即是："年夜饭吃不着"，这是咒骂别人短命。

除夕夜,家家户户蒸"年糕",取节节高之意;除夕夜要将第二天烧"年朝饭"的米淘好。从米桶里舀米时要边舀边唱:"天一升,地一升,猫狗畜生合一升,家里每人一升。"

长辈给小辈发"压岁钱"(或初一早上发)。

半夜时分,有"封门"之俗,家家用红纸剪七八寸直径长的花状或双喜字样的纸条,称"封板"或"封门元宝",贴于门缝中间。"封门"时有的人家要放高升,称"封门高升"。

水缸要添满,水缸添满后,水缸的盖与缸口之间也要贴"封板"。俗信贴了封板,来年家里会"有财有势"。

除夕夜,一般睡得晚,称"守岁",俗传守得长则寿长。睡前一般要洗脚,俗称除夕"洗只脚,种田着"(意谓种田种得好)。

要旨

年中行事

尹　栄　方

　本章は張沢鎮井凌橋村のかつての年中行事に関する調査報告である。今回の調査を通じて、筆者は、井凌橋村の春節・元宵節・清明節・立夏・端午節・七月半・中秋節・重陽節・十月朝・冬至・送灶日・大晦日などの伝統的な祝祭日の民俗を詳しく把握することができた。

　井凌橋村の年中行事はその稲作形態に適応している。歳時習慣が農耕儀礼、農業占いと結びついていることは同村の年中行事の特徴の一つである。神に礼拝することも当村年中行事の重要な内容である。1年6回の先祖祭祀（過時節）は充分に当村村民の祖先崇拝の家族意識と血縁意識を示している。魔よけ、除災、幸福の願いのような民俗は娯楽と結びつけられている。内容と機能が複合的な祝祭日活動も少なくない。

　そのほか、同村の大晦日に「揺銭樹」（金のなる木）を挿す習俗は歴史民俗の比較研究に新たなテーマを提供した。

信仰与文艺

陈勤建

张泽镇地处松江黄浦江南麓，为松江区浦南第一大镇。该地水网交叉，数千年前为沼泽地。因张姓人聚居于此，故为其名。自唐以来，由村成镇。该地历史悠久，人文荟萃，民间文艺丰富多彩。1999 年 9 月出版的张泽镇志及 1990 年 6 月结集的张泽镇民间文学集成已有较多的反映，本文不再重复。拟在此基础上对另外一个侧面做一些透视。

信仰祭祀艺能

信仰祭祀艺能，是民间文艺中的独特而又常被遗忘的部分。它是民俗的祭典、信仰、仪式等活动中伴有一定的言行程序和节律的传承。其之所以为艺能，是因为该言行必然会激发并能使人持续受到感染的情感：在崇敬、信仰的背后，潜藏着美的欲望和艺术的萌芽。张泽镇地区传统民间文艺中的信仰祭祀艺能，在 20 世纪 50 年代尚较为广泛流行的，为现时人们记忆犹新的，主要有：

坑三姑娘

坑三姑娘，是当地女性，特别是青春少女中影响深广的娱乐性信仰祭祀活动。时间是农历正月十五，完整的名谓应是"请坑三姑娘"，流传中传讹为"扛三姑娘"。追其原因，一是"坑"keng，当地方言为 kang，与"扛"gang 音相近。二是整个祭祀仪式活动，主要动作是以两人"抬"，又俗称"扛"，贯彻始终，所以一般俗说，"请"字都省略了。名词坑三姑娘，变成动名结构的词组了。

坑，即为粪坑。与江南地区其他地方一样，张泽地区人们的排泄物大粪，传统上是被集中倒在每一家屋后面草地或闲荒地，自备的大型陶器——缸里面的，故又俗称粪缸。这些缸中的大粪，便是当地农民种田的主要肥料之一。相传粪坑（缸）也有神，为厕神，在当地俗称其为坑三姑娘。有关她的来历，异文传说颇

多。查清代道光年间的吴人顾禄所撰写的《清嘉录》年中行事卷一，正月条三十为"接坑三姑娘"。其文云："望夕，迎紫姑，俗称'接坑三姑娘'。问终岁之休咎。案：刘敬叔《异苑》紫姑，姓何名媚，字丽娘，莱阳人。寿阳李景之妾。不容于嫡。常役以秽事。于正月十五日感激而死。故世人以是日作其形，夜于厕间或猪栏边迎之。祝曰：'子胥不在，曹姑归去。小姑可出。'戏提猪觉重者，则是神来，可占众事。李商隐诗：'羞逐乡人赛紫姑。'此风唐时已然。又朱鹿田《元夕看灯词》：'红裙私拜紫姑前。'又熊儒登《正月十五夜》诗：'深夜行歌声绝后，紫姑神下月苍苍。'又孔清江《上元》诗：'群儿嬉戏尚未寝，更看紫姑花满头。'又范石湖《上元纪吴下节物》诗：'箕诗落笔惊。'宗懔《荆楚岁时记》：'正月望夕，迎紫神以卜。'沈存中《梦溪笔谈》：'正月望夜，迎厕神。'《昆新合志》亦以十五日'迎紫姑，问休咎'。范志则以十二月十六日'祭厕姑，男子不得至'。今俗已非。"调查中我们发现，虽然，二百多年前的《清嘉录》所记载风俗的地域与松江同为吴地，但是毕竟相距二三百里路。一定的地域差和时间差，构成了风俗的"和而不同"的独特性。今天当地民众大多已不知其由来，但普遍认为她很"乖"——聪明，伶俐，手巧，为旧时女性特别是少女心中的偶像。每年的请坑三姑娘，曾是她们崇奉偶像，希祈自己也能如她一样心灵手巧，过上美满幸福的生活的一次情感体验。从张泽镇农村一些50岁以上妇女自叙中，证实坑三姑娘是她们少女、少妇时代，大多数人亲身经历过的乞巧求吉的情感宣泄。

据当地井凌桥村陈汉英（女，72岁，文盲）讲，坑三姑娘的程式如下：

是日晚上，几位姑娘相聚在一家堂屋里。先将米糠用筛子均匀筛洒在供日常吃饭用的八仙桌面上。然后有两位姑娘用饭箩头去坑缸处请，俩人一唱一答。歌词大致是这样的：

一姑娘辣啦伐？	（大姑娘在家吗？）
勿辣啦！	（不在家）
二姑娘辣啦伐？	（二姑娘在家吗？）
勿辣啦！	（不在家）
三姑娘辣啦伐？	（三姑娘在家吗？）
辣荡。	（在家里）

做啥？	（干什么事？）
请侬起吃喜茶。	（请你去唱喜茶）
请侬起望先生。	（请你去看望先生）
请侬起画花样。	（请你去画画）

俩人问答后，若感到手中的饭笭分量重了，便是神接到了，就请神到屋里。再次祭拜后，俩人抬饭笭请神——坑三姑娘画花样——写字求吉祥，或请伊（她）测生日，前途等。具体的形式是原抬饭笭的俩人一东一西，相向站在撒有米糠桌子的左右两边，各自伸出左右两个食指，在桌子上方悬空抬着饭笭。据说饭笭会自动颠动。饭笭上的针叉便会在米糠上画出各种图形，祭拜者根据它推测所谓的神意。等到她——神——累了，不想画了，就一定要送伊回去。送走时，先烧锡箔元宝，磕头致谢，一直送到粪缸边。如不这样，伊就要光火，弄得屋里一夜天全是粪缸味，臭哄哄的，让人受不了。

饭笭，在程式中，权作坑三姑娘进出的花轿。倒扣着，还有一个竹名或头钗，插在上面，针尖朝下，俩人抬着画画样，主要是靠这根针，在米糠的薄层上，不断变花样。一个字或花样完成后，即用小苕帚，将要刷得平平的，后面的人继续玩。

农历正月十五，除请坑三姑娘外，也有请门角姑娘、柴仓姑娘、壁角姑娘的。即农家房子一些特殊部位的神。它们和坑三姑娘一样，都是无具体形象的偶像神。俗说，它们有相似的神性和功能，所请的形式也相仿，就是在请时，不到粪坑，而到其他所请神相应的房屋部位。但是，当地民众主要还是请坑三姑娘。为什么呢？陈汉英老人讲，"因为她比其她姑娘来得乖"，即为"更聪明"更好的意思。一年祈求带游玩就这么一次，当然是要请"最乖的"以达到最佳效果。在什么情况下改请其他姑娘呢？据陈汉英老人和她的女邻居们说，一是坑三姑娘请不到。她们说，坑三姑娘不是每次都能请到的。二是该日天太冷，外面冰天雪地，寒风大作，粪坑都结了冰，出去受不了，就请其她姑娘代替。三是男孩子们捣蛋。在女孩子去粪坑请时，他们常恶作剧，躲在角落往粪坑扔砖块一类东西，溅起粪汁污物，弄脏她们的衣物，迫使她们改请他者。此习尚，20 世纪 50 年代处还有流行，以后在破除迷信活动中消亡。

做夜茶

这是当地50年代初以前颇为流行的又一种祈神祭祀的说唱活动，是民间的太保先生在为病人驱邪消灾时所做的仪式的别称。一般在晚上举行，届时又兼有唱酒饮茶的演唱，故名。太保先生是民间传承性的男性巫，为病人祛祟禳解是他的主要职能之一。解放前，有人生病，首先考虑的不是医院，而是先要"弄鬼（读音为jū）"。俗说是"问师娘，请太保，做夜茶，献菩萨"。井凌村村民陆志冒（男，82岁，初中文化），封雨发（男，74岁，小学三年级）解释道：过去有人生病了，疑神疑鬼，首先去问师娘，是啥在作祟。师娘会指东道西，说某某在作祟。病家便会再去请太保来驱祟除病。师娘、太保是搭档，师娘话出来，太保先生来做生意，献菩萨，请诸神喝茶吃酒，不要再作怪。师娘是当地民间的一种女巫。常以鬼灵附体，为人指点，什么地方有××鬼（jū），有煞××，而驱鬼除煞消灾之事则有太保先生去做。太保先生就去"做夜茶——献菩萨"。因为××鬼、××煞，都想吃吃，用用，做夜茶，请伊（即鬼煞）迪个辰光（这个时候）吃，给伊用。

据调查，做夜茶——献菩萨，在生病人家堂屋里举行。由太保先生主持。要准备一个神案纸，幕帐、神码、酒盅、小菜等。神码一般祀奉12位神：寿星符官、灶君、土地、城隍、刘猛将、空相、七太、二太、大王、四王、王二相公。小菜即供礼，有猪头、猪爪、鱼各一件，另有豆制品（腐干或百叶）糕点、水果、茶饭，还有香烛、厨刀、筷子元宝等祭品。太保先生行走有灯笼，灯笼上写有"昭天侯"三个大字，表示杨老太菩萨（即杨老爷——原松江城东岳庙内的一位地方神，受当地人奉祀）在此，请鬼避开。所以夜里跑路，太保先生是不害怕的。太保先生平时就是农民，也种田，当太保是兼带的，与村落的道士一样。井凌桥原有太保2人，现在都没了。做夜茶时，太保先生身穿长衫，像旧时读书先生，随身带鼓、小锣等说唱乐器。病人祛祟，一般由太保一个人做，要4—5小时，在此过程中，太保先生先祭神，唱"请神""接神"歌。其神码，有时只有六位：杨昭天侯（杨老爷）、钱君主、施王、金七、通天五圣、黄三相等。祭完神，把神码送到野外焚化。然后，太保先生在神案边侧另设的放一壶茶的书桌上，当众唱书，书目大致有《珍珠塔》《狸猫换太子》《七侠五义》《绿牡丹》《千里送京娘》《甘露寺招亲》《桃园三结义》等。整个过程在祀神的形式下进行，而展示的内容大多是民间的说唱。如流传在当地太保书《接神》，不仅有歌词，还有音乐曲调。

接神调

（太保书）

生（于）从（于）海岛迁蓬莱，确在明山大地裁。去速相邀龙保马，六月荷（呀）花朝天开。

所请的诸神最多时分上、中、下三层。玉帝、观音、东华帝君、玄天上帝、三官大帝、关圣帝君、文昌、寿星、和合等九尊为上层；玄坛、五路、招财、利市、孔圣、栏头、牛王、田公、地母等九尊为中层；城隍、猛将、霍大王、钱郡王、金七总管、施王、勾消太岁、射禄大帝、通天五圣、杨千岁、刘海太仙、青龙、白虎、灶君、土地和三界符官等十八位的下层。此外，还请受当地百姓供奉香火的历代名贤豪杰，和对当地曾有贡献的受封赠的神灵，如包公、海瑞、周游抚、白沃使君、蚕王、豆神、土谷真神、朱福二爷、王四相公、黄三相公、李侯王等共达一百多位，也可分头去以说唱的形式迎请。如：

（唱）赞符官上马三杯酒，烦劳三符官去请神；

三天三宝焚香请，三天门里一同行。

灵霄殿玉皇大帝焚香请，普陀山奉请观世音；

云台山三官大帝焚香请，武当山玄天上帝请降临；

宝光山文昌帝君焚香请，玉皇山关圣帝君请降临；

蓬莱山福禄寿三老星君焚香请，昆仑山南极仙翁焚香请；

和合二仙同降临，东岳奉请刘猛将；

西岳奉请七总兵，南岳奉请钱郡王；

北岳相请杨大人，中岳奉请霍光丞相；

崇祯太子一同行；

……

以做夜茶——献菩萨名称进行的太保书祭祀艺能，是师徒相传的。他们活动的地域，集中在松江、金山、嘉善平湖一带。不是每村都有，每方圆一二十里，有一二名太保。张泽是个主要的地区。清代人章来、徐复熙初稿，封作梅增辑，封文权续辑的《张泽志·风俗》云："人家逢疾病，则许愿烧香。轻者延巫来家祀神祈祷，谓之献菩萨。"可见该风俗当地年长日久。从"太保"的名谓看，似与宋代有关。冠以太保的谥号是宋代颇为流行的时尚。《水浒传》中就有"神行

太保"的称号。然从巫的职能考察，理应更为久远。现存的形式与内容相似的形态和行事者，江苏南通称为"僮子戏"和僮子。他们与上面所述的张泽周边地域的太保，说唱的神歌、戏文，都差不多。这与他们不受局部行政区域限制，而受同一个民俗圈内师承关系的影响有关。据说，井凌桥原有的太保，就是从与嘉善接壤的金山县西部那边拜师学艺传过来的。老人们说，这里太保做夜茶的大部分时间是在说唱，如说书先生一样。个别太保开始不会说唱，还要专门去请说书先生帮忙。后来自己学会说唱了，才独立做夜茶。

做道场

井凌桥村有民间道士。平时种地，有清事体或亡事体时相邀去做道场。所谓清事体、亡事体，这是当地民间道士以做道场名义进行的两种宗教形式的祭祀艺能活动。前者是民间盖房子"归土"时举行，后者是在人过世后进行。

民间造房，房址选好，先要"归土"。归土要用道士，人数1—2名，有钱的也可多请几名。时间一般一天。

民间俗信认为，造房子，就要动土，称"动作土"，一说土是一种鬼煞，也有说，即是土地神。动土盖房，如事先不告知"土"，不小心，有土压在下面，土要作怪，致使东家或其家人，轻者，这儿疼、那儿酸，病魔缠身，重者，则有性命之虞。所以届时要请道士先来"归土"，把土归在一起。俗规是同一只盖碗，在道士念经后，用一"定符"，放在里面，再把它埋在泥土中。东家在破土前，还要用几样小菜，点上香烛，化烧元宝，斋一斋，并唱诺："我家要造房子哩，请土地菩萨让开点……"道士在做清事体，根据东家的要求和花钱的多少，大致要完成早课、看经、祖师经、雷彩、斗北斗拜、拜彩土彩等诵经仪式。分谢土、归土、运土三个阶段进行。据农民道士顾明光（男，74岁，小学五年级）讲，"主要意思是请土来吃喝，向伊（即土）请罪。"东家是日要专门准备好酒肉饭菜、锡箔香烛相请。调查中，也有村民说，现在造房子，当地人有的请道士来，有的自己斋一斋，有的干脆什么也不做，还有的人把房子盖到了昔日的坟墓上，也好好的。这种事体讲究不讲究也随意了。

亡事体，是在人逝世后去做。据顾明光介绍，时间多少，规模（道士数）多少，由东家决定。花钱多，亡事体就做得大。当今一个道场，每个道士做一天一夜（下午4时—晚上1时半；次日上午6时—下午3时半），收费在人民币150元左右，另加菜水（请道士吃的酒饭）。车费由道士自己来。程式主要有三：早

课、看经、拜忏。

1. 早课是第一个排场。辰光约法1个半小时。其间要用锣鼓、唢呐等民间乐器。念经要用令牌、青铃、木鱼等。令牌，状如惊堂木。令牌高约三寸，长约一寸半，宽半寸许。它的正面书有"天皇号令"字样，上下两面各书"生""煞"两字。如图1。这是顾明光在"文革"后因陋就简自己搞起来的几件法器。一块小方木写上字权当令牌，自行车铃充当青铃，擀面杖成了敲木鱼的木槌。他的同伴还有唢呐等乐器。令牌上书写的"天皇"即民间信仰的天神，又称天罡大圣星君。"生"代表克邪气的神人，"煞"表示邪恶气。在念经到关键时，要敲一下，但是它只在亡事体中使用，在清事体中不用令牌。

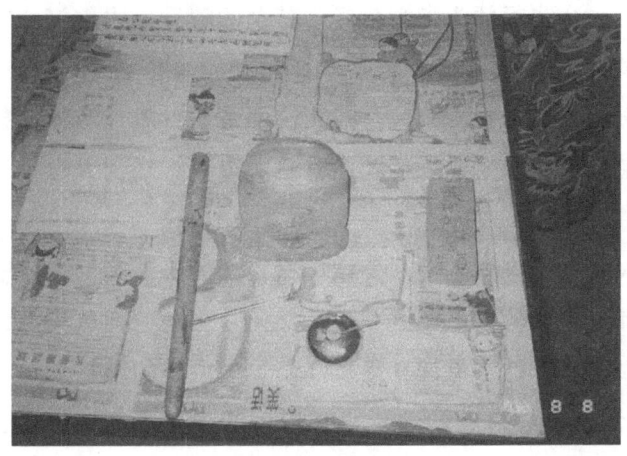

图1 做道场的自制法器

图2 顾明光与做道场的自制法器

2. 看经。时间 50 分钟左右。老法（即为传统的规矩和说法）意为修仙的意思。总称十方经。由道德经、血湖经、度人经、无上玉皇心印妙经、茫茫丰都中组成。顾明光说相传茫茫丰都中有十殿皇帝，要请这些皇帝减轻死人的负担（错误和罪孽）。每个皇帝面前要供一盅酒、一条鱼、一块肉、一个鸡（熟蛋壳，即为熟鸡蛋）。每个皇帝都有面子，即神像，给十个皇帝吃喝化锡箔送金银财宝。

3. 拜忏。诵玉皇宥罪宝忏，时间至少半天以上。一般下午做，届时有"过桥""度桥"仪式。即有道士以念诵说唱和仪式表演，请玉皇宽恕死者生前的罪孽后，保护死者安全过有刀山和毒蛇恶狗拦路的奈何桥。其时一般需要六只台子——吃饭用四四方方的八仙桌。下面三只，中间二只，上面一只，叠放在死者家的场院上。由一个法师领头走圈念经，其余的随后一边敲打念唱，一边跟法师围台子转。法师边唱边转，到一定时辰便单独登台（子）——一层层上去再下来，而其他道士还继续走圈念唱，一直到法师走下台后，意味已护送死者安全过奈何桥，便结束。据顾明光讲，法师此时是随口唱，唱词大意是请鬼来吃。类似招魂歌（曲）。

讲排场的人家，亡事体道场，要做三次。死者头天晚上，三七或五七、回阳日，也有只做其中一次的。从调查到的情况后，当地这类道场，宗教色彩已大大淡化。民间的农民道士，宗教理念逐步淡出，做生意的市场观念十分张扬。顾明光 17 岁时，其父亲担心自己的独生子日后生活受苦，就跟他说："种田苦恼来（辛苦劳累），去学道士，学点生意。"种田地太辛苦，当道士，做生意，赚点钱，这是这些道士的从业思想。他们平时都是农民，自己种田，只是有事体时才相约出去。互相之间也常以"做生意""有勿有生意？""啥地方做生意"，"做清事体""做亡事体"来称呼从事的宗教色彩的事务。他们所诵的经与随口唱的词，与其说是宗教的圣经，还不如说就是民间祈咒、祝愿、赞美词和说唱形式的汇集和表演，充满了民间文艺的色彩。这与太保书相近。例如：亡事体茫茫丰都中，祭典十殿诸王：

一殿秦广大王太素妙广真君

二殿楚江大王阴德定休真君

三殿宋帝大王洞归普静真君

四殿伍官大王玄德五灵真君

五殿阎罗大王最胜耀灵真君

六殿卞成大王神变万灵真君

七殿推山大王宝宿昭成真君

八殿平等大王无上真度真君

九殿都市大王飞魔演化真君

十殿转轮大王五化威灵真君

这些诸王一般都名不见经传，为民间信仰中的一些地方神灵。而祭典的咒文，如早课一开场的《净心咒》《净口咒》《净身咒》《净土地咒》《祝香咒》《金光咒》《玄蕴咒》就是民间文艺中咒语的翻版。试举几例。如《净心咒》："太上台星，应变无停。驱邪缚魅，保命护身。智慧明静，心神安宁。三魂永久，魄无丧倾。"《净身咒》："灵宝天尊，安慰身形。弟子魂魄，玉脏安宁。青龙白虎，队仗纷纭，朱雀玄武，侍卫我真。"《净土地咒》："此间天地，神之最灵。通天达地，出幽入冥。为我阕奏，不得留停，有功之日，名书上请。"远古的民间信仰，神话传说，历历在目；现世的祈求祝愿，许诺嘉佑，随口而出。其四言一句的格式，恍若《诗经》，而其语气之风格，令人不禁想起"土归其宅，水归其壑，昆虫母作，草木归其泽"，太古时代伊耆氏的蜡辞，其民间祝词咒语的艺术丰姿突兀而出。更令人惊异的是《玄蕴经》中太上老君说常清净经其文云："太君曰，大道无形，生育天地；大道无情，运行日月；大道无名，长育万物。吾不知其名，强名曰道。"夫道者，有清有浊，有动有静，天清地浊，天动地静，男清女浊，男动女静，降本流末而生万物……全文显然从老子"道德经"一文中化出，而它们又共同脱胎于江南古代鸟化卵生神话"盘古开天辟地"。总之，张泽镇地区民间道士做道场中存在着令人着迷的丰富艺能。

要旨

信仰と文芸

陳　勤　建

　張沢鎮では、さまざまな伝統的信仰活動の中に、民間芸能を見ることができる。旧暦正月十五日の晩に坑三姑娘を祭る活動は、50年代ころまで、盛んに娘たちの間で行われていた。本来は坑三姑娘を外のトイレ（糞缸）に行って迎えていたが、真冬で凍っていたり、外なので男の子たちにいたずらされたりもするので、家で行なわれるようになり、代わりに門角姑娘，柴倉姑娘、壁角姑娘を迎えることもあった。

　また50年代以前は、病人の出た家では、師娘（民間の巫婆）、太保（男の巫）を頼んで「做夜茶」をして、神迎えの歌や「珍珠塔」「狸猫換太子」などの「唱書」（語り物）を語ってもらい悪鬼を追い払った。さらに、道士を呼んで「做道場」（法事）をする。これには、家を新築したり土地に手を加えるときの「清事体」と人が亡くなったときの「亡事体」がある。道士の仕事は「做生意」すなわち商売するといい、農民の賃稼ぎの副業として行われている。ここで唱えられるのは民間の呪語の翻案であり、主に登場するのは地方神である。

謎

橋谷　英子

　張沢鎮井凌橋村では、顧明光（1927生れ　農業、時々道士　17歳まで5年間道士の修行）さんの家を訪ね、妻の陳漢英（1929生れ　四村村出身　学歴なし）さん、同居している次男の嫁の黄美娟（聖渡村出身）さんとその娘顧鋒燕（10歳　小学三年）さんに話を聞いた。近所のおばさん、子どもたちも集まってきて、にぎやかだった。わらべ歌を聞くつもりで遊戯歌を聞いていたら、顧鋒燕さんが、自分の顔の目、鼻、口、耳を一つ一つ指差しながら「七個洞（顔の謎）」の謎解きをしてみせてくれた。おばあさんの陳漢英さんも「（顧鋒燕さんが）学校に上がる前はたくさん教えたのに、学校に行くようになったら忘れてしまって」と言いながら、孫と一緒になって一所懸命、思い出してくれた。ただ顧鋒燕さんがブタの謎を言ったとき、おばあさんの陳漢英さんは聞いたことがない、というような顔をされていた。『滬諺外編』にも、このブタの謎は見えず、あるいは顧鋒燕さんが学校、本などで知った謎なのかもしれない。調査最後の日の8月11日は、顧明光さんの家では昼に中元の先祖迎えの祀りを予定していて、陳漢英さんは料理の準備に忙しく、嫁の黄美娟さんが娘の顧鋒燕さんと一緒に錫箔（先祖のために燃やす元宝）を折りながら代わって答えてくれた。黄美娟さんのお母さんは話をたくさん語れたそうだが、残念ながら昨年亡くなられたと言うことだった。うっかり黄美娟さんの年齢をうかがうのを忘れてしまったが、夫32歳、娘10歳という年齢から考えておそらく30歳前後だろう。近くの養鶏場でアルバイトをしている。彼女の謎は自分のおばあさんやお母さんから聞いたと言うことで、姑の陳漢英さんの謎と同様、道具類、身体、農作物、動植物など日常身近なものばかり、いずれも伝統的な謎のようである。「独脚蟹」の謎が解けないでいると、台所から芽の出たソラマメ

を持ってきて見せてくれた。確かに一本足の蟹である。(顧鋒燕さんは、おばあさんやお母さんから謎を引き出す手伝いをしてくれたほかに、母方のおばあさんからは話もたくさん聞いたと言って、猿蟹型の話を語ってくれた)。

　次に訪ねた四村村の話者、王栄森(79歳、農業)さんは話をたくさん知っている方だったので、今回は話を語ってもらうのに時間を費やしてしまい、謎はほとんど聞く時間が無く、最初の日に五つ聞いただけである。王さんは小学校二年の学歴だが、本を読むことが好きだったようで、学校を辞めて地主の家に住み込みで雇われたあとも、家塾で地主の子どもが学ぶのを聞いて勉強したそうである。そのせいか五つの謎のうち三つは字の謎だった。物当ての謎も「カンナ」で、女性たちの謎とは題材もはっきり違っていて、興味深かった。

　車墩鎮聯庄村では、村の会計係りをしている葉桂宝さん(51)に聞いた。やはり身体、道具、農作物など身近な謎ばかりだったが、時計の謎が出てきたり、桑の実の謎では最後の句が「デパートでは売ってない」となっているなど、同じ女性でも井凌橋村の陳漢英さんよりほぼ一世代若い、あるいは村の幹部として世間が広いことが反映されているような謎もあった。ここでは隣に住んでいる葉さんの舅の楊鳳毛さん(71歳)も飛び入りで「魚網」と「田への水入れ」の謎を言ってくれたが、四村村の王栄森さんの「カンナ」同様、男の仕事を反映した謎で、謎と普段の暮しの結びつきの強さを感じた。

　聯建村では、李寿珍(75)さんに主に聞いた。李さんも学校に行ったことはないそうだが、親戚の女性や一緒に草摘みに行った仲間の間で謎を出し合ったりして遊んだという。たいへん多くの謎を覚えておられるようで、今回集めることのできた謎のほぼ半数は李さんから聞いたものである。身近な題材ということでは、前の三つの村の場合と共通しているが、李さん自身の経験を反映して、機織、糸紡ぎに関する謎がいくつも出てきた。今回は時間が無くて確認できていないが、これらは一世代ないしは二世代若い葉桂宝さん、黄美娟さんにはすでに伝承されていないのではないだろうか。ほかに組謎もいくつか聞いた。

　謎の最後の句には、「この謎解けなきゃ・・・」「この謎解けたら・・」と言う言葉の入るものがあるが、今回たまたま二箇所で同じ謎を聞いた場合、また『滬諺外編』などに記録されているものと比較して、同じ謎にはほぼ同じ言葉がついている。押韻の関係で当然つく言葉は限られるが、これらの言葉はいい

かげんについたりつかなかったりするものではなく、この最後の句まで含めて一つの謎として唱えられていたことがわかる。

　今回聞いた謎は、竈、竈の煙出し、瓦、屋根の棟、唐傘、ちょうちん、おまる、米を計る升など、ほとんどが家の中を見渡せば転がっているもので、逆に言えば謎のない物はないのではないかと思うほどだった。

　竈は、いまや老人世帯のごく一部以外ほとんど使われていないが、それでもまだたいていの家で名残をとどめていた。しかし次に家を新築するときにはガステーブルに取って代わられてすっかり消えてしまうのではないだろうか。今回、聞けた謎もいつまで生きているだろうか、と考えると、ほぼ80年前の『滬諺外編』に載っている謎の多くがほとんど同じ形で、ともかく今日まだ生きていることを確認できたのは幸せだったと思う。

謎謎子

1 一個葫蘆七個洞（七竅）→28　　　　　　井凌橋村・顧鋒燕・2000.8.9
　ヒョウタン一つ　穴縮七つ（顔）

2 両個姑娘一様長　日里（晒）太陽　夜里乗風涼（火鉗）
　　　　　　　　　　　　　　　　　　　　井凌橋村・陳漢英・2000.8.9
　二人の娘　背丈は一緒　昼は日なたぼっこ　夜は涼む　（火箸）
　cf.『中国謎語大全』382頁

3 洗洗娘　織織娘　光頭落蘇　扁頭娘（洗箒　抹布　鏟刀　菜刀）
　　　　　　　　　　　　　　　　　　　　井凌橋村・陳漢英・2000.8.9
　洗いおばさん　織りおばさん　禿げナス　ぺたんこおばさん（ささら　台拭き　鍋しゃくし包丁）
　cf. 移移娘　刷刷娘　光頭和尚　扁頭娘（抹布　洗箒　銅鑿　刀）『民俗』21・22
　　　移移走　刷刷娘　光頭小姉　扁頭娘（揩灶布　洗箒　鏟刀　刀）『滬諺外編』下1b

4 一個矮子　戴三只戒指　拎脱個帽子　脱脱個褲子（馬桶）
　　　　　　　　　　　　　　　　　　　　井凌橋村・陳漢英・2000.8.9
　ちびさん　ちょうつがい三つ　帽子を脱いで　ズボンを脱ぐ（おまる）

　　　　cf.『大全』419 頁

5 一粒穀　bi 了満節（間）屋（火柴）　　　　　　　井凌橋村・陳漢英・2000.8.9
　　一粒の穀物　はねれば部屋一杯（マッチ）
　　　　cf. 一粒穀　濺是満家屋（火）　『滬諺外編』上 50b

6 一条蛇　壁上爬（bo）（秤）　　　　　　　　　　　井凌橋村・陳漢英・2000.8.9
　　蛇　壁を這う　（はかり）

7 十格（個）囡　八局溝（双手）　　　　　　　　　　井凌橋村・陳漢英・2000.8.9
　　子どもが十人　川八つ（両手）
　　　　cf. 十条堤岸八条溝　条条堤岸瓦蓋頭　『滬諺外編』上 58b　『大全』106 頁

8 一個胖神仙　頭里相插了両把扇　走一歩　扇一下（猪）
　　　　　　　　　　　　　　　　　　　　　　　　　井凌橋村・顧鋒燕・2000.8.9
　　でぶの仙人　頭に二本扇子をさして　一歩ごとにパタパタ煽ぐ（ブタ）
　　　　cf. 東辺来個黒大漢　頭上插着両把大蒲扇　走一歩　扇一扇　『大全』114 頁

9 圓圓方方　若要清爽　翻転敲三只巴掌（淘米籮）
　　　　　　　　　　　　　　　　　　　　　　　　　井凌橋村・陳漢英・2000.8.9
　　まるくて四角　わからなかったら　ひっくり返してたたいてごらん（米とぎ笊）
　　　　cf. 上圓下方　若要清爽　打幾個巴掌　『大全』384 頁

10 七七四十九　麻皮扎洗箒　上頭叮鈴打　下頭只管走（傘　油布傘）
　　　　　　　　　　　　　　　　　　　　　　　　　井凌橋村・黄美娟・2000.8.10
　　七七四十九　麻で造ったふしぎな箒　上ではピチピチ叩いてて　下ではひたすら歩いてる
　　　　cf. 七七四十九　麻綾紮洗箒　上頭滴滴渭　下底有人走　『滬諺外編』上 58b

11 弯弯兜兜　曹家牌楼　小姐出門　扇子遮陰（田螺）
　　　　　　　　　　　　　　　　　　　　　　　　　井凌橋村・黄美娟・2000.8.10
　　ぐるぐる回って　曹家のやぐら　お嬢さんが出てくる　扇子で顔隠して
　　　　cf. 弯弯兜兜　趙家牌楼　小姐出門　扇子遮頭　『大全』143 頁
　　　　　　弯弯兜兜　畳城牌楼　小姐出門　団扇遮頭　『滬諺外編』上 57a

12 紅褲子緑腰　猜不着做個賊猫（辣椒）　　　　　　井凌橋村・黄美娟・2000.8.10

赤いズボンに緑の胴回り　この謎解けなきゃ泥棒猫（唐辛子）
   cf. 紅褲子緑腰　種着是好老　『民俗』21・22
      紅缸緑底　裏頭装把小米『大全』219 頁

13 象鍾鍾不象　拿不起敲不響　拿得起敲得響　賞你黄金二百両（雨点落在水面上的水泡）
                        井凌橋村・黄美娟・2000.8.10
鐘に似ている　鐘は似ていない　持ちあげられない叩けない　持てて叩けたなら金二百両あげる　（水面に落ちる雨滴）
   cf. 遠看是個鍾　近看裏頭空　称它没四両　拿又拿不動　『大全』63 頁
      話伊鐘　不象様　話伊磬　口不仰　扳不転　敲不響　『滬諺外編』上 63a

14 青竹欄（攬）環　飛過高山　大風不怕小雨淡淡（風筝）
                        井凌橋村・黄美娟・2000.8.10
青竹で輪をさえぎり　高山を飛び越え　大風は恐れぬが小雨にゃ弱い（凧）
   cf. 青竹攬環　白做衣衫　風来不怕　雨来收纜　『滬諺外編』下 25b

15 一個蹺板両個頭　一天到晩望日頭（屋脊）　井凌橋村・黄美娟・2000.8.10
両端が上を向いている板　一日中お日様見てる（屋根の棟）
   cf. 一根扁担両頭魟　放在露天無人要（魟音巧去声）　『滬諺外編』上 66b
   cf. 一条蛇　両個頭　朝朝晩晩望日頭　『大全』74 頁

16 仰起朴蓋　撒尿不管（瓦）　　　　　井凌橋村・黄美娟・2000.8.10
あお向けにかぶさって　おしっこもらしてしらんぷり（屋根瓦）
   cf. 一個朝天　一個舗地　朝天的出眼涙　舗地的洗背脊　『大全』76 頁

17 四四方方一塊田　将軍坐了南海辺　只看見白胡子老頭　来偸水喫　撒出尿来有名気（硯　筆）　　　　　　　　　　　井凌橋村・黄美娟・2000.8.10
真四角の田んぼ　将軍が南の海辺に控えると　白髯のじいさんが　水を偸み飲みに来て　小便もらして名声を博す（硯と筆）
   cf. 四四方方一塊田　一湾清水在田辺　方角烏鴉来戯水　尖嘴老鴝来拝年
                                  『大全』429 頁
      四四方方一塊田　常供書房案桌前　白頚圏老鴉偸水喫　烏子将軍立在堤岸辺　　　　　　　　　　　　　　　　　　　　　　『滬諺外編』上 57b

18 一個小麻子　一条紅帳子　里面有個白胖子（花生）

　　　　　　　　　　　　　　　　　　　　　井凌橋村・黄美娟・2000.8.10
　あばたのちびさん　赤いカーテン　中には白いおでぶちゃん（落花生）
　　cf. 麻布帳子　紅綾被子　裏面睡両個小胖子/麻房子　紅帳子　裏頭関個白胖
　　　子『大全』188 頁
19 細細骨頭薄薄肉　里面開朶大紅花（灯篭）　　井凌橋村・黄美娟・2000.8.10
　細ーい骨に薄ーい肉　中には真っ赤な花が咲く（ちょうちん）
　　cf. 細細骨頭薄薄皮　肚里開花真希奇　　『大全』397 頁
　　　劈細篾　紮金笆　金笆園裏開紅花　　『滬諺外編』上 55b
20 独脚蟹（発芽的蚕豆）　　　　　　　　　　　井凌橋村・黄美娟・2000.8.10
　一本足のカニ（芽が出たソラマメ）
21 紅嘴緑鸚哥（菠菜）　　　　　　　　　　　　井凌橋村・黄美娟・2000.8.10
　赤い嘴　緑のインコ（ほうれん草）
　　cf. 紅嘴緑鸚哥　朝朝晩上従我門前過　　『大全』219 頁
22 其人到木家過　想做一様七巧貨　肚皮可以喫飯　背脊上撒汚（刨子）
　　　　　　　　　　　　　　　　　　　　　四村村・王栄森・2000.8.10
　そいつは木家を通るとき　ひとつ役立つ道具を作ろうと　腹から飯食い　背
　　から糞する（カンナ）
　　cf. 奇哉怪哉　背脊骨裏折出屎来　　『滬諺外編』上 52b
23 阿大阿二不象人　阿三阿四人上人　阿五開辦卜土店　阿六做個下等人（打
　一個字　従）　　　　　　　　　　　　　　　四村村・王栄森・2000.8.10
　太郎次郎は人でなし　三郎四郎は人の上に立ち　五郎はト い店をやり　六郎
　　は下人になる（字を当てる　従）
24 井字戳（sou）在井里頭　井里下頭出太陽（打一個字　曹）
　　　　　　　　　　　　　　　　　　　　　四村村・王栄森・2000.8.10
　井戸の中に井の字を突き刺し　井戸の下から太陽が出る（字を当てる　曹）
25 脚踏軟綿綿　有眼不見天　在家三百天　出外無数年（打一動物　胎児）
　　　　　　　　　　　　　　　　　　　　　四村村・王栄森・2000.8.10
　足はふわふわを踏み　目はあれど見ず　家にあること三百日　外に出れば何
　　年も（胎児）
　　cf. 有脚勿踏地　有眼勿見天　在家只有三百日　在外不知多少年『大全』

88 頁

26 一只畚箕畚三個跳蚤　一個跳進両個跳出（打一個字　心）

四村村・王栄森・2000.8.10

ちりとり一つノミ三匹　一匹跳びこみ二匹跳び出す（字を当てる　心）

　　cf. 一鈎三個蟲　一個落鈎中　一個飛向西　一個飛向東『民間謎語全集』字謎 6 頁

27 十条岸八条溝　条上溝上瓦白頭（指頭）　⇨7　聯庄村・葉桂宝・2000.8.14

十本の堤　八本の川　堤の上には白い瓦（指）

　　cf. 十條岸八條溝　條條堤岸瓦蓋頭　『滬諺外編』上 52b

28 一個胡蘆七個洞　啥人也猜不出肚子疼（七竅）　聯庄村・葉桂宝・2000.8.14

ヒョウタン一つ　穴七つ　この謎解けなきゃ　腹こわす（頭）

　　cf. 一個胡蘆七個孔　猜得着做相公　猜不着賊種『大全』90 頁

29 左一片右一片　隔座山頭不見面　你猜不出再聴我講一遍（耳朶）

聯庄村・葉桂宝・2000.8.14

左に一つ右に一つ　山を隔てて会うことかなわぬ　わからなかったら　も一度よくお聞き（耳）

　　cf. 東一片　西一片　隔住茅山不看見　『滬諺外編』下 6b

30 日里鈎肩搭背　夜里折散夫妻（紐扣紐）　聯庄村・葉桂宝・2000.8.14

昼は肩組み腰を抱く　夜は別れ別れの夫婦（組ひものボタン）

　　cf. 日里鈎肩搭背　夜里両頭困開　『大全』345 頁

31 会走没有腿　会説没有嘴　会告訴我們（表）　聯庄村・葉桂宝・2000.8.14

足は無いが歩け　口は無いがしゃべれて　私たちに知らせるもの（時計）

32 鉄樹鉄杆子　能結一只瓜（茄子）　聯庄村・葉桂宝・2000.8.14

鉄の木鉄の幹　瓜がなる（茄子）

33 青杆緑葉不開花　象銅管同様一個瓜（茭白）　聯庄村・葉桂宝・2000.8.14

緑の幹に青葉　花は咲かず　銅のチューブみたいな瓜（まこも）

　　cf. 遠看緑蔭蔭　近看緑沈沈　不開花　不結果　只見身懷孕　『大全』221 頁

34 紅褲子緑腰　猜不出做一只賊猫（辣椒）⇨12　聯庄村・葉桂宝・2000.8.14

赤いズボンに緑の胴回り　この謎解けなきゃ泥棒猫（唐辛子）

35 紅嘴緑鸚哥　金線過胡蘆　金鏟白肉嵌　七十二鍋鏟刀湯（菠菜　黄豆芽

豆腐　烏焦茶…乾隆皇帝下江落難時食用的菜）⇨21

聯庄村・葉桂宝・2000.8.14

紅い嘴　緑のオウム　金の糸を結んだヒョウタン　白い肉に金の縁取り　鍋杓子のスープ（ほうれん草　大豆モヤシ　豆腐　さゆを入れたスープ　…いずれも乾隆帝が江南に落ち延びていたときに口にした料理という）

　　cf. 金鑲白肉嵌　紅嘴緑鸚哥（菠菜豆腐）　『大全』254頁

36 青根緑葉李光桃　外生骨頭里生毛（棉花）　　聯庄村・葉桂宝・2000.8.14

緑の茎に緑の葉の毛無し桃　骨が外で中に毛が生えている（棉）

　　cf. 遠望好像李光桃　外生骨頭里生毛　『滬諺外編』下 27b

37 四角方方　落在長江双手摘来　眼涙汪汪（魚網）

聯庄村・楊鳳毛・2000.8.14

真四角を　長江に下ろして両手で摘み上げれば　涙ぽろぽろ（魚網）

　　cf. 四四方方　落在長江　双手提起　眼涙汪汪　『滬諺外編』下 13b

38 金剛饅頭六只脚　北京皇帝猜不着（抽水　牛車棚）

聯庄村・楊鳳毛・2000.8.14

金剛マントウ六本足　北京の皇帝にはこの謎解けぬ（牛で水をくみ上げる）

　　cf. 七只大老鼠　合戴大帽子　上面盤龍転　下面龍取水　『大全』274頁

39 娘蓬頭　爹蓬頭　養個児子尖頭（筍）　　聯庄村・葉桂宝・2000.8.14

母さん　ぼさぼさ頭　父さん　ぼさぼさ頭　生れた坊やはとんがり頭　　（筍）

　　cf. 爹蓬頭　娘蓬頭　生出児子尖尖頭　『大全』231頁

40 嘴真凶　脚盤弓　眼睛長在当中（剪刀）　　聯庄村・葉桂宝・2000.8.14

口は凶暴　足は弓なりに曲がり　眼は真中に着いている（はさみ）

　　cf. 有嘴無舌頭　有眼無鼻頭　両条腿彎曲像小鈎　『民間謎語全集』物謎 155頁

41 望過去一個小墳墩　走過去就関門（田螺）　　聯庄村・葉桂宝・2000.8.14

眺めやれば小さな墳墓　通り掛かれば門しまる（田螺）⇨11

　　cf. 田畦脚下一座墳　看見人来就関門　『大全』144頁

42 赤膊去　穿衣服回来　這場生意不喫虧（毛豆）　聯庄村・葉桂宝・2000.8.14

裸で行って　服を着て帰ってくる　この商売は損しっこなし（枝豆）

　　cf. 赤膊去　帯衣帰　這趣生意勿喫虧（豆莢）　『大全』190頁

　　　　赤膊去　帯殻帰　打一計　笑嘻嘻　『滬諺外編』上63a
43 曲曲彎彎一条条　雷響霍歌（閃電）大擎攻（抽水煙）

　　　　　　　　　　　　　　　　　　　　　聯庄村・葉桂宝・2000.8.14

曲がりくねったひと筋に　めちゃくちゃに雷鳴とどろき稲妻走る（水キセルを吸う）

　　cf. 曲曲彎彎一塊銅　蘇州巧匠做成功　雷響霍顕不落雨　只見濃煙一大燧
　　　　『滬諺外編』上63b
　　　　彎彎曲曲一条龍　煙霧重重不刮風　雷声隆隆不下雨　潮水滾滾一点紅
　　　　『大全』372頁

44 結結緊　当中出只笋（灯篭）　　　　　　聯庄村・葉桂宝・2000.8.14

45 希希奇奇奇奇希　脚爪生在耳朶里（草鞋）　聯庄村・葉桂宝・2000.8.14

へんへんへんだよ　耳の中に足の指がはえてる（わらじ）

　　蹊蹺　蹊蹺真蹊蹺　鼻頭管裏出脚爪　『滬諺外編』上52b

46 青梗青葉子　空上起一個紅棗子　百貨店里無買処（桑椹）

　　　　　　　　　　　　　　　　　　　　　聯庄村・葉桂宝・2000.8.14

緑の茎に緑の葉　赤い棗ができて　デパートでは売ってない（桑の実）

　　cf. 青梗青葉子　無花結果子　拿仔銅鈿無買處　吾家門前有一株『民
　　　　俗』21・22
　　cf. 青葉有梗子　荷葉包棗子　甜味帯酸味　店裏無買處　『大全』233頁

47 南海出了個諸葛亮　擺起八卦丹　sui纏那個飛来将（蜘蛛）

　　　　　　　　　　　　　　　　　　　　　聯建村・李寿珍・2000.8.18

南海に諸葛亮現れ　八卦丹をかけ　飛来将を捕える（クモ）

　　cf. 南陽諸葛亮　独坐中軍帳　排起八陣図　単捉飛来将　『滬諺外編』
　　　　上60a

48 遠開地皮八尺　来住在爛泥里　睏来睏在乱柴里（斜斎）姑娘猜八年　儂猜来猜一息息（袖）（馬端の燕子）　　　聯建村・李寿珍・2000.8.18

地面のはるか上八尺の　泥の中に住みに来て　枯れ柴の中で寝る　賢い娘はこの謎解くのに八年かかるが　あなたはすぐわかる（ツバメ）

　　cf. 頭象鳳凰頭　脚象釣魚鈎　遠地七八尺　泥裏伸出頭　『大全』133頁

49 紡綢布衫白夾裡　儂房子做生意　房子立啦房子里　小囡養在泥潭裏（奉賢の燕子）　　　　　　　　　　　　　聯建村・張華姉・2000.8.18

絹のコートに白のシャツ　人の家で商売をする　家の中に家を作り　子ども
は泥池で育てる
　　cf. 天青外套白夾裏　到你家裏做生意　房子造在房子裏　小児住在泥窠裏
　　　　『大全』132頁
　　　　天青外套白夾裏　小声小気接連牽　房子造在房子裏『滬諺外編』上60a
50 木家比竹家攀親　稲柴縄作女人　小和尚不肯朝田里一滾（紡車＝木架と竹
圓櫃と稲草縄）　　　　　　　　　　　　　　　　聯建村・李寿珍・2000.8.18
　木家が竹家と婚約し　稲藁で女を作り　小僧は承知せずに田に逃げていく
　　cf. 木頭接竹頭　縄接綫　綫結蘿卜頭　　『大全』280頁
51 有嘴不会講　無嘴閙啁啁　有脚不会走　無脚到蘇州（茶壺　紡車　桌子　船）
　　　　　　　　　　　　　　　　　　　　　　　聯建村・李寿珍・2000.8.18
　口があってもしゃべれない　口は無くてもぶんぶんうるさい　脚があっても
　歩けない　脚は無くても蘇州に行く（急須　紡ぎ車　机　船）
　　cf. 大官有嘴勿肯響　二官無嘴光光響　三官有脚勿肯走　四官無脚到杭州
　　　　『民俗』21・22
　　　　有脚不会趵　無脚到蘇州　有嘴不会話　無嘴閙啁啁　『滬諺外編』上54a
52 一只老孵鶏　孵嘛孵在地路（上）尾巴発啦屋路（上）（竈）
　　　　　　　　　　　　　　　　　　　　　　　聯建村・李寿珍・2000.8.18
　一羽のメンドリ　卵を抱えて土間にうずくまり　尻尾はピンと屋根まで（か
　まど）
　　cf. 遠望一只白牡牛　尾巴還在屋外頭　『滬諺外編』上50b
53 河生腰帯　水生骨頭　地生石榴　天生疤瘢（橋　冰　墳　星）
　　　　　　　　　　　　　　　　　　　　　　　聯建村・李寿珍・2000.8.18
　川の帯　水の骨　畑の石榴　空のぶつぶつ（橋　氷　墳墓　星）
　　cf. 天麻子　地饅頭　河扁担　水骨頭　『大全』472頁
54 紅箱子　緑蓋頭　揭開来　咬一口（柿子）＝『滬諺外編』上52a
　　　　　　　　　　　　　　　　　　　　　　　聯建村・李寿珍・2000.8.18
　紅いケース　緑の蓋　蓋を開けて　一口かじる（柿）
55 弯弯楼楼　小姐下楼　扇子遮頭（田螺）⇨41　聯建村・李寿珍・2000.8.18
　高殿から螺旋にまわって　お嬢さんが降りてくる　扇子で顔を隠しつつ（田螺）

56 頭点頭　脚来勾　肚皮相打扭佬扭（剪刀）⇨40　　聯建村・李寿珍 2000.8.18
　　頭と頭を突きあわせ　足を曲げ　お腹の皮をこすりあわす（はさみ）
　　cf. 頭対頭　脚鈎脚　両個肚臍扭了扭　『民俗』21・22
　　cf. 頭尖尖　脚鈎鈎　両個肚臍扭了扭　『大全』297頁
57 引線尖尖　三万六千　猜着做皇帝　猜不着肚皮痛三年（刺猬）
　　　　　　　　　　　　　　　　　　　聯建村・李寿珍・2000.8.18
　　尖った針が三万六千　この謎解けたら皇帝だ　解けなかったら三年腹痛だ
　　（はりねずみ）
　　cf. 亭子尖尖　三万六千　猜得着和皇帝伯伯同年　猜勿着肚皮要痛三年
　　　　（塔）『民俗』21.22
　　　　（那辺来個嘴尖尖　不費別的賣鋼針　『大全』121頁）
58 紅扇子　緑葉辺（斜斎）姑娘猜十八年　吾猜起来一歇歇（虹）
　　　　　　　　　　　　　　　　　　　聯建村・李寿珍・2000.8.18
　　紅い扇子　縁取りは緑の葉っぱ　賢い娘がこの謎解くのに十八年　私ならすぐわかる
　　cf. 紅挑盤　緑鑲辺　誰猜着是個活神仙　『大全』56頁
59 皮也皺　肉也皺（斜斎）姑娘猜到下昼（胡桃）　聯建村・李寿珍・2000.8.18
　　皮もしわくちゃ　肉もしわくちゃ　賢い娘なら午後にはこの謎解ける
　　cf. 皮皺肉皺　猜到明日下昼　『大全』208頁
60 石山高　石山低　石山肚里雪花飛（石磨）＝『滬諺外編』上52a
　　　　　　　　　　　　　　　　　　　聯建村・李寿珍・2000.8.18
　　石の山高い　石の山低い　石の山のお腹の中は　花吹雪飛び交う
61 嘻嘻対我笑　我対嘻嘻笑（鏡子）　　聯建村・李寿珍・2000.8.18
　　にこにこ私に笑いかける　私もにこにこ笑い返す（鏡）
　　cf. 我対嘻嘻笑　嘻嘻対我笑　我去捉嘻嘻　嘻嘻跳走了　『民俗』21.22
　　　　水晶宮外偶然立　有人対我笑嘻嘻　我要別嘻嘻　嘻嘻就不見　『滬諺外編』上62a
62 日里夫妻　夜里分開（衣服）　⇒30　聯建村・李寿珍・2000.8.18
　　昼間は夫婦　夜は別れ別れ（服）
63 十個和尚張叉袋　五個和尚蹲里去（穿袜子）　聯建村・李寿珍・2000.8.18

十人の和尚が袋の口を広げれば五人の和尚が入ってしゃがむ（靴下をはく）
  cf. 十個和尚張袋口　五個和尚鑽進袋里頭　『大全』21頁
   遠望一隻小叉袋　十個和尚牽叉袋　五個和尚下叉袋　『滬諺外編』上56a
64 一只小船狹窄窄　五個和尚蹲里去軋不出（鞋）　　聯建村・李寿珍・2000.8.18
 小さな小船きっちきち　五人の和尚はしゃがみこんだら身動き取れぬ（靴）
  cf. 一只小船狹桼桼　五個和尚鑽在船頭裏活軋殺　『滬諺外編』上53b
65 一双燕子着（貼）地飛　日里飽肚皮　夜里餓肚皮（鞋）
               聯建村・李寿珍・2000.8.18
 つがいの燕　地面をかすめて飛ぶ　昼間は満腹　夜は腹ぺこ（靴）
  cf. 兩只燕子着地飛　夜裏登在暗洞裏　『滬諺外編』上50a
   一対鴛鴦就地飛　白天飽来夜内飢　『大全』340頁
66 四個児子　合施一個瓣子（鉄搭）　　　　　聯建村・李寿珍・2000.8.18
 息子四人で　辮髪一本（まんのう）
  cf. 四個兄弟　合梳一条瓣子　『大全』257頁
67 一只燕子着地飛　先喫草　慢喫泥（鋤頭）　　聯建村・李寿珍・2000.8.18
 一羽のツバメが地面を掠めて飛ぶ　まず草を食い　それから泥を食う（引きぐわ）
  cf. 一只鵓鴣着地飛　又喫青草又喫泥　『滬諺外編』下17b
68 爺蓬頭　娘蓬頭　養出児子尖頭（竹筍）⇒39　聯建村・李寿珍・2000.8.18
69 上面一頂傘　下面一窩蛋（芋艿）　　　　　聯建村・李寿珍・2000.8.18
 上には傘　下は巣の中の卵（サトイモ）
  cf. 青涼傘　黃涼傘　涼傘脚裏一窠蛋　『滬諺外編』上52b
70 麻皮扎洗帚　上面叮叮打　下面只管走（竹傘）⇒10
               聯建村・李寿珍・2000.8.18
71 一個朝天　兩個合撲　撒尿大家不管（瓦片）⇒16
               聯建村・李寿珍・2000.8.18
 一人仰向け　二人うつぶせ　おしっこしてもだれもかまわない（瓦）
  cf. 一個朝天　一個舖地　朝天的出眼淚　舖地的洗背背　『大全』76頁
72 湿麽搭　干麽晾（抹竃布　蚊帳）　　　　　聯建村・李寿珍・2000.8.18
 濡れているのをかぶせ　乾いているのを干す（台拭き　蚊帳）

cf. 干個晾啦　湿個搭啦　　『滬諺外編』上 55a

73 紅（忙）盅　白米飯　埋下去不会爛（荸薺）　　聯建村・李寿珍・2000.8.18
　紅い酒杯に　白米のご飯をよそい　地面に埋めても腐らない（水クワイ）
　　cf. 紅木鍾　白米飯　埯在泥裏不会爛　『滬諺外編』上 51b

74 不敲自扁菜　不染自紅菜　不切自（屯 den　断的意思）菜（韮菜　酸板菜　緑豆芽）　　　　　　　　　　　　　　　　　聯建村・李寿珍・2000.8.18
　叩かなくても扁平な野菜　染めなくても赤い野菜　切らなくてもばらばらの野菜（韮、アサガオ菜、モヤシ）
　　cf. 抽筋菜　扯皮菜　刀扯不切自成菜　色不染自紅菜（蒜台　筍　豆芽　胡蘿卜）

75 矮脚凳　矮脚船　毎到黄昏挨出来（油灯）　　聯建村・李寿珍・2000.8.18
　腰掛け　小船　夕暮れになればお出ましだ
　　cf. 矮脚凳　矮脚船　一到黄昏就出来　『大全』404 頁
　　　　矮脚凳　矮脚檯　来到黄昏走出来　『滬諺外編』下 11b

76 下頭踏長蹺　上頭鸚鵡叫（織布）　　聯建村・李寿珍・2000.8.18
　下ではシーソー　上ではオウムが鳴く（機織り）
　　cf. 白龍盤得高　白雪做頂橋　上頭鸚哥叫　下底踏長蹺　『滬諺外編』上 55b

77 一個鯽魚　両個頭　紗家浜里游来游去（梭子）　　聯建村・李寿珍・2000.8.18
　一匹のフナ　頭がふたつ　紗家の小川をすいすい泳ぐ（杼）
　　cf. 一個鯉魚両個頭　登在沙家浜裏游唊游　『滬諺外編』上 52b

78 二十五只小鶏呱呱叫　死掉一只就不叫（経車）　　聯建村・李寿珍・2000.8.18
　二十五羽のヒヨコがピーピー鳴く　一羽死んだらもう鳴かない
　　cf. 一座廟　四角䚑　二十五只麻雀譁譁叫　死是一只就不叫『滬諺外編』上 64a

79 一只白老鼠　拉住尾巴哇哇吱（紡紗）　　聯建村・李寿珍・2000.8.18
　一匹の白ネズミ　しっぽをひっぱってチュウチュウ鳴く（糸紡ぎ）

80 一只水老鼠　睏在灰堆裏　挾出来就撒尿（煨罐頭　豆や豚足を煮る）
　　　　　　　　　　　　　　　　　　　　　　聯建村・李寿珍・2000.8.18
　一匹のドブネズミ　灰の中で眠り　つまみ出すとおしっこする（灶の灰に埋めて使う一種の鍋）
　　cf. 灰蕩裏一隻黒老鼠　施出来　一場水　『滬諺外編』上 53a

81 猜四個王　第一個王閘来閘去　第二個王吊死一塊去　第三個王調来調去麻泥里　第四個王游来游去（黄鼠狼　黄瓜　黄鱔　黄魚）

聯建村・李寿珍・2000.8.18

　四人の王様の謎　一番目の王はするりするり逃げ回り　二番目の王は一緒に首吊り　三番目の王は泥の中をにょろりにょろり　四番目の王はすーいすい　（イタチ　キュウリ　田ウナギ　イシモチ）〔王と黄の音は同じ〕

82 一只小猢猻　弯転尾巴請客人（水煙壺）　　聯建村・李寿珍・2000.8.18

　ちびのお猿さん　尻尾を曲げて客を招く（水ギセル）

83 仔妹両個一様長　日里身体熱　夜里乗風涼（火鉗）⇒2

聯建村・李寿珍・2000.8.18

　姉妹二人背丈は一緒　昼間は暑く　夜は涼む（火ばし）

84. 一歇歇　一迷迷　不生翅膀　也会飛（稲草灰）　聯建村・李寿珍・2000.8.18

　休んで迷って　羽が無くても飛べる（藁灰）

　　cf. 身体一些些　無頭又無尾　不生翅翼也会飛（灰塵）　『滬諺外編』上64b

85 一個矮子　帯三只戒指　掲它的帽子　剥一条褲子（馬桶）⇒4

聯建村・李寿珍・2000.8.18

86 望上去是個小墳墩　朝日朝夜抜茅針　抜来抜去不干浄（筷籠）

聯建村・李寿珍・2000.8.18

　眺めやれば小さな墳墓　朝な夕なに茅を抜く　抜いても抜いてもさっぱりしない（箸立て）

　　cf. 遠望一個小墳墩　朝朝夜夜抜茅針　『滬諺外編』上52a

87 一個老公公　坐麼坐得高　緑麼緑得早　嘴里出蓬毛（煙囱）　（緑＝起）

聯建村・李寿珍・2000.8.18

　おじいさん　坐った姿は背が高く　朝は早起き　口から綿毛（煙突）

　　cf. 一個佬佬　起麼起得早　爬麼爬得高　嘴里衍蓬毛　『大全』82頁

88 一個老太太　東一挨　西一給　給了渾身瘡蓋（秤）　（給＝靠　瘡蓋＝疤）

聯建村・李寿珍・2000.8.18

　おばあさん　こっちに寄って　あっちに寄って　体中傷だらけ（秤）

89 一個小后生　和麻子両個吵打碰（頂針　針）　聯建村・李寿珍・2000.8.18

　若者があばたとけんかして頭突き（指貫と針）

cf. 光棍光　光棍対個麻婆娘　白天是両口　夜裏不同床　『大全』297 頁

90 矯勃蘇眼晴多　喫紅飯　撒黒汚（脚炉）　　　　　聯建村・李寿珍・2000.8.18

　　（矯勃蘇＝小矯子　撒黒汚＝拉黒屎）（脚炉はもみがらを燃料にする）

　　ちびさん　目が一杯　赤いご飯食べ　黒い糞する（あんか）

　cf.『滬諺外編』上 p51a

91 一只西瓜　里面喫起　喫到外面没有皮（稲草縄団）

聯建村・李寿珍・2000.8.18

　　すいか　中から食べて　外まで行っても皮が無い（藁縄）

92 籬笆結得緊　籬笆裏面出只笋（灯篭）　　　　聯建村・李寿珍・2000.8.18

　　しっかり編んだ垣根　垣根の中に筍生えた（ちょうちん）

　cf. 細細蔑　打籬笆　籬笆裏頭開朶花　『大全』397 頁

93 一只甏　両只口　猜不到　做只狗（灯篭）　　聯建村・李寿珍・2000.8.18

　　甕ひとつ　口ふたつ　この謎解けなきゃ犬（ちょうちん）

　cf. 一個甏　両個口　道士出門不離手　『滬諺外編』上 51b

参考文献（本稿に引用したものだけを挙げる）

『滬諺外編』胡祖徳 1923 上海著易堂書房（朱介凡編「中国謡諺叢刊第一輯」1974 天一出版社　台北）

　重複するものも若干あるが、上下巻あわせて約 620 の謎が集められている。

『民間謎語全集』朱雨尊 1935 世界書局　2300 余則　物謎　字謎（上海文芸出版社 1990 影印）

『中国謎語大全』王仿 1983　上海文芸出版社　4000 余則　参考資料の目録あり、項目ごとに集められており、検索に便利。採集地の記録、出典が特別な場合を除いてつけられていないのが、惜しまれる。

「浙江嘉属謎語」顧均正『民俗』21.22 期 1928

『民俗』『民間月刊』には、各地の「謎」を集めた記録も多いが、本稿では、地域的にも近く関連する謎が多く見られたこの篇だけを比較資料として利用した。

摘要

谜

桥谷英子

　　本篇文章里介绍张泽和车墩的谜语。松江地区是谜语的宝库。松江似乎还保留着猜谜的传统。早在《沪谚外篇》里也有很多谜语。这次考察中我发现当地每个人都会说谜语。各人有各人所自满的谜语，比如说女人钟情于有关纺线织布、做菜烧饭等有关家庭日常活动的谜语。男人则喜欢猜字谜。仅仅在两个星期之间就收集到了90多谜语。这些谜语基本上反映了松江人民的生活和思想。

II 车墩镇民俗志

Ⅱ　車墩鎮民俗誌

村　落

福田　アジオ

　車墩鎮は松江区の東部にあり、中心地である松江鎮から東へ8キロメートルの所にある。交通上の重要な場所となっている。近年は急速に工業団地が発達してきており、また映画村（影視楽園）が大きな面積を占め、農村地域としての景観が大きく変化しつつある。鎮の中心部は上海近郊都市という印象を与える。

　今回の調査では車墩鎮の南部に位置する聯庄村と聯建村を訪れた。二つの村は隣接しており、かつては同じ郷に属していたこともあり、共通性がある。以下それぞれの聞き書の結果を記述報告する。

1. 聯庄村

　聯庄村の概況　聯庄村は車墩鎮の南部に位置し、村の西側は上海市閔行区、南側は聯建村、そして東側は車亭公路である。公路の交通量は激しいが、集落はそれから東に入った水田地帯に展開している。村はいわゆる行政村であり、範域は広く、その内部に多くの集落が散在している。耕地面積は2148畝である。村内には13の企業工場がある。1999年の戸数は453戸、人口は1463人であった。村は全部で12の村民小組に区分されている。

　解放前の土地制度　解放前、農地は「良田」と「租田」に大きく分かれていた。良田は自作地のことである。公粮を国家に納入したが、1畝あたり3斗だったと記憶している。租田は小作地である。借りている農民を「佃戸」という。佃戸は土地を借りるときに、地主に1畝当たり3石米を納める。そして、毎年「租米」を納入する。租田を借りている佃戸はその土地を他人に貸してもよい。そのように貸し出された土地を「包種地」と言い、それを借りている農民

を「包種人」と言い、1畝当たり12斗を佃戸に納めた。

　租田を借りている佃戸は小作料（租米）を1畝当たり8斗から10斗納めた。当時の収穫量は1畝400斤程あったので、その半分を租米として納めていたことになる（1斗＝16斤）。地主の家には「帳房先生」がいて、小作料の管理をした。現在の4隊に家を構え、この地域に土地を多く所有した張家の帳房先生は地主の家に住んでいた。地主家族は松江に住んでいた。

　聯庄村の成立　聯庄村は1959年に成立した。聯庄という村名もその際に初めてつけられた。聯庄村に統一されたのは長勝村、馬家村、南星村の3村である。この地域の地域編成も目まぐるしく変わってきている。

　解放後の1950年にはこの地域は中勝郷と言った。中勝郷は現在の聯庄村の3倍の大きさがあり、8つの村が含まれていた。すなわち、長勝村、馬家村、南星村、岳星村、得勝村、徐家村、粛村、潘經村である。これらの村名は中勝郷成立に際して付けられ、区分されたもので、古くからのものでないという。現在の区分では、長勝村から南星村までが聯庄村、江星村が現在の江橋村、得勝村から潘經村までが現在の得勝村である。1957年に撤区併郷が実施され、それまでの区が郷となった。区は華陽区と言ったが、それが華陽郷となり、中勝郷はなくなった。

　城東人民公社　1958年に人民公社が成立した。華陽郷は城東と名称を改め、城東人民公社となったが、その範囲はそれまでの華陽郷よりも小さかった。華陽郷に属していた洞經と五竜の二つの村が他の人民公社に帰属したからである。1958年に人民公社は、全部で12営に編成されたが、翌年の59年に大隊に編成された。このときにはじめて聯庄という名前が付き、聯庄大隊となった。したがって、現在でも人々は村のことを大隊と呼ぶことが多い。聯庄大隊には12の生産小隊があった。それらの小隊は番号で呼ばれたが、また古くからの地名でも呼ばれた。それを対比させれば以下の通りである。

解放後の村	人民公社生産小隊	古くからの地名	現行の組
長勝村	1隊	横浜	1組
長勝村	2隊	堅頭浜	2組
長勝村	3隊	南笳	3組
長勝村	4隊	王家埭	4組
馬家村	5隊	周家埭	5組

馬家村	6 隊	葉家埭	6 組
馬家村	7 隊	馬家埭	7 組
南星村	8 隊	張家埭	8 組
馬家村	9 隊	馬家埭	9 組
南星村	10 隊	野路漢	10 組
南星村	11 隊	施家埭	11 組
南星村	12 隊	奚家庫	12 組

なお、多くの地名の末尾に付けられた埭という語は「宅基」の意味だという。すなわち、それぞれの姓を名乗る人々の宅地がある所ということを意味するという。

現在の行政　1978年に人民公社が廃止され、城東人民公社の範囲が華陽橋郷と車墩郷の二つの郷となった。聯庄村は車墩郷に属し、現在の行政区分となった。

聯庄村、すなわち大隊には村民委員会があり、その代表は主任と呼ばれるが、また人民公社時代の呼称で大隊長と表現されることもある。そのもとに会計、書記、民兵連長、婦女主任の計5人がいて、村民委員会を構成している。

1隊から3隊までで一人の隊長がいる。任期は一年で、生産の管理、水の管理、農薬の管理など主要な仕事である。隊長は大隊の幹部の中の互選で決めている。現在は3隊から隊長が出ている。これは2000年からの改革で、昨年までは各隊に一人ずつ隊長がいた。なお、1隊は60戸、2隊は23戸、そして3隊は53戸である。隊長は農業に従事しており、自分の耕地で農業生産を行っている。生産隊には隊長以外の役職はない。

服務隊　聯庄村として服務隊が組織されている。編成は1隊から3隊までで一つの服務隊となっており、農業労働の必要な家に働きに行き、農作業をして、報酬を貰う。恒常的に働きに行くのではなく、季節的に労働力が集中的に必要なときに行く。

親の扶養　親の老後は男子が世話をする。両親夫婦が健在のうちは、夫婦二人のみで独立して暮らし、食事も自分たちだけでする。片親が亡くなった場合には、原則として兄弟が1ヶ月交替で親の世話をする。親が元気であれば、自分で調理し、自分で食事をする。体力が衰えれば、息子たちの世話になる。なお、娘は婚出していれば基本的に親の扶養はしない。しかし、できるだけ土産

などを持参して親を訪れる。

　この組のある家では、3人兄弟であるが、長男と3男がここに住み、次男は家のみ残して、車墩鎮に暮らしている。この兄弟の父親は既になくなり、母親のみであるが、母親は次男の家で一人で暮らしている。食事は、朝食と夕食は3男の家で食べ、昼食は長男の家でする。次男はできるだけ帰ってきて親の世話をするという。

　南笵　話者の居住する3隊は現在は3組とも表現されるが、古くから「南笵」と呼ばれてきた。全部で53戸で、農業に従事している。53軒の家のうち、17軒は村外にも家を持っている。新しい家は鎮にあって、そちらには若い人が住み、村には老人だけが暮らしている。農繁期には若い者も村に戻ってきて、作業をするが、普段は年寄だけで農作業をしている。

　北笵と南笵　3隊である南笵は全部で53戸であるが、その名前のとおり、笵姓が多く、40戸弱を占めている。陳姓も少なくない。集落としては一つであるが、南側を南笵、北側を北笵と言う。北笵は規模が小さく、一つの隊とはならず、2隊と5隊に属している。北笵は全部笵姓である。

　南笵の陳姓は全部で12戸である。そのうち9戸は同じ先祖であるが、残りの3戸はそれほど親しくなく、先祖を共通にしているとは考えられていない。

　住居の配置　現在見ることができる家々が横一列に並んでいる配置は新しい。南笵の陳さんは今までに2回移転しており、現在の住まいになったのは1986年のことである。現在の家があるところは以前は水田であった。それまで住んでいたところが上水道施設工事で立ち退きになり、ここに移ってきたが、住居は集体による規格で統一的に造られた。現在家が5軒並んでいるが、その家のどこに入るかは番号くじを作り、くじ引きで決めた。5軒の家は全部陳姓で、曽祖父まで遡ると先祖は同じになる。その関係と家の配置をみると以下の通りである。

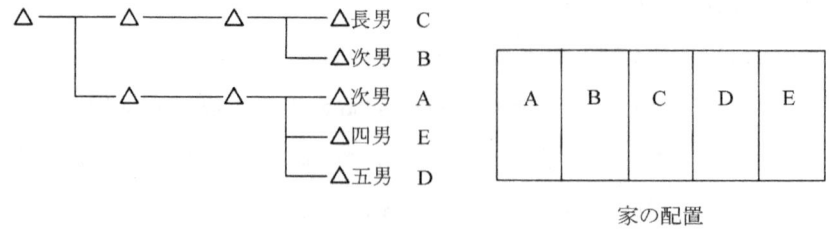

家の配置

馬家埭　7隊に現在居住しているのは30戸程であるが、以前はもっと多かった。車墩鎮に「商品房」を買い求めて、そちらに住むようになった家が少なくない。7隊と南隣の9隊は古くから馬家埭と呼ばれる一つの地域であった。7隊と9隊はそれぞれ横に家が並んでおり、7隊と9隊の間には馬家浜と呼ばれる水路が走っている。9隊は約40戸である。7隊で1戸のみが呉姓、9隊で1戸のみが孫姓で、残りのすべての家が馬姓である。馬姓の人々は皆同じ先祖だと考えられている。上海市閔行区に馬家埭というところがあるが、そこの人はここから移住したと伝えている。

　7隊と9隊を合わせた馬家埭をまた南馬とも言う。それに対して、現在は8隊となっている張家埭を北馬と呼ぶ。張家埭は馬家埭の北側に水田を挟んで並んでいる集落であり、姓はやはり馬姓が多く、約半数を占め、残りが張姓、朱姓である。北馬と南馬は遠い関係であり、同じ馬姓でも付き合いはない。

　龍灯　元宵節を「正月半」とこの地方では言う。正月半には龍灯が行われた。馬家埭では黒い竜を出したので、「烏龍」と呼ばれ、強いので「小梁山」と呼ばれた。龍灯をするのは若者たちで、自分の村だけでなく、他の村にも出かけた。発起人がいると、「龍門鎮」を催す。龍灯がある村から出てきて競って舞うことをした。兎子灯、走馬灯、調獅子、老虎灯、河蛙灯など、龍灯にもさまざまな種類形状があった。解放後も行っていたが、1953年の「鎮圧反革命」運動で廃絶し、その後復興していない。

　協同作業　北范と南范の間を流れる水路は現在は放置されたままの状態であるが、かつては生活用水であったし、また舟運にも利用したので、皆で管理した。5、6年前までは7隊と9隊の各家から一人ずつ出て、川の清掃「掘深」をし、底にたまっている泥を上げていた。水道が敷設されて水路を利用しなくなって、協同作業もなくなった。作業の指揮は各隊の隊長がしていた。

　現在村の用水路の管理は村で雇った人物がしている。一人の担当域は5、7、9、10の各隊である。また用水路を管理し、そこから各田に水を分配するものとして「望水員」がいる。7隊と8隊で一人おり、200畝程の耕地を管理している。用水路の草取り、ゴミ取りは望水員がする。日常は望水員の仕事であるが、毎年秋10月には全戸から人が出て水路すべてを掃除するという作業がある。

　世徳堂　馬家埭の馬姓の家は自分たちを世徳堂と呼んでいる。そのような名

称の祠堂があるわけではない。

　馬姓は大きく二つに分かれる。7隊の家々と9隊の一部が一つのグループで、9隊の家々が一つのグループとなっている。それぞれのグループ内の結婚式と葬式にはグループ内の者が参加し、他のグループは参加しない。この結婚式、葬式に参加する範囲を「一家屋里」という。房という言い方はしないという。この2グループがいつ頃に分かれたかは何も伝わっていないという。昔は「家譜」があったが、なくなってしまった。

　家堂　解放前は、各家の客堂の正面上に棚が設けてあって、そこを「家堂」と呼んだ。「家堂」には先祖の牌位が並べられていた。牌位が少なければ、棚は正面の右側に設けられ、先祖の牌位が多ければ、正面全面に棚が設けられていた。解放前には「家堂」はどの家にもあったという。馬姓の場合、その家堂の棚の柱に「世徳堂」と書かれていた。

　解放前、兄弟が分家する際には、長男が家に残るのが原則だったので、家堂は多く長男が受け継いだという。新しく家を建てた場合には、新たに家堂を設けた。長男が家に残っても、財産は完全に均等分割であった。もしも親が長男と一緒に暮らせば、他の兄弟は親の生活費を等しく負担しなければならなかった。これは現在も同じである。

　長男のみが家に残るのではなく、親の家を分割して兄弟で住むことも多い。その場合、家の東房に長男が入り、次男が西房に住む。そして、その他の兄弟は外に新しい家を求める。中央部の客堂は兄弟の共同のものである。

　牌位祭祀　馬姓の家々で牌位をまつるのは清明節、夏至、七月半、十月朔、冬至そして大年夜の6回であった。そのなかで清明節がもっともにぎやかで盛大であった。6回とも基本的に兄弟のみが集まって行い、堂兄弟になると来ることはなかった。ただし、死者が出てから3年間は、清明節には親戚の者が集まる。

　馬家墳　馬家墳と呼ばれる場所が10畝程あった。馬家埭の人たちはここに埋葬された。大躍進運動のときに壊されて畑になってしまった。

　経疎　かつて現在の3隊の老年活動室になっている辺りに解放前には福至庵と呼ばれる寺廟があった。そこには「看男廟」が一人住んでいた。馬家埭、南范、堅頭浜、葉家堂の家々約100戸程がこの福至庵に依頼して「経疎」を書いてもらった。経疎は自分の曾祖父母までの先祖の名前、年齢、命日が書かれた

もので、看男廟が書いてくれる。毎年6回届けられる。それを先祖をまつるときには「元宝」と共に燃やした。

老年人協会　老年人協会は村に住む60歳以上の老人が男女区別なく加入している。老人活動室で茶を飲み、麻雀を楽しむ。老人活動室の経費は大隊が支出している。老人活動室は男性がよく行っている。女性はあまり行かない。女性は自分の家で家事をし、また隣近所の女性たちとおしゃべりを楽しむ。

車敦鎮には敬老院があり、完全に身寄りのない人が入る。聯庄村でも2隊と6隊の人が入っている。敬老院に入った人の請負耕地は生産隊に戻され、他の人に分配される。

廟会　「廟会」と呼んで、葉榭で農暦7月19日に大きな市が開かれる。昔からあるが、廟があるわけではなく、廟会は名前だけだという。ここからも大勢の人が行く。

大寿　「六十大寿」は60歳になったときの祝いである。家族が集まって一緒に食事をして祝う。その後、「七十大寿」、「八十大寿」と一〇年毎に祝いをする。年齢が上になるほど祝いの規模を大きくする。祝いには必ず寿麺を作り、そこには時鮮菜を必ず入れる。

喪事と喜事　葬儀のことを喪事という。そのなかで高齢、おおむね90歳に近い年齢で亡くなった人の場合には、喜事として葬儀を出す。長寿飯と言って、料理も盛大にして、葬儀の参加者はそれを食べて、自分も長寿になるようにする。喪事と喜事では用いる色は同じであるが、ただ料理を多くして盛大にすることが違う。

土葬から火葬へ　1960年代までは土葬が原則であった。60年代に火葬が普及した。土葬の頃は、南笵の人たちの墓は集落から西北100メートルほどの所に集中していた。その後、そこは野菜畑にした。火葬になってからは、その場所に火葬骨を埋納する。そこに埋めるのは死んですぐではない。

火葬した遺骨は箱に入れて、家の客堂の壁に棚を設けて安置しておく。その安置しておく年数は家によって異なるが、ある家では父親の遺骨をすでに6年間棚の上に置いている。したがって、一人の遺骨だけではなく、複数の人の遺骨を並べて安置することもあるという。この客堂の上部の壁に遺骨を安置するのは火葬になってからで、土葬時代にはなかったという。あるいはかつての牌

位を客堂の正面の高いところに棚を設けて安置していたことと関連するかもしれないが、その点は明確ではない。

　遺骨を野菜畑に埋めて、その場所に墓碑を建てる人もいるし、埋めた場所を小さな塚にしている場合もあるが、それらは少なく、多くの場合は埋めた上にも野菜を作っているという。したがって、どこに埋まっているかは関係者でなければ分からないという。埋める場所は自分の耕作地であるが、時には他人の耕作地に埋めさせてもらうこともある。その場合には、諒解をもとめることはするが、特に謝礼を出すということはないという。

　親戚　「親戚」と呼ばれるのは血のつながりのある人たちのことであるという。自分の兄弟、自分の姉妹の結婚相手、自分の父の兄弟、自分の母の兄弟、自分の妻の兄弟、妻の姉妹の結婚相手、さらには自分の父の姉妹の結婚相手などが含まれるという。そのなかで最も重要な存在は、自分の兄弟と妻の兄弟である。結婚に際しては、母の兄弟が来て、祝いの金と品物をくれる。

2. 聯建村

　聯建村の概況　聯建村は車墩鎮の南部に位置する。聯庄村よりもさらに南側にあり、村の中央部を南北に車亭公路が走り、その交通量は多い。また村の東端を鉄道線路が通っている。主として国道に面して新しい工場がいくつもできている。聯建村も行政村であり、景観としてまとまっていない。村内にはいくつもの集落がある。それらを行政村としては10の組に編成している。今回主として訪問し、調査を行ったのは1組である。記述も特に断らない限りは1組での聞き書の結果である。

　解放前の土地制度　1927年生まれの施姓の男性の覚えていることでは、解放前は土地は自作地と小作地の両方を耕作していた。自作地は「糧田」、小作地を「租田」と言った。1組の施姓のある人は、解放前には兄とともに20畝の耕地を耕作していたが、そのうち10畝は糧田、10畝は租田であった。10畝の租田は、5畝は大地主の徐家から、4畝は同姓の施春年、そして1畝を松江に住む大地主章一大からそれぞれ借りていた。すなわち佃戸であった。

　佃戸は土地の借用に際し、一畝当たり2石から3石の米を「地価鈿」として納める。これによって、その土地の「面」を入手できる。そして毎年租米を納

める。租米は1畝当たり7斗であった。面を借りた佃戸がさらにそれを他の農民に貸すこともあったが、それは少なかった。この貸し出しを「分種田」と言った。面を持っていながら、自分の家の労働力が少ない場合には、分種田に出すことがあった。面が土地の耕作権を示すのに対し、土地の所有権は「底」と表現された。底を獲得するには1畝当たり5石出して買い取った。

松江の参議院周鉄橋は租米の滞納についての罰則規定を設けた。松江の多くの地主は参議員の規定に依拠して自分のところの小作料などの条件を決めていた。租米の滞納は、1ヶ月遅れると、1畝につき7斗半、2ヶ月遅れると1畝につき8斗半を加えて納めなければならなかった。

この辺りから松江の地主へ租米を納入するのは、現物ではなく、現金を自分で持参した。地主の家には「帳房先生」がいたが、大きな地主の場合は「外帳」、「内帳」の二人がいた。外帳は外回りで、村々を巡って佃戸から租米を徴収し、耕地の管理をする役目であった。内帳は地主の家にいて、専ら会計処理の仕事を行った。村内の地主施春年には帳房先生はいなかった。

土地改革 解放後のこの地域は興隆郷陀新村といった。陀新村は現在の聯建村の半分程度であった。陀新村は六つの小組に編成されていた。それは5組（中虻）、1組（南虻）、2組（馮家埭）、3組（朱家浜）、6組（計家埭）、4組（西計家、唐家埭）である。陀新村は1949年から57年まであった。

解放前、ここは虹浬と言い、そのなかの施家埭という名前の所であった。

解放前の保甲制では8保で、解放後の最初の行政区分では中勝郷に属した。中勝郷は現在の聯建村、聯庄村、立新村、得勝村、江星村を含む範囲であった。

1950年に土地改革が行われた。農家を「得田戸」と「分田戸」に区分した。分田戸は土地を多く所有している家で、一人につき2.8畝を放出した。それに対して、得田戸は土地を所有しない、もしくはわずかしかなく、土地の分配をうける家のことである。一人につき2畝が分け与えられた。その分配を証明する「土地証」を発行した。

1957年に「高級社」が成立した。興隆郷の内部は4つの高級社に組織されたが、聯建村の範囲は、南丁を除いて興隆一社となっは。興隆一社の内部は4小組に編成された。現在の1隊から3隊までが1組、4隊から6隊が2組、7，8隊

が3組、9，10隊が4組であった。

人民公社　1958年に人民公社が成立したが、この地域は城東人民公社となった。まず最初は8営3連に組織され、翌年には大隊組織になった。ここは新建大隊の1隊であった。新建大隊は現在の聯建村の範囲であった。1978年にはじめて聯建村となった。

現行の行政組織　現在、聯建村は10の組に編成されている。基本的には集落単位である。ここで掲げる集落は必ずしも一つの集落を形成していない。それぞれがさらに幾つかの小集落に分かれている（図1参照）。

1組　中虬
2組　馮家埭
3組　朱家浜
4組　北虬
5組　北虬
6組　計家埭
7組　丁家埭
8組　北陳
9組　南陳
10組　西計家・唐家埭

1組の中虬、4組・5組の北虬は現在は立新村に属している北虬と共に虬涇と呼ばれていた。中虬のことをまた施家埭とも言う。

集落　聯建村の範囲は広く、集落は多い。家々は横に並んでいることが多く、集落形態としては横長の路村の形を取る。道路が家々を結んでいるが、家々の配置はむしろ水路を基準にしていると判断される。水路の横に家があり、水路に沿って並んでいるので、一続きの集落としての印象を強める。

家々の一続きを「埭」と表現し、集落の名称の最後に付けられていることが多い。今回重点的に訪れた1組の中虬は図2に示した通り、全部で51戸で構成されている。その他に聯建村の公共施設である老人活動室、村衛生室がある。なお、聯建村として、村の全戸に一連番号を付けており、その番号は表札として家の入り口に掲げられている。番号は家並み順であるが、組内が連続しているとは限らない。1組は101番から125番までと、158番から186番までで構成さ

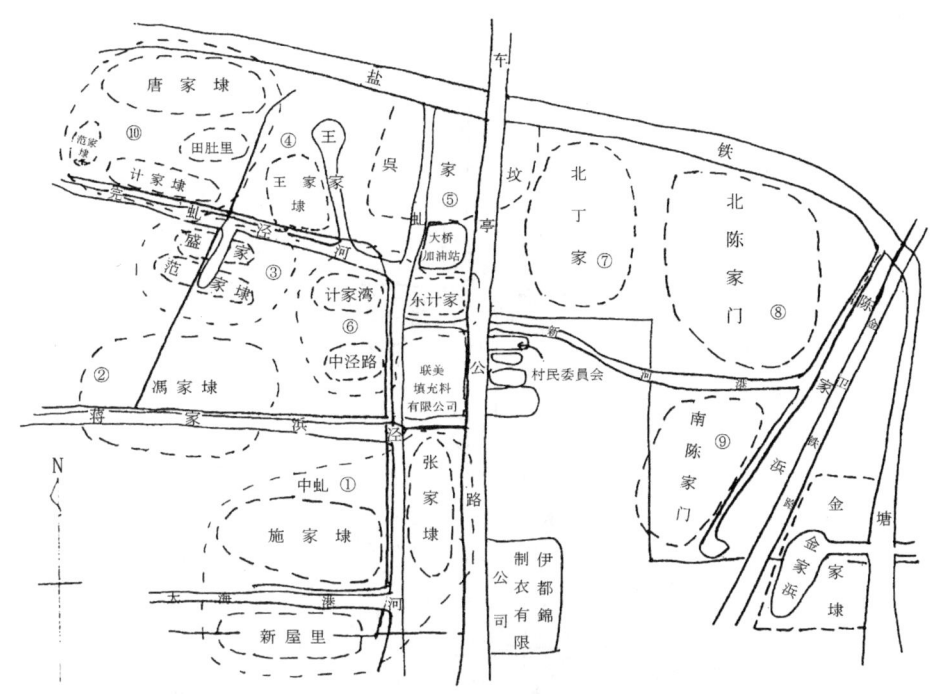

図1　聯建村の集落構成（陳玲作成）

れている。番号は老人活動室や衛生室、倉庫などにも与えられている。

　中虬は別に施家埭とも呼ばれてきた。しかし、厳密には中虬は三つの集落に分かれており、その中心的な一つが施家埭なのである。全部で18戸であり、そのうち9戸が施姓である。残りは張姓が4戸、朱姓が2戸、呉姓、彭姓、蒋姓が各1戸である。集落の中心部は施姓の家が占めている。施家埭の東側には南北に比較的大きな水路が走っており、その虬涇河という水路と公路とに挟まれた部分に家々が並んでいる。ここを張家埭と言い、21戸の家がある。そこに住む人々は張姓が多く、9戸である。それに対して施姓の家は6戸である。その他に欧姓、姚姓、沈姓、徐姓、李姓、呉姓の家が各1戸ある。また施家埭の南側には細い水路が虬涇河から入っている。その水路の南側に12戸の家が並んでいる。ここを新屋里と言う。ここは新しい集落であることがその名称に示されているが、構成する姓は、最も多いのは呉姓で6戸、次いで施姓3戸、張姓、柳姓、蒋姓が各1戸となっている。いずれの集落も複数の姓で構成されているが、必ずのように、飛び抜けて多数を占める姓があると言える。それが集落の

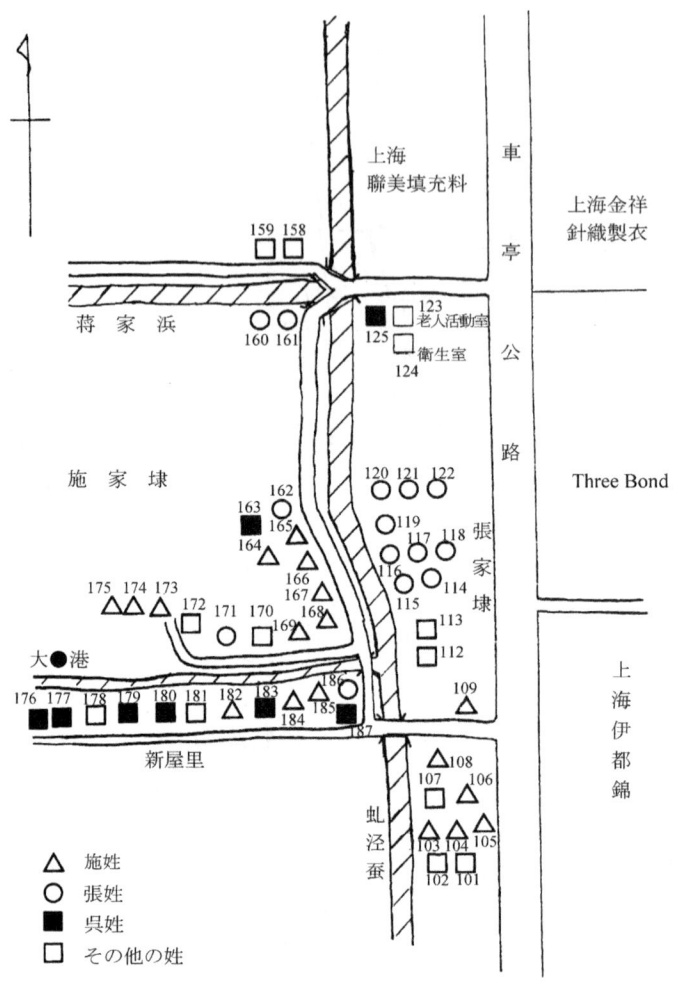

図2　聯建村1組（中虬）概念図

名称にも示されている。

叢桂堂　一つの集落としての施家埭は戸数18戸であるが、そのうち4戸は北方にやや離れており、家並みとして連続しているのは14戸ということになる。そのうち施姓の家が9戸である。この9戸の施姓の家は先祖を共通にするという。この氏族は「叢桂堂」を名乗っていた。この叢桂堂は「堂名」というが、祠堂の名前ではない。他の姓にも堂名はあった。他の施姓の家々は「敦礼堂」と言い、呉姓は「敦復堂」、また姓ははっきりしないが「世徳堂」という堂名もあったことが記憶されている。堂名は婚礼の時の「喜簿」（祝儀帳）の表紙に

記載される。

　施家埭の施姓の先祖は「陰陽須太々」と呼ばれる。その人の髭が半分は黒で、半分が白であったためという。先祖は便所に行って仙人に会った。仙人は黄色の帯（「黄汗巾」）をしていた。そうしたら、それ以降髭が半分黒く、半分白くなってしまった。しかし、その後順調に行き、財産も貯えられたという。かつては新年に先祖の図像を出して飾ったが、その中央には陰陽須太々の像を配置し、これが一番の先祖と考えていたという。陰陽須太々から何代経過しているかは全く分からないという。

　最初にこの地に住んだ先祖の名前は分からないが、上海市閔行区の方から移住してきたという。その子供は4人いた。4人の男子が分かれて、一房から四房までになったという。一房と三房の先祖の名前は不明であるが、二房の先祖は韻如、四房の先祖は韻庭といった。すなわち輩字が韻だったという。輩字は、韻→間→守→文→明と5字続いてきている。現在の若い世代が「明」の世代である。現在の年長者は「文」の世代である。したがって、4人の兄弟が分立して四房を形成したのは曽祖父の世代であり、それほど古いことではない。

　一房と四房は施家埭に住み、今も子孫がいる。二房は現在はない。三房は松江に居住するという。伝承によって、四つの房の関係を示すと以下のようになる。

　施家埭の施姓の家々は3代あるいは4代前に分立してきたことが判明する。従って、施家埭は同姓の家々によって形成されてきたと言えよう。施家埭という地名もそれを表現している。ただし、この地の施姓の家が全て同じ先祖ではないという。施姓の家は大きく三つに分かれており、それぞれ別の所からここに来たという。

　族長　解放前には施姓の族長がいた。最後の族長は一房の施友仁であった。族長は男性で最も輩が高く、その中で年齢が上の者で人望がある人物がなったという。その人物のいうことを皆が聞くような人間が族長になった。族長は、施姓の者の結婚式に際しては主婚人として出席した。

　祖墳と祠堂　施姓の一房から四房までの祠堂があった。施姓の祖墳というのがあった。集落の西側にあったが、今は残っていない。陰陽須太々が金持ちになったので設けたのではないかと思われている。祖墳は「施家墳」といい、大きな土饅頭であった。その祖墳の前に「墳南屋」という建物があったが、これ

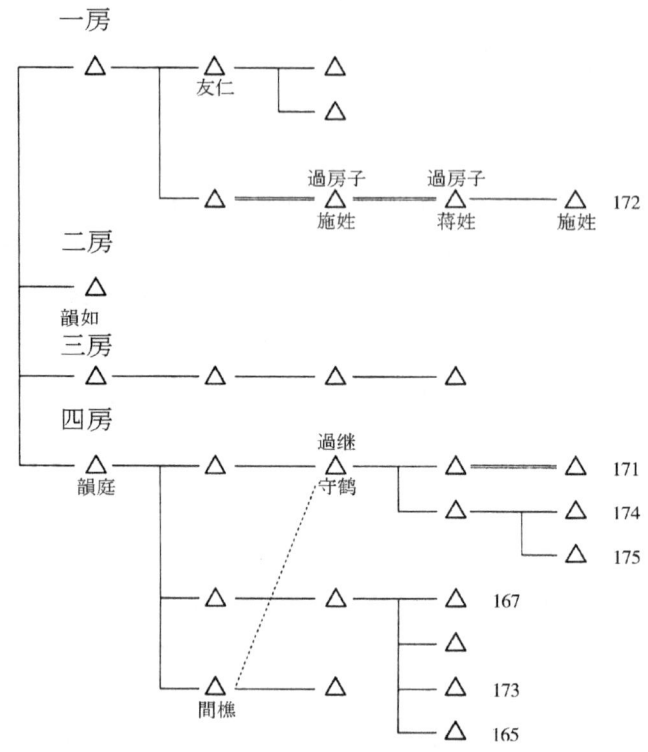

　が祠堂であった。建物は五間で、中央の「正間」と左右に二室ずつあった。正間には間樵の棺のみが安置されていたという。間樵は医者で施姓を繁栄させた。祠堂は基本的には埋葬するまで棺を安置しておく所だった。棺は正間の両側のどの部屋に置いてもかまわなかった。遺体を納めた棺は、夫婦どちらかが健在なうちはこの祠堂に置かれる。夫婦ともに亡くなり、夫婦の棺が揃うと埋葬する。7歳以上の子供がなくなった場合には、すでに亡くなっている異性の子供を探して結婚させる。そして埋葬する。結婚できるまで棺は祠堂に置かれる。結婚させることにした棺を並べておき、儀礼を行い、埋葬する。これを「鬼攀親」という。その後、双方の親は親しく付き合うようになる。

　他の姓にも祠堂があった。たとえば8隊の陳姓、9隊の陳姓はそれぞれ別々に祠堂があった。また得勝村の「蕭家祠堂」は数百畝の土地を所有していた。蕭家の人々に米を支給し、また出産に際しても米が与えられたという。

摘要

村　落

福田亚细男

车墩镇在松江区东部，西距该区中心松江镇约8公里，地处交通要道。近年来工业开发区的蓬勃发展，大型影视乐园的建设，村落景观发生了巨大的变化。本次调查对象为位于车墩镇南部的联庄村和联建村。两村相互邻接，又曾同属一乡，具有不少共同点。

联庄村和联建村都为行政村，各自由多个自然村组成，从村落布局，以及社会关系来看，并未自成一体，再加上1949年以来行政机构几经沿革，现在的行政村的范围很难认为是历史上自成一体的地域范围。

社会组织以自然村为基础，自然村名多由姓氏命名，尾字多带埭字，据说由来与该姓氏的宅基地，实际上与自然村名同姓氏的人家在村里占多数。另外，同姓人家建造的祖宗堂有世德堂、丛桂堂、敦礼堂、敦复堂等。

联建村一组施家埭，有四个房，丛桂堂是其祖宗堂，这在当地是少见的，施家曾有过统辖全族的族长，而且辈字至今已沿用5代，解放前还曾以祖坟为中心设有祠堂，施家虽然规模不大，辈数也不多，却显示了宗族的基本形态。

家　族

中込　睦子

1. 家族生活の場としての住居

住宅の新改築　聯建村・聯庄村においても、先に述べた井凌橋村・四村と同じく、1980年代以降、住宅の新改築が急速に進んでいる。村内を歩いた印象では、二階建て、三階建てへの改築は先の井凌橋村、四村よりもさらに進んでいるように思われ、瓦葺・煉瓦積みの平屋の住宅を見ることは先の二村よりも稀であった。今回調査の対象となった家々も、全て1980年代以降に建てられた二階建て、三階建ての住宅である。聞き取りによれば、改築以前は平屋で、入り口のある客堂間の東西に居室が並列する三間取り、または天井（中庭）を囲んでロの字型に居室を配置する閉鎖型の間取りであったといわれる。80年代以降、今日見られるような二階建て、三階建てに改築されていったようであるが、先の井凌橋村・四村と異なるのは、改築後も居室のある母屋と灶間のある小屋を別棟に建てる傾向が強い点であり、この点は聯建村・聯庄村の集落景観を特徴づけるものとなっている。

　こうした住宅の新改築が進む事情は、井凌橋村・四村と同じく、兄弟間での住宅分割の原則が今日も守られていることにある。しかしながら、息子世代の都市部への転出は、先に述べた村々よりも一層進んでおり、息子達のために建てられた二階建て、三階建ての大きな住宅に老夫婦のみが住むという例が稀ではなくなっている。車墩鎮の政府責任者によれば、若い世代は上海市街地の高層住宅に転出しており、新築の家の50%は空き家になっているとのことであった。聯庄村では村の人口の25%は、村内の住宅の他に都市部に住まいを購入しているとのことで、若い世代を中心に生活の拠点を都市部に移しつつある現状

がうかがわれる。

平屋三間取りの事例　かつて一般的だったといわれる平屋三間取りの例として、聯建村の張 A 氏（1936 年生まれ）の旧宅をあげておく。井凌橋村の封氏宅と同様、入り口のある客堂、その東西に一室ずつ居室を配する三間取りで、1970 年代の終わりごろ、長男の結婚に際して建てられた。東側を長男夫婦、西側を次男（結婚後は次男夫婦）の居室にあて、天井を挟んで北側にある小屋も東側に長男の灶間、西側に次男（結婚後）の灶間と配分されていた。本人夫婦は、この建物を建てる以前に住んでいた老屋に居室を残しており、息子達の結婚・分家に備えてこの家を新築したとのことであった。その後 1987、8 年に次男家、1990 年頃に長男家がそれぞれ新築され、旧宅は取り壊された。

中庭を囲む閉鎖型の事例　図1は、聯庄村の奚 B 氏（59 歳）の旧宅の間取り

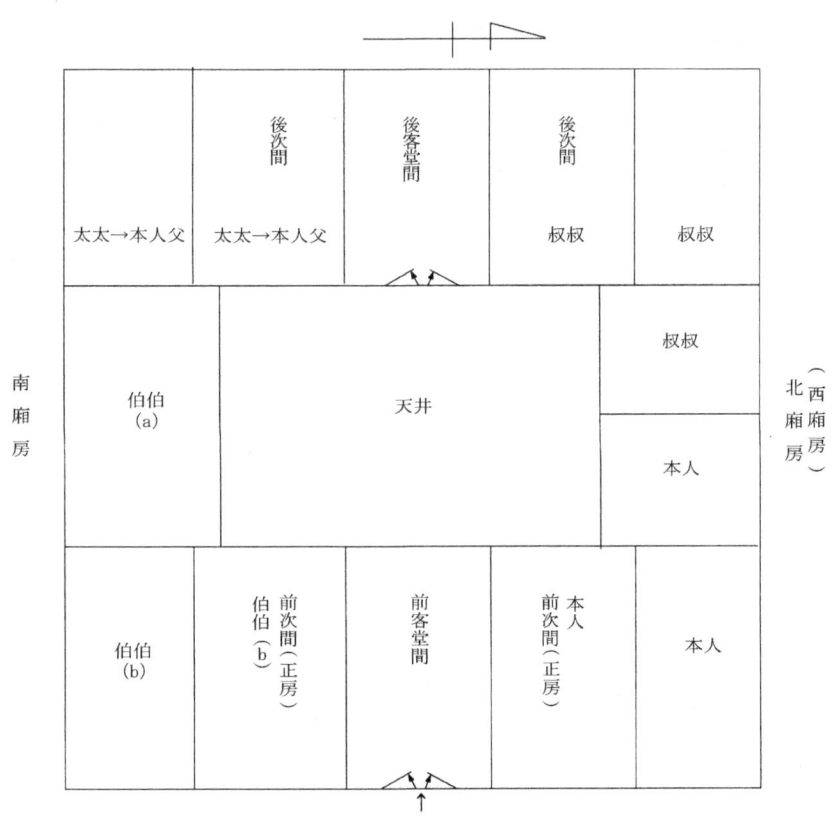

図1　聯庄村　奚 B 氏旧宅間取り（復原）

図で、氏の子供時代から1987年に現在の家に改築するまでの住宅の様子を聞き取りにより復原したものである。氏の結婚当時まで、祖父の兄弟姉妹とその息子達一家が同居していたということなので、おそらく曾祖父の時代に建てられた建物を順次分割しつつ居室を配分していったものと思われる。東側が正面入り口で、中央に前客堂間、その両側に前次間（正房ともいう）が並び、天井を挟んで西側にも中央に後客堂間、その両側に後次間があった。前後の次間をつなぐ形で、天井の南北に廂房があり、北側を北廂房（通称西廂房）、南側を南廂房といった。灶間の所在は明らかではないが、おそらくそれぞれの夫婦ごとに設けられていたと思われ、前客堂間でこの家に住む家族全体の婚葬喜事（冠婚葬祭）や過時酒の行事が行われた。1986年にはこの家を取り壊し、その年の内に同居していた各家族はそれぞれ家を新築して移り住んでいる。

　図2は、聯建村の張Ｃ氏（1928年生まれ）旧宅の間取り図で、氏の結婚当時の状況を聞き取りにより復原したものである。図1と同じく天井を囲んでロの

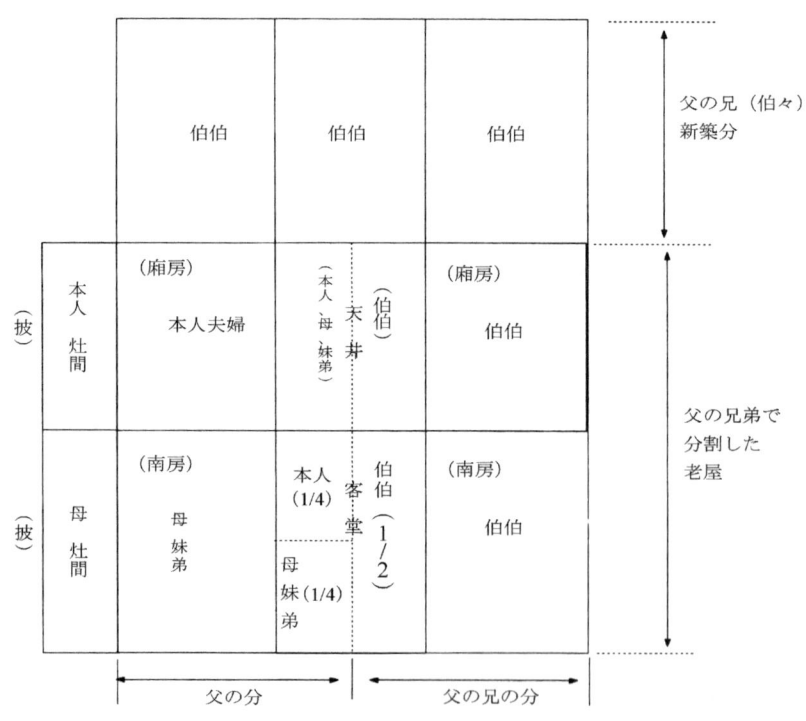

図2　聯建村　張Ｃ氏旧宅間取り図（復原）

字型に居室を配する閉鎖型の間取りであるが、この家の場合、天井を挟んだ北側の三室は父の兄による増築分で、南側の客堂と東西の南房、天井に面した東西の廂房が当初の建物といわれる。図1の奚氏宅と同じく、父の兄一家と同居していたとのことであり、兄弟間での分家に伴い居室を分割しつつ、増築により兄弟間の持ち分の平等をはかったものと考えられる。

図3は、聯建村の張D氏（1931年生まれ）旧宅の間取り図で、氏の結婚当時の状況を復原したものである。氏は招女婿で、この家には妻（呉姓）の父の兄弟、祖父または曾祖父の兄弟の子孫など堂房（呉姓の一族）の数家族が暮らしていた。南側の中央に客堂、その東西に二列に四室ずつ部屋があり、東側は弄堂（板壁で囲われた路地）で別棟の小屋につながっていた。弄堂に面して、廂房が二室あり、弄堂の突き当たり（居室部分の北東隅）にそれぞれの家族の灶頭間のある小屋があった。間取り図によれば、閉鎖型の間取りの一部のように思われるが、空白部分の詳細は不明である。

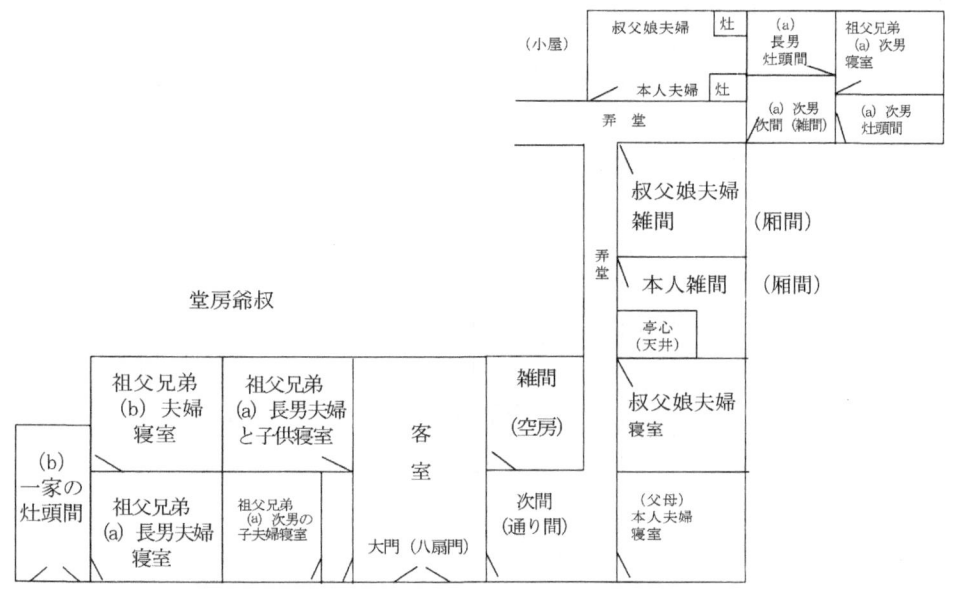

図3　聯建村　張D氏旧宅間取り図（復原）

現在の二階建て住宅　聯建村・聯庄村で現在一般的なのは、各階に東西二室、または三室を配する二階建てまたは三階建ての住宅で、灶間のある小屋を別棟に建てる形式である。図4は、聯庄村の張E氏の現在の家の間取りであ

る。1983年に西隣の叔父の家と棟続きに建てられ、隣家との境界部分の壁面に「一九八三年五月」と書かれたプレートがはめ込まれている。南面する道路に沿って小屋が建ち、小屋の入り口から内部の土間を通り抜けて、天井から大屋（母屋）に至るという構えは、この地域ではごく一般的で、聯建村にも同様の住宅が数多く見られた。

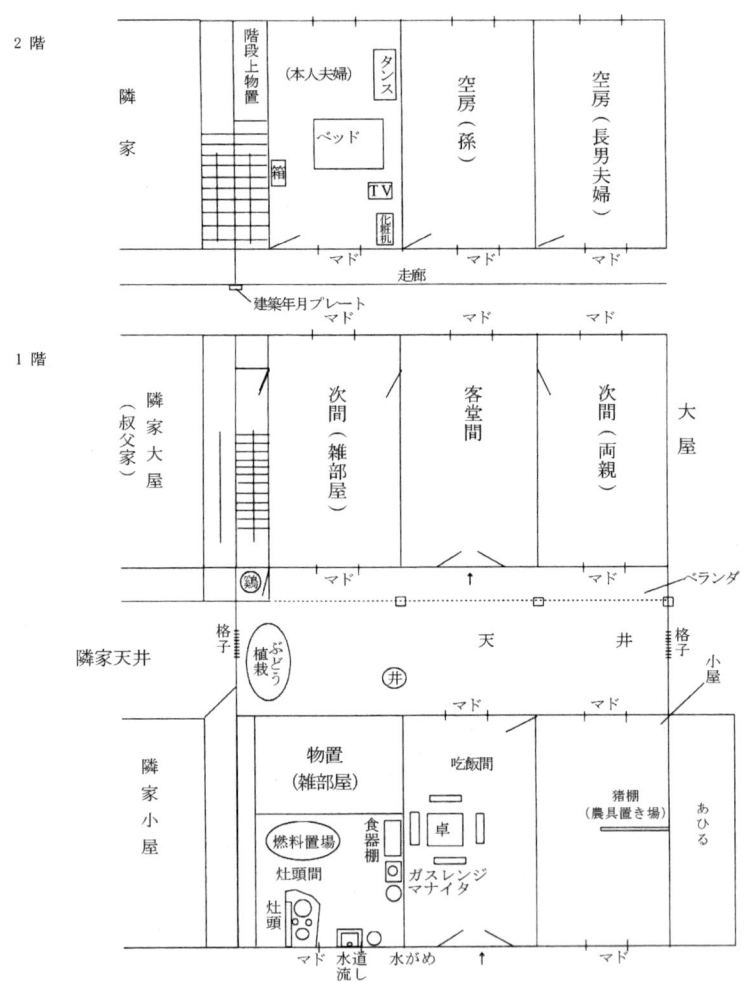

図4　聯庄村　張E氏宅間取り図

小屋は、隣家の小屋と軒を接しているが別棟で、内部は三室に分かれている。入り口のある中央に吃飯間、その西側に灶のある灶頭間、東側が農具などを保管する物置になっている。老人の二人暮らしなので、調理は現在も灶頭を

使っており、部屋の隅には藁などを置く燃料置き場がある。東側の物置は元々は猪棚だった。

　大屋は二階建てで、一階二階とも三室である。一階の中央に客堂（前頭間ともいう）、その東西に次間がある。冠婚葬祭などの行事には、客堂と西側の次

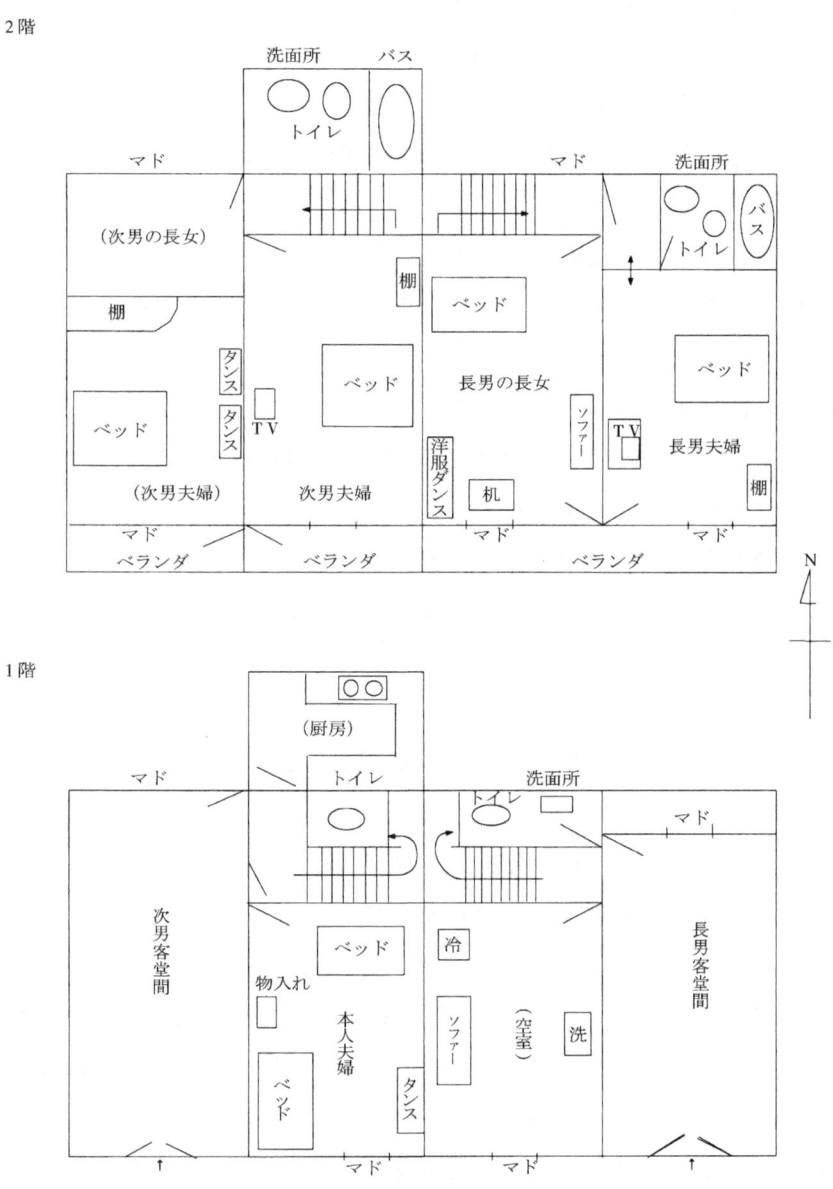

図5　聯建村　施F氏長男・次男宅間取り図

間を使い、東側は現在は空き部屋である。西の次間の西側に二階に上がる階段があり、二階の各室には南側の走廊（ベランダの廊下）から出入りする。家族の居室は全て二階にある。棟続きの隣家とはちょうど左右対称の造りで、この家の西端にある階段と、隣家の東端にある階段が壁越しに隣り合っている。ただし、母屋も天井も完全に仕切られており、内部では行き来できない。

　図5は、聯建村の施F氏（1927年生まれ）の長男家と次男家の間取りで、1987年に建てられた。母屋、小屋ともに棟続きであるが、内部は二つに仕切られており、長男家と次男家では造りも若干異なる。母屋は二階建てで、東側の二室が長男家、西側の二室が次男家である。東側の長男家は、一階に客堂間と雑部屋、階段とトイレ・洗面所があり、二階の二室が家族の居室である。西側の次男家も、一階に客堂間と隣室、階段とトイレがあり、北側にガスレンジを備えたキッチンを設ける。二階の二室は家族の居室である。天井を挟んで北側に小屋があり、東側の二室を長男、西側の三室を次男と分けている。天井は仕切られていないが、長男の持ち分と次男の持ち分は区別されており、それぞれの持ち分に長男次男の井戸が設けられている。

　部屋の名称と機能　建物は、井凌橋村・四村と同じく、原則として南向きに建てられる。入り口のある広間は、客堂（客堂間）または前頭間と呼ばれ、婚葬喜事（冠婚葬祭）や年6回の過時酒はここで行われる。結婚や養小人（子供が生まれたお祝い）の祝宴など人が大勢集まる際には、客堂間と隣室の両方を使うこともある。また、土葬当時は、客堂間が停枢の部屋で、死後三日間枢を安置した（聯建村）。

　家族の居室は、二階、三階の各室をあてるが、親夫婦が同居する家では、先の二村同様一階客堂間の隣室（次間）をあてる。

　灶のある厨房は灶間、灶頭間とよばれ、先にも述べたように別棟の小屋にある。南側の窓際に灶と流し、壁際にガスレンジや椀橱（食器棚）をおく。灶は、三つ口ないし四つ口で、大鍋をかける二口と湯を沸かす小さい口がある。「春満人間　福星高照」などの文字を記すものもあったが、この地域では全体に装飾の少ないタイル貼りの機能的な灶が多い。聯庄村では1990年頃から、聯建村では1996年頃からプロパンガスが入り、現在はどこの家でもガスレンジを併用している。水道が通ったのは、聯庄村では1992年頃から、聯建村では1994

年頃からとのことである。

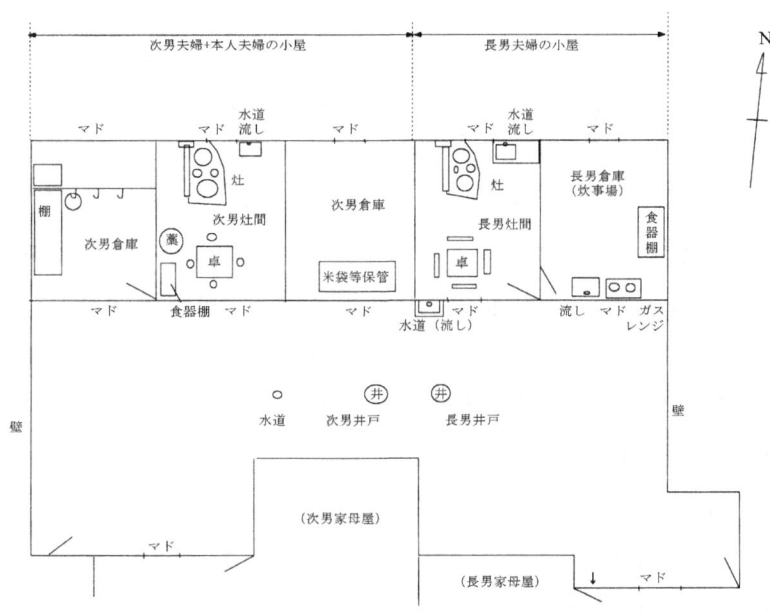

図 5−2　聯建村　施 F 氏長男・次男宅天井・小屋間取り図

2. 家族の構成と老親扶養

家族の範囲　住居の様子に見られるとおり、聯庄村・聯建村においても、先の井凌橋村・四村と同じく、兄弟間での財産均分の原則が今日にいたるまで遵守されている。かつての平屋住宅では、兄弟が分家するごとに順次居室を分割し、あるいは一部を増築することによって、三、四世代の同居する「大家族」的な形態へと展開する契機をはらんでいた。これはすでに示した事例のとおりである。80 年代以降、分家の必要が生ずれば旧宅を取り壊して新改築するようになってきており、同じ家に同居する家族員の範囲は以前に比べれば縮小しつつあるといえる。しかし、どちらにしても、分家した息子たちはそれぞれ別個の生活単位を構成し、食事も家計も完全に分離する。息子たちのために新築された住宅では、たとえ棟続きの家であっても、長男家次男家の持ち分ははっきり区別されており、灶間もそれぞれの小屋に設けられる。仕切りのない一続きの天井に長男次男の井が並んで設けられている光景は、これを象徴するものといえる。

・ 223 ・

息子達に財産を分け終わった親は、息子たちの家の一室を居室とし、原則として息子達とは灶を分ける。ただし、今回調査の対象となった家では、親夫婦は自分の灶を設けずに、息子夫婦の灶と兼用にしたり、他出した息子の灶を使ったりする例が目立った。これは、以下に述べるように、息子世代の他出傾向と関連する現象と考えられる。一人息子や一人娘の場合は、兄弟間で財産分割する必要がないので、分家の形は取らず、親子で灶を分けることもない。

　分家と祖先の祭り　兄弟が灶を分けて分家すれば、年6回の過時酒（現在は清明と年夜の2回）は、それぞれの家族ごとに行う。親が健在な間は、少なくとも年夜には親のいる家に息子達や嫁いだ娘が帰ってきて揃って食事をする。しかし、親が亡くなれば、兄弟が過時酒に顔を揃えることもなくなり、兄弟それぞれの家に息子や娘が集まって行事をすることになる。

　閉鎖型の間取りに伯伯、叔叔などの数家族が同居していた聯庄村の奚B氏宅では、その当時、各家族が順番に一日交替で料理を作って四日間にわたって祖先の祭りをした。年夜には、客堂間に二つの卓を並べて燭台を四対並べ、各家族が順番に供物を供えて祖先の祭りをした。行事が終わると、供えた料理はそれぞれの家族が持ち帰って食べた。過時酒の行事はあくまでも家族単位（灶単位）に行われていたことがうかがえる。聯建村の施F氏宅では、棟続きの家に住む長男と次男が、清明と年夜には一日交替で二日間にわたって祖先の祭りをする。一日目は長男家、二日目は次男家で料理を作って祖先に供え、兄弟は互いに招きあう。次男家に同居する親（本人）夫婦は、両方の行事に招かれる。七月半と十月朝の行事はやや略式で、次男家に同居する兄弟の親が料理を作って一回だけ供える。聯建村の張A氏宅では、隣り合って住居を構える長男次男は、それぞれの家で清明と年夜の行事を行う。両家を輪流している本人は、清明の過時酒はしない。清明は亡父（亡くなった本人の夫）に対して子ども達が供えるものだからという。

　輪流と親子関係　親夫婦が老齢に達すれば、その扶養は財産を受け取った息子達全員の責務である。聯庄村では昔から「敬老愛小」という言葉があり、親は子どもたちを育て上げたのだから、年をとって生活できなくなった親の面倒を見るのは子どもとして当たり前と説明される。息子達が村内に近接居住していれば、親の居室がどこにあるのであれ、親の生活の面倒を見るのは息子達全

員の責任であり、様々な形で輪流が行われることになる。聯庄村では、息子たちの内の一人と同居するよりも、在村の息子たちの家を輪流する方が一般的であるといわれ、聯庄10隊では全戸の三分の一に老人が同居し、そのほとんどは輪流の形をとっているという。聯建村では、親、特に母親は兄弟の内下の息子（次男、三男）と同居するのが一般的であるといい、今回の調査でもその例が目立った。

　輪流は、親夫婦が息子たちの家を順番に（かつ平等に）回って、生活の面倒を見てもらう形態であるが、その眼目は親の食費を平等に負担する点にある。親が自力で食事を作れる間は、米やおかず代を息子たちが共同で出し合い、それができなくなると、親の食事を息子たちが交替で用意することになる。輪流の方法には、居室も食事も息子たちの家を平等に回る文字通りの輪流の他に、居室は固定していながら、食事のみ各家で取る形もみられる。文字通りの輪流では、息子たちそれぞれの家に親の居室とベッドが用意される。息子たちに財産を分けてしまった親にはもうほとんど財産というものはないので、持ち回るのは衣服と身の回り品のみである。親の食事ももちろん各家で用意され、息子一家と一緒に食事をする。食事のみ輪流する場合には、食事時になると親夫婦はその日の担当の息子の家に赴いて食事をしたり、場合によっては息子が料理を親の部屋まで運んだりする。

　輪流のサイクルは、通常一年おき、または半年おきであるが、食事のみ輪流の場合は一ヶ月おきという場合もある。「一ヶ月おきなら親も楽しみにしているからよいが、一週間おきでは面倒だから」少なくとも一ヶ月交替にするという。村外に出ている息子がいれば、彼の負担すべき食費を送金することになっており、さらに息子たちが全員他出していれば、息子たちが費用を出し合って、親夫婦を敬老院に入れるという場合もある。輪流の方法や期間は、息子たちが相談して決める。

　輪流している親が亡くなれば、葬儀の費用は息子たちが平等に負担する。葬儀には三日間ほどかかるので、実際にどこの家で葬儀を出すかは息子たちの相談による。火葬後の遺骨を埋葬するまでどこに安置するかも息子たちの相談による。こうして両親が亡くなり、夫婦の遺骨がそろった段階で一緒に埋葬するのが理想とされる。

輪流しないで息子たちが平等に親の面倒を見る方法としては、父親と母親を二人の息子たちがそれぞれ面倒を見る形がある。この方法は、輪流ほど一般的なものではないが、親が輪流を希望しなければ親同士で話し合い、父親は一方の息子、母親はもう一方の息子とともに暮らす。葬儀はそれぞれで出し、遺骨もそれぞれの家に安置して、両親が亡くなると併せて埋葬する。長男が両親、次男が祖母の面倒を見たという、聯庄村厳G氏の場合はその変形といえる。

息子世代の他出と一人っ子同士の結婚　しかしながら、現在の聯庄村・聯建村では、このような家族の原則が文字通り遵守されているとはいえない事例も数多く見られる。その最大の理由は、息子世代の都市部への流出にある。冒頭にも述べたように、この地域では、息子世代の多くが都市部に職を求め、さらに住まいを買い求めて生活の拠点を移しつつある。分家当初は住居を二分して暮らしていた息子達も、その一方が他出して住まいの半分は空き部屋となったり、場合によっては二人とも他出して親夫婦が息子達の留守宅を預かる形となっている例もある。一人息子で「分家はしていない」という場合でも、息子は仕事先に住まいを買い求め、親の住む家には休暇で帰って来るのみという例もある。兄弟の他出に伴って結果的に一人の息子と同居する形となった例では、親夫婦と子夫婦の関係は一人息子と同居する場合に近似してくる。先に述べたように、親夫婦が息子達の分家後もあえて灶を別に設けないのは、こうした事情による。井凌橋村・四村では、息子達の結婚、分家、親子の灶の分離、輪流というプロセスが比較的明瞭に見られたのに対して、この地域では親子関係のあり方も、各家庭の事情に応じてさまざまなヴァリエーションをうみつつあるように感じられる。

　近年の動向としてもう一つ注目されるのは、一人っ子同士の結婚の場合である。聯建村のある家の例では、一人息子一人娘は結婚後も夫方、妻方双方の生家に夫婦の居室を持ち、「いったり来たりして両方に泊まっている」という。同村の婦女主任によれば、一人っ子同士の結婚ではこうしたケースが多いという。夫方妻方のどちらに多く住むかは子どもの都合次第で、さらに子ども本人が都市部に住居を買い求めて生活の拠点を移している例もあるという。一人っ子夫婦に子供が生まれた場合、子の姓をどちらにするかは、夫婦が話し合って決めるとのことであるが、今後こうしたケースの増加が予想されるだけに、そ

の動向が注目される。

輪流の事例 まず、現在輪流を行っている事例として、聯建村張A氏の場合を示す。図6に示すように、氏には四人の息子があったが、二人は夭死し、現在二人の息子達が隣り合わせに住居を構えている。長男夫婦には一男一女、次男夫婦には一人息子がおり、それぞれ四人家族、三人家族で暮らしており、本人は次男家に居室をもっている。次男家に居室をもったのは、息子一人で部屋に余裕があったからで、当初は次男一家と同じく二階の西側の部屋を夫婦の居室にしていた。夫が病床に伏してからは前頭間西側の現在の居室に移り、夫の死後もこの形が続いている。次男家に同居しているとはいうものの、食事は一ヶ月おきに長男家と次男家でそれぞれの家族とともにとり、息子達の家で半々に暮らすので「我是一半、一半」だと語る。

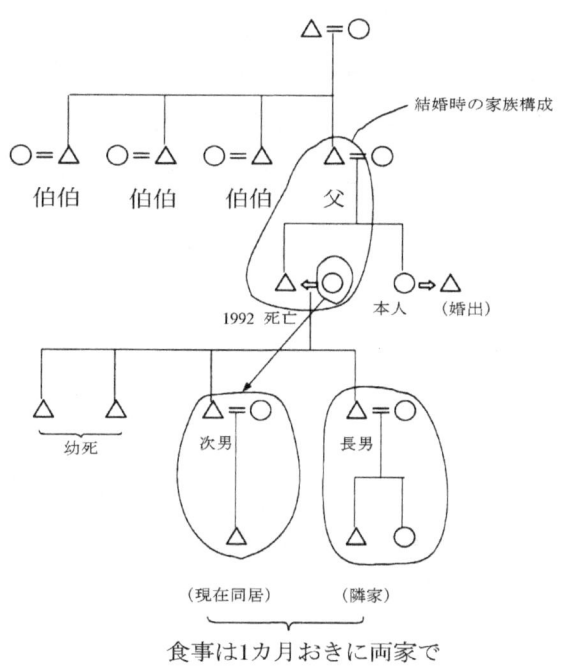

図6 聯建村 張A氏の家族関係

こうした輪流の形をとるようになったのは、8年前に氏の夫が亡くなってからで、それ以前は分家した息子達とは竈を分けて夫婦二人で食事をしていた。息子達が分家した当初は、先に述べた三間取りの家の東側に長男夫婦、西側に

次男夫婦が住み、本人夫婦はこの建物を建てる以前に住んでいた老屋に居室を残して、灶も三つ（長男は小屋の東側、次男は小屋の西側、本人夫婦は老屋の灶）に分けていた。1987、8年に現在の次男家を新築して、次男一家と本人夫婦が移り住んだが、当時次男家にはまだ厨房がなく、次男は旧宅の灶、本人は老屋の灶をそのまま使っていた。その後次男家に小屋（灶間）を建て、本人夫婦は1990年に隣接して建てられた長男家の小屋の灶を共用する形になった。本来は灶が三つ必要だったわけだが、本人によれば「厨房が足りなかったので」長男家と共用にしたとのことで、居室を次男家、厨房と食事室を長男家と平等に割り振って、親は両方の家に部屋を持つようにしたのだという。この時点では、本人夫婦は次男家に居室を持ちながら、灶は長男家のものを使い、夫婦二人分を調理して食事も長男一家とは別室（長男家の前頭間の隣室）でとっていた。夫が亡くなってからも2年間は長男家の灶で本人一人で食事をしていたが、6年前からは、現在のような輪流の形になって今日に至っている。氏によれば、息子達は親孝行で、長男一家とも次男一家とも大変うまくいっており「長男も次男も同じくらい好き」と今の生活を語っている。

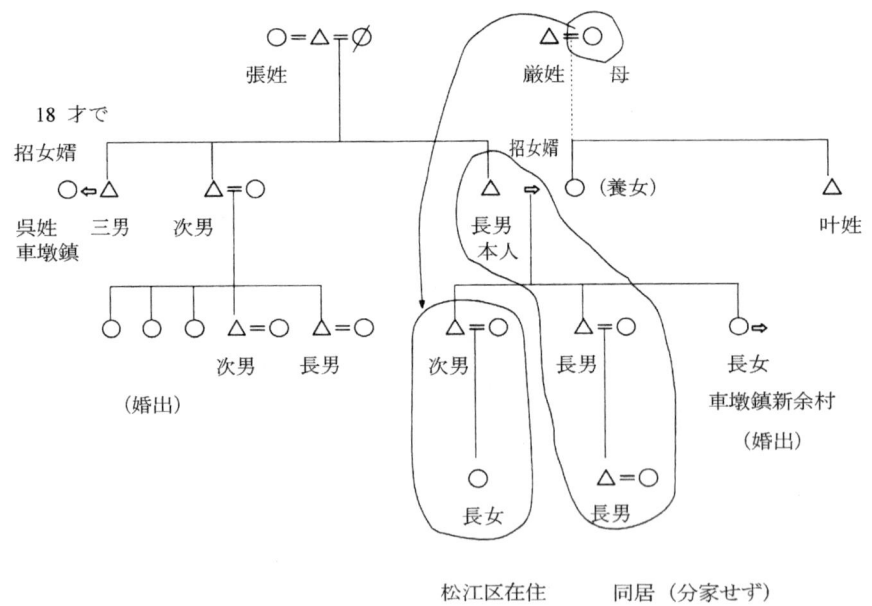

図7　聯庄村厳G氏の家族関係

祖母と両親の扶養を兄弟で分担する事例　図7は、聯庄村厳G氏の家族関係を示したものである。氏には二男一女があり、長女は既に婚出、次男一家は松江区在住で、現在は本人（妻は既に死亡）、長男夫婦とその長男夫婦の五人家族で暮らしている。現在の長男家は1990年に建てられた三階建ての住宅で、一階に客堂間と店舗、店の倉庫、二階に長男夫婦と長男の長男夫婦の居室があり、本人の居室は小屋の一画にある。この建物を建てる以前は、すぐ近くにある平屋の旧宅に長男一家と共に暮らしていたが、その当時も、そして現在の家に移ってからも、長男と灶を分けたことはなく（分家せずに）、昨年結婚した孫夫婦も灶を分けていない。現在は、長男の妻が小屋の厨房で調理し、客堂間で三世代揃って食事をとっている。

次男は結婚後半年で分家し、当時健在だった氏の義母（次男にとっては祖母）は次男家に同居していた。二人の息子がいながら、長男が分家せずに親夫婦と同居して今日にいたっているのは、次男が祖母の老後の世話を受け持ったためである。つまり、長男次男は二世代にわたって平等に老人の世話を負担し、それぞれの責任を果たしたと考えられている。

分家後の他出事例　図8と図9は、長男次男が一棟の建物を分割して居住し、親夫婦は次男家に居室を持っている事例であるが、息子夫婦の転出に伴い、親子の灶の分離や輪流の形をとっていないケースである。図8は、聯建村張H氏の家族関係である。氏には二男一女があり、長男は村内の玩具工場に勤務するかたわら商店を経営し、次男は車墩鎮在住で運転手をしている。娘は既に婚出している。現在の住まいは、三階建ての建物を長男次男で東西に分割して居住する形である。この建物を建てた1993年当時は、東側の各階二室に長男夫婦と息子・娘の四人家族、西側の各階二室に次男夫婦と息子の三人家族が暮らし、次男家二階に本人夫婦の居室があった。長男次男は結婚後も親夫婦と同居し灶も家計も分けずに暮らしていたが、96年に次男一家は仕事先に家を買い求めて他出し、長男夫婦も商店の方に寝泊まりするようになった。従って、現在は文字通り夫婦二人暮らしで、週末のみ孫達が戻って来るという状況である。

現在、本人夫婦の生活費は貯金と息子達からの若干の援助（決まった額ではない）でまかなっている。次男家に居室を持っている関係で灶間は次男家の小屋のものを使うが、次男に扶養されているわけではない。本人夫婦は、現在水

中日联合江南地区民俗调查报告辑

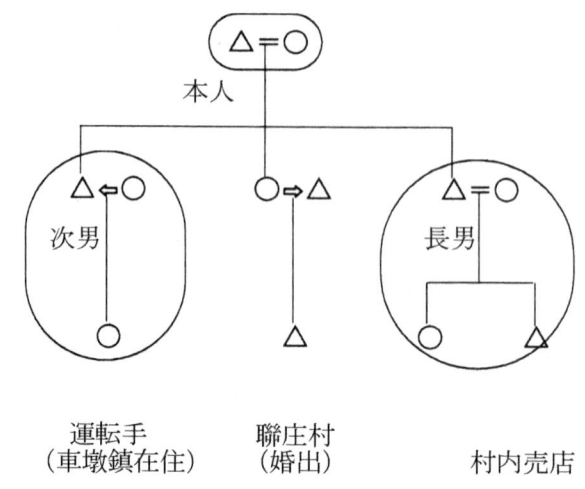

図8　聯建村　張H氏の家族関係

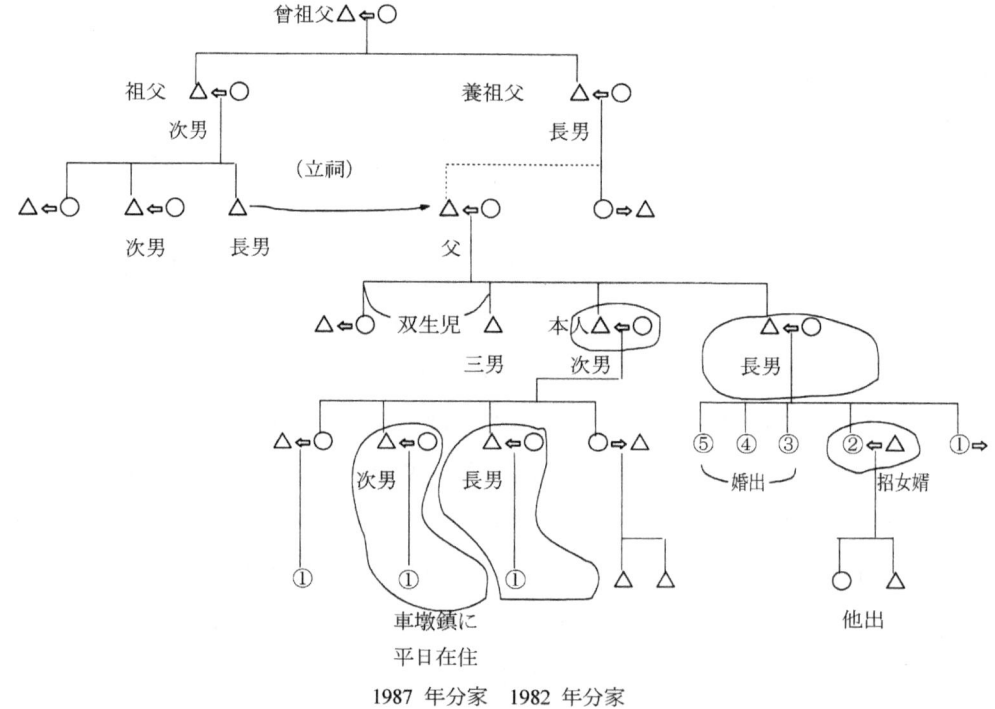

図9　聯建村　施F氏の家族構成

田4畝（本人夫婦と長男、長男の長女の四人分）を耕作しており、自家用米をまかなっている。長男の長男は大学在籍中で農村戸籍がなく、他出した次男一家も籍がないため農地は配分されていない。

　図9は、図5に間取りを示した聯建村の施F氏の家族関係を示したものである。氏には二男二女があり、娘二人は婚出し、内装関係の会社に勤める長男の家族三人とタイヤの修理工場に勤める次男の家族三人と共に、図5の家に暮らしている。この家は、1987年次男の分家に際して建てられたもので、長男夫婦と娘、次男夫婦と娘の居室はそれぞれの家の二階にあり、本人夫婦の居室は次男家一階の客堂間の隣にある。ただし、次男一家は現在、車墩鎮に家を購入して居を移しており、帰宅するのは週末のみである。

　次男家に同居する形の本人夫婦の生活費は次男が負担し、本人の貯金や収入は夫婦の小遣いになる。長男が分家した1982年には、次男はまだ未婚で本人夫婦と灶も分けていなかったが、次男が87年に分家してからは、本人夫婦は次男家に同居しつつ次男夫婦と灶を分けて暮らしていた。その後再び次男と灶を一つにし、次男一家が他出してからは、普段の食事は次男家の灶で老夫婦二人分を作っている。長男家とは灶も家計も分けている形であるが、共稼ぎの長男の妻に代わって本人の妻が食事を作ることも多く、夕飯は本人夫婦と長男一家が一緒に食事をすることが多いという。従って現時点では、親夫婦と息子夫婦の灶の分離も、また兄弟間での輪流も明確な形をとっていない。年夜には、次男一家も帰ってくるので、本人の妻が中心となって料理を作り、長男一家次男一家、本人夫婦が揃って食事をする。なお、本人夫婦は、現在水田を4畝8分（一人あたり6分で、本人夫婦、長男一家、次男一家の八人分）耕作しており、農繁期には息子達も農作業を手伝うとのことである。

一人息子との同居　図10は、聯建村張D氏の家族関係で、一人息子との同居の事例である。氏には一男二女があるが、娘二人は既に婚出しており、1983年に建てられた三階建ての長男家に長男夫婦とその娘夫婦、本人夫婦が同居して家族六人で暮らしている。本人夫婦の居室は二階、息子夫婦と孫娘夫婦の居室は三階にあり、食事は一階客堂間で家族揃ってとる。村の工場長をつとめる長男は、松江区の市街地にも別に住まいを購入しているが、日常はこちらの家で生活しており、鉄道関係に勤める孫婿は単身赴任で週末のみ帰宅する。

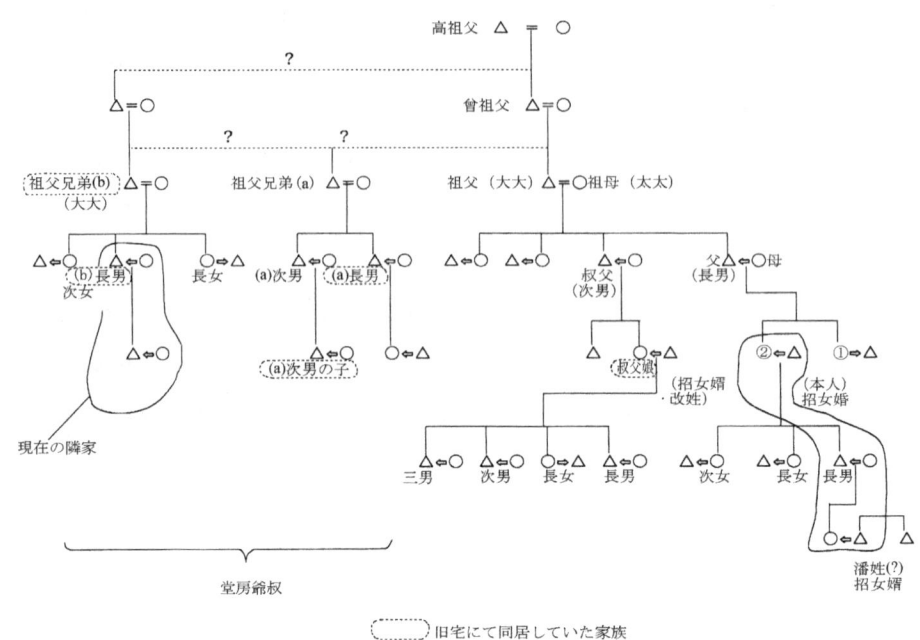

図10　聯建村　張D氏の家族関係

　一人息子である長男とは灶も家計も分けず、家族の生活費は全て長男が負担している。分家をしていないことについて「一人息子なのだから分家するわけないでしょう。全部息子のものなのだから」と説明している。本人には年金収入があるが、全て本人夫婦の小遣いで、妻は「焼香拝仏」（寺参りの旅行）に、本人は麻雀や煙草等に使う。本人の妻がたまに食材を買い足すこともあるが、食費として定額を負担しているわけではない。
　水田は、家族全体で2.6畝（本人の妻と長男夫婦の三人分）ほど作っている。本人はかつて上海に勤務していたため上海籍で、孫娘夫婦も松江区に籍があるため農地の配分をうけていない。農作業は主に長男の妻と本人が担当し、調理や洗濯などの家事は長男夫婦の結婚以来本人の妻が担当している。家事を母親に任せて、工場勤務の傍ら農作業に従事する長男の妻は、日本の兼業農家の嫁の立場に近いように思われる。本人夫婦によれば、息子夫婦とは大変良い関係で、息子の妻とは嫁いで以来喧嘩もしたことはないと語っている。
　一人息子の転出　これまでに述べた例からもうかがえるように、この地域では息子世代が都市部に新たに住まいを買い求め、生活の拠点を移しつつある状

況が認められる。こうした傾向は、一人息子といえどもその例外ではない。図11、図12は、一人息子の転出に伴って、親夫婦のみが村に残った事例である。図11は、聯庄村の奚B氏の家族関係である。氏には一男二女があったが、二人の娘は婚出している。上海市内に勤める長男夫婦も市内に住居を買い求めて転出しており、現在は本人夫婦と81歳になる本人の父の三人家族で暮らしている。1986年に現在の三階建ての家を建てた当初は、本人夫婦と三人の子ども達（未婚）、本人の父親（母親は1976年に死亡）の六人家族で暮らし、一階の客堂間の隣に父の居室、二階に長男と娘二人の居室、三階に本人夫婦の居室があった。長男は結婚してまもなく市内に転出し、長女次女も婚出したため、二階は現在空き室になっている。休日に長男一家が帰ってきたときには、ここが長男一家の居室になる。本人夫婦と父親の生活費は本人の収入でまかない、食事は本人の妻が作る。本人の父親は生産隊から年間200元の養老費を受け取っている。

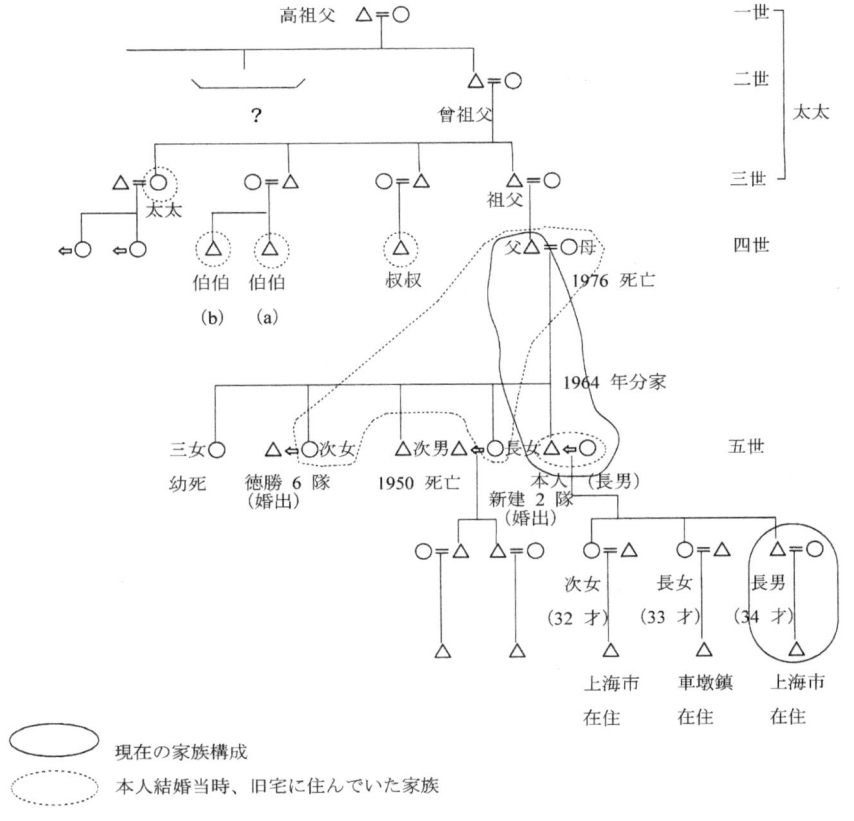

図11 聯庄村 奚B氏の家族関係

氏本人は五人兄弟の長男で、弟が一人あったが幼少時に亡くなっており、結婚後も両親と同居して現在に至っている。結婚した翌年に親夫婦と灶を分け、親夫婦・未婚の妹二人とは食事を別にした。妹二人が婚出し、母親が亡くなってからは再び父親と一緒に食事をする形になっている。

図12の聯庄村の張E氏も同様の事例で、現在老夫婦二人暮らしである。氏には一男三女があり、三人の娘は既に婚出している。車墩鎮で個人営業の運転手をしている長男夫婦も市街地に住居を買い求めて転出しており、現在は本人夫婦の二人暮らしである。現在の家を建てた1983年には、本人夫婦、長男夫婦と孫、両親（父と継母）が同居し、一階客堂間の東側の部屋に両親、二階の東側の部屋に長男夫婦、真ん中の部屋に孫、西側の部屋に本人夫婦が居室をもっていた。一人息子だった本人は、結婚後も両親と同居し灶も分けていなかった。

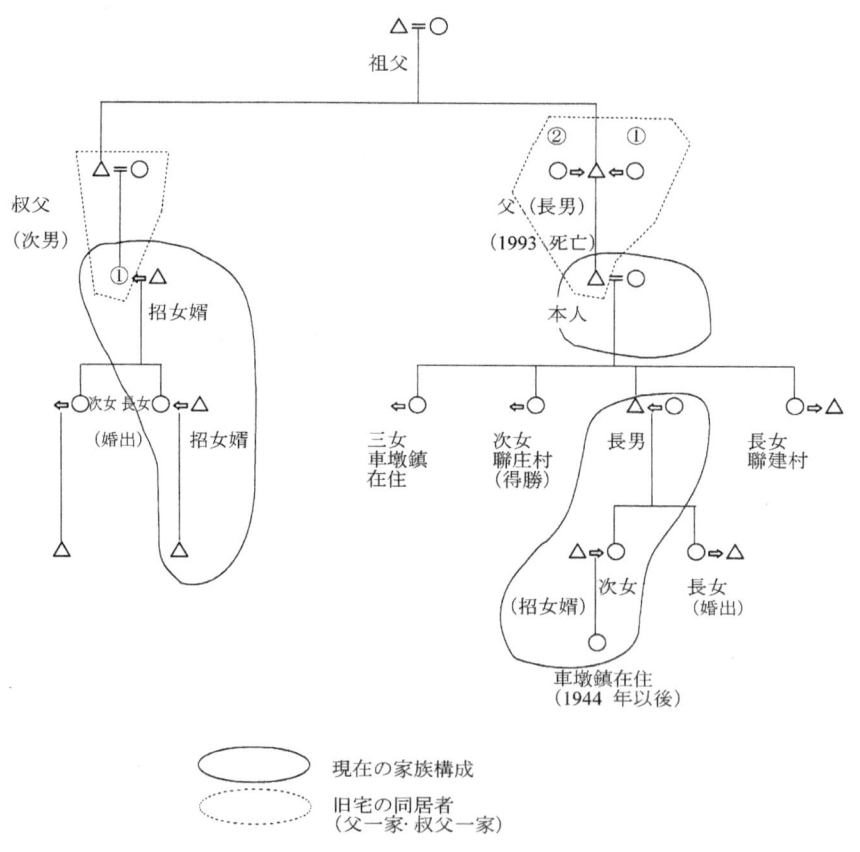

図12　聯庄村　張E氏の家族関係

その後両親が亡くなり、1994年に長男一家も車墩鎮に転出したため、現在の夫婦二人の暮らしになった。転出した長男には娘が二人あるが、長女は婚出し、次女に招女婿を迎えて車墩鎮の長男家に同居している。

　本人は現在、農業の傍ら工場の管理人として働いており、長男夫婦とは事実上別家計である。しかし本人によれば、仕事の関係で息子とは別々に暮らしてはいるが分家はしていないという。旧正月には、長男一家が戻ってくるので、喫飯間で家族揃って食事をする。料理は主に本人の妻が作る。水田は、現在3畝3分（内8分は自留田、残りは口糧田）作っている。口糧田については、本人夫婦、長男夫婦、孫娘夫婦の六人分（一人6分で3畝6分）の権利があるが、それほどは必要ないので幾分減らしているとのことである。

3. 分家と兄弟関係

　財産分割と親の責任　聯建村・聯庄村において、兄弟間での財産均等分割の原則が厳格に遵守されてきたことは、これまで述べてきた住居と老親扶養のあり方にもよく現れていた。「一人っ子なのだから分家するわけはない。全部息子のものなのだから」という聯建村の話者の説明は、親の財産は息子達が平等に受け取るべきものという観念の裏返しであり、輪流という方法で強調されていた老親扶養の平等も、親の財産を平等に分け合ったことに対する当然の義務という意識に支えられている。親の立場からいえば、結婚をひかえた息子達のために家を新改築してそれぞれの新居を確保し、息子達をそれぞれ結婚させて一家を構えさせるのは、親としての責任であり、成長した息子達に親の全財産を分けることでその責任を全うしたと考えられている。親孝行ということは単なる精神論ではなく、親と息子達それぞれが互いの責任を果たすという現実的な行為であり、兄弟間での財産分割はその物質的な裏付けであるということができる。

　解放以後、農地の均分はみられなくなったが、住宅の分割という形で財産分割の原則が守られてきたのは、先に述べた井凌橋村・四村と同様である。聯建村張A氏の例で、長男の結婚に際して新築された住居に未婚の次男の居室が確保されていたのは、いずれは次男の結婚、住宅の分割という経過が予想されるからであり、その後長男家次男家の新築独立に至ったことは既に述べたとおり

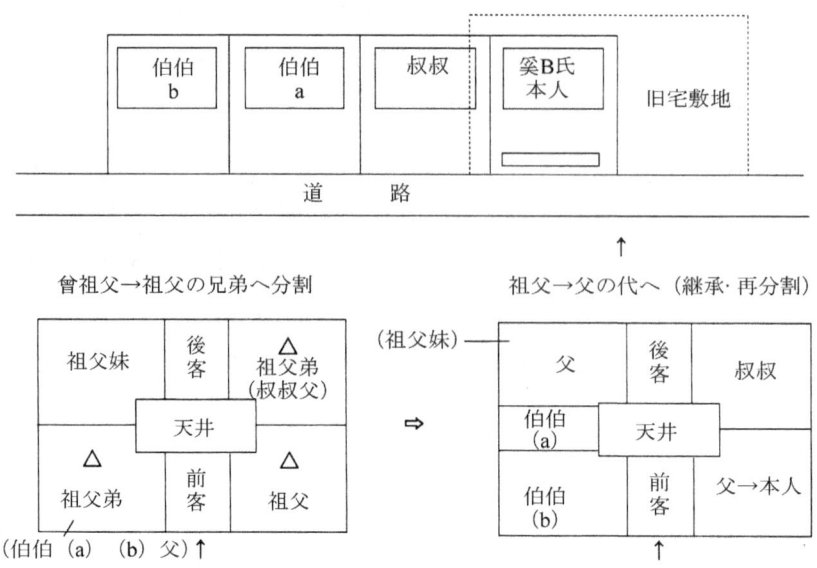

図13　聯庄村　奚B氏宅の分割

である。しかしながら、聯建村・聯庄村においては、息子世代の農外就労、都市部への転出が急速に進む中でこれまで遵守されてきた住宅の均分原則も一部ではその実質を失いつつある。高齢の話者達が強調していた親の責任、子どもの責任という観念が、息子世代にどのように受け止められているのかは今後の家族の動向を探る上で重要である。

分家の経過　聯建村・聯庄村においても、息子達の結婚、灶の分離、財産（住宅）の分割という分家のプロセスは、先に見た井凌橋村・四村の場合と同じである。分家の時期については、息子達全員の結婚をまって分家させるという場合と、息子達全員の結婚を待たずに結婚した息子から順次分家していくという二つのケースがある。聯庄村の話者によれば、親の責任という点でいえば前者の方が理にかなっており、一般的にも望ましい形と考えられているという。兄弟が三人あれば、長男、次男、三男とも結婚して子供が生まれてから分家し、その時点で親の財産を全て三等分する。一方、長男が結婚すれば、次男、三男は未婚であっても分家するというのは、親の責任を全うしていないという点で「不講理」な親で望ましくないという。

もっとも現実には、結婚した息子達から順次灶を分け、長男次男の分家の時

中国江南村落民俗志研究

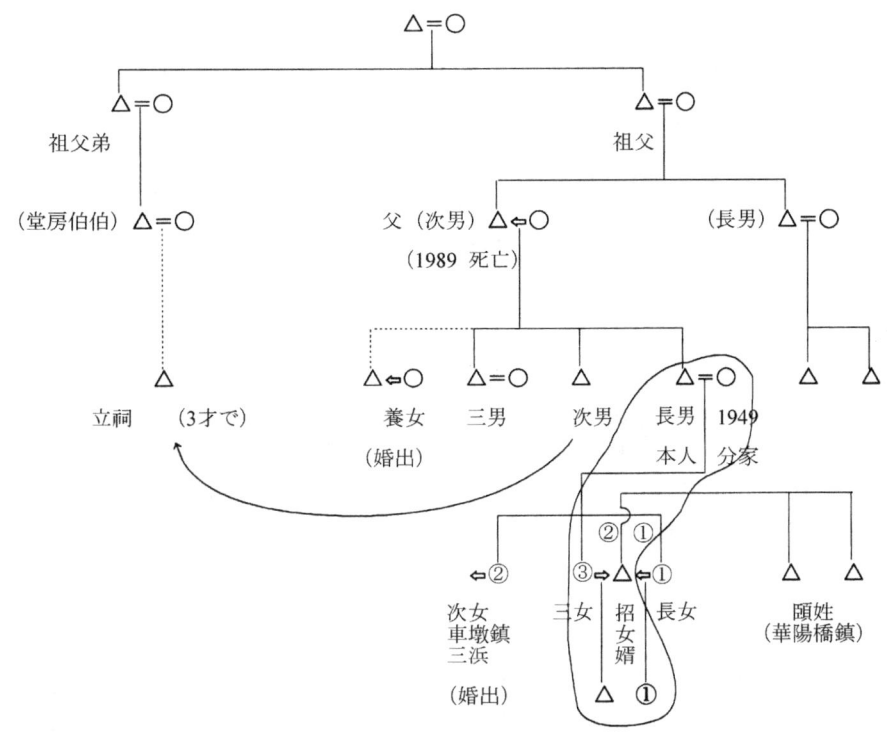

図14　聯建村　張I氏の家族関係

期に差を設ける例は稀ではない。同じ聯庄村の別の話者は、息子が結婚して半年か一年もすれば分家するという場合もあれば、10何年経って分家する場合もあり、それぞれの家庭の事情によるという。聯建村のある家の例では、話者本人は三人兄弟（ただし三男は夭死）の次男で、長男が結婚した際には分家せず、次男が結婚するとまもなく分家して兄弟で灶を分けた。このとき父は既に亡く、母は次男である本人と一緒に住んだ。本人には二人の息子があり、長男は結婚して2年後に分家、その当時未婚だった次男は結婚後しばらくして分家した。本人夫婦は次男夫婦と同居し、結婚後しばらくは親子で灶を分けていたが、その後一つの灶で食事する形になっている。聯建村で、親夫婦が下の息子と同居する例が多いといわれるのは、こうした分家の経過とも関連する。

　息子達が結婚しても分家しない間は、灶は分けず家族揃って食事をする。家計も親が一括して管理し食費も親が負担する。聯建村のある家では、長男次男の結婚後も近年まで分家せずに兄弟揃って親の家で暮らしていた。長男の妻、

・237・

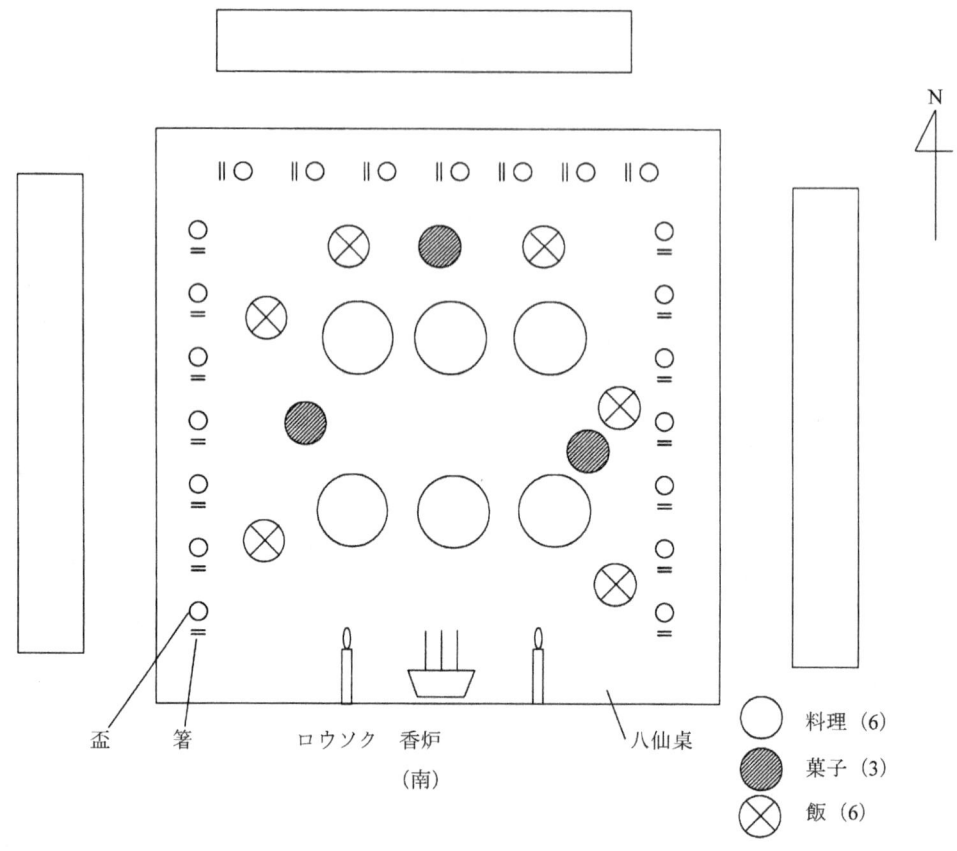

図15　聯庄村　過時酒の供物

　次男の妻もそれぞれ外で働いていたので、家族九人分（長男夫婦と子ども二人、次男夫婦と子ども、親夫婦）の食事は母親が作り、家族揃って食事をした。長男次男の収入は父親に渡して、父親が家計を管理した。ただし、それぞれの妻の収入は、長男一家次男一家の収入になり、家族の洋服代やレジャー費に当てられた。現在長男、次男が住む家を建てる際には、親が中心となって、長男次男が同額を負担した。兄弟の分家後、親夫婦は若い頃の貯金で暮らしている。

　この家の場合、長男次男の妻同士は姉妹のように仲が良かったということであり、また父親と息子二人が飲食店を共同経営していたことも分家の形を取らなかった理由と考えられる。聯庄村の話者によれば、息子達がそれぞれ結婚し

て家庭を持てば、親夫婦とりわけ母親とは一緒に住みにくくなるので、まもなく分家することになると述べている。

分家と住居の分割　234頁図11は、先に中庭を囲む閉鎖型の間取りの事例として挙げた聯庄村の奚B氏（59歳）の高祖父以下の家族関係を示したものである。氏の知る範囲では、高祖父が一番の先祖（一世）であり、曾祖父（二世）、祖父（三世）、父（四世）と続いて本人は五世の子孫ということになる。本人の結婚時には、一世から三世は既に亡くなっており、この世代の人々をまとめて太太と呼ぶ。図1は、その当時の居室配分を示したもので、祖父の妹（本人結婚時には死亡）、祖父の兄弟の二人の息子（ともに伯伯という）の一家、祖父のもう一人の兄弟の息子（叔叔）の一家、父母と未婚の妹二人、本人夫婦がそれぞれ居室を持っていた。祖父の妹には二人の娘があったが、二人とも婚出したため本人の父が叔母（娘娘）の老後の世話をし、死後はその居室の権利を受け継いだ。

237頁図13に示した居室配分からは、次のような住居の分割経過が推定される。曾祖父の家を祖父の世代が受け継いだときに、まず兄弟四人で四等分し、前客堂間の左右を祖父と祖父の兄弟（二人の伯伯の父）、後客堂間の左右を祖父のもう一人の兄弟（叔叔の父）と妹で分割した。前後の客堂間は、左右に居室を持つ兄弟が半分ずつ権利を持っていたものと思われるが、家族全体の行事のために使われていた。その後祖父から父の世代に受け継がれたときに、祖父の居室は父に、伯伯の父の居室は二つに等分されて二人の伯伯に、叔叔の父の居室は叔叔にそれぞれ受け継がれ、祖父の妹の居室は先に述べた事情で父が受け継いだ。これが図1の状況である。本人は結婚当初は父の譲り受けた叔母の部屋を居室としていたが、その後父の居室に入り、結婚した翌年に分家して親夫婦と灶を分けている。灶はそれぞれの夫婦ごとに設けられていたと考えられ、農作業もそれぞれ別々に行っていた。年6回の過時酒を家族（灶）ごとに行っていたことは既に述べた。1986年にこの家を取り壊し、各家族はそれぞれ家を新築して移り住んだ。旧宅の跡地には、本人（父）の新居、その西隣に叔叔、その西隣に二人の伯伯が新居を建てており、現在も曾祖父の子孫達が隣り合って住居を構えている。

240頁図14は、同じく閉鎖型の間取りの事例として挙げた聯建村の張I氏の祖父以下の家族関係を示したものである。祖父には二人の息子があり、本人の父は次男で三男一女（娘は養女）があり、父の兄（伯伯）には二人の息子があった。図2の間取り図に示した当初の建物部分を、父の代に兄弟二人で分割し、東側の南房と廂房を伯伯、西側の南房と廂房を父が受け取り、客堂と天井も半々の権利とした。本人の結婚時には、西側の廂房を本人夫婦の新居にあて、南房を両親と弟妹の居室とした。その一年後に父が亡くなり、分家してそれぞれの披に灶を設けた。二人の弟の内、次男は幼いと

写真　灶間公公の香炉

きに養子に出ており、母は三男の結婚後も三男と同居した。本人兄弟の分家後は、客堂間・天井の西側半分をさらに分割して、それぞれ四分の一の権利とした。図2の増築部分は伯伯によるもので、伯伯の二人の息子の分家に備えたものと思われるが、詳細は不明である。

235頁図12は、聯庄村の張E氏の祖父以下の家族関係である。氏の子ども時代には、聯建村の張A氏旧宅と同様の三間取りに住み、長男である父とその弟の兄弟二人で二分割している。兄弟が分家した時点では、この家を建てた祖父母は既に亡くなっており、東側の次間に父母と本人、西側の次間に叔父夫婦と娘二人が暮らし、中央の前頭間も権利としては半々に分けた。灶は、それぞれの次間の北側を仕切って別々に設けていたが、食事室は前頭間一つで、それぞれに調理したものを家族揃って食べた。一人息子である本人が結婚したときには東側の次間の南側を居室とし、北側の灶頭間の一画をさらに仕切って両親の居室に当てた。叔父の娘（次女は婚出し長女に招女婿を迎えた）の結婚当時に

は叔父は既に亡くなっていたが、本人の家と同じく次間の南側を娘夫婦の新居とし、北側を叔母の居室とした。

　1983年に、本人の長男の結婚を控えて旧宅を全面改築し、同居していた叔父家（叔父の娘一家）と棟続きの二階屋を新築した。これが現在の住まいで、先にも述べたように両家の建築年月を東西の家の境界の壁面に記している。本人の長男と叔父の娘の長女は、いずれも新築後の家で結婚している。本人と息子の世代は、両家とも一人息子、一人娘（招女婿）なので分家、住居の分割はせずに今日に至っている。

4. 招女婿と養子・養女

　招女婿　息子がなく娘のみの場合には、娘に入り婿を迎える。これを招女婿という。招女婿が行われるケースは、しばしば「息子をもらった」あるいは「その家の息子になった」と表現され、聯庄村のある話者は養子として息子になること（招児子）と婿になること（招女婿）は同じことだと説明している。婿の姓は結婚後も変えないのが一般的であり、聯建村のある話者は娘が嫁に行くのと同じことなのだから、婿にいっても姓は変えないしその必要もないと述べている。ただし、1949年以前は婿は姓を変えたが、現在は婿本人の考え方次第で変える場合も変えない場合もあるという説明も聞かれ（聯庄村）、1944年に婿に来た聯庄村の話者の場合は、結婚後妻方の姓に変え同時に名前も変えている。どちらにしても、生まれた子供は妻方の姓になる。

　招女婿をもらうについては、先の井凌橋村・四村と同じく、近所の人や知人が介紹人となって仲介するが、父親同士が知り合いだったので、親同士の話し合いで直接話を決めたという例もあった。何人かの娘がいる場合にどの娘に婿を迎えるかはその家の事情により、五人姉妹の次女に婿を迎えた例（聯建村）、二人姉妹の次女に婿を迎えた例（聯建村）、三人姉妹の長女に婿を迎え、長女の死後三女が婿と再婚した例（聯建村）等さまざまなケースがある。　息子を出す側の事情としては、家が貧しくて息子を結婚させる余裕がないことが挙げられる。聯庄村のある話者は、生家が貧しかったので三人息子の長男だった話者が、12歳から長工に出て家計を助け、24歳で帰ってきてまもなく招女婿で妻の家に入ったという。二人の弟の内、下の弟も18歳で招女婿に行き、次

男が生家に残った。聯建村のある話者の場合は、本人は十一人兄弟（九男二女）の末子で、子供時代に母親と兄弟の大半を亡くしている。母の死後13歳まで兄夫婦（兄の死後は再婚した義姉夫婦）に育てられ、その後は学商意（商店の小僧）等として働き、22歳で招女婿として妻の家に入った。本人の結婚当時には無人の生家が残っていたが、その後建物を売却したとのことである。もっとも現在の招女婿は、婿の生家の事情によるというよりも、娘ばかりの家が息子をもらうことに重点が置かれており、この意味での招女婿は今も盛んである。

立祠・養媳婦　聯庄村では、子どものいない夫婦が男の子をもらって養家の息子にすることを招児子、幼い女の子を養女にもらうことを領個小姑娘と表現する（養女そのものをさす用語は確認できなかった）。一般的な養子養女の方法は、まず2、3歳の幼い女の子を養女にもらい、養女の成長後養子を迎えて結婚させるというものである。先に述べた聯庄村の招女婿の例では、妻も4歳で養女に来て成人後に婿を迎えており、養子（婿）養女ともに生家の姓から養家の姓に変えている。養子養女をもらうについては、招女婿の場合と同じく知人のつてをたどって、村内から近隣の村へと候補者を探していくが、聯庄村の例にみられるように、必ずしも同姓に限られるわけではない。

一方、父の兄弟やイトコなど、同姓の一族で男子のいないものの養子になる場合を立祠という。聯建村のある家では、三人兄弟の次男が3歳で堂房伯伯（祖父の弟の息子、つまり父のイトコ）の立祠になっており、同村の別の家では、二人兄弟の長男が17、8歳のときに伯伯（父の兄）の立祠になっている。後者の例では、伯伯には娘が一人あったが、娘を婚出させて弟の子どもを立祠に迎えており、父系の原則が貫徹されている。立祠は一族間で幼少の内に取り決めてしまうことが多いので、何歳で養家に入るかは色々であるが、聯建村の話者によれば立祠に行くことはもう決まっているのだから早くいった方がよいと述べている。立祠、招児子ともに、養家の息子になったとされるので、生家での息子としての権利（財産分割の権利）は失う。

息子のいる家で、幼女をもらって育てて成長後に息子と結婚させる場合を、聯庄村では養媳婦という。これまで述べた養子養女では養家方の事情に重点が置かれていたのに対して、養媳婦の場合は、養女の生家方の事情が主な理由であ

る。子ども、特に女の子が多く養うのが困難な家では、親がもらい手を探して幼い娘を養女に出す。養媳婦をもらう側からは娘の親に金銭を支払い、先に半額を渡し、養女が来てから残り半額を渡す。解放以前は、その金額は16分で、これはちょうど租田1畝を1年間借りる地代に相当していた。日中戦争の頃は特に養女に値打ちがあって、1歳の子どもをもらう場合は米160斤、2歳ならば320斤（160斤×2）という具合に、養女の年齢に応じて金額がおよそ決まっていた。養媳婦に来るのはだいたい6、7歳の頃だったが、10何歳の娘をもらうこともあった。養媳婦は姓は変えず、生まれた子供は養家の姓になる。

養媳婦以外にも、養育困難な子どもを引き取って養育する場合がある。聯建村のある家では、男の子が三人あったが、そのほかに育嬰堂（棄てられたり、身寄りのない子どもを育てる福祉施設）から預かって育てていた女の子を養女にしている。当初は育嬰堂から毎月母乳代が支給されていたが、5歳の時に養女として引き取り20歳まで育てて嫁に出した。実の息子が三人おり、必ずしも裕福な暮らしぶりではなかったが、養父母が「女の子がほしかったので」引き取ったといい、小妹（かわいい娘）と名付けて娘として養育している。

5. 家族の祭祀と祖先

灶神　聯庄村では、灶の壁面の棚に灶神をまつる。この神を灶間老爺（灶君老爺とも）、灶間公公という。聯庄村（11隊）のある家では、灶の壁面上部に棚を作り、灶間公公をまつる香炉をのせておく（241頁写真）。祭りは、旧暦12月24日と旧正月15日の年2回で、旧12月24日に灶間公公が天に昇って一家の生活状態を報告し、旧1月15日に天から帰ってくるとされている。12月24日は灶間公公を天に送る祭り（祭りの名称はない）で、報告に出かける前に甘いものを食べさせるという意味で攤餅（餅米で作った小さな甘い団子）を供える。1月15日の祭りは灶早といって、やはり攤餅を供えて灶間公公を迎える。攤餅は、直径5センチメートルほどの丸い団子で、皿に5、6個盛って灶の肩のところに供える。また、香炉に線香、蝋燭を灯し、錫箔を燃やして拝礼する。この家では現在も灶間公公の祭りをしており、供え物は長男の妻が作り、供えて線香をあげるのは父親がしている。

聯庄村（10隊）のある家でも、「文化大革命」以前は同じように灶間老爺

（灶君老爺）をまつり、農暦12月24日にお祭りをしていた。灶の壁面上部の棚に香を立てて両脇に蝋燭を灯し、壁面の横のところで磕頭した。大革命の時に香炉などを破棄し、現在は祭りをしていない。

過時酒（祭祖）　各家族で行う祖先の祭りを過時酒（過寺酒）、祭祖、拝太太といい、清明・夏至・七月半・十月桌（十月朝）・冬至・大年夜（年夜）の年6回行う。年夜だけは夜の行事で午後3時か4時頃に供物を供えるが、これ以外は午前中の行事で9時頃にはじめて11時までには終える。聯建村では、清明の料理は前日の午後に用意して当日午前中に供え、午後3時か4時頃に墓参りして、錫箔を燃やす。

「清明是亡人的春節（清明は死んだ人の正月）」といわれ、清明は年夜と並んで大切な祖先の祭りの日であり、どこの家でもこの二回は必ず行う。七月半は「苦悩七月半」といって、農作物の収穫前なので供物も少なく、無事収穫できるように祖先に祈願する意味で祭りをする。十月桌は収穫が無事すんだことを祖先に感謝する意味の祭りで、供物も多い。聯庄村の話者によれば、農業主体で生活していた頃は二十四節気を大切にしていたので、季節ごとに祖先に料理を供えて、祖先を忘れないようにしていたという。勤め人が多くなった現在では、清明と年夜の二回だけ（聯建村・聯庄村）、あるいは清明・七月半・年夜の三回（聯建村）、清明・七月半・十月桌・年夜の年四回（聯建村）祭りを行うようになっているが、それでも清明と年夜だけは祖先を忘れないように必ず祭りをするという。聯庄村のある話者は、「文化大革命」の「破四旧」運動で廃止していた過時酒を、昨年から復活して清明と年夜の年二回祭りを行っている。七月半は、最近亡くなった人がいれば必ず供物を供えるが、そうでなければ特に行事をしない家が多いという。

行事内容は、聯建村、聯庄村共にほぼ同様で、先に述べた井凌橋村・四村の行事内容とも大差ない。239頁図15は、聯庄村のある家の過時酒の供物の並べ方を示したものである。客堂間の中央に八仙桌を置いて、東・北・西の三方に腰掛けを置き、陶器の盃と箸を祖先の数だけ（30～40個）並べる。同村内では、酒盃を並べず湯呑に糖湯茶を注いで供える家もある。卓上に6種類の料理を盛った大皿を6つ並べる。料理は魚、肉（豚の角煮など）、鶏、肉絲（肉の細切り炒め）、蔬菜、豆腐などの料理で、他に菓子3皿を並べる。またご飯を、

東北西にそれぞれ2つずつ（計6つ）並べる。八仙桌は四方に二人ずつ座るものなので、三方に六人分並べる計算になる。卓の南側正面に香炉を置いて香を立て、香炉の両側に蝋燭をともす。料理を並べ、線香を立てて錫箔を燃やせば行事は終わりで、この間1時間半ほどかかる。行事が終わると、料理は下げる。下げた料理は食べる家もあれば、食べない家もある。老人達は食べるが、若い人は食べないという。

　聯建村の場合も、行事内容はほぼ同じで、客堂間に卓をおいて、4皿から6皿の料理を並べる。魚（整条匹＝一匹の魚を丸ごと煮る）、肉（紅焼肉＝角切り肉の煮物、塊）、鶏、肉絲（炒め物）、蔬菜（炒め物）、炒蛋等で、その他に点心として饅頭、粽子（ちまき）、米団子（餅米の団子）などを供える。卓の回りに酒盃を30個から40個並べて、二回（二巡）酒を注ぐ。行事が終われば、酒は棄てる。人が亡くなるとその分の酒盃を足していくので、卓に並べる酒盃の数は増えていくことになる。

　牌位　井凌橋村・四村と同じく聯建村・聯庄村においても、「文化大革命」以前には、各家の客堂間に祖先の牌位が祀られていた。しかし、大革命期の「破四旧（四つの旧習を破棄する）」運動の際に全て焼却され、現在では牌位を祀っている家は皆無といって良い。ここでは、かつての牌位のまつり方を聞き取りによって述べる。

　聯建村の施F氏によれば、以前は人が亡くなると自宅の客堂間に太平台（霊台ともいう）を作り、亡くなった人の牌位を飾って料理を供えた。亡くなってから3年間は、毎日太平台に料理を供え、3年たつと太平台を取り去って、牌位は一族の祠堂に納めた。

　聯庄村の厳G氏宅では、以前は客堂間の東側の壁の高いところに箱形の棚を取り付け、牌位10何枚を並べていた。この棚を客堂といった。客堂内部には仕切りや段差はなく、上手下手といった区別もなかった。兄弟の牌位も一緒に納め、新しい（若い世代の）牌位は手前に、古い（上の世代の）牌位は奥の方に並べていた。嫁に行った娘は「もうこの家の人間ではないので」生家の客堂ではなく、嫁ぎ先の客堂に入る。嫁に行った娘が離婚した場合は、生家にいれば生家の客堂に、再婚すれば再婚先の客堂に入る。小さな子どもでも開喪すれば牌位があるので客堂に入れるが、家が貧しくて開喪しなかった場合には牌位は

なく客堂にも入れない。この家の客堂に誰の牌位がまつられていたのかははっきり記憶されていないが、祖父母や祖父の兄弟の牌位はまつられていた（曾祖父母以上は不明）とのことである。客堂には普段は供え物はせず、春節の時に蝋燭や線香を供えた。現在は客堂も牌位も全くない。

聯庄村の奚Ｂ氏宅でも、「文化大革命」以前には25～30枚の牌位を置いていた。落葬してから牌位を置いたとのことであるが、大革命期に焼却して、今は全くない。

墓 聯建村・聯庄村においても、先の井凌橋村・四村と同じく現在はすべて火葬である。聯庄村の奚Ｂ氏の母親が亡くなった1976年には既に火葬になっており、それ以前は土葬で遺体を棺材に入れて埋葬していた。聯建村の施Ｆ氏によれば、土葬当時は死後三日間客堂間に棺を安置（停柩）し、さらに何年間か（期間は不定）祠堂に棺を置いて清明や冬至に落葬（埋葬）したという。火葬になってからも、遺骨を埋葬することを落葬といい、亡くなってすぐに埋葬せずに清明や冬至をまって落葬する。

土葬の頃の墓は、「文化大革命」期に破棄してしまい、現在では両村ともに残っていない。同姓の一族の墓が竹林の中にあった（聯庄村）、あるいは祠堂の側に一族の墓があった（聯建村）という話が聞かれたが、いずれも現存せず詳細は不明である。夫婦の棺は並べて埋葬し、一つの墳（塚）を築いてその前に牌（墓碑）を置く。牌には亡父誰々、亡母誰々と並べて記し、夫婦のどちらかが健在な場合は、亡くなった人の名前は黒字、健在な人の名前は赤字で記す。先に埋葬した人の隣は、残った妻（あるいは夫）の分としてあけておいてそこに埋葬する。

火葬になってからも、夫婦の遺骨は一緒に埋葬する。聯庄村のある話者によれば、夫婦ともに亡くなるまで先に亡くなったものの遺骨を自宅に安置し、両親の遺骨がそろってから次の清明に一緒に埋葬するのが望ましいという。「夫婦は生きている間も一緒なので、亡くなっても一緒に生活させないといけない」からである。同村内でも、親の一方が亡くなるとすぐに埋葬し、もう一人が亡くなるとその隣に埋葬して後で一つの墓にまとめるという例もあるが、それでは「同じ穴に入っていることにならないので」望ましくない、そのような息子は親不孝だと述べている。

聯建村でも、夫婦の遺骨が揃うまでは、客堂間に遺骨を安置して置く。張Ａ氏宅では、客堂間の東北隅の高いところに棚を作って8年前に亡くなった夫の遺骨と遺影を安置している。氏が亡くなるまでこのまま安置し、いずれ夫婦の遺骨を一緒に埋葬する予定であるという。ただし、氏によれば息子が遺骨を安置するのを嫌って、親が亡くなって三十五日に埋葬してしまう例も多く、この家のように遺骨を安置しておく息子はよい（親孝行な）息子だと語る。

6. 同姓と母方の親族

同姓と堂房　今回の調査では、聯建村・聯庄村ともに同姓の親族組織についてはほとんど情報を得ることができなかった。同姓の父系親族をさす表現としては同姓、堂房などがあるが、その組織や役割の詳細は不明である。以下断片的ではあるが、聯建村での調査結果をまとめておく。聯建村では、同姓の中でも祖先の違う（従って血のつながりはないと考えられている）同姓を「不宗同姓」という。祖先が同じで血がつながっている同姓の人々は結婚式に招待しあうが、そうでない同姓とは特に交際はしない。血のつながった同姓の内、かつて同じ家を分割して住んでいた兄弟の子孫（例えば祖父や曾祖父の兄弟の息子や孫）などの近い父系親族を堂房といい、堂房の年長者、または堂房の中の上の世代の人をさして堂房爺叔、堂房伯伯と呼ぶ。立祠の項で紹介した例では、祖父の弟の息子（父のイトコ）を堂房伯伯と表現しており、図3に紹介した張Ｄ氏の旧宅に同居していた人々（氏は招女婿なので妻の父系につながる呉姓の人々）は、堂房爺叔と表現される。235頁図10は（一部推定を含む）その範囲を示したもので、旧宅を分割して住んでいただけでなく、旧宅を出てからも近隣に家を建て「近所に（各世代の）オジの家が何軒もある」という状況である。また、父方のイトコを堂兄弟・堂姉妹、母方のイトコを表兄弟・表姉妹といい、年長の父方のイトコは堂阿哥（阿哥はお兄さんの意）、年長の母方のイトコは表阿哥という。堂（堂房）は父方の（父系）親族、表は母方の親族を表す。親戚のことは親属という。

なお、先の井凌橋村・四村と同じくこの地域でも、生産隊になる以前の自然村の名前には姓にちなむ名称が多い。聯庄村の奚家庫、張家塘などはその一例で、それぞれ奚姓、張姓が多数を占める。奚家庫では、現在35戸の内奚姓が32

戸、許姓が2戸、沈姓が1戸で、張家塘では張姓がもっとも多く、この他に蔡、呉、趙の各姓がある。

家譜と祠堂　家譜、祠堂についても、現在既になくなっていることもあって、詳しい情報を得ることができなかった。聯庄村では、祠堂は他の村には昔はいくつかあったのを知っているが、村内には昔から祠堂はなかったといわれ、聯建村でも祠堂も家譜も昔からなかった、あるいは話者自身の同姓には祠堂はないと語る話者が多かった。以下、今回の調査で確認できた祠堂・家譜の具体例として、聯建村の施姓の例を挙げておく。

施姓には、解放以前には祠堂があり、祖先の牌位をまつるとともに、落葬するまでの間棺材を安置していた。建物内部は5部屋に分かれており、中央の正間に出入り口があった。正間の両側の部屋には、各室6つの棺材を二列に並べておき、北側の壁際に高さ30～40センチメートルの台を置いて牌位を並べてあった。話者の祖父は一族の中で力を持っていたので、祖父の棺材だけは正間に置いてあった記憶がある。一族が裕福であれば、祠堂の管理人を雇う場合もあった。昔は科挙の試験に合格して官吏になる資格を得ることを「中状元」といって、一族の中に合格者が出ることは「光宗耀祖」であるので、祠堂で祖先の祭りをした。その他は定まって祠堂で祭りをすることはなかった。

また、家譜も解放以前にはあった。家譜は、施姓の一族の中で力を持っている人が保管していたが、解放以後なくしてしまったので、現在はない。

妻の実家との交流　妻の実家のことを娘家といい、結婚（嫁に来た）直後や子どもが生まれたときには実家に帰る。実家や嫁ぎ先で何か行事（冠婚葬祭）があれば互いに行き来し、実家が近ければ正月や普段にも妻は実家に帰る。

聯建村では、結婚後3日目と6日目に新郎新婦揃って妻の実家に帰る。3日目に帰るのを三朝回門、6日目に帰るのを六朝回門といい、3日目に帰ると3日間、6日目に帰ると6日間、夫婦二人で実家に泊まってくる。三朝回門、六朝回門のときには、饅頭、糕（餅米で作った食品）、粽子（ちまき）、団子など、必ず二種類のもの（饅頭と粽子、饅頭と糕等）を持って実家に帰る。持って帰ったものは実家の近所に配る。また、実家から帰るときにも粽子と団子など（実家に持っていったものとは違うもの）をもたせて帰す。これらは嫁ぎ先の近所に配る。饅頭や粽子の数は、近所の軒数によって色々だが普通は80個ずつ持っ

ていく。昔は罩籃（竹で作った籠）に入れて持っていったが、現在はビニール袋などに詰めて持っていく。

　子どもが生まれると、生後3日目に祝いをする。この祝いを喜三朝という。聯庄村では、産婦（母親）の実家や新郎の兄弟姉妹・オジオバなどの親戚、友人を招いて、盛大な祝宴をする。村内の厨人（料理人）を二、三人雇って料理を作らせ、近所の家から卓や椅子を借りてきて、十卓以上並べて会食する。招かれるのは親しい間柄の人なので、出産前から気にかけていて、招待を受けると祝いの品や金銭を持っていく。昔は、産婦が食べられる（栄養のとれる）卵などの食べ物を祝いに贈った。生児の服やおむつなどは、必ず産婦の実家の母親が用意し祝いに持ってくるのが決まりになっている。これは実家の権利（娘が嫁ぎ先で次の世代の子どもを産んだという証）と考えられているので他の人には手出しさせないし、万一他の人がこれらの品を贈ると実家の人に怒られるという。嫁いだ娘が何人子どもを産んだとしても、実家の母親はその都度子どもの服を用意する。招女婿の場合は、婿の実家の母親が持ってくる例もあるが、通常は嫁ぎ先の（産婦の）母親が用意する。喜三朝に生児の名前を付けるが、格別命名の披露などはしない。男の子は小弟弟、女の子は小妹妹という風に愛称で呼ぶ。以前は、自宅出産だったので生後3日目に喜三朝をしていたが、今は病院出産が多いので、名前だけは3日目に付け、祝いはそれぞれの家の都合の良い日にする。

　聯建村でも、生後3日目に喜三朝の祝いをする。産婦の実家や実家方の親属、嫁ぎ先の親属などに子どもが生まれたことを知らせに行き（現在は電話で知らせる）、祝宴に招待して昼食と夕食を出す。招かれる親属の範囲は、夫方（嫁ぎ先方）妻方（実家方）の祖父母、父母の兄弟姉妹、本人の兄弟姉妹などで、イトコぐらいになると親しい人だけ招待する。嫁ぎ先の堂房も、親しい人だけ招待する。生児の名前は喜三朝に付けることになっているが、祝いは産婦の様子を見ながら10日後とか半月後に行う。出産の一ヶ月後に産婦は子どもを連れて実家に帰ることになっているので、遅くともそれまでには喜三朝の祝いをすませる。

　聯建村では、喜三朝に続いて産後一ヶ月で産婦と子どもが実家に帰る。これを「養子小人到娘家去了＝子どもが生まれて実家に帰った」と表現するが、特

別に行事名はない。実家の兄弟や嫁いだ姉妹などが産婦と子どもを迎えに来るので、兄弟達に迎えられて実家に帰る。嫁ぎ先では、あらかじめ攤餅を100個以上用意し、実家に帰る嫁に持たせる。攤餅は平たい形の団子のようなものの中に甘い餡を入れて油で両面を焼いたもので、村中の親しい人に配るので、少なくとも80個、普通は100個以上用意する。実家では一ヶ月ほど滞在して養生し、嫁ぎ先に戻るときにも実家の兄弟（このときは男兄弟）が母子を送ってくる。実家の方でも攤餅を用意して娘に持たせ、嫁ぎ先の村中に配る。二番目三番目の子どもの出産の際にも同じように実家に帰る。

　嫁ぎ先の親や妻の実家の親が亡くなったときには、それぞれの親属（父方母方のイトコまで）が葬儀に来る。嫁ぎ先の親や家族が亡くなったときには、妻の実家の両親（健在であれば）、妻の兄弟夫婦、姉妹夫婦、妻の父方・母方のイトコなども会葬する。実家の兄弟が嫁ぎ先の葬儀に必ず贈るものというのは決まっていないが、葬式で使うものやその家の役に立つものを贈る。聯建村のある話者の夫の葬儀では、実家の兄が金の錫箔、被面、金銭などを持ってきた。被面は、絹で作った一種の飾り物で、棹にかけて送り主の名前を書いた札を付ける。葬儀が終われば畳んでしまっておき、他の人の葬儀に持っていくこともある。聯建村では現在は被面を贈らなくなったが、この話者の実家のある奉賢県では現在も贈る習慣である。

　聯建村では、妻の実家の親の葬儀には、娘の嫁ぎ先から白布、錫箔、お金や果物などの食べ物を贈る。特に錫箔と白布は必ず持っていく決まりである。「女児回娘家要帯九尺白布」といわれ、実家の親の葬儀には娘は白布９尺を持っていき、葬儀の時に娘夫婦が頭にかぶったり（払頭布）、腰にむすぶ（腰帯）。持っていく９尺は娘夫婦の二人分で、娘夫婦の子どもたちの分は実家の兄弟達（オジ）が用意する。葬式が終わると、払頭布は実家に置いておき、腰帯は娘が嫁ぎ先にもって帰る。息子達は、親の葬儀を出す側であるので、そうした贈りものはしない。夫からみて妻の実家の両親を岳父大人、岳母大人といい、自分の両親も妻の両親も同じように大切にすべきものとされる。

　葬式が終わった後、七日ごとに七回過時酒（法事にあたる）を行う。娘夫婦は持ち帰った腰帯をその都度持ってきて使い、最後の過時酒（四十九日）が終わると腰帯を焼く。七日ごとの過時酒にも錫箔を持っていく。また、親を落葬

する時には、娘は一桌菜（一桌分の料理）を持っていくのが決まりになっている。娘が多ければ、それぞれが一桌ずつ持って来るので、祝宴の時のように卓が並ぶことになる。

母の兄弟の役割　聯庄村のある話者によれば、母の実家の男兄弟をチューチュー（兄弟を舅父、その妻を舅媽）といい、姉妹の嫁ぎ先の冠婚葬祭など大きな行事には必ず招かれ、姉妹や子ども達が大切に扱われているか、行事が適切に行われているかを監督する監視役を務めるという。嫁いだ姉妹の娘が結婚するときにも必ず母の兄弟夫婦が来て監視し、嫁ぎ先の息子達が分家する際や姉妹の葬儀・落葬のときにも、息子達が親（母の兄弟にとっては姉妹）を粗末にしないように監視しに来る。母の兄弟本人が亡くなっていれば、その妻が監視役を務めるという。

摘要

家族

中込睦子

本报告的课题是：上海市近郊车墩镇联建村、联庄村的家族生活的现状和变化的具体事例所提示出的问题。随着改革开放，近年的经济发展给这一地域的家族的存在形式也带来了各种各样的变化，在联建村、联庄村由于年轻人的外出打工和向都市迁移，使父子关系特别是老亲赡养的状态不断发生变化。兄弟间的财产均分原则，即父母把所有的财产平等地分给已婚儿子被认为是父母的责任，直至今天依然得到严格地遵守。与之相对应，老亲的赡养被看作所有继承财产的儿子的平等的义务，并且为使负担平等化，出现了村内邻接居住儿子间的轮流或者平摊抚养费用之类的办法。基于这样的理念，可以说在这一地域以往的家族制度是具有一定约束力的。然而，随着儿子一代向都市的迁移，儿子的婚事、父子和兄弟间的灶以及家庭收支的分离（家庭分离）、住宅的分割和兄弟间的邻接居住以及轮流这样的家族展开过程没有按以上原则进行。出现了诸如在村内居住的儿子和父母共同生活既不分灶也不分账，以及儿子全部外出只剩下老夫妇共同生活等各种各样的事例。再者就是关于近年不断增加的双方独生子女的婚姻，也可以看到像夫妻双方在自己父母家都拥有居室，以及在都市寻找新居与父母分别居住之类的事例，今后的动向引人注目。每年六次的过时酒不断地被简化，只有大年夜和清明作为孩子们回到父母身边团聚的机会得到了严格的遵守。可以设想，亲族组织是由从兄弟到堂房乃至同姓这样的构架组织起来的，但是由于祠堂、家谱已经被废弃，没能详细地调查清楚。另一面，与妻子的娘家在红白喜事上的礼节性的往来仍然得以延续。特别是，夫妇中女方的兄弟对其姐妹夫家的婚姻、分家、葬礼持有发言权。可以说，在执行监督上，父系社会的妻子、母亲方的亲族的作用的问题很有意思。

姻亲关系、交际行为和自治组织

刘铁梁

一、浦北两村的记述

车墩镇的联庄村和联建村,是在黄浦江北岸紧邻的两个行政村,后者更靠近江边昔日的码头——得胜港。车墩镇距离松江县城较近,仅隔着一个华阳桥镇,改革开放时期之前曾与华阳桥同属于松江的城东区。1974年,车亭公路及其跨江大桥的建成,使两村生活发生了很大的变化。由于建公路时征地,使一些农业户口转变为非农业户口,政府为这些家户中的成员安排了工作,或者是给他们一定的经济补偿。另一个变化是乡镇企业的出现,目前联建村(1978年前是兴隆乡的陀兴和新河两个村)有中外合资企业两个:联美礼品玩具有限公司和联美填充料有限公司,所以使得村民人均收入增长很快。企业去年给村里100余万元,主要用于农业投入、补足各种上交税款的亏空及用作社会福利资金等。而二十几年以前,这里还是城东区最穷的村庄之一。相对而言,联庄村由于尚没有自己的企业,现在仅建有厂房和仓库向外出租,所以人均收入的增长还比不上联建村。

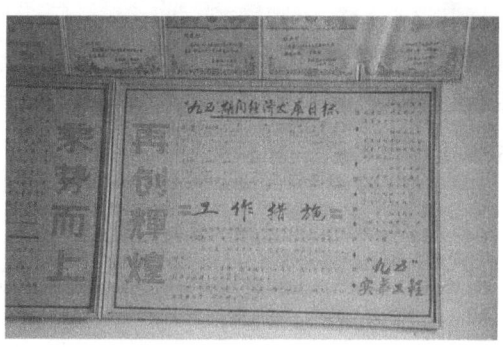

照片1:联建村村委会展示牌

在这两个村庄里有幸访问到比较了解过去历史和民俗传统的村民，他们向我讲述了有关婚姻家庭、节日庆典、土地制度等方面的生活知识。

（一）姻亲关系

嫁妆与哭嫁

嫁妆的费用数倍于聘礼的费用。一般作为嫁妆的物品包括：被子，可达8－12条；衣服，最少18身，分一年四季穿用，多的可达100多件；家具，包括箱、大橱、小橱、梳妆台、四鸣钟；圆木，包括马桶、大脚盆（澡盆）、小脚盆、拎桶（提桶）、洗脸盆等；餐具，有大碗、小碗、碟子、筷子等；首饰，有手镯、发针（钗）等；布料多种，用于以后给小孩做衣服。

近年来，嫁妆费用达4万－5万元，而新娘家只得彩礼1万元（红包），结婚当事人两方费用支出的比例依然如旧。嫁妆中一般有彩电、冰箱、音响、空调等。戒指、项链等现在已作为定情物，不算在彩礼或者嫁妆之内，一般是定婚时由男方赠给女方。过年定亲时，女方在婆婆家会得到一个红包（钱数不会太多）。哭嫁习俗曾比较普遍，现在也还有流传。娘家母亲和新娘都有即景生情的哭嫁歌，一方面表达了母女难于分手的感情，另一方面也有她们为嫁妆多寡而争执的内容。如吴献珠（女，60岁）向我们演唱的哭嫁歌：

女儿唱：

蚕豆花开黑澄澄，养个女儿黑良心；棉花桔梗拿干净，铺陈高来上擦梁，下擦地。（这是女儿故意夸张地说反话，说自己带走的嫁妆太多了。"铺陈"即被褥。）

娘唱：

家里穷来没有典当，拿你女儿人典当；拿你们的银两，大礼拿来买嫁妆，小礼拿来买花粉，把你银两吃干净。

女儿唱：

养我女儿等于新打薄刀切芫葱，切得芫葱两头空；养我哥哥是新打锄头锄棉花，结上果子再开花。

如果女儿出嫁时，因为与哥嫂关系不好，她会唱：

> 嫂子呀，长绳纺来做嫁衣，短绳纺来贴在家伙里；余来浮萍生了根，踏板头荷花掘起了根，为什么姊妹不成亲，讨我阿嫂外头人？（是说嫂子在为小姑子纺纱做嫁衣时，不忘给自己留下一些材料，因而埋怨家里人不该偏袒她。）

哭嫁歌反映出新娘从未来生活需要和婚后家庭利益出发，对嫁妆的多少十分计较，也说明结婚对于娘家来说是一笔沉重的经济负担。虽然在一般家庭中为了给儿子娶亲而盖房，所耗费用实际上远大于嫁妆，但是在从夫居的婚姻关系建立以后女儿就成为男方家的劳动力，从这个角度来看，娘家的付出是巨大的。

回娘家和娘舅

新娘在结婚的第一年有三次回娘家的习俗，分别是二月二回娘家住一个月，六月二到六月二十八由娘家接回女儿，七月二"歇秋"时（秋收以前的一段时间）回娘家吃饭。歇秋这一次回娘家日子多少不固定，而且也不限于结婚后第一年，而是以后每年都如此。农闲时，媳妇回娘家看亲爹亲娘，婆家不仅完全没有意见，而且还担心她迟迟不被娘家接回去，因为田里没有多少农活可做，媳妇回家省亲一方面可以减少自家的消费，另一方面往往会从娘家带回一些日后的生活用品。因此在歌谣中就有这样的唱词，是由新婚的女儿对娘说的话：

> 小枝杨花开来摇又摇，七月里叫我哥哥早点告，隔壁邻舍大妈阿婶，娘家叫去了，我娘家穷啦不来告。八月芝麻敲敲抖抖难过日，婆阿妈要讲糊知了躲得高，我们弟弟娘舅为什么不来告？（"糊知了"即不会鸣叫的蝉；"弟弟舅娘"是出嫁女儿对娘家弟弟的称谓。）

六月二回娘家之前，婆家要在五月端午节一过就准备礼物，由媳妇带回娘家，包括鱼、肉、鸡、篮子（装枇杷等水果）"四样"。六月二这一天，娘家弟弟前来婆家接自己的姐姐，他要带给婆家一些礼物，主要是新做的衣服，还有油伞、檀香扇等夏天急用的物品。弟弟领姐姐回家后，会非常高兴，他敦促姐夫在乡邻面前多多露面，一个重要活动是由姐夫分发油炸馓子给邻居们吃。

娘舅在姐姐的两个家庭之间扮演着重要的角色，在双方利害关系的处理上，娘舅有不可忽视的发言权。早在给姐姐准备嫁妆时，他作为本家庭未来的主人就有权知道嫁妆的内容，实际上是父母主动将情况讲给他。在姐姐家里做客时，他有一个最为尊贵的座位——八仙桌正面的东侧，俗话说"除了娘舅没大人"。娘

舅对姐姐的子女又有教育的责任，他是小孩子成长过程中至为亲密的长辈。吃"三朝酒"和"周岁酒"时，娘舅都要前去探望；孩子每年一次的压岁钱往往也是由娘舅赠给。再如正月初二，小孩子随父母到外公家拜年，经常要接受娘舅的盘问和训示，话题多围绕过去一年当中是否做到敬重亲友、热爱劳动和努力学习等，这一天娘舅说话轻重均无人计较。更重要的是，在外甥们分家时，一般都会请娘舅到场监督和作出裁断。

招婿和抢孤孀

在姻亲关系中可以看出，女方家不仅要在嫁女时承受较大的经济负担，而且还要对在男方家成长的外甥尽到一定的养育之责。总之，从夫居的婚姻形式片面地有利于男方家业的延续。在仅有女儿的家庭中，为了解决家产继承的问题，通常是采取招女婿入门的办法，这等于不经生养而从外面得到了一个儿子。招婿习俗中的一个重要规定，是女婿的姓氏必须要改从女方家。个别情况下，有的家庭如果只有一个儿子，可是他在结婚后死去，那么，成为寡妇的家媳也可以再招女婿进门，如同重新得到儿子。没有子女的家庭解决家业延续问题的一种办法，是得到过房儿子，即兄弟家庭之间可以互相抱养儿子。过房儿子当然不会有改姓的问题，而且在对长辈的称谓上也不发生变化，原来叫叔叔仍然叫叔叔，原来叫伯伯还叫伯伯。与过房儿子相比，对上门女婿来说，其社会状态改变的幅度要大一些。

习俗认为寡妇再嫁是不能主动进行的，所以就有从男方家来人"抢孤孀"的行为发生。实际上抢者已经事先通过一些渠道了解了寡妇是否同意，并不存在强迫婚配的问题，只是在形式上避免了寡妇再嫁的难堪。一般是在晚饭后，男方和几个伙伴秘密地到寡妇家约她一起出逃。如果被寡妇的公婆知道，也会遭到强力阻拦，甚至发生伤人的情况。不过，只要将寡妇带到男方家里，高升一响，双人拜堂，一切就成定局。现任联建村几个村民小组联合会计的施光明，讲述了祖父当年抢孤孀时被打破头的往事。祖父当年生活非常贫困，抢孤孀也许是他解决婚姻问题的唯一办法。被抢来的祖母出生在华阳桥，原嫁到邻村冯家埭，无子而丧夫。祖父和她成为一家人之后生了两个儿子，后来由于家境依然不好，也无力为儿子娶亲。因而直到祖父死的时候，父亲才把丧事喜事一起办，用这种节省花费的办法使自己结婚成家，也算尽了孝道。可见，抢孤孀等婚姻方式是受家庭经济条件的决定，属于被迫采取的变通办法。各种婚姻方式虽然表现出家庭之间社会

地位的差别，但基本上都是在守护着子承父业的家庭延续模式。

(二) 村庄互助和节日庆典

帮工与换工

邻里之间在农田劳动紧张时常常互相帮工，而且被帮助的一方会关注对方的情况和主动还工，因而有不很严格的换工关系。水牛除了用来耕地，也常常作为车水时的畜力。农忙时，水车和水牛常常会集中到某一户田地中来车水。在本地区，车水的目的主要在于排涝。雨季时易发生涝灾，排涝的劳动强度是很大的，需要众多人的团结合作。这些互助的劳动形式根本不同于雇工劳作。雇工形式分为"长工"和"忙月"两种。种田较多而劳力不足的人家在插秧时节经常雇佣忙月，忙月常是外村的农民，雇佣前要讲好劳动报酬，雇主多会比较注意招待雇工，有请吃"插秧酒"的习俗。只有较大的地主才雇佣长工，长工一般都是劳动经验丰富、技艺高超的人，否则很难和挑剔的地主形成长期雇佣关系。

与非雇佣性质的生产互助行为相一致，村民之间在节日期间有互赠食品的习惯，例如端午节时邻居间互赠粽子，中秋节时互送南瓜塌饼，特别是如果知道哪一家没有做节日食品，一定就会有人热情地给他们送去，这些都是以增进感情为目的的行为。某些邻里之间还存在着拟亲属的特殊关系，即两家之间认作干亲，在这种情况下，互相馈赠的行为就更不可少而且具有特别的象征意义。这在认"干爹"或"继妈"（干妈）的仪式上和在日后两家的关系上都表现得十分明显。让孩子认干亲，一般会准备好一些的礼物（如肉、鸡等）送到干亲家中，孩子要给干爹或继妈磕头。届时，继妈也会送衣物首饰和食品等给孩子。孩子在长大成人过程中经常会得到干亲家庭的照顾，到结婚时还会从干爹继妈那里得到比一般人厚重的贺礼，或者是钱或者是物。作为回报，每年正月拜年时，孩子是一定要去继妈家的；在干爹继妈年老时，干儿子也有义务前去照顾他们。

出灯和舞龙

在联庄村，每逢元宵节前后有相当隆重的出灯和舞龙活动，这是村落集体的节日庆典。据86岁的张友裕回忆：每年正月十四就把已经做好的各种灯饰集中起来，排好队伍，在锣鼓的伴奏下往预定的方向游行。这些灯饰大部分是动物形象：狮子灯、老虎灯、兔子灯、蚌蛤灯等，此外还有写着"头牌"二字的四方形大灯及荡湖船等。最重要的是龙灯，分为火龙、青龙、白龙和乌龙等四种。每条龙灯都由八个人执舞，其中一个人在前面举一柄龙珠，舞龙头、龙身和龙尾的有

七人。人们最看好龙头和龙尾的舞姿,因为龙头分量重,龙尾摆动多。在整个龙灯队伍的顺序当中,"头牌"后面紧跟着的是一条龙灯,队伍最后也要有一条龙灯压阵。而乌龙,即黑色的布龙,往往夹在中间。龙灯出行的路线每年都不固定,关键要看有哪一方主人来邀请。1948年,严文泉当村长时是联庄村最后一次出灯舞龙,而且规模不大,游行的距离也不长,只到松江县城兜一圈就回来了。不过在这之前,有一次出灯是到上海县颛桥镇,第二天清早才返回。

舞龙作为村落集体的行为,需要有热心的会首出面组织。他们自愿出钱制作龙灯和其他灯饰,而这些灯饰又归制作者所有,比如现在第11村民小组南兴桥的严文普(81岁)的父亲就是当年制作老虎灯并表演老虎者,每年出灯后并不将老虎灯烧毁,而是由他存放起来预备来年继续使用。值得注意的是,舞龙活动当中,乌龙的主人往往是身强力壮且带有江湖气息的人。乌龙是不能随便来舞的,因为乌龙是"大哥",舞者也必须是乡间认可的一条好汉。如果在出灯时,观众中有人对这条乌龙的主人不服气就会上去"拔龙梢"(拔龙尾)。为此而发生打架斗殴的事情一点也不奇怪。因此,妇女们很少跟随龙灯队伍,只是在龙灯经过时从旁观看而已。当地人说"好男不游荡,好女不观灯"。但是对于大部分男人来说,舞龙是令人神往的活动,所谓"咚鼓一响,脚底发痒"。现在是第10村民小组的野路泾当年就有一条乌龙,据说这条乌龙从来没有被拔过龙梢。野路泾是一个杂姓聚落,大部分都是从外边迁来的种田户,他们认为自己居住的地方风水不好,致使生病的人多和寡妇多,所以特别喜欢舞龙以消灾避邪和祈得好运。

联建村有一位农民张勤山被认为是急公好义的好汉,他就是舞龙梢者。没有他,龙灯就不敢出去。而这条龙平时是放在村民眼中更有势力的陈文生家里,陈、张二人都是身体非常强健的。从这一现象来看,舞龙活动不仅是单纯的娱乐,而且是权力象征符号的运用,是某些男性在村中树立威望和获得权势的特殊手段。这些人当中有的是和跨村庄的帮会组织有联系,因而属于半个江湖人物。他们在附近的庙会上也常常起操纵作用,或有打抱不平之举,或有调戏妇女的恶行,如本地农历六月二十四前后三天的昌塘庙会期间,就常发生各种事故。不过,据说他们的暴力行为大多不会针对本村及其周围村落,相反由于他们的存在还可以减少外来强盗、土匪的骚扰,使本村庄的生活能够安全一些。因此,虽然村里人都知道谁是这种人,但不会在公开场合讲出他们的"土匪"身份。实际上平时也看不出他们有什么越轨行为,据说他们把"东洋刀"

藏在竹子里边，不打人时不拿出来。联建村第6组（计家埭）有过一位人物叫张木生，在抗日战争期间就经常到浦南一带参与土匪活动，解放后，他被定为反革命而坐牢，后来因为发现他曾经救出过共产党的地下工作者而被释放。不过，"文革"中他又被作为"漏划地主"。年长的村民回忆说，他从来不在本地干坏事且肯于帮助人。而乌龙主人张勤山却是守家务农，与土匪没关系。他平时义务地给人治疗骨伤，故受人们尊敬，甚至年龄比他大的人都习惯于叫他"勤山伯伯"。这些人的经历说明，虽然没有土匪的支持龙灯就不敢放出村庄，但是舞龙队伍成员的大多数包括为首者可能并不属于土匪的秘密组织，只是由于他们身强力壮、敢作敢为，或者热心于公众事务而在村里享有威望，并且可以跟土匪打交道而已。关于类似舞龙组织者的社会地位及其在日常生活中所扮演的角色，以往的民俗调查资料中尚缺少报道。

在本地区，舞龙活动结束时必须要请"太保"说鼓书，以此酬谢"龙头"。如果没有这项仪式，村民就认为舞龙活动不完整，"龙就会变成虫"，不仅达不到保卫村庄的作用，反而会给村庄带来灾害。太保可被认为是会说书的道士。说书完毕，付给太保的酬金起码是两块大洋，全村各个家户都会多少提供一点钱款，用一张红纸来公布捐款人的名单，收支的账目也要公布，以取得群众的信任。

（三）土地制度和聚落空间
土地买卖制度和保正的作用

土地买卖在田面、田底两个层次上进行。田面是田地的使用权，田底是田地的所有权。如果某佃户是从田底的主人手中得到田面使用权，便要履行按年交租的义务，但不需要支付获得田面的购金。可是如果他将田面向别人转让，却是一种买卖关系，他可以从中得到一定的钱款。例如联建村老人沈友良说，他家当年卖田面3亩得几十块银圆，他还记得这个交易的过程。先是买卖双方请来"保正"一起到田底主人家的仓间去，保正向田底主人说明交易双方的态度；在田底主人表示没有不同意见之后，保正才可以写出合约三份；保正先盖上章，买卖双方再盖章，即共有三枚印章。田底主人既不盖章也不留"约"。写约时间是在买方请保正吃好晚饭时。邻居们高高兴兴地前来旁观，像开会一样。当事人从交易额中抽出百分之二，分发给所有的旁观者，小孩也会与大人一样得到一份钱。因为田面买卖的结果希望得到村里人普遍的认可，分给大家的钱数又是固定的，所

以人来得越多，当事人越欢迎。田面买卖没有年限规定，买者将代替卖者按年向田底主人交地租，而卖者则自动解除了交租的义务。田底的买卖一般是地主卖给佃户，即在双方正常租佃期间地主不可以随便将田底卖给第三方。地契是拥有田底的凭证，在本地称"方单"，上面盖有保正和地方政府的两个印章。随着田底的买卖，地契将会交给新的田底主人，这时也要由保正来做中介人，他需要在地契上注明转卖的关系。老人们强调说，在土地的买卖过程中，较大的地主即便面临经济困难，一般也不打算收回田面以备自己耕种，因为他们早已失掉耕种田地的本领。田底的价格平均大约在5石米/亩，每石米约重160斤。

保正作为土地买卖的经纪人，同时在村落中具有一定的职责和权力。他首先是站在地主的立场，向佃户催租。如果佃户三五年不交租，地主可以通知保正收回田面，保正有权判定收回田面的合法性。而当土匪来抢地主时，他要出面为地主说好话。其次，对于村中的公用土地如何使用，保正也拥有决定权和批准权，一般主要是批准坟地的占用。另外，坟地上生长的树木往往被他们视为己有。保正并不是由政府任命的，而是由于他们嘴巴厉害、办事果敢等因素，得到村民的认可和遵从。

浦江渔民和村民的关系

两村临近黄浦江得胜港，村民们在日常生活中除买卖关系之外，很少和渔民发生更多交往。他们认为渔民的生活习惯与自己大相径庭。首先是渔民劳动的时间没有规律，当台风来时，年轻夫妻趁江水大涨而出船捕鱼，只留老人孩子在家里守护。他们的家当很少，不怕水冲，人人又会游泳，因此并不惧怕潮汛毁家。其次，他们的信仰也和村民有所不同，最崇拜的是水龙王，而且在船上点烛燃香，诚心供奉。再有，他们是盘腿坐在凳上，一看就知道是坐惯了船头的渔民。他们用的马桶是没有盖子的，而且很小，大小便随便就倒入江里。小孩子常常是光脱脱的，不穿衣服。诸如此类，使村民觉得与他们很难交往，更不用说与他们通婚和共同生活了。但是在改革开放以来，渔民生活发生了很大变化，岸上的房子也盖得好起来，他们常常向村民骄傲地谈他们的大笔收入。

两村的村民小组及其地名

现有的村民小组是按传统的聚落来划分的。聚落的原有名称是人们最习惯运用的。

表1：两村村民小组与自然聚落的对应

组	联建村	联庄村	组	联建村	联庄村
1	施家埭	横浜	7	丁家埭	马家堂
2	冯家埭	柱头浜	8	北陈	张家浜
3	沈家埭	范家堂	9	南陈	马家堂
4	唐家埭	张家堂	10	金家埭	野路浜
5	吴家浜	周家堂	11		南兴桥
6	计家埭	叶家堂	12		草鞋浜

要旨

姻戚と交際、自治組織

劉　鉄　梁

　本調査において、筆者が強い関心を持った問題は、第1に、かつての松江農村における社会生活のなかで、利益と権利を支配する基本的ユニットとして村人が家庭をみなす上で、姻戚関係・隣人交際・組織自治などに関する習俗及び分配と交換の秩序いかに成立してきたのかということである。第2の関心点は、個人がそのような秩序の規範において、どのように位置づけられ、またどのような選択を行うか、さらにそのような個人の行動がどのような感情及び道理上に裏付けられたものなのかということである。叙述された実際の内容は全てこれらの問題系に従っており、地元の特徴である事象がそれぞれ重点的に述べられている。

　浦北（黄浦江の北岸）の聯庄村と聯建村に関して、以下のような習俗と事柄に焦点が当てられた。それは花嫁の嫁入り道具と哭嫁歌、回娘家（嫁が里帰りすること）と娘舅（母の兄弟）の迎え、入り婿と寡婦を奪っての結婚、幇工換工と雇工、集団の竜灯舞い、及び香具師に値するような人物、土地の売買制度と保正の役割、集落空間におけるの漁民と村民グループなどである。

礼物馈赠与村民交际

顾伟列

在不同民族的交际习俗中，礼物交换是一种习见的现象，而在中国人的视野中，礼物交换对于构建关系网络和维系人际关系，其意义更为显著。

笔者在上海松江车墩镇联建、联庄二村进行田野调查中，多次从村民口中听到"礼尚往来"的说法，这个说法的起源，可追溯到2000年以前儒家的经典《礼记》。《礼记》中说："礼尚往来。往而不来，非礼也；来而不往，亦非礼也。"这里的"礼"本指人际交往中的礼节、仪式或规范，"尚"的意思是指提倡，"往来"指来和去，即给予和回报。这个说法在中国流行了2000多年，形而下之地衍为村民的一句口头禅，而且"礼"的意义已被他们直观地理解为"礼物"，从而，"礼尚往来"成为乡村民间交往的一句格言。此外，村民们又一再对我说起"办事"与"送人情"，"办事"指的是操办生育、结婚、丧葬、上梁、乔迁等庆典仪式，"送人情"是指因亲友办事而送的礼物。显然，礼物是村民人际交往中感情表达的主要载体。上述现象引起我对礼物馈赠行为的兴趣，随着调查的深入，我发现礼物交换所形成的个体与群体的联结，构成了当地村民的人际关系网络。在礼物的相互流动中，呈现的正是当地村民中承传已久的交际习俗。

在汉语中，"礼物"一词由"礼"与"物"两个字组成，"礼"的意思是礼节、仪式以及蕴含其中的传统道德理念的仪式性表达；"物"指的是物品或钱币。"礼物"一词就汉语词源学的意义而言，它涉及交际规则和相关仪式，从而显示出礼物与一般物品的分野。松江一带的村民在日常生活中，习惯于把"礼物"一词浓缩为"礼"，显然，他们更看重的是送礼行为的人文意义，而不是物质本身。在松江车墩，送礼活动广涉社会生活的各个层面，从总体上看，可分为仪式性送礼活动和非仪式性礼物赠送两大类别，前者限于寿诞、婚礼、丧礼、上梁等特定的仪式性场合，其送礼的情境是仪式化的；后者多见于邻里、亲友间的互访，由

于互访有着很大的随机性，而且送礼的情境是非仪式性的，所以送礼行为一般不受到礼俗的制约。下面是笔者在松江车墩镇联庄、联建二村，对仪式性送礼行为调查后所作的分类和描述。

1. **贺诞生礼** 在松江，生育庆祝包括催生、喜三朝和做满月。孕妇临产前约一个月，娘家父母约本家至亲到婿家送礼，看望孕妇，贺早生贵子，当地称"催生"，俗称"买糖"，所送礼物叫"催生礼"。催生礼通常包括核桃、桂圆、染红的鸡蛋、红糖、粽子等食品。村民们认为这些食品不仅富有营养，而且口彩好，对孕妇尤为适宜。此外，娘家送来的礼物中还有婴儿所需的衣物和尿布，这些物品都由孕妇母亲亲手准备，尿布是用新买的棉布缝制而成。家境富裕的人家，还流行赠送小孩佩戴的玉佩件、金手链等贵重物品，婿家收到礼物后，将红蛋、粽子分送邻里，同时准备酒食招待亲家，客人一般上午前来，晚饭后告辞。

"喜三朝"又称"请三朝酒"，是人生礼仪中重要的庆典活动。按当地的习俗，出生后未做"喜三朝"，日后如拟办六十、八十寿宴，则须补请三朝酒。例如，联建4队的唐祖江先生今年64岁，他出生时因家境贫寒而未办"三朝酒"，所以在他60岁时就没有举办寿宴以宴请宾客。在笔者调查的对象中，与唐先生类似的不止一位，可见"喜三朝"在当地尤为村民重视。

松江贺孩子降生的日期因产妇住院时间的长短不一而有先后，第三天的称"做三朝"，第六天的称"做六朝"，第十二天的称"做十二朝"，请"三朝酒"一般多择双休日，且日期须成双。据调查，当地"做三朝"有日期后推的趋势，主要考虑到产妇刚生育，身体尚虚弱，而请"三朝酒"一般排场较大，家人忙于应酬，对于产妇和新生儿都不利，所以如今"做十二朝"已很流行。请"三朝酒"排场大的可把亲友都请到，办酒席40—50桌，按每桌8人计，来宾可多达300—400人，规模一般的也达10桌左右。当地风俗，凡是催生时来过的亲友，都须邀来"吃三朝"。来宾都备礼，过去三朝礼多送小孩衣物或食品，现在流行送现金，至亲一般送600元到1000元不等，远亲送100元到300元。此外还要送新生儿红包一个，内有钱币100元左右，称"压岁钱"，有的还在红包上书写"汤儿之敬"四字。东家则有专人收礼金，记喜账。请"三朝酒"当日早晨，东家多在堂上设八仙桌，点香燃烛，祭祀祖宗。上午10时左右客人陆续到达，客人到后先看望产妇和新生儿，然后出席酒宴。"三朝酒"请两顿，中午为正餐。晚餐后告辞时，主人要向客人回赠装有核桃、桂圆、红蛋、云片糕等食品的红袋一

个。每份食品皆为双数,以表达富贵、圆满等美好愿望。此外,请"三朝酒"当日,东家还挨家挨户向本村邻里赠送红蛋4—6个,方便面2—4包,邻里收到后共祝孩子长命百岁,此俗不仅增添了喜庆气氛,而且融洽了邻里关系。

孩子出生满一月,设宴庆贺,称"做满月",当地至今仍流行满月之日给婴儿剃满月头的习俗。因胎发难剃,所以理发师为婴儿剃除胎发,格外小心仔细,东家付酬金20—60元,俗称"喜钿",剃满月头的酬金,是通常理发酬金的5—10倍。联庄、联建一带,凡做了"喜三朝"的,一般不再大规模办满月酒,而是小夫妻携儿回娘家庆贺。满月这天,娘家遣阿舅前来抱小孩,小孩出门前,大人要在小孩鼻上点锅灰,身上裹渔网丝缕,按当地信仰习俗,此举可驱鬼避邪。公婆在小孩出门前,将连夜做好的塌饼捎给亲家,数量为100只左右。同时娘家也自制塌饼,孩子满月这天,娘家将塌饼分赠村中邻里,每户送4—6只。塌饼是用糯米粉拌糖油煎制成,形如月饼,在松江很流行,不少仪式性场合常被用作礼物分送客人。塌饼与"太平"谐音,取其"太太平平"的寓意,是当地用以表达感情联系,分享喜庆欢乐气氛的传统礼物。

2. **订婚礼** 如今松江农村的男女青年,大都受过中等教育,而且绝大多数已弃农务工,有的则外出经商,其社交范围已不同于先辈的拘于乡村一隅。据不完全统计,联建、联庄已婚青年,约50%为自由恋爱,50%为经介绍人做媒达成婚配。当地即便经自由恋爱而到议婚阶段的青年男女,仍沿袭凡婚姻需由介绍人沟通的习惯,男女双方的父母多请至交为其子女的婚姻介绍人。介绍人的功能,有的已转为在男女双方家庭商定彩礼数额,以及受男方委托送彩礼至女方家庭。以往定婚需办订婚酒的习俗在当地已不流行,但彩礼是不可少的,彩礼的数额一般为26000元,分两次送到女家。第一次是在定婚前,数额约为8000元,第二次在商定成亲日期时,数额约为18000元,两笔彩礼均由男方委托介绍人送到女家。联庄村卫生室医师朱明华告诉我,其子于2000年3月结婚,介绍人既是儿子的好友,同时与女方家庭的关系历来很好,彩礼数额由他为中介在双方家庭沟通商定,这样,男女双方都感到很自然。女方收下男方的两笔彩礼,表明婚事已定,一般情况下不能改悔。同时,女方开始忙于为新娘准备嫁妆。男方在正式成亲的前一天,要请阿舅和介绍人吃饭,当天要送"阿舅钿"和"谢礼",朱明华为了感谢介绍人和阿舅,送阿舅400元,在结婚正日又送260元,此为"阿舅钿",赠送介绍人400元,当地称为"谢礼"。

3. **婚礼** 松江的村民认为,婚礼是人生中最大的仪式,所以婚礼中的礼物馈赠也较复杂,无论是新婚家庭的婚姻投入,还是收到的礼金,数量都是巨大的,礼物的价值,反映了收送双方的亲密程度。这里以联庄村朱明华2000年3月为其子举办婚礼当天的礼物馈赠活动为例,对婚礼中礼物馈赠的几种形式,以及人际交往与礼物经济作一考察。

参加朱明华之子婚礼的客人近180人,主人当天收到的礼物有:(1)亲戚赠送的礼金。至亲每笔在200元以上,一般亲戚在100—200元之间,共计17000元。每笔礼金都记入喜账,记喜账由朱的表弟负责,朱认为表弟能写一手好字,且办事仔细,由他负责,令人放心。(2)新郎好友送新郎的礼金。此礼由新郎收下,未记入喜账,当然日后的礼物回赠也由新郎本人考虑。(3)"叫应钿"。按当地风俗,新郎新娘要向来宾中的长辈一一行礼招呼,长辈则另赠新婚夫妇礼金一份,少则20元,多则200元,俗称"叫应钿"。(4)"子孙包"。这是女家赠送的一套老人服装,包好后由12岁左右的男童子拎到男家,此礼的寓意是祝愿新婚夫妇子孙满堂。

朱明华为其子的婚姻投入和礼物支出包括:(1)酒席开支。20桌酒席的菜肴、烟酒、水果等计15000元,厨师酬谢金1200元,茶担(指杯、盆、碗等器皿的租金)400元,总计16600元。(2)"阿舅钿"。当地视阿舅为大人情,阿舅含亲阿舅和堂房阿舅,朱家赠送的阿舅钿,每份200—400元,计1000元。(3)"喜钿"。包括赠送为新娘抬嫁妆的亲友每位20元,计360元;赠送为婚事开轿车的司机每位200元,计1000元。上述各类支出总计约20000元。

这里,有必要对彩礼与嫁妆的关系略作分析。在男方,朱明华为儿子结婚成家的投入,除举办婚礼外,还包括送女方彩礼、装修新房及购置家具。在女方,新娘父母为女儿准备的嫁妆包括冰箱、电视机、洗衣机、微波炉、电饭煲、床单、被子、毛毯、服装、餐具等实物。此外,箱子内还放有数额为41800元的存折一份,当地称"压箱钿"。嫁妆合计60000元。新娘父母不仅将收到的男方彩礼26000元间接用于女儿的嫁妆,而且与新郎父母一样,另有一笔直接资助。从本质上看,双方家长为其子女的婚姻投入,是家庭财产的再分配,即一部分家产由长辈向子女辈转移。如今,松江一带乡间的彩礼与嫁妆的投入,其数量的多少按习俗和各自家庭的经济状况而定,男家与女家并不计较对方投入的数额,这就为日后双方因婚姻而构成的姻亲关系奠定了良好的发展基础。

4. 回三朝 笔者在联建、联庄两村调查中发现一种有趣的礼物收送习俗，男家去女家迎亲时，赠送鸡鸭鱼肉等食品，当天女家送嫁妆到男家，又将男家所送的鸡和鱼原封不动地回赠。当地村民告诉我，鱼表示游来游去，鸡表示飞来飞去，所以不能吃掉，退回男家之举寄托了女家希望出嫁的女儿能像鱼游鸡飞一般，常回娘家看望父母。"回三朝"即指新娘在新郎陪伴下，于婚后第三天回娘家，又称"三朝回门"。新婚夫妇"回三朝"的馈赠礼物为馒头120只，肉馅与豆沙馅各半，另有糕16蒸，娘家收到后，分送邻里。松江习俗，逢六月初二和二月初二，丈夫都要陪妻子回娘家，赠送的礼物除粽子、塌饼各数十只外，还有一种叫作"烤"的油炸食品。新婚夫妻回娘家，通常在娘家住2—7天。

照片1

5. 贺上梁礼 村民建新房，在上正梁这天举行仪式庆贺，客人前来送礼祝贺，东家设酒席宴请宾客，称"请上梁酒"。一般客人贺东家上梁，通常送礼金200元，岳父母家除送礼金外，还要送两根连根带叶的竹子、2只竹篓、2杆秤和2只竹筛（见图1）。东家收到后挂在新房外墙，又于梁上挂横幅，上书"富星高照"等吉祥语。按当地信仰习俗，竹子的寓意为节节高或步步高升，秤的寓意是称心如意，竹筛表示五谷丰登，竹篓表示六畜兴旺。上梁时，鞭炮齐鸣，工匠在梁上往下抛馒头、糕、钱币等，来宾则在屋下争抢，场面热闹，增添了不少喜庆气氛。仪式完毕，即入席喝"上梁酒"。

6. **贺升学、参军** 当地凡考上大学或入伍参军，也要设宴祝贺。联建村3队的沈国昌告诉我，由于城乡间还存在差别，所以因升学或参军使户口迁出农村，大家都认为是值得庆贺的喜事。沈至今仍记得其子沈伟强1998年考入华北工学院的情景，当亲戚得知此消息，纷纷来电祝贺。于是沈择日办了9桌筵席，沈的兄弟姐妹及阿舅、连襟、寄爹、寄妈等都来贺喜，客人赠送的礼金多则600元，少则280元，共收到礼金5000元。此外，沈还专门请沈伟强的同学前来聚会，因为同学们送了不少纪念品给沈伟强。

7. **贺生日礼** 当地把生日庆祝叫作"做生日"。联庄、联建一带的村民认为，从周岁起，除40岁和70岁外，逢十的生日都值得庆贺。一位老人向我讲述了当地流行的说法："做三不做四""三十岁半世人，六十岁一世人""五十岁为半百""六十岁一甲子"，唯有四十岁的"四"与"死"谐音，七十岁的"七"又易与丧事中的"做七"混淆，所以不做。过去，做寿排场很大，现在当地除为小孩做周岁排场较大外，一般生日流行家人团聚庆贺，礼物赠送局限在家人中，如父母66岁生日，女儿烧66块肉送父母，以贺长寿的习俗仍流行至今。据笔者考察，做生日不铺张，除习俗的演变由繁趋简的原因外，礼物经济的价值规律是其深层原因。按当地习俗，客人所送的寿礼，东家只能收下一半，另一半须以"压岁钿"的名义回赠对方。一位村民告诉我，子女为他做60岁生日，请了8桌，花费5500元，前来贺喜的亲戚共16户，收到寿礼3000元，回赠"压岁钿"1200元，实际收到1800元。他表示，80岁不打算做了，一则子女都很忙，二则做生日开销太大。

8. **丧礼** 联庄、联建一带的丧礼程序为报丧、吊丧、大殓、做七、落葬。人死后，同村邻里闻讯后每户会主动来一人相助，死者家属准备寿衣、洗尸、饰尸，移尸中堂，焚化死者衣裤，燃烛供食守灵。次日派人走告亲友，称"报丧"。亲友闻讯告后都须前来吊唁，至亲当日即赶往哭吊。大殓当日，一般亲友至少派一个代表告慰亡灵，至亲则每户前来二人以上。没有正当理由而缺席，被认为是一种极不友好的姿态，其后果是导致两家关系的中断。调查中还了解到当地有这样的习俗，闻对方报丧，本人出于某种原因不愿前往，可将少量钱币用纸包好扔入河中，表示情意已到，于心无愧，但关系从此中断了。客人吊丧主要赠送礼金，少则70元，多则300元，数额为单数，用白纸包，客人须于出殡前抵达，大殓后主家拒收礼金。主家于大殓当日备"豆腐饭"招待亲友，菜肴与一般酒席

大致相同，但豆腐羹和煮豆腐干丝是丧事必备的传统菜肴。凡长寿者死，主家回赠的礼物是新购的饭碗，俗称"寿碗"，客人携寿碗回归，讨得长寿的口彩。

松江区流行"做七"，即死后每隔七天家属行祭礼，从"头七"至"断七"，共行七次祭礼。此俗源于佛教的"斋七"，佛教认为七七四十九天可超度亡灵。民间尤重"五七"，"五七"这天，死者至亲都来祭奠，由于范围限定在至亲，故规模较小，如联建3队沈国昌之父于3年前去世，大殓办了十余桌，"五七"只办了5桌。客人赠送的礼物多为锡箔。按当地风俗，"五七"由死者女儿做，主要负责烧祭菜中的8冷盆和12热炒。儿子负责大菜，称"领菜"。祭菜的烹调忌用葱、姜等香料。烧好的祭菜隔夜供在厅堂的八仙桌上，"领菜"置前，女儿烧的菜置东西两端，中间安放骨灰盒，以供亡灵享用。

在松江民间，死者的骨灰盒一般在家安放三年，于三年后的清明节落葬，落葬当日死者亲属皆来祭奠。上文提及的沈国昌即于2000年清明为其父举行落葬仪式，参加的亲戚达100余人，沈与其兄弟办了15桌落葬酒席。花费6000元，沈兄弟4人商定，费用兄弟分摊。沈告诉我，按当地习俗，落葬不收礼金，只收锡箔，其阿舅送来的礼金，被沈等婉拒。

上面例举了联建、联庄二村村民中流行的几种仪式性送礼行为，描述了送礼情境中的经验事实，民俗学和人类学对于送礼行为的研究，除了关注于礼物交换方式及其仪式外，同时又关注于礼物赠送的社会功能及其变迁。沿循这一理论传统，我们进而发现，礼物馈赠对于维系村民的关系网络，其功能是难以替代的。首先，礼物往来是一种互动关系，因事而送礼，因礼物收送而强化了双方的亲密关系，从而，礼物馈赠成为一种维持并巩固人际联系的文化机制，其功能为村民所接受。其次，在仪式性送礼场合，个体（主家）亲友网络的全貌得以真实展示，由个体操办的庆典性仪式，为平时疏于往来的亲友提供了一种情境，亲友借此情境延续着长期以来因血缘、地缘、业缘而形成的关系，并在此情境中集中宣泄了亲情和友情。联建村的朱明华对我说："为儿子筹办婚礼，前后忙了两个星期，婚礼当日的中午和晚上各办酒席20桌，远道而来的亲友有的还留宿朱家，其间应酬、安排、接待、迎送，令人劳累不堪，但内心却充满了欢乐。"

民俗因社会生活而产生，又随社会变革和经济发展而变化。就车墩镇乡间的礼物馈赠与人际关系而言，其变化约略有四：

第一，年轻人已越出亲属关系去建立新的网络。对他们而言，除了既有的亲

属关系外，朋友、同学、同事也随其交际的拓展而纳入私人网络。一方面，他们忠实地参与父祖辈操办的以亲属为纽带的传统仪式，并依乡间习俗馈赠礼物；另一方面，他们又热衷于年轻人间的聚会、娱乐等活动，这类交往较少受到礼俗的制约，而且礼物交换不存在亲疏之别，因为出于志愿建构的非亲属联系是以自由选择为前提的，因而礼物馈赠以自由和自愿为基础。

第二，市民交际习俗逐渐影响到乡村社会。例如生日庆典中，市民多送蛋糕，如今乡间也开始流行，客人送蛋糕、蜡烛以贺生日，在不少村民家庭的生日庆典中已很常见。

第三，所送礼金的数额逐年提高。兹以送结婚礼金为例，70年代送4—8元，80年代送20—40元，90年代送200—400元。再如探望客人所送的实物礼品，70年代多送饼干，80年代多送烟酒，90年代则流行送人参等营养保健品。同时，宴请客人的酒席标准也水涨船高。70年代一桌8菜一汤，成本10—20元；80年代一桌12道热炒加1拼装冷盘，成本20—40元；90年代一桌8冷盘、12热炒、6道大菜、2道点心，成本400元。

第四，社会宽容度的提高促使年轻人逾越规矩。笔者曾就婚姻礼俗采访了一位在车墩镇政府任职的女青年，她认为，自己若自由恋爱，则不打算另请"介绍人"，因为无须介绍人在男女双方家庭充当沟通彩礼数额的中介；若打算旅行结婚，则不会受"回三朝"的制约而推迟旅行。

出现上述变化的原因，在于松江车墩镇20多年来经济发展的迅猛与年轻人大量流入城镇。以联建村为例，劳动力年人均收入在70年代为450元，80年代至90年代前期为2000元，1995年以后猛增到11000元。年轻人身份的变化、村民生活水平的提高、城乡间鸿沟的缩小，以及观念的更新，无不促使礼物馈赠文化的演变发展。然而，有一点是无须置疑的，即礼物馈赠将继续在乡村社会的人际交往中扮演其重要角色。

要旨

贈答と交際

顧　偉　列

　本稿では、贈答行為を通して、車墩鎮農村社会における交際の特質について考察を行なう。この地域においては、贈答品のやりとりを大きく儀礼的贈答と非儀礼的贈答に分類できる。

　まず、儀礼的贈答については、出産祝い、結納祝い、結婚祝い、里帰り、棟上げ、入党、誕生日、葬送など8つの具体的な場面に応じた贈答品のやりとりの実態を報告する。具体的なデータに基づいて、人間関係を固めるという社会的機能を分析する一方、そこに見られる人間の複雑な経済行為というもう一つの側面に注目しながら、初歩的な民俗資料の整理を行なった。

　社会改革と経済の発展に伴って、この地域において、人間関係と贈答行為に以下のような変化が見られる。

1. 若い人は、血縁、地縁関係を越え、新たな交際ネットワークを作り上げようとしている。
2. 町の交際の仕方が農村社会に影響を与えつつある。
3. 祝儀の金額が年々高くなっている。
4. 村社会の許容度の増大が、若者に従来の習慣や条規を越えさせる重要な社会的条件となっている。

　なお、この様な変化及び農村社会の変遷をもたらした理由についても、若干の考察を加える。

生産と生業

菅 豊

1. 解放前後の車墩鎮聯庄村、聯建村の生産

車墩鎮における農業生産の変遷と現況の概観

　黄浦江の北岸に位置する車墩鎮も、南岸の張沢鎮と同様の環境にあり、そこにおける農業は、温暖湿潤、低湿な環境に適合したものであった。張沢鎮と同じく、稲作を中心とした高度な土地の集約的利用にその特徴を見出すことができる。

　農業生産の中心は、以前よりやはり水稲栽培で、在来技術を基礎とした晩稲の一期作（一年一熟）であった。それが、解放後、政治体制の大きな変革にともない、国家規模の増産政策と軌を一にして、技術改革が行われ、早稲の導入による二期作（一年両熟）や、冬季の小麦・大麦やアブラナ栽培という裏作、また、裏作と二期作を組み合わせた年3作（一年三熟）が導入された点も張沢鎮と同様である。しかし、現在は、上海という大都市の近隣に位置する状況から、都市化の影響がおよび、農業生産の農村経済に占める地位は低下しつつある。

　たとえば、聯庄村（行政村）において、個体戸経営の工場（1997年まで集体経営）のほか、台湾企業の工場が誘致され、そこでの非農業生産にかかわる村民が増加している（1999年の農業労働力人口216人に対して工業労働力人口は276人）。

　そのような状況のなか、農業生産に対する経済的依存は明らかに低下している。そのため、農業に対する意欲も低下しており、請け負った土地の放棄も最近では見受けられる。その結果、農業生産に必要な労働力を外部から導入する外包（外来戸への土地請負）も開始しており、現在浙江省から11家族の外来戸

が、余った土地での農業生産を請け負っている。また、農業生産の労働力人口の不足から、23人の外部からの農業労働力を雇用している。

解放前の稲作―苗作りと本田の耕起

解放前は、一年一熟の単季作で晩稲を栽培していた。冬場は、オンホーツォ（紅花草：レンゲ）を植えて、春の耕起で犂こみ基肥とする。

公暦3月末から4月初冬にかけてヤーディ（秧田：苗代）を耕す。ヤーディは、毎年同じ水田を用い、ここにも苗を植え付ける。人力でテッダー（鉄搭（鐺か?）：クワ）を用いて行い、水をいれた後にシャディ（削田：田面の均し作業）を行う。種籾は、播種前に2～3日水に浸して芽出ししてから播種する。

本田の耕起には、黄牛、水牛にリー（犁：カラスキ）を曳かせるガンディ（耕田：ウシによる耕起）と、クワを用いた人力のツーディ（鋤田：人力による耕起）で行われていた。

田植えはツォンヤー（種秧：田植え）と呼ばれ、芒種（公暦6月6日頃）前後に行っていた。ツォンヤーには半月ほどかかった。田植えは、縦横それぞれ一定の間隔で植える正条植で、植え付けの際基準となる縄を用い、後ろ向きに植えた。1日1人2ムーの植えつけが可能であったという。

田植え後、およそ20日で最初の除草を行う。中耕除草にはまず、タン（耥：除草具）を使う。このタンを用いた中耕除草作業をタントゥ（耥稲：除草具耥を用いた中耕除草）と呼ぶ。タントゥの翌日にはユントゥ（耘稲：手での除草）という除草作業を行う。約20日後には第2回目のタントゥ、ユントゥを行う。それぞれ2回ずつ中耕除草を行う「二耥二耘」が車墩鎮では一般的であった。中耕除草が終わった後、小暑（7月8日頃）と大暑（7月23日頃）頃に2回施肥を行う。

霜降（10月24日頃）あたりに、グトゥ（割稲：稲刈り）を行う。刈り取りには、ワーン（横：鎌）を用い、刈り取った稲は、そのまま水田上で2～3日間ほど乾燥させる。これをコントゥ（梱稲：刈り取った稲をしばる作業）して家に運搬する。

脱穀は、細竹を桟としたトゥドン（稲床：打ちつけ式脱穀機）に打ちつける方法と、回転式のガートゥジ（軋稲機：足踏み脱穀機）で行う方法があった。脱穀の後、フォンチッ（風車：唐箕）で風選された。脱穀した後に残った藁は、

庭先に積み上げてザートォ（基（齊）頭：藁ニオ）にして保管し、日常の煮炊きの燃料として利用していた。

　田植え、施肥、除草、収穫など特定の時期に集中して労働力が必要な農繁期の臨時的な労働者をマンユェ（忙月：季節雇用労働者）、あるいはマンコン（忙工：季節雇用労働者）という。15日～2カ月ほどの期間を決めて、給与が支払われる。また、バンコン（帮工（伴工?）：臨時雇用労働者）という、一日の作業量を単位とし雇用される労働者もいた。さらに、チャンニー（長年：長期雇用労働者）、あるいはチャンコン（長工：長期雇用労働者）と呼ばれる、年間雇用の労働者もいた。雇い主の家に住み込み、食事を給付されるほか、年1～2石の白米を給された。

　こういう家族外労働力を雇用することのできない零細な家は、同じような経済規模の親族、知人とベーコン（? 工：労働交換）という労力交換をして、繁忙時をしのいだ。ただし、原則無償の労働交換も、労働力を返済できない場合は、金銭での支払もあったという。また、耕起に用いるウシを借用した場合も、労働力で返済することも、現金で返済することも認められていた。

用水路と揚水

　灌漑のために張り巡らされた用水路をウーパン（河浜：用水路）という。ウーパンの岸はバンデー（浜灘：用水路の岸）と呼ばれ、所有者はなく自由に耕作等に使用できた。ウーパンと水田とは通常1メートルほどの水位の差があり、干潮時には2メートルほどにもなった。このウーパンから揚水することをダンスー（打水：揚水）という。ダンスーは、田植えの半月ほど前からやり始め、水の状況を見ながら適宜継続する。夏場は、ほぼ毎日行わなければならない作業で辛いものであった。

　ダンスーには、牛力を用いるニュウダンチャ（牛打車：畜力揚水機）や、人力で行うニンダーチャ（人踏車：足踏み揚水機）。ニンダーチャは2～3人必要で、基本的に家族ごとに行われるが、労働力の不足する家では、雇うこともあった。

　ウーパンの底に溜まった泥土をウーニー（河泥：クリークに溜まった泥）と呼び、追肥として用いた。ウーニーは、溜まりすぎるとウーパンを埋めてしまい、灌漑の障害となるので旧暦2～3月の稲作が始まる前に浚渫しなければならない。浚渫することをトゥーニー（挑河泥：ウーニーの浚渫）といい、解

放前は自然村ごとに協力して行われていた。ウーパンを利用する水田の所有面積に応じて、浚渫するウーパンの長さを決め分担した。通常は、隣接する数人が組んで行っていた。

漁撈

　ウーパン（河浜：用水路）は、灌漑用水の獲得、肥料獲得、舟航など多様な用途に使われたが、漁撈にかんしても重要な場所であった。盛んに行われていた漁法は、張沢鎮同様に、竹で枠を作り下面に網を張ったグイマオ（赶網：掬い網）である。これは、リョウマオ（撩網：掬い網）とも呼ばれる。農暦3月から8月にかけて行い、ジーン（鯽魚：フナの仲間）、リーン（鯉魚：コイの仲間）、ウーニャンドゥ（娃娘頭：?、成長するとモーツーセーと呼ばれる。春に多い）、ワーニューン（黄牛魚：?）、オーゼ（黄鱔：タウナギ）、メーリ（鰻鱺：ウナギ）、ニチュ（泥鰍：ドジョウ）が捕れるが、とくに小さなジーンとウーニャンドゥが多かった。

　ウーパンの水を掻い出す漁法に、コウドウ（?：掻い干し漁）がある。ウーパンの水が少ない夏場の干潮時に、土に籾殻を混ぜてせき止めて、溜まった水を掻い出す。小さなウーパンなら最低5キログラムほど、大きなウーパンだと50キログラムも捕れることもあった。コウドウには、テーツォ（鉄鈔：?）という、魚つかみの道具を使ったという。コウドウは居住している場所にかかわらず、どこで行っても良かったという。50年代まで行われていた。

　ウーパンでは、ヤス漁も行う。魚類を捕るためには、返しのついた4叉のチャーン（槍：ヤス）を、ディジー（田鶏：カエル）を捕るためには、返しのない二叉のチャーンを用いた。貝類では、タニシが捕れ、販売もされていた。

家畜・家禽飼育

　解放前の車墩鎮には張沢鎮と同じく、役畜の黄牛、水牛のほかにブタ、ヒツジ、ヤギ、ニワトリ、アヒルなどがいた。

　役畜の黄牛、水牛は、土地を多く所有する人が飼育しており、誰でも保有できるものではなかった。たとえば、聯庄村周家埭では、解放前に20数戸あったが、黄牛は3頭、水牛は2頭しかいなかったという。

　解放前には、ブタも2〜3戸しか飼育していなかったという。その家は水田を

たくさんもっている家で、ツーシャー（猪樹：ブタの糞と藁灰を混ぜた堆肥）の生産をその飼育の重要な目的としていた。

　ブタはツール（猪？：ブタ）と呼ばれ、繁殖用の種付けオスブタをツーラン（猪郎：種付けブタ）、繁殖用メスブタをロームーツ（老母猪：繁殖用メスブタ）という。かつては、すべて黒豚だった在来のツールも、解放後体の大きいヤンツー（洋猪：外国の品種のブタ）が入ってきて以降、その数を減らした。

　ツーランは、専門の種付け師のみが保有していた。周家埭では、メスのいる家ではムーツージョウ（母猪叫：発情）したら、近隣の滙橋村の種付け師からツーランを連れてきてもらって、費用を払って種付けしていた。

　産まれた子豚はショウツ（小猪：子豚）という。成長して5キログラムほどになったら雌雄を問わずシー（？：去勢）する。去勢も特別な職能者がいて、周家埭近辺では得勝村に住んでいた。去勢後のブタはニュウツ（肉猪：食肉用ブタ）と呼ばれる。

　周家埭のZ氏は、解放前にブタを1度飼育したことがある。彼は、叶榭鎮のブタ市場から10キロほどの去勢ブタを2頭買った。それを米糠やレンゲ草で6カ月育て、60キロほどなった頃に売却した。元手と手間の割にあまり収益が大きくなかったために、1度きりでやめたという。

　ニワトリは、卵肉兼用種であった。各家でおよそ7～8羽は飼育していた。ほとんどが農暦3月、8月頃に自家で孵化させた。1回の孵化で、20羽ほどのショウジ（小鶏：雛）をとっていた。去勢はしない。「鶏毎一百天、就可以喫（ニワトリは100日たてば食べられる）」という俚諺が伝えられるように、孵化後100日およそ1～2キログラムに成長したあたりから食べはじめる。その際、ヨンジ（雄鶏：オスニワトリ）から食べはじめ、ツージ（雌鶏：メスニワトリ）は卵をとるために残される。自家で繁殖する家では、最終的に1羽のヨンジを残す。ニワトリを食べるのは、親族、友人の来訪があったとき、春節や清明節などの行事の際に限られていた。

　ツージは孵化後100日ほどで産卵しはじめる。解放前のニワトリでも、餌を十分に与えていれば、通常毎日連産していたという。連産20日ほどで就巣する。就巣をタオブ（討孵：就巣）という。タオブになると産卵を停止してしまうので、それを解除しなければならない。そのようなときは、就巣中のニワト

リを巣外に出し、1週間ほど片足立ちにしたままストレスを与え続けるデュラ（吊啦：就巣を止めさせる1方法）したり、足に藁を添え木のように巻き付けストレスを与えるザラ（札啦：就巣を止めさせる1方法）したりした。年に1回秋にウェマオイ（換毛衣：換羽）といって、羽が生え替わり、このときも15日ほど卵を産まなくなるが、これを解除する方法はなかった。

2. 解放前後の車墩鎮聯庄村、聯建村の土地制度

土地所有と小作慣行

　車墩鎮も張沢鎮と同じく、解放まで田面と田底にかんし2重の権利が発生していた。

　田面と田底の所有者が同じでない水田をツーディ（租田：小作田）、所有者が同じ水田をリャンディ（良田：自作田）と呼ぶのも同様である。

　周家埭では、ツーディを有するディーズ（地主：地主）は、松江などの県城に居住する不在の大地主か、得勝村の徐家、塔水渡肖家埭の肖家であった。肖家の土地は肖一族のツーダンディ（祠堂田：祠堂田）であった。

　ちなみに周家埭のZ氏の場合、解放前に7ムーのリャンディと、10ムーのツーディを有しており、ツーディの田底を所有する地主は、得勝村の徐家であった。当時、ツーは金納、現物納両方あったという。金納の場合、まず、生産したコメを米行（米穀業者）に売却し、ツー（租：小作料）の租米の量を現金に換算した金額を納めた。当時の1ムーあたりの生産高は玄米で200〜250キログラムで、ツーは125〜135キログラムにもおよんだというから、租の率は高いときには60パーセントを超える高率なものであった。

　聯建村唐家埭のC氏の記憶によると、解放前に3ムーのツーディを有し、その地主は、松江県城に住む楊家であった。当時、1ムーあたり玄米で160キログラム程度で、ツーは約40キログラムであり、租率は25パーセントほどであったという。

　租は収穫量で変わる。稲刈り前に、地主、保正、副県長などの役人が作況を考慮して、その年の租料の割引率を決める。この話し合いを議租といって、平常時は「十成」で、最も不作のときで「七成（平常時の70パーセント）」に減額された。議租の結果は、県から保正に伝えられ、農民に知らされる。

・ 277 ・

租は、冬至を納付期限とする。この期限を、「頭限」という。さらに冬至過ぎから春節までを「二限」という。「二限」に遅れると、2割り増しの租をとる厳しい地主もいた。

　大きな地主の家で、租の納付を管理するのは、計算に長けた賑房先生である。大きな地主になると数名の賑房先生を雇用し、自分のもっている土地を地区分けして収租を分担させていた。聯建村唐家埭のC氏のツーディの地主であった楊家は、大きな地主だったので、やはり多くの賑房先生を抱えていた。C氏は14歳の頃より、家の農業を本格的に手伝い、租の納入もやっていた。松江の楊家の家へ租を納めに行くと、賑房（会計を行う部屋）に賑房先生がいて、自分の租額を計算し、納付の事務にあたっていた。賑房には土地の所在、佃戸の名前、租額を記す賑簿があり、納付すると賑房先生が記入する。C氏の村を担当する賑房先生は、あまり厳しくなかったが、なかには権力にものをいわせ横柄な態度で、佃戸たちにきつい仕打ちをするものも少なくなかった。そのため、この地では賑房先生に対する印象は良くなく「狗腿子（イヌの足）」と侮蔑的に呼び、土地改革時には「二地主」と扱って打倒の対象にした。

　ツーを滞納し、農暦1月15日過ぎても、どうしても支払うことのできない場合、地主は華陽橋（解放前、車墩鎮は華陽鎮であった）の警察を介入させる。これをケーツ（開租：租にかんする警察への告発）という。警察は、賑房先生とともに滞納している佃戸の家へ赴き、家の主人を拘束した。滞納した人は、この時点で「喫租米官司（租のコメを食べた訴訟）」という形で、警察へ収監された。懲罰的に3カ月ほど収監し、春先には農作業が始まるので、保正の保障によって釈放される。収監時は、1日2食与えられるが、この費用は地主が負担しなければならない。

　唐家埭では、租を2年連続で滞納すると、田面の権利を地主に接収されることもあった。これをベンディ（笨田：土地の田面権の接収）という。地主、賑房先生、保正が、佃戸の家へ赴き、耕作にかんする文契がある場合は、それを押収する。口頭で取り結ばれた佃戸の場合、次年度からの耕作を認めない旨通告する。地主は、新規の佃戸を募り、しばらく試用的に耕作させるが、この新規佃戸が4年間租の滞納もなく精勤した場合、あらたに佃戸としての契約を取り交わす。

分種田

　水田を所有し自作する家、あるいは水田の耕作権を有する家（佃戸）の労働力が不足し、耕作が困難になった場合に、その耕作に雇用労働者を用いずに他家の労働力に頼ることをフォンツォンディ（分種田：請負耕作）という。

　これは、小作というよりも生産請負であり、経営はあくまで土地所有者（田面も含む）と請負者が一緒に行っていると認識されていた。土地のない家や労働力に余裕のある家が請け負っていた。

　良田を耕作する自作農や、あるいは租田の田面のみを所有する佃戸で、鎮に働きに出たりして、労働力が不足した場合に、生産の代行を労働力の余剰があるものに頼む。その際、土地を提供する側は、肥料（ツーシャー）、種子を提供する。

　耕作権の所有者と耕作者の収穫の取り分の割合は、口頭で決められ一定ではないが、だいたい収穫の3割程度を実際の耕作者へ分配していた。もし、佃戸がフォンツォンディする場合、佃戸（耕作権所有者）の7割の収得分から租が支払われる。

　フォンツォンディの契約は、1年ごとに結ばれ、恒久的なものではなかった。

典賣

　土地の権利を売ることをディマ（典賣：土地を売ること、あるいは出典）という。ディマには、良田ばかりではなく、租田の田面や田底のみの売買もあった。聯建村丁家埭のT氏によると租田の田面を買うことをディーン（頂：田面権の購入）と称したという。

　ディマは、葬式時など急に多額の金銭が必要になった際に、やむを得ず行われるものであった。

　ディマには、ワッチ（活契：回贖（請け戻し）請求権のある売買）とジェッチ（絶契：回贖（請け戻し）請求権のない）売買）があった。

　ワッチは、良田（田面権＋田底権）、および田面権の売買において主に行われた。権利の価格の4～7割の価格で売る代わり、ある期限の後に売り手（入典者）によって買い戻す権利が留保される。車墩鎮では、通常、3年か5年年限でワッチされた。買い手（承典者）は、この期限内はその土地における使用、収

益権を保有することは、張沢鎮と同じくする。保正などが仲介し、仲介料を売買価格の2割ほどとっていた。

　ワッチは、期限が過ぎると、元の所有者（売り手：入典者）に同額の金額で請け戻す経済的余裕と意志があれば、それを買い戻すことを買い手（承典者）は拒むことはできない。しかし、年限が来た後入典者が請け戻しを希望せず、しかし、完全な売却も望まない場合、承典者がさらに承典した土地の使用を希望する場合、さらに典金を追加し、年限を延長することができた。この典金追加額は、権利の価格の満額よりも低く設定される。車墩鎮では、これをガッテー（加找：典金追加による典期延長）と呼ぶ。

　たいていの農民は、自分の権利のおよぶワッチを望み、いつかはその土地の回贖を希求したが、どうしても経済的に成り立たない場合、ワッチした後ガッテーし、さらに最終的にすべての権利を売り渡す。その際は、実際の権利価格より低く抑えられていた価格の差額を計算し、その権利の満額を入典者は承典者より受け取る。そうすることにより、回贖請求権のない売買へと移行する。これを、車墩鎮ではガッジェ（加絶：回贖請求権のある売買から回贖請求権のない売買への移行）といい、この時点で、次に述べるジェッチと同じになる。

　ジェッチは、いわゆる通常の売買で、権利の市価の満額で売ることにより、すべての権利を買い手へ受け渡す。当然、請け戻す権利もない。田面権のジェッチの場合、租の納付義務も当然買い手へ移行する。

　土地売買の斡旋は、知人や親戚で顔の利くものに頼んだ。

摘要

农村生产与土地制度

菅丰

松江所在的长江三角洲地带气候温暖湿润，无霜期 210—270 日、年降水量达 1000mm 以上，大致是海拔 5m 以下的低地。被称作河浜的水渠把低湿水田为中心的耕地连接起来，形成了发达的网状灌溉系统。

位于黄浦江北岸的车墩镇的农业是与温暖湿润、低湿的生产环境相适应的农业。农业生产的中心和张泽镇相同也是水稻栽培，现在仍然是生产的经济基础。但是与五十年前相比，生产的形态已经发生了变化。

本章将从生产方式和土地制度两个方面记述 1949 年前后也就是解放前后的车墩镇农村经济。特别是，关于农业生产，将以水稻栽培的秧田和水田的耕地、插秧、中耕除草和施肥、收获、储藏等一系列农业活动为中心进行记述。再者，为了解该地区生产方式，对渔捞、家畜家禽饲养略费笔墨也是不可或缺的。最后，为了了解该地区的土地所有和佃耕惯行，将对田面和田底惯行、收租体系、雇用劳动、分种田、典卖等进行记述。

民 居

朱希祥

本文从民居选地址与环境、民居式样与建造、民居布局与家什三个部分归纳与概括上海市松江区车墩镇联建村和联庄村的住宅特征、风俗习惯及发展、变迁等过程。

当地民居选择地址与环境的特点与习俗表现在：1. 面对横向河流、门朝东南方向；2. 门前忌讳竹子；3. 与邻居房屋齐整的习规；4. 有关直对着河、路、桥的忌讳。

民居式样主要是落檐式、硬山头和钢筋水泥楼房等。民居建造的风俗习惯在拆房屋、打地基、上梁、进场几个过程和程序中表现突出。此外，当地还有铁锅压房顶、放界石等民俗特征。

民居的结构布局因子女的分家而发生变化。一般住宅都有客堂、东西次间、东西厢房以及杂作间、前头间、亭心、小屋等。当地住宅中的家什特点和风俗主要体现在卧房陈设、灶间用具等方面。

调查考察时间：1999年11月28日至11月30日，2000年8月14日至8月18日。

采访、座谈对象：联建村施光明（施家埭，52岁）、陈文斌（南陈家门，77岁），联庄村范志财（横浜，43岁）、王桂龙（竖头浜，42岁）、奚雨生（奚家库，85岁）等。

一、民居选地址与环境的习俗

当地人对建造房屋、安顿民居的重视，可从口头语"儿子，房子，娘子，儿子"中看出，房屋是家庭生活和传宗接代的重要基础和中心。

盖房首先要选地址和选环境。这一点，当地村民是极其讲究的。他们在民居

的选址和选环境的观念上,除了认为宅基地过去是祖传现在是规划分配的以外,往往还要通过风水先生(过去)和依据本地的风俗来加以规范。至今在当地仍盛行的选址与选环境的习俗主要是:

1. 面对横向河流,门朝东南方向

这是当地民居选地址与环境的两个重要原则。

当地村民20世纪60年代以前都是用河水,所以要选择靠近河浜、面对横向河流的地方居住。没有自然河的地方,也要人工挖一条,如图1显示的联建7队的村落一角地形,当地人称此为"坐水"。

民居主要是东南向,即大门开向东南方向,因为光照和风向都以南为佳。但当地认为正南是庙宇,神仙住的。神仙可以无法无天,普通俗人低一等,只能朝东南居住。村民还认为,庙是老爷待的地方,老爷是神仙,如关公爷;民房是住人的,不是住老爷的。近年来,因河流挖掘疏浚以及政府规划动迁等缘由,一些村民也会改变房屋朝向,朝西南甚至朝东。

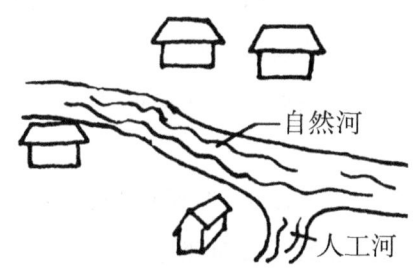

图1

2. 与邻居房屋齐整的习规

当地与江南其他村落相同的习俗、规矩是,建造房屋一定要与邻居间保持齐整。这种齐整一方面是指楼高的一致,东边房不能造得比西边房高,西边房造高一点倒关系不大。多一层的高度不在此例。因为房屋高度问题,当地邻居间明里暗里进行攀比。开始造时如有高低,低的人家有钱时就一定会造高一点。当地为了房子高低而争吵的事情经常发生,有的原先要好的人家,因房子高低而反目成仇,以致几代人不友好。这种情形,现在仍存在。齐整的另一方面是指房屋横向的并排一致,即不能将自家房屋建造得向前超出邻居的房屋,向后(朝北)则无关。否则,就叫挡住风水。当地房屋间距,前后8米左右,左右2—3米。

3. 门前竹的忌讳

当地村民不喜欢而且忌讳家门前有竹子,认为竹子不爽气,遮阳光,不干净

(落叶多),甚至说:"出门见竹,出门就苦""竹在前面,家要败"。所以,即使原先有的竹子,造房时也要砍掉。当然,竹子毕竟是中国江南常见的植物,在民居除大门外的其他地方或隔河有竹子或种一点竹子,还是被认为不错的,有冬暖夏凉的感觉。因此,从侧面或北面看当地的一些村落,竹林遮掩房屋的景色还是有的。

4. 有关河、路、桥等的忌讳

当地人的生活离不开河,但又敬畏河,所以,一些风俗禁忌也都与河有关。这样的风俗禁忌一般有:

①"隔河千里。"这是当地的一种说法,意思是,哪怕有不吉利的地势、地形,隔一条河,就像隔千里一样,没事了。例如,房屋周围有坟场,一方面要尽量远离,另一方面可借助河来进行阻隔。没有天然河,人工挖一条亦可。再如,自家房屋地势较低,对面较高,甚至有坟墓,中间又没有天然河沟间隔,这是很不吉利的。但如人工在中间挖一条河沟,将水引向两边,那就无碍了。这就是"隔河千里"。

②"水比路凶。"村民的这一说法,既说明水的重要性,无河要开河,比开路更要紧,又说明民居大门直对着河,要比直对着路更加不好,不吉利。实际上,民居大门(后来推衍之后门、窗等)直对着河、路、桥、电线杆之类,在当地都属禁忌之象。例如,联庄村横浜队有一户村民,房屋建造形势如图2。1999年某日该户一位妇女生病去世,一些村民解释说,这是因为大门与河的一段对着,冲腰(此词依当地人读音和望义而写下,不知是否准确——笔者),风水不好。结果该户主人将大

图 2

门改到西边去了,使之不与河直对着。联建村施家埭也有一户人家,房屋地势与上述一家相近,只是河的方向在北边,房后的窗户和后门直对着河,河边有条路,不远处还有一座桥。后来,这家的儿子出车祸死了。当地人解释说是河、路、桥冲了(风水)。这家就重新在北边门窗上挂上镜子,以防再次不测。

用镜子、剪子挂在有关的门窗上方,来作反冲,是当地村民对付河、路、桥

的冲撞的习惯方法。因为河、路形态变化多端，人们常常不知道何处与它相冲撞。所以，当地人宁可多挂几面镜子，做防备之用。镜子的作用，当地人解释说是可以照得妖怪眼花缭乱，做不成坏事。这一习俗保留至今，某些村落还有蔓延、扩展之势。如联建七队，有好几家的房屋上挂了三五面镜子。有的只要家中有人生病，就挂一面镜子，多多益善。有的则是随大流，别人挂，我也挂，说不出理由。

当地还有采取其他办法来反冲或避免大门直对河、桥的。如联建村施家埭有户人家原大门不远处有点直对着桥门（洞），感到冲了，就另造了围墙，围墙外开了边门，避免房子、大门直冲桥门。

二、民居式样和建造的习俗

当地民居的式样，主要随社会与时代变化而变化，根本的因素是由经济条件所决定，其次是实用与美观。在当地，目前尚能看到的民居式样主要是：

1. 落檐式。这是20世纪四五十年代建造的主要房屋式样（图3）。特点是顶部四面都是瓦，屋檐很低（可能因此而叫落檐），均为一层。屋脊有多种、多层滚筒形式（俗称两滚筒、三滚筒等）。经济条件越好，滚筒越多，屋脊也就越高。层脊越高，人就难跨过，一些人就此显耀自己的权势与财力。地基简单，较浅，用墒柱石，达到干燥的目的。墙用小砖，较薄。外墙原先还有竹篱笆，防贼偷砖。窗用竹、木做，用蛤蜊壳或纸嵌入、粘上，不透明。当时认为房间要暗，防坏人破坏。大门两扇、四扇均有，有钱人称祥门，以大而多为贵。

2. 硬山头。20世纪六七十年代的主要房子式样（图4）。顶部瓦片只有南北两面，东西侧面看是△形，故称为硬山头。房型很简单，一般是一层楼、2—3间套。地基用落檐房的小砖砸碎做的，灶头也用那样的小砖砌，因砖小，弯势便当。当地是20世纪60年代后开始用井（一开始几家合用，70年代在自家灶头边挖井）。主要房屋不够用时，一般又在大屋后造小屋，一排三四间，其中一间厨房，一间猪栏房，一间杂用间。小屋与大屋间有一定距离，有的用天棚相连（下雨可走动）。此空间叫亭心，有的井也在这里。

3. 石灰、水泥、钢筋楼房。当地对20世纪80年代后造的房子没有什么特别的称呼。因建筑材料和房屋楼层明显区别于以前的式样，这里姑且称之为石灰、水泥、钢筋楼房，或简称楼房（图5）。20世纪70年代后期至80年代初，当地

图 3　落檐式

图 4　硬山头

建造房屋掀起高潮。一开始是造平顶房（2—3 间），几年后又加层至 2 楼或 3 楼，主要采用泥、沙、石灰和钢铁粉混合砌砖垒墙。石灰是买来的，砖有青砖和火砖（黄红色）两种。90 年代后，一些人又拆造或重新装修楼房，普遍采用预制水泥板和铝合金门窗，基本是城市化和现代化。新型房屋保留传统较明显的是屋顶与屋脊的用料与设计（图 6）。瓦片是旧房拆下来的，屋脊花纹雕塑像也是传统的鸟、凤飞禽类居多（当地风俗不用走兽）。有的屋顶仍是采用落檐式、马头式等，很有气势和特色。联庄和联建两个村还有几家从 90 年代后期起，盖了很西化的花园小楼房。

当地在拆迁和建造房屋过程中，颇讲究一些风俗习惯，这些风俗习惯多年沿

图 5　楼屋，20 世纪 80 年代（中）和 90 年代（左、右）的民居

图 6　新型楼屋的顶部设计（摄于车墩镇联建村施家埭）

袭下来，变化不大，主要表现在以下几个程序中：

1. **拆房屋**　当地村民认为，房屋最早都是祖宗传代下来的，祖宗应该一直住在房屋里。所以，房屋拆掉，家人搬迁时，必须先给祖宗打一声招呼，要举行一个仪式，表达这一意思。仪式是这样的：拆房前一个晚上，八仙桌（方桌）上放一只鸡、一只鸭、猪头、蹄髈、鱼肉等荤菜，点上香烛，准备好酒、筷、碗。随后，房主口中说出类似的话："明天要拆房子，请祖宗先回避一下，造好后再请你们回来。"这个简单的祭祀仪式叫过一过时机（期）。

2. **打地基**　过去，打地基中很重要的工作是定墒柱石，这时，要放高升

（大爆竹），以示重视。

现在造房需要挖比较深的地基，放入一些垫底的材料。用什么样的垫底材料，当地是十分讲究的。这种讲究是科学与风俗的结合（有时又难以分清哪是科学，哪是风俗，甚至是迷信）。例如，村民认为，石头不能当垫基的材料，尤其是青的石头更不能放。原因是石头有土气（村民解释说，因为打采石头时，砸死了一些小虫，于是血、残骸粘在石头上，不知道什么时候人会碰到，引起疾病，那是一种土气，不吉利的）。

地基挖好后的当天晚上，房主要日夜看护，防止别人放入青石之类不吉利物体。

此外，有些村民在打桩、拉线的当日晚上，还做这样的仪式：买一个猪头，要半生不熟或生的，放在盘子上，再放几个蛋。猪嘴里塞一根猪尾巴，意思是有头有尾、自始至终要搞好。这些盘放在要建造的房屋中（地上或桌上）。点完一支香的时辰（当地过时节祭祀都是一支香时辰）。撤掉后，烧点锡箔，仪式完成。猪头回去烧了吃。在当地，无论是私家造房还是公家造房（如附近的上海原水股份公司），至今仍进行这样的仪式。

3. **上梁** 上梁日在当地是被极其看重的。届时，房主准备酒、糖、糕、钞票请客送礼，放高升庆祝，讨口彩贺喜。还要用两至三根连叶带根的青竹子（一般由女儿等亲戚朋友送），两根竹子上挂两杆秤，两个鱼篓，两个筛子，外面都贴上红纸片或条，不写字，只表示喜庆，搁放在大梁上。竹子表示节节高，秤表示称心如意，篓表示包罗万象（因篓里还放头发、用红纸包的钞票等财物）。篓里有时用围兜围住，围兜在当地口音中称"余兜"，余是吉利的话，这几样东西放在一起，谐音是"狮子发绿"（几个字如何写？整个词什么意思？当地人也解释不清，只知道是吉利、吉祥的好口彩）。过去一些人家还在梁上挂两串铜钿，叫"紧梁钿"，也许是讨"进两钿"（进一些钱，当地口音）的口彩。正梁上贴写有"福、禄、寿""前程似锦""四季平安""人口太平"等字样的吉利口彩式的红纸。

上梁时还有抛梁馒头、抛梁糕的说法与做法（实际做法中还有抛硬币）。馒头、糕、糖、钱都放在一个大盘子里，由上梁的作头师傅（工匠中的头儿）往下抛（大票子的钱他自己拿）。馒头、糕由房主自己做一点，女儿送一点。

4. **进场** 房子造好后，搬家、搬场和安顿家业的过程，当地称为进场。家

具搬入后,房东不马上搬入,要有归土的仪式。隆重的请道士做道场;现在一般只用猪头、公鸡整个煮熟,放在八仙桌上,点香烛,烧锡箔,磕头后,再进场。到时,还需请客,做"满工酒",主要请至亲和作头师傅一起吃。至亲此时不送礼(上梁时已送),一般是丈人家送馒头、糕、肠子("长"的意味和口彩)。

有的人家还有在新搬入的床脚、橱柜脚下放红纸包的铜钱的习惯(过去较多)。

等家具都搬好后,当地一些居民还做塌(音,动词,含有摊和扁的双重意思)饼(糯米做的,内放肉、豆沙、糖),意思是太太平平、顺顺利利、"塌塌滑滑"(顺利的当地口语化)。有的人家再做一次过时机(期):八仙桌上放酒菜,磕头,烧锡箔,点香烛。边磕头边说或边点火边说:"请祖宗吃,请祖宗回来。"

家具的摆放一般没什么规矩,但床要顺梁放,不要骑梁。

5. 铁锅压房顶 当地一些村民在新房子造好后,习惯将一铁锅倒放在房顶的瓦片上,一直到烂掉,再换一个放上;也有用小盆缸,内种葱,或者用铁塔代替铁锅放在屋顶上。对此习惯的意义,村民解释不一。有说是防台风,有说是压邪。但这风俗恐怕有个发展过程:一开始是起着防台风的作用,因为当时草屋、简屋较多,台风来时,压一下会有好处。以后房屋坚固了,仍然放上,那就成为一种象征与信仰了。

6. 放界石 为表示宅基地的私有,当地村民的老房子往往有界石(长方形的花岗石,无字)。搬场后,界石也随之迁到新居,一般仍摆放在房屋的南面,小屋一间一块,大屋放 8 块,要求一块一块单独放,不要挤在一起,这是祖传的方法。后来因房屋门口浇水泥地(兼做晒场),界石就不用了。有的做了河边的滩涂(音)界石,当台阶用。

三、民居布局和家什的习俗

当地民居较标准和完整的结构布局如图 7。

这是联建村南陈家门陈文斌的老宅基,那是三四十年前父母在世时的住宅格局。他在此住了 40 年。后来他有了 4 个儿子,又遇上原宅基地造铁路动迁。所以,原宅基地只留下二儿子,其余在政府另批的一块宅基地上盖了一排房子(按每人 20 平方米计算)。现在陈文斌的住宅格局如图 8。大屋均为二层,父母(陈文斌夫妇)住底层。

西次间 （陈文斌）	客堂	东次间 （陈文斌）
西厢房 （父母）	亭心	东厢房 （父母）
西次间 （阿侄）	前头间 大门	东次间 （阿侄）

图 7　当地民居结构布局图

图 8　陈文斌住宅格局示意图

客堂，又叫正间，原称墙门间，后叫客堂，在住宅中处于极其重要的地位，大门为两扇（一扇形的不算正间），因为全家的吃饭、会客、喜丧祭祀都在这里进行，即使分家次数再多，客堂也是分不开的。客堂中最主要的家具是八仙桌和条凳。八仙桌一家都有两张，因为当地的习俗是做祭祀不能向别人借用。一般人家只放一张八仙桌在客堂间。亲人的骨灰也放在客堂（长辈、平辈在前上方，小辈在后上方）。

次间做卧室：厢房是比较简易的房子。从图7和图8中可以看出，儿子成家后，父母总将最好的房间让给他，自己退让到较差的房间中。各房间以南和东为贵，所以大儿子总是占东首，小辈总是居南，其余往西、往北类推。例如，有的家庭房子不宽裕，大儿子和小儿子就将东次间再一分为二，大儿子南间，小儿子北间，父母住小屋。

厨房一般设在小屋，内有灶头、井等设施。灶头这种较原始的炊具，目前当地仍然几乎家家有。灶面是通常有4至5个锅洞（5个的名称为：大锅、小锅、发锅、汤罐、眼睛）。井紧靠灶头。灶头砌好后总要画一点图案，写几个字。图与字花样很多，由泥水匠的水平与能力决定，一般比较粗糙、简单，只是几条花

纹。"火烛小心"4个字最为常见，也有写"人口太平""福如东海，寿比南山""福"之类（福字不倒写）。灶头在祭祀中作用很大，所有的祭食祭好后，都要在灶头上先放一下，然后再吃。为什么要这样做，当地人说不清原因，也许与灶王爷之类的神仙传说有点关系，待研讨。

当地在20世纪90年代中期，接入自来水和引进液化气。所以，井的作用越来越小，基本不食用，只作洗刷物品用。老人喜欢烧灶头，因为节约燃料（烧稻草），年轻人怕麻烦，嫌脏，就用液化气。这几样东西在当前是相互共存，各尽所能。

老人与年轻人的卧室区别很大。老人仍保留旧式床，俗称布机床（因形状像织布机），上有框架，雕着各式花纹，可以直接挂蚊帐。床前有踏板（放鞋，为干燥）。20世纪70年代后有些老人换成斜门床，框架齐腰的木制床。他们大多睡木板床或棕绷床。箱子用的也是老式的挂箱和藏箱，木板做的，体积较大，可放衣被。老人卧室还留有旧式梳妆台（桌）。近年来，他们的房间中也有了电风扇和小尺寸的电视机。

年轻人的家具讲究时髦，社会上流行什么，他们就想方设法去做去买。20世纪六七十年代一般是三门橱（大橱）、五斗橱；80年代用组合橱柜。以后就没什么变化了。因为90年代后，一些年轻人纷纷向城镇发展，这里的村民在松江城里和车墩镇上买商品房的较多，留下的房屋就不改造、不更新了，只在节假日回家探亲小住。老人们帮他们看管房间。年轻人中少部分就地将原住房加层、改建或重新装修。这些人的屋里有了大电视机、组合音响，甚至还有空调。一些年轻人的卫生间也有了抽水马桶和浴缸（当地1997年将粪池改成了化粪池）。

当地村民家家都有一间以上的杂作间，以堆放农具、农产品、种子、饲料、旧家什、自行车等杂物。目前，因民居越来越大而居住的人越来越少，所以，村民们的杂作间越来越多，甚至一些东南向的原儿女住的好房间，也实际演变成了杂作间。

前头间一般只是个进大门的过道，并非完整的房间。

要旨

民　家

朱　希　祥

　本章では、民家の建築地点の選択と環境、民家様式と建築、民家配置と家具の三つの側面から、上海市松江区車墩鎮聯建村と聯庄村における住宅特徴、およびその発展、変遷をまとめる。
　当地の民家の建築地点・環境の選択における特徴と習俗は次のとおりである。
　　1. 横から流れていく川に面し、門が南東に向かうこと。
　　2. 家の前の竹を避けるべきであること、
　　3. 隣人の家屋ときちんと並べる習慣。
　　4. 直接に道・川・橋に向かわないこと。
　民家の様式は落檐式、硬山頭、コンクリートビルなどがある。民家建築の風俗習慣は家屋の取り除き・基礎工事・棟あげ・進場のプロセスの中に著しく表れる。そのほか、鉄鍋圧房頂（屋根に鉄製のかまを置くこと）と放界石（標石を置くこと）等の民俗の特徴もある。
　子女の分家は民家の構成と配置の変化を促している。一般の住宅には客間、東西次間、厢房及び雑作間、前頭間、亭心、小屋がある。当地の住宅の家具における特徴は主に寝室の飾り付け、台所の用具等に表れる。
　調査期間は1999年11月28日～11月30日、2000年8月14日～8月18日である。

食と住

陳　玲

　本稿では、まず事例報告を中心に述べていく。前半は、厳根福家、施書順家、張孝賢家を中心に、それぞれ話者のライフヒストリー及び話者の家族生活を通して、食、住生活に重点を置きながら報告する。後半は、主として聯建村唐家塣の唐家の隆盛、「分家」という展開過程を民俗誌的に記述する。食、住生活の実態を動態的に捉え、これを手がかりとして、この村における家族の特質を考察することを目的としたい。

事例一： 厳根福家

厳家の「老房子」（写真1）

　この村に「老房子」（古い家屋敷）が残り僅かだと言うから、厳根福（81才）に連れて貰って厳家の「老房子」を見に行くことにした。厳家の「老房子」は、現在の厳根福家の真後ろにあって、西側の半分と「前埭」がすでに取り壊され、姿すら残っていない。東側の「廂房」「正間」「次間」に現在厳月亮という年寄りが住んでいるという。真正面にある「後埭中堂」がぼろぼろと倒れかけている。それを取り壊すのに困っているという。　その

写真1

理由としては、この「後埭中堂」は4軒の家によって所有されている。このようにぼろぼろになって、どうわけるのか分からないままでいるという。しかし、ここにかつて厳家の歴史が微かに見えてみたように思う。厳家がいつ、どのようにこの村に住み着いたのかは、調査のデータでは遡ることができないが、「後埭中堂」の所有者たちの現在の暮らしぶりからは、少しかつての厳家の家族の輪郭を描くことはできるであろう。

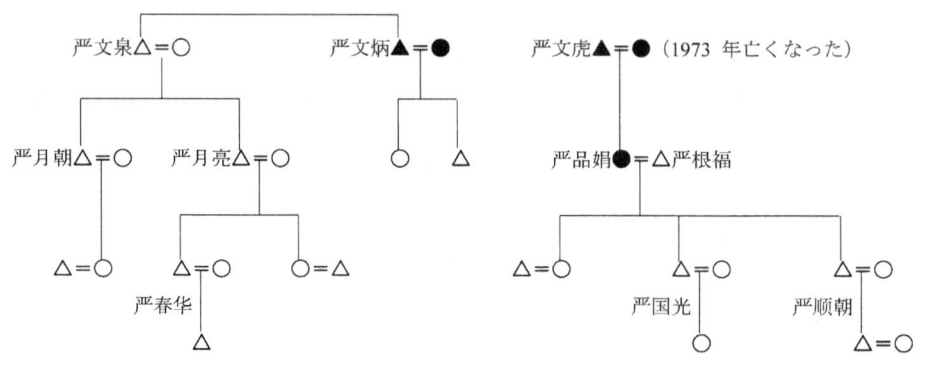

図1

まず、この「後埭中堂」と関わる家及び家族構成を図1のように整理する。この上、厳根福の話と関連づけると、以下のような厳家の展開史が見られ、そこにある種のこの村の人が持つ「家 jia」の観念及び家族の姿、特質が見えてくるであろう。

ア、この「老房子」は何代前の建物であるか分からないが、少なくとも四代前の厳姓兄弟二人によって建てられたものを次の内容から推測できる。

イ、厳文炳が、早くから「老房子」から出たから、出る時点で一部の財産を受け継いだから、現在この「老房子」の所有を考える際、厳文炳の分を省略してよいという。

ウ、厳文泉に厳月朝と厳月亮二人の息子がいて、そして厳文泉の奥さんがまだ健在である。厳月朝は、すでに車墩鎮で「商品房」と戸籍を購入し、生活の拠点が向こうに移った。経済的に余裕があるから、厳文泉の奥さんを現在厳月朝が扶養しているという。厳月朝が「後埭中堂」の四分の一の所有権を持っている。

エ、厳月亮は現在「老房子」の東側にある「廂房」に住んでいる。厳月亮の息子厳春華が村の中で新たに自分の家を建てた。厳月亮と息子の間でまだ「分家」をしてはいないが、食事は別々にしている。厳月亮は毎月自分が食べる分の米を貰って暮らしをしている。このように、別々で食事をし、別々の家屋を持っていても、まだ「分家」したと見なさず一戸として数えている。この家も「後埭中堂」の四分の一の所有権を握っている。

オ、厳国光は松江で「商品房」と戸籍を購入した。かつて厳文虎の奥さん（1973年に亡くなった）を扶養していたため、厳根福は厳順朝家が扶養している。すでに「分家」が終わり、「後埭中堂」残りの半分の所有権は厳国光と厳順朝にある。

ちなみに、このようなぼろぼろ屋の「後埭中堂」は、現在この四軒の家にとって、なんの値打ちもなくなったにもかかわらず、取り壊せないままでいて所有権を放棄しないこと自体に注目すべきであろう。

厳根福のライフヒストリーと彼の家族

ア、厳根福の実家

厳根福が24歳の時、厳分虎家の「招女婿」に来た。それまでの本名は張福山だった。実家は張家埭にあった。実家の家族構成と家屋の利用の様子は図2を参照されたい。張五弟家と張祥林家が一棟の「三開間」の「落舎屋」で半々にして暮らしていた。

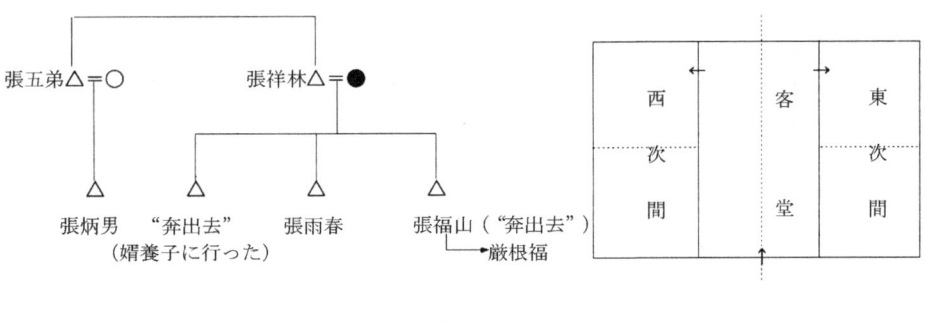

図2

- 「客堂」：ここに食卓を二つ、その他に、各自の農具を置いてある。真中に「次間」に通じる道を空けておくようにしていたという。「過時節」になると、日にちをずらして先祖を祭るという。

・「次間」：板の壁で二間に仕切り、北側を寝る部屋「房間」にし、南側を「灶間」にしていた。食事は「客堂」でしていた。

イ、厳文虎の「招女婿」に来た頃

厳文虎家の「招女婿」（婿養子）に来たころ、厳家は、かなりの田んぼを持ち、家屋も大きかったという。

二棟の「三開間」、「東廂房」「西廂房」という家屋構造だった。ここに厳文虎家、厳文泉家が住んでいた。厳文虎と厳文泉は兄弟ではないが、厳根福からにしてみれば、厳文泉のことを「爺叔」と呼んでいた。図3は厳根福が「招女婿」に来た頃の家族構成図と家屋の利用図である。その使い方について説明すると、厳文虎家の場合は、灶は、「正間西次間」の「南房」に設けられ、厳根福夫婦と4人で「正間客堂」で食事をしていた。「正間西次間」の「北房」が厳文虎夫婦の寝室で、「後堺西次間」が厳根福夫婦の「房間」として使われていた。「西廂房」が、農作業に必要な農具や収穫物を置く物置として使われていた。このような使い方は、東側に住んでいる厳文泉家にも共通していたという。当時厳文虎家にたんぼ20畝ほどあって、厳文虎は毎日「喫茶」①をするから、半日しか働かなかったため、厳根福が中心に農業をやっていた。

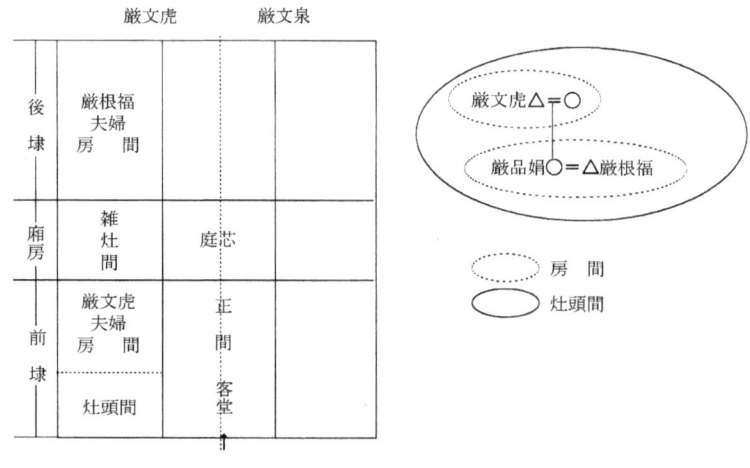

図3

---

① 「吃茶」：お茶を飲むこと。ここでは、決まった喫茶店にいって、お茶を飲みながら世間話をすることを意味する。

ウ、1957 年に「分開喫」①1957 年に、厳文虎家が「中農」という身分にさせられたため、自分の食べる分以外の田んぼはすべて取られてしまった。当時厳文虎夫婦がまだ四十代だったから、自分も生産隊で働くようになった。そのとき、厳根福に子供が3 人いて、厳文虎夫婦と食事を別々にするようになった。図4のように、部屋の使い方も変わった。ここで、厳文泉家を除いて説明すると、

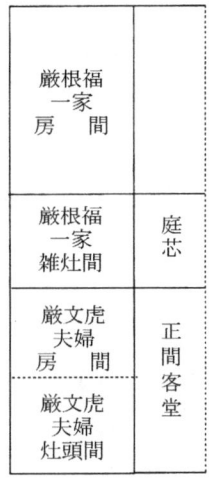 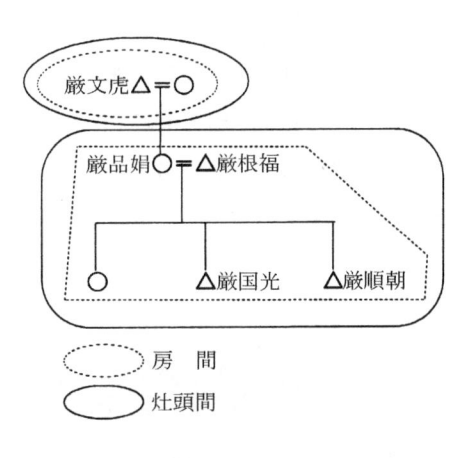

図 4

- 厳文虎夫婦が「前埭次間」に「灶間」と「房間」を設け、そして、「正屋客堂」で食事をする。
- 厳根福夫婦と3 人の子供 5 人家族は、「分開喫」の後、「廂房」に「二眼灶」②を作り、食事は「後埭客堂」の西側よりするようになった。
- 新しく造った灶は、蝋燭、線香を立て、五つの「場餅」を供えてはじめて使うことができるという。

エ、1958 年から1962 年にかけて

「合作社」時代に入り、1958 年から1962 年にかけて、家々の灶が全部取り

---

① 「分開喫」：灶を別に、食事を別にすること。
② 「両眼灶」：口が二つついているカマドのこと。

壊された。各生産隊にそれぞれ食堂を作り、「大鍋飯」①の食生活がはじまった。米は生産隊が提供していたが、野菜は各自作ったものを持ち寄せたという。大人にはご飯を、子供にはお粥を分配された。食堂は生産隊のどこかの家を利用し、流動的だった。一般的に、夜の会議がどの家で開くか、そこが食堂になるという。一家が同じテーブルで食事をしていた。

オ、1962年に田んぼが再び家々まで分けられ、一家5畝あたりだった。生産隊の食堂も解散し、「大鍋飯」の生活が終わった。各家が再び灶を作り、元の生活に戻った。厳根福家は相変わらず「廂房」に一つ、「正屋次間」に一つ、灶を二つ作った。1962年以降は、田んぼで取れたものを一旦生産隊に戻し、隊長がその収穫物を鎮の「糧管所」に売りに行くという。

カ、1966年一人あたり一分②の「自留地」を貰い、自家用の野菜を「自留地」で作るようになった。

写真2

キ、厳順朝の結婚

長男厳順朝が23歳の年に結婚した。図5はその時の家族構成図と部屋の使い方である。

---

① 「大灶飯」:「文化大革命」のころ、家々の食生活が止めさせられ、工場なら、工場全体が一つのカマド、一つの食堂で、村なら、生産隊全体が一つのカマド、一つの食堂で食をすると言う非常時の食制度のこと。

② 「一分」:中国の田んぼを計る単位。一畝=10分。

- 「廂房」に灶のほかに、更に厳順朝夫婦の「房間」を設けた。
- 年寄りが一人で「正屋西次間」に「房間」と灶をもち、食事も一人だった。厳根福が毎年 400 元ほどの生活費を老人に出していた。この中に米、燃料、麦などが含まれている。

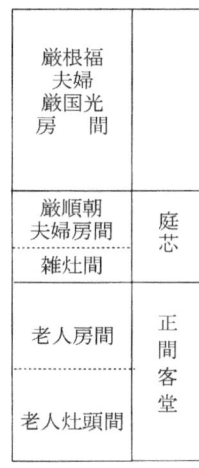
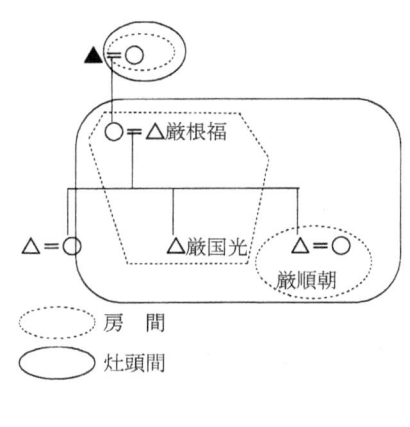

図 5

- 厳根福夫婦、厳順朝夫婦、厳国光 5 人が「廂房」の灶を使い、「後埭中堂」で食事をしていた。

ク、厳順朝の新築

1970 年代に入り、長男厳順朝が「後埭次間」と「廂房」を引継ぎ、建物を取り壊し、新しい一棟の「三間頭」を建てた。

図 6 は、取り壊した後の厳根福一家の生活ぶりをあらわしている。厳根福、「老人」①、二番目の息子、3 人で「正間次間」を拠点にし、そこに「房間」と灶を設け、食事は「正屋客堂」でしていた。

ケ、厳国光の結婚と新築

2 年後、二番目の息子が結婚し、「正間次間」を貰い、新しい家を建てた。「老人」が厳順朝家に住み、厳根福が厳国光家に住むようになった。この時点で、「分家」が終わり、それとともに、二人の息子が均等に老人を扶養しはじめた。

---

① 「老人」：労働力のない、子どもに扶養されている年寄りのことを指す。生物年齢のことではない。ひとつの民俗語彙としての意味を持っている。

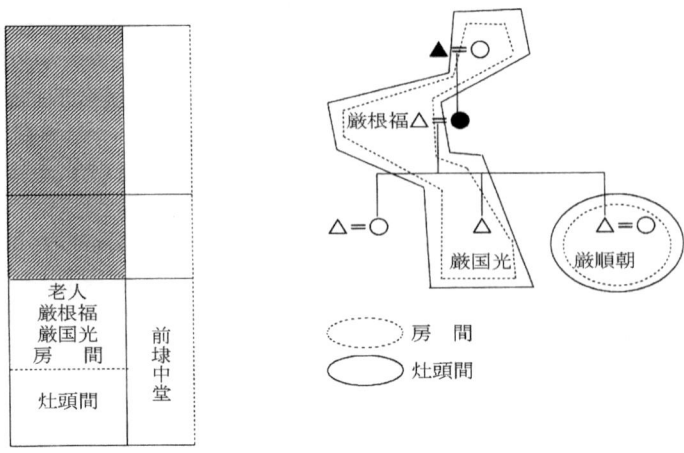

図6

コ、1987年厳国光家が平屋の前に更に「三楼三底」(写真2)に増築した。図7はその構造図である。一方、1986年に「老人」が亡くなり、厳順朝一家が松江で戸籍と「商品房」を購入した。現在空家になっている「老房子」には休みの日しか戻ってこなくなったという。厳国光家は、現在厳根福、厳国光夫婦と息子夫婦5人家族である。2年前「正屋次間」に雑貨屋を開いた。厳国光の奥さんがこの店を管理している。家の日常用品はお店からだという。厳国光が村の会計を担当していながら、野菜作りもしている。息子が今年から運送業を始めたという。このように、一家5人家族の生計が成り立っている。

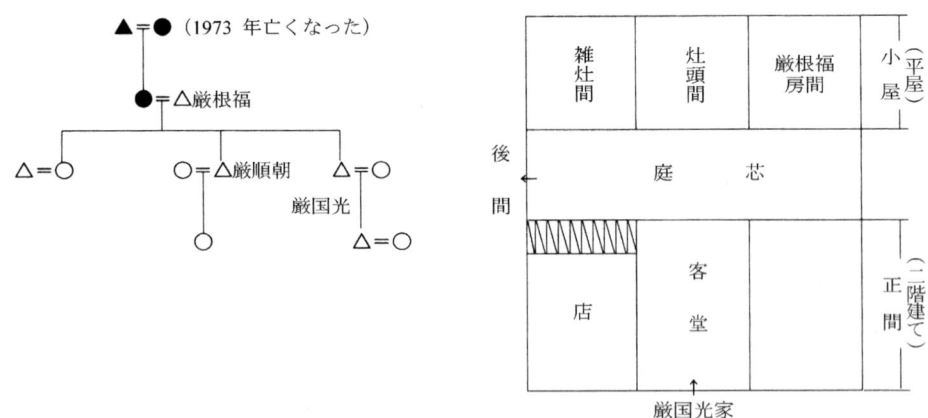

図7

事例二、「施家老房子」と施書順家

「施家老房子」

　写真3と図8を参照されたい。厳根福「老人」に村の「老房子」を案内してもらう途中、写真3のような「老房子」を撮影することができた。厳氏によると、ここは施家の「老房子」だという。半分ほど取り壊され、現在残っているのは、「前埭」の「堂間」と「西次間」と「後埭」の二部屋。施家に男兄弟が5人、女兄弟が4人いて、女親の「老人」がまだ健在であるという。家屋は、「前埭」と「後埭」からなっていて、「厢房」はなかったという。現在残った四間はその中の二人の息子が「分家」の際に貰った「老屋」だという。取り壊された分を家番号でつけると、図8のように付した通りである。

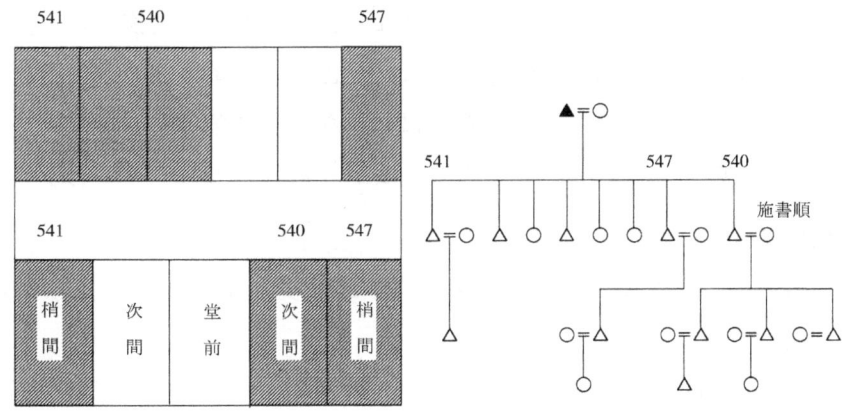

図8

「老人」の暮らしと扶養

　施家の5人男兄弟の中で、4人が村の中で暮らしている。一人が車墩鎮にいる。5人とも結婚した。「老房子」の中で自分の分を貰った時点で、「分家」がすでに終わったという。「分家」が終わると、「老人」扶養が息子家族らの重要な義務になる。施家「老人」は現在、村内にいる4人息子の家を拠点に、一年ずつ暮らしまわっている。毎年一月一日の日に、次の息子が迎えに来るという。その際に、「老人」専用のベット、「老人」専用のテーブル、二つ衣類入れの箱も含めて引越しをする。縁起が悪いから送りはしないという。末っ子が最

写真3

近結婚したため、経済的に「老人」扶養にまだ余裕がないからという。その代わりに、正月になると、「老人」にいく分かの金をあげるという。

　このほかに4人の娘がいるが、彼女らには「老人」扶養の義務がない。ただ正月になると、「老人」にお土産を送る程度と、「老人」が普段娘の家に遊びに行く程度だという。従って、「老人」の衣食住に必要な費用や病気になったときの看病などすべてはこの4人の息子が負担する。娘が一切関与しないという。

施書順家（写真4）

　施書順は「老人」の長男である。図9、図10は現在施書順家の家族構成図と家屋の利用図である。

- 「阿大」（長男のこと）施明竜、陳子亜夫婦が、松江で戸籍と「商品房」を持っている。間取り図の「3」は「阿大」の財産になっている。現在そこが施書順夫婦の「竈間」として使われている。
- 「1」は「阿二」の財産となっている。現在施書順夫婦の「物置」である。
- 「2」の場所にかつて部屋があった。「阿三」の所有であった。3年前「阿三」が「両楼両底」を建てるとき、ここを取り壊し

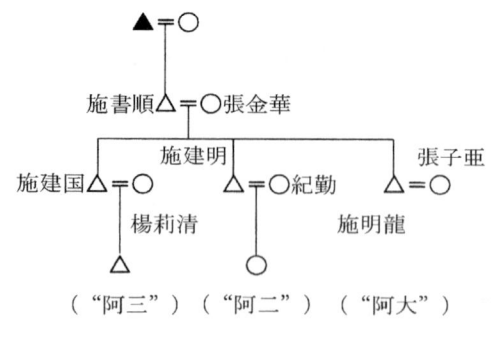

図9

た。現在、3戸の家（施書順、施建明、施建国）が共同の出入り口となっている。

- 「4」は「阿二」が6年前建てたものである。かつて「4」「5」の所に四間の「小屋」があって、「阿大」が自主的に譲り、「阿二」と「阿三」が半々貰った。「阿二」が新築の時、二間の「小屋」と「老房子」二間（その中の一間は「阿大」のもので、当時千元で「阿大」から買ったという。）を取り壊し、その材料を新築に使っていた。

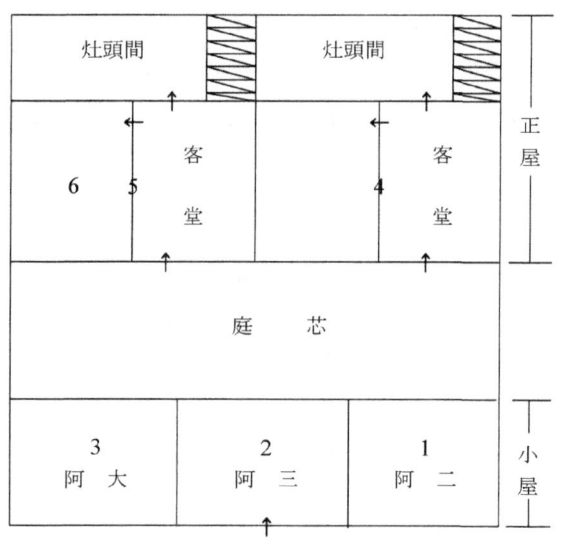

図10

- 「5」は「阿三」の「両楼両底」で、3年前の築である。新築の時、「2」、二間の「小屋」、一間の「老房子」を取り壊し、その材料を使ったという。

写真4

「老房子」から出た後の変遷と暮らしぶり

- 図11は「老房子」から出た後の間取り図である。
- 図12は「老二」が6年前元の「小屋」を二間、「老房子」を二間取り壊し、「両楼両底」を新築した後の間取り図である。ここに部屋の利用と家族の移動に一種の規則が見られる。ただ、「老三」が結婚するまで家族5人で一緒に食事をしていた。それまでは、「分家」をしなかったという。

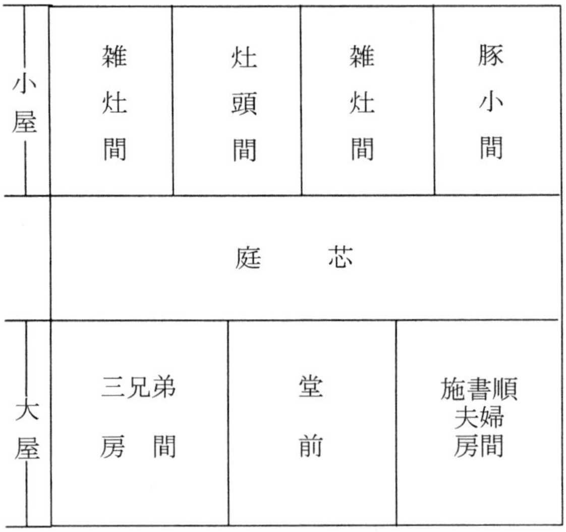

小屋	雑灶間	灶頭間	雑灶間	豚小間
	庭　芯			
大屋	三兄弟房間	堂前	施書順夫婦房間	

図11

- 5年前「老三」が結婚し、最初は元の「正屋」の「西次間」を部屋に使っていた。3年前「老三」が残りの「小屋」二間を取り壊し、今の家を建てた。図10を参照されたい。現在施書順夫婦が「老三」とまだ「分家」していない。施書順夫婦は「老三」の家の一階の「西次間」を寝室にしながら、元の「正屋」の「西次間」に自分用の灶を設けてある。張金華は「老三」の子守りをしている。自分用の灶を用意しているのは、施書順の母親が「輪流飯」に来るときに使うからという。

「過時節」、「老二家」と「老三家」の付き合い

このように、施書順一家は、家番号は一つでありながら、内部がすでに結婚、新築、孫が大きくなるとともに3戸の「家」まで分離し増加した。施書順の

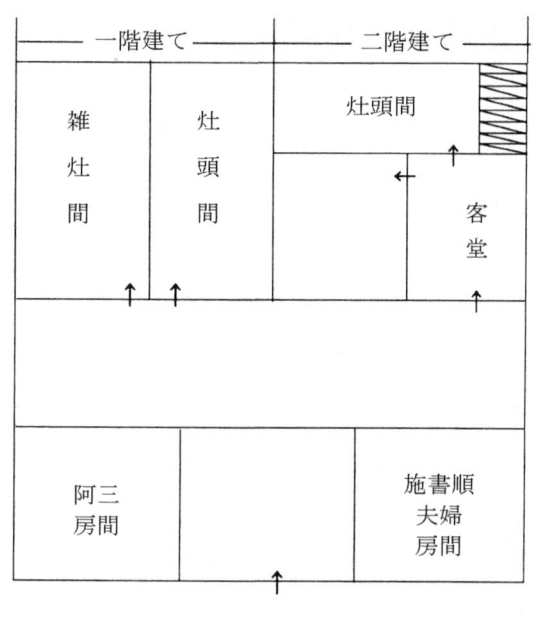

図12

　母親が「輪流飯」に来るということを考えると、施書順夫婦をどう見るべきかが大変興味深い。ここでは、この三軒の家の「過時節」の過ごし方を見てみる。

・「老三家」と「老二家」はすでに別々の「前頭間」を持ち、別々で「過時節」をしている。ただ「老三家」の場合は、結婚して何年もたっていないということで、生計がまだ施書順夫婦と一緒だという。施書順が村の大工で月決まった収入を貰っているため、経済的に「老三家」を援助している。たとえば、「老三家」で「過時節」を過ごすとは言え、実質上施書順夫婦が中心となっている。元の「正屋西次間」の竃でご馳走を作って、「老三家」の「前頭間」で先祖を祭るというパターンが続いている。

・「老三家」で「老祖宗」（先祖）を祭った後、一家団欒してご馳走を食べるが、そのとき「老二家」を招かないで、せいぜい「老二家」の子供を呼ぶくらいという。

・また、「老二家」に嫁の実家が来た場合、施書順夫婦は呼ぶが、「老三家」までは呼ばないという。「分家」後の「老二家」の親戚は、老三家はいうまでもないが施書順夫婦とすでに直接の付き合いをしなくなった。逆も同様である。

事例三：張孝賢家敷地の配置図と「水橋」の使い方から見た生活環境

1. 図13は張孝賢が1983年に「爺叔家」と合同で建てた「三楼三底」の間取り図である。それに併せて家族構成図（図14）を付する。この家族構成図で示したように、張孝賢夫婦には、娘三人と息子一人いる。この「房子」は本来息子張統球の財産だったが、5年前、息子一家が車墩鎮で「商品房」を購入し、向こうで暮らしを始めた。戸籍はまだ村の戸籍のままであるという。「商品房」を購入するために、この「三楼三底」の家を兄弟の張雪球に売った。張雪球が他村に嫁に行ったが、1993年に聯庄村で雑貨屋を経営し始め、聯庄

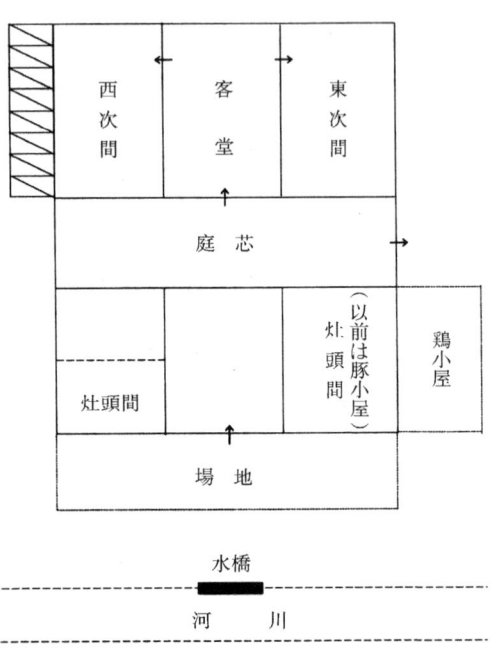

図13

村に戻った。現在張雪球一家がお店の二階に住んでいる。兄弟から買った家を張孝賢夫婦に管理してもらっているという。

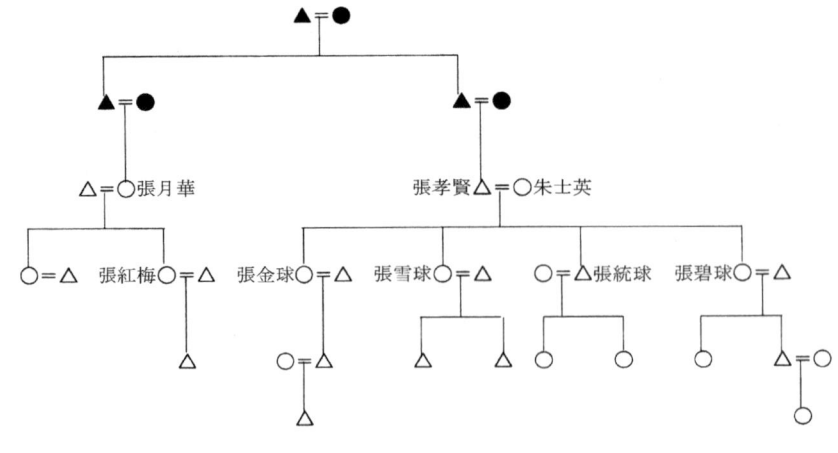

図14

2. ここで特に「水橋」について報告する。「浜」に面して、家を建て、あいだに「場路」が挟まれるというのは、この村の、家屋配置の一般的なパターンである。「浜」に面して造られた石階段のことを「水橋」と呼んでいる。たいてい一軒の家が一つの「水橋」を持つこともあれば、2, 3軒の家がひとつの「水橋」を共有して利用している場合もある。後者は、「浜」から少し離れ、普段「浜」の水より井戸の水を多く利用している家々がそれである。農作業の帰りに、ここで足を洗ったり、洗濯物をしたり、水がきれいなうちに米を磨いだりするから、「水橋」はこの村の人々にとって、切っても切れないほど密接な関係を持っている。このように、「浜」、「水橋」、「場路」、「房子」がすでに生活環境を成している。

村のどの「浜」も「潮水河」①であるから、一日に2回ほど潮が満ちる。ただ満潮の時刻が季節によって違う。「浜」を生活環境の一部として利用してきた村の人々が、長年満潮に関する知識を豊富に持ち、それに応じた生活と労働のリズムを形成させたと言える。春夏秋冬の時刻を満潮の時刻によって読みとり、以下は村人独特の時刻表になる。

初一、月半：「午時潮」（お昼の潮）

初三、十八：「点心潮」（昼ご飯の後のおやつの時間帯を意味する）

二十、二十一：「早一潮、夜一潮」（午前5時の潮、午後5, 6時の潮）

初八、二十三：「頂小汛」（初八、二十三になると、潮水の一番勢いが弱い。）

十一、十二：「潮来喫飯来不及」（十一、十二になると、昼ご飯をのんびり食べれないほど潮の勢いが強い）

十三：「起汛」（十三が過ぎると、潮の勢いがますます強くなる。）

事例四：聯建村「唐家埭」

概況について

聯建の四村は、「小地名」②では、「唐家埭」と呼ばれている。11戸の唐姓の

---

① 「潮水河」：潮で水がはっきりとあがったり下がったりする川のこと。
② 「小地名」：古く使われてきた地名のこと。ここでは、行政で作られた地名と区別する地名のこと。

家々は現在、「唐家埭」に密集している。話者唐祖江からしてみれば、上の世代へ遡っていくと、それぞれ「爺」、「大大」、「太太」、「太太連太太」の呼称となっている。唐祖江の「太太連太太」にあたる人は浙江省海塩からここに移ってきたという。村から出た家は3戸あって、2戸が松江に、1戸が南京に移った。図を参照されたい。「唐家埭」は唐姓の人々にとって、生まれ育ちの所であって、この村の言葉でいうと「血地」という。図15は、唐家の「太太連太太」が聯建に移ってきてから現在までの唐姓の家系図になっている。これに対して、図16の「唐家埭」現在11戸唐姓の家々の配置図である。次の報告はこれらを前提にしながら記述していく。

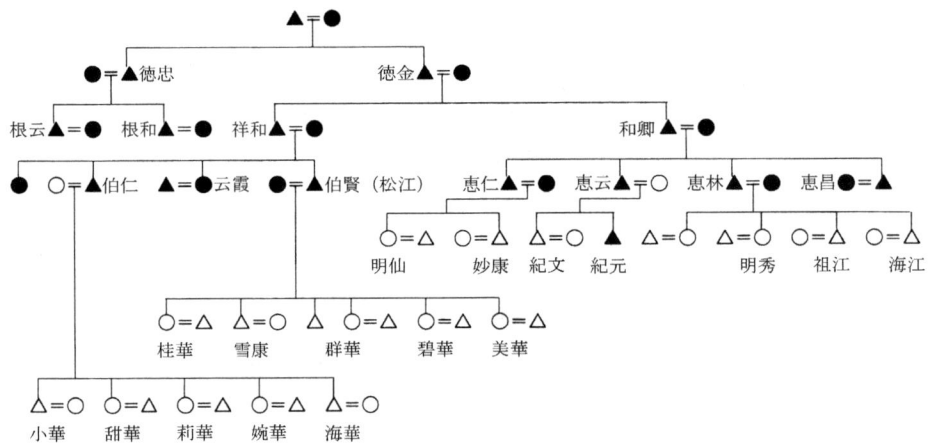

図15－Ⅰ

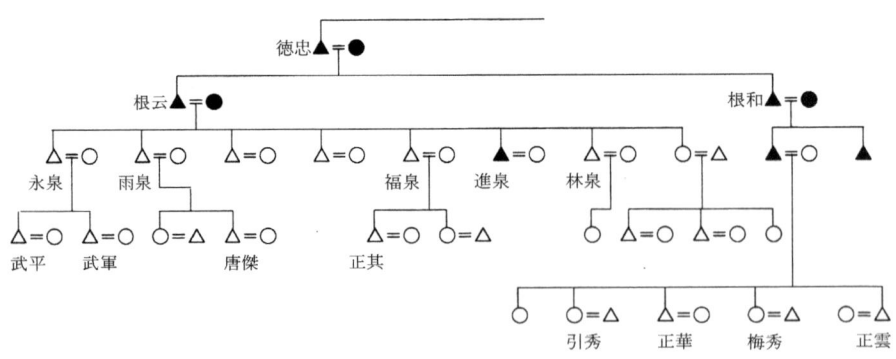

図15－Ⅱ

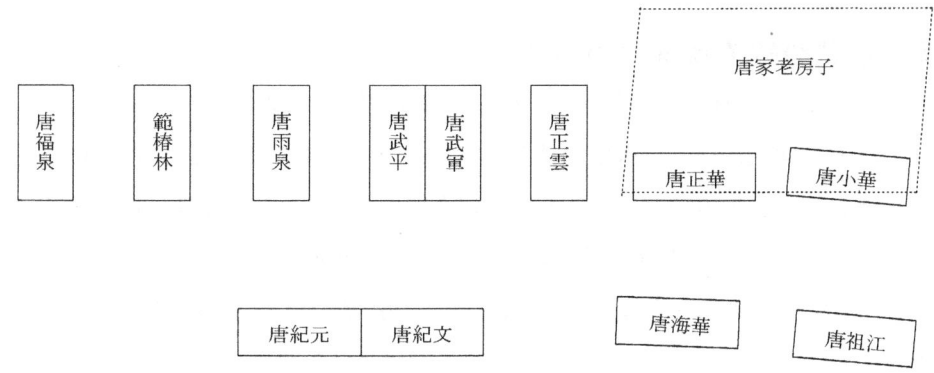

図16　唐家埭にある11戸の唐姓の家々

　唐家に「族長」がいなかった。かつて輩行の上の人が物事を決める権力を持っていた。「大大」が亡くなった後、「小大大」がすべてを決めるようになった。たとえば、唐恵昌が亡くなったとき、子どもがいなかったため、「捧頭」をする人がいないからといって、「小大大」が唐海江を指名した。唐海江がそれに従わなければならなかったという。それで唐恵昌が「爺叔」の息子となり、恵昌家の財産を引き継ぐ人となった。このほかに、何か喧嘩があると、兄が弟を、父親が子供を説得して争いをやめさせるという。現在は少し変わったが、「族里相」に威信のある人が色々と仲介人の役割を果たすようになったという。たとえば、唐根雲に4人の息子がいて、唐雨泉、唐林泉がすでに松江に住んでいる。唐祖江から見て「小阿婆」（唐根雲の奥さん）と呼ぶ人が亡くなったとき、息子兄弟のあいだに「老房子」を分け切れなく喧嘩になったことがある。唐根雲家が所有する「老房子」に、二間の「大屋」、二間の「廂房」と一間の「猪棚」がある。これらをもって、4人の兄弟で均等に分けるのは確かに本来の理念ではあるが、その間、唐福泉、唐永泉が村内で結婚したため、先に「大屋」を貰って住んでいた。そうすると、唐雨泉、唐林泉がそれぞれ「廂房」を一間ずつ貰えなくなった。それで均等に分割しきれず、喧嘩になったという。結局のところ、「族里相」でもっとも威信の高い唐祖江がそのあいだに立って、止めさせたという。

　「族里相」という言葉をよく使うが、これは、唐姓の家と家族のことを指し

ており、これには嫁に行った娘のことは含まれていないという。

唐家の歴代の経済状況について

「太太連太太」の代は三間の「小屋」しかなく、田圃も僅かだったという。「太太」の代になると、唐徳金、徳忠兄弟で一セットの家を建てた。田圃も50畝まで増やした。その中で40畝ほど人に作ってもらった。徳金、徳忠兄弟は、仲が良く、徳金が松江で商売をし、弟の徳忠が田圃をしていた。収入から見て、兄弟の間に差があったにもかかわらず、「分家」のとき、均等に半々に分けたという。

「大大」和卿、和祥の代になると、和卿が果物屋を経営し、和祥がはじめは田圃をしていて、後に華陽橋で肉屋を開いたという。

「爺」の代にくると、恵昌、恵林が松江、上海で商売を、恵雲、恵仁が家の田圃をするという様子であった。基本的に、唐家は半農半商という形で家計を立ててきたといえる。

唐家歴代の住生活と「分家」過程

（ア）新築と嫁の実家の「送高昇」

新築の時、唐姓の家々が「人情」（祝儀のこと）を送る。これを帳面につけておき、次回の返しをするときにその額を参考にするという。興味深いのは、新築のとき、嫁の実家や嫁の兄弟の家が、「送高昇」といって、爆竹、饅頭、「糕」、「節節高」を送る。「送高昇」は「自家族里」（唐姓の家々）はしないという。

（イ）棟上げ

徳忠、徳金兄弟が共同で家を建てた。西側と東側がそれぞれ左官と大工を雇った。職人の技術、使う材料、そして、新築するときのさまざまな所で、西と東が対抗して競う場面がいくつか上げられる。たとえば、西と東側の嫁同士の実家が送った「高昇」は棟上げのときに鳴らし、それも一種嫁の実家同士が競争する場面として考えられる。また、棟上げのとき、西側の嫁が利を売ろうとし、棟木の根の部分を西側に向かって置かせようとした。そして、ルールとして、棟木の両側を同時におかなければならないが、実際に、西側の嫁が西側の左官を一歩早く置かせたという。兄弟同士では、一家の家として統合させようとするのに対

し、嫁同士には、そうではなく、これから自分の家が人のより繁盛させ、共同の家から分離させようとする動きが新築の儀礼や禁忌から伺われる。

（ウ）間取りの構造と唐家歴代の「分家」過程

図17は当時の唐家の間取り図である。間取りの構造について、いろいろな言い方がある。たとえば、

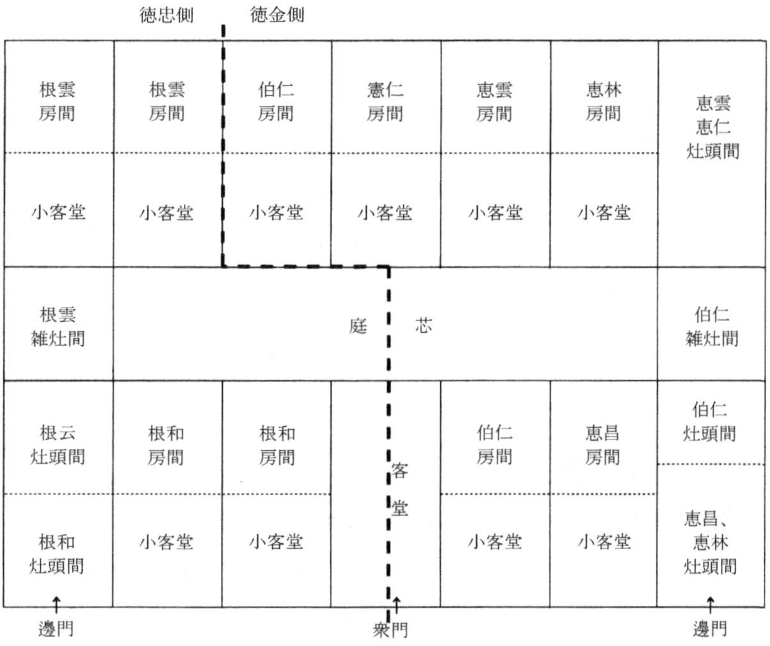

図17　唐家「老房子」の間取り図

「五開間、前後埭」「十四間一高圏」（前と後ろにそれぞれ五間、東と西にそれぞれ二間の「廂房」という構造）

「通串八間両廂房」（前と後ろそれぞれ三間、東と西にそれぞれ二間の「廂房」という構造）がある

徳金側に子供が多かったため、部屋を多めにわけてもらった。唐祖江が7,8歳のとき、徳金側に「大屋」八間、「廂房」二間、「偏屋」二間、「猪棚」二間あったという。

その後、徳金側の発展ぶりを見ていくと、和卿、祥和兄弟が更に「分家」をし、それぞれ分けてもらった分は以下のようである。和卿側に「後埭」四間、

「次梢間」一間、「偏屋」一間、「猪棚」一間。祥和側に、「前埭東次間」、「後埭」二間、「偏屋」一間、「廂房」一間

（エ）「前埭中堂」の分割

「中堂」は、取り壊す以外に、「衆家」（唐家全体）のものだったため分けてはいけない部屋となっている。結婚、葬式、「喜三朝」などの行事があると、唐姓の家でさえあれば、ここを使う権利を持っている。

1987年に、唐家「中堂」を取り壊し始めた。その分割の割合については、以下のようになっている。

東側：唐祖江、唐紀元、唐紀文　　　四分の一
　　　唐海華、唐小華　　　　　　　四分の一
西側：唐福泉、唐永泉、唐雨泉　　　四分の一
　　　唐正華、唐正雲　　　　　　　四分の一

現在、二間の部屋がまだ残っている以外、「老房子」がほとんど取り壊されたという。

「過時節」と「祭祖」

唐家の「祭祖」は、だいたい祭り手から数えていくと、三代までの先祖が祭られる対象になる。唐祖江が子どもの頃、自分の家（唐恵林家）で「祭祖」をする際、「経疏」に祭られる人の名前を書く覚えがある。唐恵林を入れて三代前までだと、徳金、徳忠の代まで祭っていたという。

「併竃頭」「開火倉」とその変遷

一年の中、清明節、「年夜頭」になると、唐姓の家々が唐家の「前埭中堂」で集まってご馳走をする。これを「併竃頭」という。招待する側にとって、これは「開火倉」という。代が変わるとともに、集まる家の範囲が変わっていくのは注目すべきである。

唐徳金、唐徳忠の代の場合、「中堂」でテーブルを何卓も並べ、唐姓の家々が全員集まって宴会をするという。家々が日にちを決めて、順番に「開火倉」をしていく。

解放後、唐姓の家々が、徳忠、徳金系統に沿って二つに分かれた。東側の「併竃頭」の時、東側の家々が全員集まり、西側の各家から一家一人ずつ呼ぶ

という形で、「開火倉」の行事をする。逆も同様である。次の代になると、西側の人を一切呼ばないで、東側だけで「併竈頭」をするようになる。さらに、東側のなかでも、一家から一人ずつ呼ぶようになると、「併竈頭」「開火倉」などの行事が簡素になったといえる。

現在、唐姓の息子が結婚するとき、東側と西側のあいだでまだ行き来するが、娘が嫁に行く場合は、すでに東側と西側とのつき合いをしなくなったという。

「喫開」の時期と「喜三朝」

息子が結婚して、すぐには親と「喫開」（食事を別にする）をしないという。孫が生まれ、孫の「喜三朝」が終わってから、はじめて「喫開」といって、食事を別にするようになる。この場合において、食事を別にすることは「分家」の一つの内容或いは段階として考えてよい。「喫開」とともに、新たに「竈頭」を設け、生計を別々に立てることを意味するからである。

かつて、子供が産まれて一ヶ月のあいだに、「喜三朝」をする。これはかなり盛大に行う行事である。唐姓のどの家も「送胡桃糖」といって、「一斤半白糖、一斤半胡桃、一束雲片糕」を祝いに送る。嫁に行った唐姓の娘も必ず送るという。その代わりに、家の親（孫の祖父の代）が盛大な宴会を設け、一日二回ほど親戚を招待する。ご馳走に、野菜は使わず、だいたい魚、鶏、豚のモモ、鴨、肉の塩漬け、「肚子」が登場する。そのほか、帰りに赤く染めた胡桃を8個、赤く染めたゆで卵を4個持たせるという。これを「発紅蛋」という。このような内容豊かな「喜三朝」は、当時かなりの金を必要とするから、たいてい赤字になりがちである。新婚さんにとっては、自らの力でできる行事ではない。「分家」をしていないうちに、親にやって貰うのは一般的である。だから、「喜三朝」が終わると、はじめて「喫開」することができるという。

11戸の唐姓の家々と「老人」たちの食、住生活

すでに述べたように、現在「唐家埭」に11戸の唐姓の家々が密集している。後に述べるように、たいてい別々に住み、別々に食事をすることが一戸の「家」として数える基準となっている。その中で、働かなくなった「老人」たちの食、住生活の在り方は、大変興味深い問題であり、これはまた「一家」をどのように判断するかと深くかかわっていると思われる。

ア、唐福泉家

　息子夫婦が上海で働いていて、唐福泉が野菜を作り、それが収入源になっている。唐福泉の奥さんが孫の守、家事を分担している。「喫弄」といって、現在食事は一緒であるという。

イ、範椿林家

　「喫弄」。息子夫婦が松江で働いている。範氏が田圃を、奥さんが孫の守と家事。一人息子の場合は、もう「喫開」をしなくなったという。

ウ、唐雨泉家

　「喫弄」。唐雨泉が「聯美有限公司」に勤め、奥さんが孫の守と家事、嫁が車墩鎮で働いているという家計状況。唐杰が単身赴任。

エ、唐武平家、唐武軍家と「老人」

　「老人」唐永泉夫婦が末っ子の唐武軍家に住んでいるが、食事は別であるという。「老人」夫婦の生活費は兄弟二人で負担している。「老人」の「口糧田」は兄弟二人で耕している。とれたものを親の一年分の食糧として、食べさせているという。

オ、唐小華家、唐海華家と「老人」

　「老人」呉秀英が末っ子の海華家に住んでいる。食事は「輪流喫」という。

カ、唐正雲家、唐正華家と「老人」

　正雲夫婦、正華夫婦がそれぞれ息子夫婦と「喫弄」。「老人」沈四宝が末っ子の正華の家に住んでいる。沈さんは二人の息子の家で「輪流喫」という。

キ、唐祖江家

　まだ一家6人で、一緒に食事をし、一つの建物に住んでいるという。

ク、唐紀文家、唐紀元と「老人」

　「老人」恵雲の奥さんが末っ子の家に住んでいるが、食事は唐紀文家と別にしている。生活費は上の息子が負担している。

　上述のように、「老人」の生活は、幾つかのパターンが見られる。一つは、食事は別にするが、寝泊りは末っ子の家にという。この場合、「老人」の「口糧田」も兄弟で均等に耕し、とれたものを「老人」の一年分の食糧として食べさせる。二つ目は、「輪流喫」で、末っ子の家に寝泊まりをする。場合によっては、「輪流住」のケースも有る。事例二の施書順家の「老人」が典型的な例になる。

摘要

食生活和居住生活

陈玲

　　本稿首先进行事例报告,着眼民俗事象的关联性,旨在动态地把握食生活,居住生活的基础上,力求考察这一区域家族组织的特征。报告的前半部分以严根福、施书顺、张孝贤三家为中心,通过对采访对象个人的生活经历以及家庭生活的描述,着重叙述这一区域的食生活以及居住生活。后半部分以联建村唐家埭唐家的隆盛,"分家"的展开过程为线索进行民俗志式的叙述。

婚姻と産育

辻　雄二

はじめに

　これまで中国の民俗社会に関する基礎的資料の蓄積は、包括的な歴史的資料に比べ決して多いとは言えない状況にある。本報告は上海近郊農村である松江区車墩鎮の聯建村と聯庄村において民俗誌的研究を目的とした現地調査をおこない、婚姻と産育に関する儀礼について被調査者自身の経験に基づいた聞書きを、個別具体的にまとめた調査報告である。特に婚姻儀礼のように、時代やイエのあり方で異なる様相が認められるであろうものについて、個人の「物語り」を一つとしてまとめてみることは、今後の調査研究に繋がる基礎資料のあり方の一つであろうと考える。したがって婚姻儀礼については聯建村で1953年と1978年におこなわれた2事例を、そして聯庄村については1958年におこなわれた事例を、それぞれ話者自身の婚姻についての語りとしてまとめ、二つの村の簡単な往事の様子と話者の生い立ちを併せて記述することとする。

　産育儀礼については、催生から出産までと誕生からの祝い、そして三朝酒の様子についてまとめ、天生婆婆と夜泣きや魔除けといった産育に関わる信仰のあり方を併せて報告し、子供の誕生が皆に祝福され、そして長命と健やかな成長が祈念された様子を記述することとする。

1. 車墩鎮の婚姻習俗

事例1：C・S（1932年生）聯建村8組

　聯建村8組は解放前には陳家門と言われ、40戸ほどの集落のうち半分以上が陳姓で、C姓は2戸だけであった。陳家門は解放後に新河村、54年以降は新隆

一社（54－58）、得勝大隊（58－61）、新建大隊（61－84）と移り変わり、84年以降に現在の聯建村となった。

　C家では12畝の土地で水稲を栽培していた。農暦の穀雨の頃に種蒔きをし、芒種に田植えはおこなわれた。そして霜降が過ぎると稲刈りをし、その後には翌年の肥料にするため蓮花草の種を蒔いた。平均して1畝からは600から700斤の米が収穫できた。

　C・Sは1940年8歳の時に、洋経村の小学校へ入学した。洋経村は通うのに遠く、3年生の時に南星村（現聯庄村）に小学校ができて、都合6年間学校へ通った。卒業後は専ら家業の手伝いをした。

　C・Sの媒人は父の兄嫁である伯母が務め、T家の末娘と1953年12月10日に結婚した。その日取りは、算命先生が両者の名前と誕生日から最も良い日を選んで決めてくれた。結婚が決まった時には松の実、茶、荔枝と200元を嫁方に贈った。

　結婚式の前日には3人の厨廊師傳が来て、料理の準備が始められた。この日は媒人と親戚が集まり、正席を囲み、四つの冷菜と六つの炒め物、そして6つの大皿料理が用意され、酒も存分に振る舞われ結婚が祝われた。

　その日の夕方、嫁方では3代前からの先祖の位牌を並べ、娘が明日嫁ぐことの報告と翌日の宴席への参加を家族で願い祈った。この拝礼は清明節の時は2代前から、婚姻と葬儀の時には3代前からの先祖に対しておこなうこととされた。

　結婚式当日、朝食を済ませた後、酒・鶏・豚腿・魚・鴨卵・果物・菓子・胡桃の礼品を揃え、花婿と媒人、そして礼品を担ぐ人が午前中に嫁方へ出かけた。嫁方には親戚が結婚を祝うために集い、婿方一行を出迎える。婿は初めに父母へ挨拶をし、次に母方の叔父に挨拶をする。娘舅と呼ばれる母方の叔父は、親戚の中で最も地位が高いとされ、挨拶の順番も父母の次にするよう決められていた。また婿が挨拶をした際に手渡す祝儀も通常の3倍とされ、特別な位置づけがなされる。そして一通りの挨拶が終わると宴席がもうけられ、花婿一行がもてなされた。

　花婿とその一行は宴席が終わると家に戻り、その後媒人だけが再び嫁方を訪れた。嫁方では介添人である婚媽によって衣裳の支度がなされ、母から金の指輪が贈られ、いよいよ出発の準備が調えられた。父母に挨拶を告げ、母から嫁

としての心得を授かり、靴は兄の手で履かされた。そして靴底には紅い紙が張られ、土間に降り立つと母が声をあげて号泣した。母親は娘がこの家を離れ戻ってくることの無いようにと願いを込めて必ず泣くとされた。兄に手を引かれ花轎に乗ると靴底の紅い紙が剥がされ、黒布の掛けられた小型の花轎に乗った。

花嫁の一行は婚媽と童子男と呼ばれた15、6歳の少年、そして嫁入り道具を担ぐ人、子孫包と呼ばれた衣裳袋を持つ人であった。子孫包は母親の着物で作った手作りの袋で、「紅紅緑緑」といって必ず紅色か緑色の袋を用意した。この子孫包を担ぐ人も、子供の多い親戚の人と決められていた。ちなみに嫁入り道具は子孫桶と呼ばれた馬桶と洗面盥であった。

花嫁一行を出迎えた婿方では大門で盛大に爆竹を鳴らした。媽媽に導かれて花轎を降りた花嫁は客堂へと進み、設えられた祭壇の前で花婿と花嫁がそろって拝礼した。初めに天と地の神、次に先祖、そして両親と順に拝礼を済ますと、最後に互いに挨拶を交わした。続いて姑から花嫁に祝儀が贈られ、その後姑が付き添い親戚に挨拶をおこなった。一通りの挨拶が終わると新居となる部屋に通され、婚礼の儀は終了した。

その夜は新郎方の友人が集まり祝う閙新房がおこなわれた。部屋の前に二人の友人が燭台を持って立ち、やってくる者の顔に煤を塗りつける役目を果たす。集まる友人達は煙草や落花生など祝いの品を手にやってきて、酒を飲んだり唄を歌ったりと賑やかに結婚を祝った。そして新婚の二人を囃し立て、夜遅くまで騒いだ。

その翌日、新婚の二人は早速嫁の里方に挨拶に行った。やはり礼品として豚腿や鶏、魚、鴨、卵など6〜8品ほどを持って出掛けた。

また6日目には回門といって、饅頭を拵えて土産とし、新婚夫婦そろって里帰りした。婿は一泊して実家に戻ったが、嫁は6日間里方に留まり、家の手伝いや機織りなどをしていたという。そして婚家へ帰る際には兄が付き添い、里帰りの折に持ってきた饅頭と同じ数だけ用意して婚家へと戻り、饅頭は近隣に住む同姓の親戚に配られた。これ以外に泊まりがけで里帰りすることはなく、春節の時であっても「正月媳婦不空房」といって、仕方なく部屋を空けるときには寝台の上に衣服を広げて、人が居るように見せかけて出かけたという。

事例2： C・G(1953年生)聯建村3組

　C・Gは男4人、女1人の五人兄弟の3番目で、次男として生まれた。1961年8歳の時に小学校へ入学し、14歳から1年だけ中学へ通っただけで退学し、その後生産隊で働くようになった。生産隊では直に副議長となり、先頭に立っていろんな建物を造る仕事をこなし、生来の器用さも手伝って大工の試験を受け合格した後は、専ら建築関係の仕事をおこなうようになった。やがて村に衣服製造の郷鎮企業ができると、その経営経理の仕事を任されるようになった。

　婚約は21歳の時であった。すでに400元銭を超える年収を得ており、兄も20歳には婚約していたので問題はなく、媒人に叔母を頼み、女方との交渉をしてもらった。そして女方の了承を得ると、日取りを決めて宴会を催した。出席者は媒人と婚約者、そしてその友達8人を招待した。この際父母から婚約者には叫慶銭と呼ばれる祝儀が贈られた。それから半月ほど後、今度は女方へと挨拶に出かけた。その時は女方の両親には礼品として豚の腿肉、鶏、魚2匹、人参を、そして婚約者の兄には豚肉、煙草、人参、栄養剤をそれぞれ贈った。聘金もその時に贈り、かつては刺繍糸2斤分のお金を贈るのが一般的とされていたが、この時は800元銭と腕時計を贈った。当日は近隣に住む同姓の親族もやってきて宴会が開かれた。

　婚約期間は3年ほどであったが、特別な用事がなければ婚約者が二人きりで会うことはなかったという。そして1978年正月2日、24歳の時に結婚した。婚礼の3ヶ月ほど前には嫁入り道具を買いそろえるために、あらためて2400元銭を贈り、それで馬桶と洗面盟、それに24組の夜具と60着の衣服が用意された。特に壓丈夫と言って、夜具の数が多ければ多いほど、将来夫に対して妻としての地位が高くなると考えられていた。またそれを詰める長持の底の四隅に壓箱銭と呼ばれる銭を入れておくと、将来裕福になるとも言われていた。

　そして慶事に欠くことのできない3本の爆竹が撃ち鳴らされる中、嫁入り道具は婚礼の前日夕方に運び込まれた。運び込んだのは嫁の兄と媒人、そして従兄弟など総勢14人で、奥さんの兄には壓歳銭として20元、その他の人々にも2元ずつ渡された。

　婚礼当日は午前9時すぎに自転車4台を連ねて、弟2人と媒人と共に嫁方へと出かけていった。この時も嫁方の父母と兄への礼品として豚腿肉、鶏、鴨、魚、

果物を携えていった。嫁方の門前で3本の爆竹に迎えられ、出迎えた父母へと礼品を贈り、挨拶をおこなった後、宴会の席へと導かれた。宴席では重要な客を招く東北の角に婿の席が用意された。集まった客はごく近い親族と近隣の同姓の者で、媒人に付き従って順に挨拶をしていくが、母方の叔父である娘舅と父方の伯母にあたる姑媽への挨拶が初めと決まっている。どちらも親族の中で最も地位が高いとされ、尊敬しなければならないとされ、また娘舅と姑媽から贈られる祝儀も親族の中で最も多い。この時親族から贈られる祝儀は紅紙に包まれており、そこには名前の代わりに番号が振られ、その番号をもとに祝儀帳へ名前と金額を記しておく。祝儀は貰った額より少し多めに返すと良いとされている。

　すべての挨拶を終えると婿は一旦家へと戻り、嫁ぐ道中決して歩いてはならない花嫁を迎えるために、耕耘機を用意して再びやって来た。到着すると直に父母をはじめ親族に見送られて花嫁が門まで来ると、嫁の兄が抱きかかえて耕耘機の荷台へと載せ、嫁方からは兄と従兄弟、そして友達の総勢20人が一緒に婿方へと向かった。

　門前には舅姑が出迎えに出ており、爆竹が撃ち鳴らされる中到着すると、花嫁は荷台から降りて最初に「公々婆々」と唱え、父母に挨拶をおこなった。それから家に入ると正席が設けられ、披露宴が始められた。花嫁は宴席で姑に手を引かれ親族に挨拶をしてまわると、最後に舅姑から花嫁の兄に壓歳錢が手渡された。その後花嫁の兄が最初の里帰りである回門の日取りを媒人に伝えると、花嫁方の客はその場を辞して戻っていった。一行が門をくぐり出ていく際にもやはり爆竹を撃ち鳴らして見送った。

　そして夜になると閙新房が始められた。まず新居となる部屋で嫁入り道具をあけて、皆に披露した。持ってきた夜具も衣服も一旦長持からすべてだし終わると、今度は一組一着ずつ数えて長持へと戻していった。その後「和々睦々」と言って、すべて長持に戻された夜具はそのまま舅姑に贈られ、代わりにその日から使う夜具が舅姑から渡された。

　翌日は夫婦揃って豚腿肉、豚足、豚腎臓、鶏、鴨、魚などを使った8種類の料理を準備し、嫁の里方へと持っていった。

　3日目は回門の日で、嫁の兄が迎えにやってきて、C家で代々受け継がれてきた作り方で粽と饅頭を作り土産とし、嫁の里方ではこれを近隣に住む親戚に

配った。そしてそれから3日後に婿が嫁を迎えにいき、同様の品を持って帰ってきた。

　嫁が里帰りするのは、回門以外では7月初二の大暑と2月初二の百花の誕生日である花朝だけであった。それぞれ大暑には小麦を練って渦巻き状にして油で揚げた油棚子を、花朝には蒸し餅を土産として持っていった。いずれも里方の兄が迎えに来て、夫婦揃って出かけるが、婿はその日の内に家へと戻った。

事例3： Y・B(1941年生)聯庄村11組

　聯庄村は人民公社時代に聯庄大隊となり、それ以前は長勝村、馬家村、南星村であった。Y・Bは南星村の農家に男二人女一人の兄弟の長男として産まれた。南星村にあるY姓は8軒で、すべて同族であったが、3代前に大房、二房、三房、四房に分家され、このY・Bの家は二房の筋に当たる。Y家では18畝の水田で輪作をおこない、水稲と小麦を中心にアブラナや綿花を栽培していた。毎年小麦の刈り入れが終わった田圃を牛に牽かせた鋤で耕し水を入れ、種籾を播いた。暦に合わせて芒種の頃には苗が育ち、田植えがおこなわれ、霜降の頃には実った稲の刈り入れがおこなわれた。村には農作業の互助組がおかれ、労働力の乏しい家の田植えや稲刈り、あるいは他の作物であっても、収穫期の多忙な時は互いに農作業の手助けをおこなっていた。

　Y・Bは8歳で南星村の小学校に入学し4年間通ったが、もっぱら弟や妹の子守りと豚や鶏といった家畜の世話をしていた。そして13歳からは家の手伝いをし、一人前の働き手に成長していった。

　1958年頃、車墩鎮に人民公社の煉瓦工場ができると、村の若者は一斉にそこへ働きに出かけた。農繁期にはそれぞれ家の手伝いもしたが、1日8角と賃金が決められた農作業よりも、工場へ働きに出る方を選ぶ人が次第に増え、18歳になったY・Bも同級生達と一緒に工場へ通い始め、1カ月45元の収入を得るようになった。それよりも少し前、Y・Bは嫁を迎えた。

　解放前、女性は13歳、男性は16歳で結婚ができるとされていた。そして1953年に婚姻法が改正された後、女性は18歳、男性は20歳と変わり、1958年大躍進のスローガンのもと人民公社が徹底されると、女性は22歳、男性は25歳と晩婚が奨励されるようになったという。

　Y・Bは媒人の紹介で、1957年17歳の時に婚約した。この時結納金として

500元銭と金の指輪を贈った。結納金の金額は女性の年齢によって決まるとされた。その後算命先生に婚姻の日取りをそれぞれの誕生日と名前によって占ってもらう作周堂がおこなわれ、1958年農暦正月6日と決まった。

そして結婚式の2カ月ほど前には、嫁入り道具を用意するために改めて800元を贈った。Y家では、家族の収入すべてを父親が管理し、この婚約から結婚式までにかかる費用もすべて父親が決め、父親が用意した。

結婚式を明日に控えた前日、遠くに住む親戚はそれぞれ布団をもってやってきた。そして夜には客堂に設えた祭壇に先祖の位牌を降ろし、シボを焚き、家族で拝み、明日の結婚式に出てくれるよう願い祈った。

結婚式当日、朝食を済ませると、一対の灯りを持つ15歳の男子二人を先頭に、喇叭と銅鑼を奏でる人、そして婿と媒人、友達数人、小型の花轎を担ぐ人が列をつくり嫁方へ迎えに行った。一行の出発を見送った婿方では、厨廊師傅が用意した正席で、集まった親戚が宴会を始める。この正席には豚足、羊肉、干豚肉、豚もも肉、等々の大皿料理が8種類並べられ振る舞われた。

嫁方では花婿一行が到着すると、門の前で花嫁の兄が竹の先につけた爆竹をならし出迎えた。そして一行が門の中に入り終わると、嫁の介添え役を務める婚媽と母親が婿を連れて親戚に挨拶をしてまわった。親戚の並ぶ前には紅い毛氈がひかれ、初めに母方の兄弟の前に跪いて挨拶をおこない、祝儀を貰った。娘にとって母方の叔父は、親族の中で最も重要とされ、叔父も姪を最も大切にする。祝儀も他の親族の倍以上を贈ることになっている。この時は親戚だけでも20人以上が集まり、近所の人や友人を合わせると160人ほどの人が祝いに集まっていた。そして嫁方でも祝宴はおこなわれ、そこで婿は食事をとり夕刻まで過ごし、花嫁の出発より一足早く実家へと戻った。

そして花嫁の準備も調い、いよいよ家を出発する時に、母親が泣きながら「姑の言うことをよく聞きなさい」「皆に可愛がられるよう努めなさい」と大声で叫んだ。嫁が実家を出ることを破家といい、その際に必ず母親が泣きながら嫁の心得を諭すことを哭出嫁といい、重要な儀礼とされる。

婚媽に手を引かれ花轎に乗り、兄に付き添われた花嫁一行が門を出ると再び爆竹が鳴らされた。嫁入り道具は馬桶、洗面盥、椀、そして2つの木箱に6組の服と夜具が入れられたものであった。この木箱には嫁いだ後の生活が裕福にな

るようにとの願いから、壓箱銭と呼ばれるお金が必ず入れられた。

　花嫁一行は家に辿り着くと、吉祥の方角である家の東側を回って門の前に着くようにした。門前では花嫁一行を出迎え祝う爆竹が撃ち鳴らされ、その中を到着した花嫁は真っ直ぐに位牌の並ぶ祭壇の前へと導かれた。祭壇の前に花婿と花嫁は並び跪き、頭を垂れて天と地の神に、先祖に、そして父母に「公々婆々」と唱えそれぞれ拝礼を済ませ、そして最後に互いに拝礼を済ませた。これを四拝と呼び、これを無事終えると花嫁は正式にY家の者とみなされた。続いて花嫁は姑に改めて挨拶をし、用意してきた衣服と夜具一式を贈ると、姑からは一見面礼といって祝儀を貰い、特にこの祝儀は叫應銭と呼ばれ重要な返礼とされた。この後花嫁は姑に連れられて参列した親戚に挨拶をして回り、それが一通り終わると花婿花嫁は新居となる部屋へ落ち着き、閙新房がおこなわれるのを待つ。閙新房に参加するのは友人がほとんどで落花生や向日葵の種を手土産にしてやってくる。その際入り口に蝋燭をもった二人が立ち、やって来る者の顔に墨筆で悪戯書きがなされ、可笑しくも楽しい一時を皆で過ごし、夜半過ぎまでおこなわれた。

　翌日は、婿一人が無事結婚式が終了したことの報告をしに、嫁の里方に挨拶に出かけた。そこでは四牲礼と呼ばれる魚と豚、鶏、鴨の四品を揃え、他に野菜などが用いられた8皿ほどの料理が出され、小宴がおこなわれた。そして婿が食事を終えて里方を辞して家に戻ると、これで一連の婚姻儀礼がすべて終わりとなる。

　花嫁がY家に嫁いできてから6日目、嫁の兄が里帰りの妹を迎えに来た。Y家では粽と饅頭、餅菓子を80個作って土産とし、夫婦揃って出かけた。婿は一泊して翌日には家に戻ったが、嫁は6日間里に滞在し、6日目に兄に送られて戻ってきた。この時、持っていった土産と同様の品が贈られるが、これは近所に住む親戚に配ることになっていた。また結婚した年には、農暦2月12日にも里方に挨拶に出かけなければならないとされ、花神を祀るこの日には揚げ物を持って里方へ挨拶に出かけた。

2. 車墩鎮の産育習俗

　催生から出産まで　出産の1カ月程前には催生がおこなわれ、祝いの宴会が

催された。その時は嫁の里方からは実母が祝いにやってきて、襁褓や鶏卵が贈られた。

　出産の時は、妻がいよいよ産気づくと夫は医者を呼びに走り、姑が湯を沸かしたり準備をした。比較的安産で、それほどの苦しみはなかったという。洗面盥にお湯を入れて産湯を使い、臍の緒は2カ所を糸で縛り、その間を鋏で切り離した。出生児に残った臍の緒には布で包まれ糸で結わえられた。

　胎盤は食べると元気になると言われたが、他の人に食べられると妊婦の具合が悪くなるとも言われ、盗られたりしないように注意し、大門の裏側など人目につかないところに夫が藁に包んで吊しておいた。そして乾燥して臭いがしなくなった頃に川へ捨てた。

　誕生からの祝い　子供が誕生すると、長命の願いを込めて百家鎖と鶏心と呼ばれる首飾りが祖父母から孫に贈られた。また狗元宝という災厄を避けるためのお守りも贈られた。狗元宝は犬の頸骨と穴あき銭から作られ、紅い糸を通して装飾が施されたもので、特に頸骨は生肉が付いたままのものを陽光に曝して乾燥させ、自然と骨だけになるのを待って作らなければならない。いずれも三歳くらいまでは付けたままであったという。また子供が病弱な時はそれ以降も、肌身離さず持ち歩くようにするという。犬の骨は、食べるために殺したものや、あるいは年取った犬を殺す前に予約して手に入れた。また犬の血は鬼が嫌うと信じられ、建物に犬の血を塗りつけることもあったという。

　三朝酒　誕生から3日目あるいは12日目には三朝酒の祝いがおこなわれた。近隣の親戚は紅い砂糖2斤と胡桃を包んだ牛頭包と呼ばれる祝いの品を携えてやってくる。里方の母も衣服などを持って祝いにやって来た。そして子供の名前もこの日に付けられ、皆に披露した。

　そして1カ月目を満月といい、この日前髪と後髪を残して剃髪される。剃り落とされた髪は紅い紙に包まれて、子供の枕元や部屋の入り口に吊しておいた。またこの日里方に挨拶に行くため、初めて外出する。子供の鼻頭には鍋煤を塗りつけ、衣服には玉葱を一片はさみ込む。さらに体を漁網でくるみ、編み目に桃の小枝を刺しておく。さらに頭部は襁褓で包み隠し、一切の魔を避けてから出掛ける。里方では簡単な宴席が設けられ、その際特に命が延びるようにとの願掛けから、麺類は縁起物として必ず用意された。

天生婆婆　子供が初めて笑顔を見せた時、「天生婆婆がやってきた」あるいは「天生婆婆が笑わせている」といわれた。天生婆婆は女性神で、普段どこかに祀ることはないが、子供の成長をいつも見守っていると考えられていた。

夜泣き封じ　ここでは夜泣きする子供を夜啼郎と呼び、夜泣きが止まず困った時には「天皇皇　地皇皇　我家有了小■郎　君子走■念一遍」と紅紙に書いて、橋の欄干に貼っておくと治ったという。また夜泣きがひどいのは魂が抜けるためと考えられ、魂を呼び戻すために父親が屋根に上って「回来！　回来！」と大声で叫び、一人が下で「回来了！」と叫ぶと子供の魂が戻り、夜泣きが止むともいわれた。

魔除け　解放前は子供に限らず大人であっても病に罹った時には師娘と呼ばれる霊的な能力をもった女性に頼んで、病の原因をみてもらい、その原因をもたらした災厄を祓うために送夜客をおこなった。送夜客は、夜半に平たい笊に酒杯と豚肉、そして二本箸を突き立てた茶碗飯をのせて門外へ行き、師娘に指示された方角へ向けてそれらを供え、振り向かずに戻ってくると病が治るとされた。

師娘は30歳を過ぎた頃、唐突にそのような霊力を得るようになり、人づてにその噂が広まっていったという。しかし解放後にはそのような力は迷信とされ、おこなう女性も居なくなり、代わりに西林寺の御神籤で方角を決めるようになった。

おわりに

時代やイエのあり方で異なる様相が認められた婚姻儀礼については、本報告でまとめた個人の事例以上に更なる多様な様相を記述する必要性が認められよう。

それは必ずしも皆がみな順調に結婚に辿り着いたという訳ではなく、たとえば婚約から婚礼に至るまでの期間に嫁となる女が亡くなった場合には、その遺体は嫁の兄弟が婿方に運び込み、婿方では棺に入れて一定期間の後に婿方の墓に埋葬したといい、また婿になる男が亡くなった場合には、残された婚約者である女は新たな嫁ぎ先を探してよく、それを婿方が止めることはできないとされた。そして如何なる理由であっても婿方が婚約解除を申し出た場合、一切の結納金は返却されず、それに対し嫁方から婚約解除を申し出た場合には、結納金はもとより総てを嫁方が償う事となっていたという。

また聯建村では夫に先立たれ寡婦となった女は、嫁ぎ先が裕福な家の場合には守節堂へと送られたという話が聞かれた。守節堂は一種の社会組織であり、再婚を望まない者を引き取る専門の場所であった。そこでは皆刺繍などをして暮らしをたて、一生を送るという。一方貧しい家の場合は、寡婦に婿とりをしたり、別な男に嫁入りさせることもあった。

　逆に寡夫の場合、旧時においては再婚することに関して問題はなかった。その際亡くなった嫁方の同意を得る必要もなく、嫁方は寡夫の再婚にまったく干渉しない。そして家庭条件さえ良ければ、亡くなった妻の妹が再婚の相手になることも少なくなかった。このような再婚は一般的に妻の死後60日前後でおこなわれたようである。

　この他にも聯庄村では冥婚について聞くことができた。冥婚は正式な葬式をあげられる4〜5歳以上の年齢の者で、未婚であれば誰でも冥婚の資格があるとされた。冥婚には鬼媒人という紹介人がたてられ、通常の結婚においてたてる媒人とは条件も異なり、それを専門でおこなう者はおらず、専ら年輩者がそれを担うことが多かった。冥婚は農暦7月15日の鬼節あるいは清明におこなわれ、見つけられた相手と一緒に合葬された。そして埋葬は清明か冬至におこない、その時には小さな儀式がおこなわれ、前日には女の位牌を紅い紙で覆い隠し、女の家から埋葬場所へと持ってきた。またその日女方では草を積み重ね、中には衣服や夜具を入れて、埋葬時に焼いたという。それぞれの親族はこの日すべて集まり、その立ち会いのもとで一切の儀式は執り行われた。

　そして語り手によって負のイメージをもって語られた童養？（家窮）も解放直前までおこなわれており、一つには婿方の経済状況が苦しい場合で、嫁取りの銭が用意できず、孤児院へいったん送り、そこから女子を引き取り養ったり、そしてもう一つは嫁方の経済状態が苦しく、婚約の後、幼くして婿方に送られ、婚期まで養われる場合であった。

　以上、不十分な調査の結果、まとめて記述することの叶わなかった問題についても、今後更なる調査の積み重ねが求められることはいうまでもない。

　費孝通は1936年夏、江蘇省呉江県廟港郷開弦弓村の調査を行い、そこでの結婚生活について考察しまとめた『江村経済−中国農民の生活−』（江蘇省人民出版社、1986/邦訳としては『中国農村の細密画』研文出版　1985がある）に

おいて、「経済的見地からすれば、結婚は娘の両親にとって不利益である。娘が成長し、仕事の分担できるようになると他人に奪われてしまう。父母は娘を養育し一人前にするために少なからぬ出費をしてきた。結納金は彼ら両親のものとはならず、嫁入りに際して花嫁が持参しなければならず、その上、すくなくとも結納金に相当する嫁入り道具を持参しなければならない。花嫁は結婚してから夫の家で生活し働くので、これは彼女の両親にとっては損失を意味する」と述べた。そして「娘の両親の側における、その娘の結婚によって生じる不利益に対する彼らの直接的な反応は、まず婚約や儀式の全過程に現れ、また女児の間引きという形ででも現れる」としている。ここで費は結論として男性の結婚難を指摘するが、今回の調査では極めて基本的な儀礼について確認することに終始し、その質量ともに不十分であったために、果たして費の指摘についての検討は今後の課題とせねばならぬが、少なくとも50年代の上海近郊農村では、それぞれのおかれた状況の中、伝承される儀礼と婚姻に託される意識によって結婚が執り行われてきたことは指摘できよう。

　また産育儀礼についても病弱な子供にお守りとして作られる狗元宝あるいは狗腰鈴からは、犬が魔除けの役割を果たすとされ、極めて霊的な存在として考えられてきたことが理解されよう。しかしいずれにおいても懐妊を祝い安産を願う祝いである催生が極めて簡略化し、60年代にはすでにおこなわなかったという人さえおり、婚姻の折に子孫誕生の願いを込めるそれと比べても、出産前におこなわれていたであろう儀礼については聞き取ることができなかった。その原因の一つとして、村医者の普及が考えられる。聯庄村の村医者は若い頃は共産党の文芸隊に所属し、20歳の時に夜間学校で医者の勉強をし、1967年23歳の時に医者として働きだしたという。彼女は医者になった動機を周りの村に医者が居て、この村には居なかったからと語り、続けて「迷信では病気は治らない」と応えた。出産前、妊婦を診断し安全に分娩させるのが医者の役目となり、そこに信仰儀礼の消失の原因をみることはさして難しいことではないように思われる。そして医者の手を放れた後、子供の健やかな成長を祈る様々な儀礼が伝承されているということからは、やはり人々にとって子供の誕生は何よりも大切であり、まさに神であろうと仏であろうと、そして医者であろうと、子供の健やかな成長を叶えてくれるものに願い、純粋に祈る人々の心意を見て取ることができよう。

摘要

婚姻和生育的礼仪

辻雄二

迄今为止的有关中国民俗社会的基本资料和一般历史资料相比较很少。这篇报告中，通过以民俗志研究为目的于上海近郊松江车墩镇的联建村和联庄村进行的实地调查，就婚姻和生育的礼仪，对根据调查对象自身经验所作的记录进行了具体的整理。特别是对于婚姻礼仪这种随时代变迁及家庭背景的不同而呈现不同风貌的习俗，整理个人的"故事"，在今后的调查研究之际，也可作为一种基本参考资料。因此，关于婚姻礼仪之事例，作为被调查人对自己婚姻的叙述，记录了联建村的1953年和1978年的2例，以及联庄村1958年的1例，同时简单记录了2个村庄的往事以及叙述人的经历。

关于生育礼仪，整理了从催生至出产和祝贺出生以及三朝酒的习俗，同时叙述了天生婆婆和哭夜以及驱邪等有关生育的信仰，记述了大家祝福孩子诞生、祈祷孩子长寿和健康成长时的状况。

特别是通过给病弱的小孩狗元宝或者狗腰铃作为护身，可以看出狗被认为有驱邪的作用，是一种非常灵验的存在。这也是一个值得探讨的问题。

婚姻习俗

欧粤

  车墩镇在松江区属经济发展较快地区，联建村的经济实力在车墩镇首屈一指。1999年，全村常住人口971人，外来人口250余人。年均每个劳动力的分配收入1.1万余元。村民的生活比较富裕，生活方式趋向城市化。50年代起，婚姻习俗不断变化，传统婚俗的主要过程和内容基本上被保留了下来，但习俗的各种细节逐步被简化和省略。最大的变化是婚姻当事人由原来全凭媒妁之言，父母之命，变为自由恋爱。男女青年的公开交往不再受到世俗的谴责，即使是出格的行为也能得到宽容。物质的丰富为婚事大操大办提供了条件。城市婚俗、西方婚俗日渐对联建村产生影响，模仿城市婚俗成为时尚。外来婚俗正逐步融入当地婚俗。

  初婚年龄 20世纪50年代前，当地男女初婚平均年龄分别在19周岁和17周岁左右。民国时期，村中结婚最早的男子为17周岁，女子为15周岁。除了特殊情况，男子结婚年龄一般不超过22周岁，女子一般不超过21周岁。50年代，男女初婚年龄分别在20周岁和18周岁左右。60年代起，政府提倡晚婚，婚龄逐年提高。70年代，男女初婚年龄分别在25周岁和23周岁左右，为当地初婚年龄最高时期。80年代起，男女初婚年龄逐年降低。目前当地初婚年龄为男23周岁、女21周岁左右。夫妻年龄差在0—4岁为多，超过7岁的极少；妻子年龄大于丈夫较少，没有超过3岁的。俗以为男大女3岁为好，女大男3岁不吉，谚有"男大三，金银山；女大三，屋角坍"。又有男大女6岁不吉的说法，为"六冲"。也有生肖相克的忌讳。但总的来看，年龄忌讳在联建村不是影响婚姻的重要因素，女青年择偶标准在年龄方面主要是与对方的差距不要太大，不大有刻意追求年龄差的现象。

  择偶范围和标准 男女大多就近婚嫁，讲究门当户对。被调查者妻子的娘家

与夫家的距离均不超过 5 公里，其子女择偶半径范围也大多如此。因农民生活圈子狭小，缺少交际，择偶方式基本上是经人介绍，又以经亲戚介绍和村民介绍自己的亲戚为主，由此造成择偶范围的狭小。50 年代前，姑娘以能嫁到松江镇或附近的大镇华阳桥镇上的殷实人家为幸事，目前仍以嫁到城里为荣。50 年代中期起，因为户口政策及城乡差别，当地几乎没有初婚者城乡之间通婚的事例。有关女青年择偶标准，当地 60 年代中后期有谚"一找工，二找军，三找干部，四找农"，即择偶的职业序列依次为：工人、军人、农村干部、农民。择偶讲究家庭阶级成分。80 年代后，女青年择偶标准以家庭经济、房屋、人品等为主要条件，文化水平、才能等逐渐成为重要因素。男青年择偶标准数十年来变化不大，始终以健康、相貌、人品为主要条件。90 年代起，联建村城市化进程较快，农民进企业就业者逐年增加，纯粹以种田为生的男青年往往找对象难，有固定的工作和固定的月收入成为择偶的主要条件。

近年来，四川、江西等外省女青年到联建村来打工的不少，1999 年末，已有 20 个女青年嫁在当地。但当地人除非是家境贫寒或年龄偏大，一般不愿娶外地人为妻。世俗还有娶外地人为妻没有能耐的看法。

目前，联建村男女青年的结合仍以媒人撮合为主。当地无职业媒人，主要由亲戚或好友牵线搭桥，担任媒人角色。男女青年在学习、劳动中相识相恋，仍要挽人出面作媒人，一是需要媒人完成习俗规定的婚姻程序，二是以示明媒正娶。相亲与定亲 50 年代前，男女经媒人说合，双方不见面。女方的亲戚事先暗中窥看男青年的长相和家中住房，再打听男青年的为人和男家的经济条件、社会情况。满意后，方应允婚事。经过"合八字"，即验明男女双方的生辰八字（年庚）没有冲克后，由男家出帖"求允"，女家换"允吉"帖，女家确定定亲日期。联建村称定亲为"受礼金"。定亲日，男家用红漆描金大木盘，盘中放聘金、首饰，还有茶叶、桂圆、枣子、核桃称"四包头"，花生、柏枝、万年青、吉祥草等散放在盘四周，赴女家行聘。女家收到礼金后，出谢帖，并退回部分礼金，从此确定婚姻关系。"受礼金"由媒人一手操办，男女双方家长及当事人不来往，均在家中办酒席，邀请亲戚朋友吃"定亲酒"。60 年代中期开始，不再用木盘送聘礼，但聘礼的内容没有变化。80 年代起，送礼形式仍保留，除聘金、首饰照旧外，"四包头"换成高级烟酒、营养滋补品等八样礼物。

男女定亲的年龄因人而异，小的七八岁，大的十五六岁。50 年代前，男子

到二十来岁、女子到十七八岁尚未定亲,就比较麻烦了。定亲以后,男方可以到女家走动,双方家中有婚丧诸事互相往来。至此,男女当事人方有见面的机会。结婚前二三年,男青年每逢年底腊月廿四以后到女家"送年礼",备鲤鱼1条、腊腿1只、雄鸡1只、松花蛋20多只四样礼物。目前定亲年龄男女分别在22岁、20岁左右。80年代后期起,男女一旦定亲,双方来往十分频繁,吃住在对方的也有,未婚先孕的现象时有发生,对这种现象即使是最老派的村民似乎也不再在意。青年恋人平时到对方家中不讲究礼节,但逢对方家中有喜庆丧事、逢年节等,仍按习俗送礼。

男女相亲始于50年代中期,经媒人介绍,父母同意后,女青年在媒人的陪同下到男家看人看房,无须带礼物。男青年由媒人陪同到女家相亲,需带礼物。相亲时,大多只是见面,并不交谈。双方如相中,就商议定亲,其间男女青年不约会,不往来,即没有谈恋爱阶段。70年代后期起,男女相亲后,双方中意,大多不立即定亲,经多次约会接触后,确定恋爱关系,产生感情后,才商议定亲。

双方定亲后,很少解除婚约。解约是很不光彩的事,往往会引起争执打闹。如男方提出解约,而女方没有过错,女方会召集大批亲戚上男家责问寻衅,在村上造成女方无辜受害的影响,为今后再找个好婆家创造条件,男方以前送的聘金不再归还。如女方有不贞洁等行为,解约往往比较平静,女方应归还聘金。如女方提出解约,情形相同,只是不管男方有无过错,均退回聘金。

择定婚期 结婚前半年左右,男方派媒人到女家,告知婚期,送去彩礼,有现金、物品两类,称"拿重阳"。50年代现金金额100元左右,60年代200元左右,70年代400元左右,目前1万元左右,主要用于资助女家购买陪嫁和报答女家的养育之恩。物品方面,50年代必有一二斤毛线,60、70年代有一二斤毛线、一件呢大衣、一双皮鞋,80年代添加一块手表,90年代多用项链、戒指、耳环等金首饰。"拿重阳"前,由媒人预先通知女家,但女家往往以时间尚早为推托,俗称"姑娘活到九十九,头一个重阳总不受",以显姑娘并不急于出嫁。一般到第三次,女家必定接受。目前已很少讲究这一套。"拿重阳"由媒人经办,男女双方家中一般不邀客人,不办酒席。

"拿重阳"后,男女双方开始到亲戚朋友家邀请客人参加婚礼,称"邀吃喜酒"。至亲尊长须由家长一一亲自登门邀请,方显得慎重。委托他人转告,通过

电话或在路途上邀请，会被视为怠慢。凡是与家中有来往的亲戚，不管亲疏远近，都要邀请，否则被视为以后两家断绝关系。邀请同学、朋友、同事等可以随便一点，可在各种场合邀请。

嫁妆 女家对嫁妆十分重视，60年代前，女儿初懂人事，父母就着手准备女儿嫁妆。一是织布，嫁妆中最少要有10余卷土布，多的达数十卷，习俗是新媳妇过门后3年内不穿婆家的衣服，但有的媳妇带去的土布10多年也穿不完。同时新媳妇要做大量的衣服，配备被褥，需要很多土布。二是准备马桶、脚桶、箱子等木器，以及脚炉、香炉烛台等铜锡器，碗盆等瓷器。嫁妆以多为荣。70年代中期起，一般人家增加羊毛毯、绸被面，条件好的人家还要增加自行车、缝纫机、收音机等。80年代后期起，增加黑白电视机、电风扇，土布淘汰。目前，联建村姑娘出嫁嫁妆以家用电器为主，如彩电、冰箱、洗衣机、空调等。自行车已被轻便摩托车替代。马桶、脚桶、箱子因习俗规定必须配置外，另有沙发、钢折椅等家具。被子最少8条，多的16条，另有羊毛毯数条以及各类质地的衣服。嫁妆中还有压箱钱，60年代前，少数人家放上五六元，大多经济困难无力放置。目前大多数人家的压箱钱为1万元左右。中等收入人家的嫁妆总费用在4万—6万元，约为全家1年的总收入，约为出嫁女儿工作后总收入的50%。

婚礼 联建村传统结婚仪式与上海农村相同，主要过程为：结婚前一天，祭告祖先、宴请媒人。结婚当天，接嫁妆、迎娶、拜堂、拜见亲友。结婚第三天新娘回门。目前，上述主要形式基本保留，但仪式已经大为简化。受城市文化与影视文化的影响，以及当地人生活的城市化倾向，婚礼形式越来越向城市化方向发展。如接嫁妆，在过去比较隆重，在女家"发妆"时，必须要有一个处男拎了芦席花布包袱跑在最前面，包中放有土布衣裤一套，称"子孙包"，意指路路顺，现在已不太讲究。过去嫁妆必须集中发往男家，现在有不少姑娘在婚前就零碎地将嫁妆放到男家。也出现男女双方婚前共同商量筹办结婚用品的现象。迎娶时，新郎带了礼物到岳父母家，与亲友见面，入酒席，饭后陪新娘回家，免去了过去的许多繁文缛节。哭出嫁等旧有的仪式已不再流行。拜堂在60年代消失，现在改为新人向父母与来宾鞠躬。现在新娘到男家后已经很少有以前的羞涩与不安，不再静静地坐在新房中，更多的是以此机会来展示自己的风采。如以前新娘出嫁只是由家人帮助打扮一下，现在大多到城里的美容店去做新娘装饰；以前新娘与亲友见面，只是"叫应"而已，现在则要为客人敬酒敬烟；以前只是穿件普通新

衣，现在新娘大多穿上结婚礼服，且在酒席间换二三套，60年代前基本上是步行或用船，70年代用自行车或三轮车，80年代用拖拉机，90年代起用卡车接嫁妆，用轿车接新娘。亲朋好友聚餐，即"吃喜酒"，成为婚礼的主要内容。

酒席 举办婚事，安排酒席被认为是最重要的事情。参加婚礼在当地称为"吃喜酒"。被邀请的亲戚往往全家男女老少一起来，同学朋友一般来夫妇或本人。本村非同宗自姓的往往一家来一人，吃喜酒兼带帮忙。

男家结婚要摆三天酒席（女家多结婚当天摆一天酒席），称"三日头排场"。结婚前一天，家中无事的亲戚就已赶来，凑热闹兼帮忙。除"待媒酒"酬谢媒人须用蹄髈较为丰盛外，招待其他客人多是普通酒菜。结婚当天女家午饭为正餐，男家晚饭为正餐。正餐酒席一般有15桌左右，近几年，联建村中办喜事最少的一家摆了6桌，最多的摆了40多桌。目前，村中使用圆桌面还不多，仍是八仙桌为主。酒桌家中摆不下，摆在左右邻居家。村中有专职的"内场"（厨师）和"外场"（专司煮茶水、现场服务）替东家操办大型酒席，报酬按桌收取，内场每桌收取25—40元，外场每桌收取10—20元。报酬不事先讲定，事后由东家按行情给。另外，酒席间厨师还要讨喜钱，在女家炒菜，向新郎讨，在男家则向新娘讨。厨师炒了几个菜后，用汤盅盛点白开水，用红纸盖住，送到新郎或新娘面前，新郎或新娘就会给喜钱60元左右，80年代盛行。目前大多是上了几个菜后，厨师自己不必讨，新郎或新娘主动给。结婚第二天，以剩余的酒菜招待客人。

喜酒菜肴由冷盆、热炒、点心、大菜组成。通常是6—8只冷盆，8—12只热炒，2—4道点心，4—6只大菜。以前结婚酒席不能用牛、马、驴等大牲畜入菜，目前已不受限制，牛肉普遍采用。冷盆中只能用2只纯蔬菜，热炒中也只能有2只炒蔬菜，否则被认为档次不高（作为辅料的蔬菜不在其例）。大菜中必须要有蹄髈，一般的桌上可用大块的肉代替，但新娘的桌上一定要用真正的蹄髈。点心中必备八宝饭。50—70年代，以敞开吃肉为好；90年代，以河鲜和海鲜的品种、品质衡量酒席的档次。目前联建村一般的婚宴酒席开支每桌500元左右（含烟酒）。

人情 凡是被邀请参加婚礼的都要送礼，当地称"送人情"。90年代前，新郎的亲戚大多送钱，新娘的亲戚大多送物，90年代起新娘家的亲戚也改为送钱。"人情钱"必须成双数，用红纸包好，没有分家的大家庭即使人口再多，也只须

送一份人情，50年代有送2元人情，来十七八个人吃喜酒的。亲戚送的礼金由新郎父母受纳，同学、朋友送的礼金由新郎受纳。50年代每家送2元，60年代2—6元，70年代4—10元，80年代起逐年上涨，至90年代初需100元左右，目前视家庭经济情况，大致在200—800元。至亲礼重，远亲礼薄，旧时以娘舅、姑父的礼最重，其他亲戚的礼金不能超过。但目前已没有这种限制，送礼的标准大多以平时往来关系亲疏而定。如朋友赴宴，以前送礼较轻，现在送礼的金额往往超过亲戚。男方的亲戚多在结婚当天送礼。

女方亲戚给新娘送的礼物，都作为陪嫁。50年代多送一匹土布，或一块红布被面，60年代后期起，有送衣料、被面、热水瓶、痰盂、面盆等物品的，价值大多在10元以下。80年代起有送羊毛毯、绸缎被面、高档衣料、皮鞋等的，价值在百元以内。礼物在结婚前数月送去，怕新娘家重复采办。目前，人情金额与男方亲戚大致相同。

结婚酒席上，新郎、新娘分别拜见对方长辈，长辈要给新郎或新娘见面礼。70、80年代约2—8元，今数十元至一二百元。新郎或新娘按见面礼金额的10%—20%，将钱用红纸包好，退还给对方。

其他婚俗 联建村内曾有童养媳、入赘（招女婿）、赘夫进（男至寡妇家结为夫妇）、叔接嫂（未婚小叔与寡嫂婚配）、再醮（寡妇改嫁）、改嫁、结冥婚等婚俗。今童养媳、结冥婚俗除，其他习俗仍保留。联建村丁家桥自然村村民张全根共有3个女儿，1982年，大女儿张秀华招邻镇华阳桥镇农民入赘为夫，1984年，张秀华不幸因车祸身亡，时年23岁，留下一个女儿。当时二女儿已定亲，三女儿张桂华仅17岁，尚未婚配。张全根怕入赘女婿他走，劝说三女儿与姐夫婚配，以保住这个家庭。经反复劝说，三女儿答应父亲要求，女婿也同意如此安排。1988年，张桂华与原来的姐夫结为夫妇，仍为招女婿。

调查日期：1999年11月28日
　　　　　2000年8月16日、17日、18日
调查对象：施光明　男　1948年生
　　　　　张进兴　男　1933年生
　　　　　张全根　男　1928年生

要旨

婚姻と婚礼

欧　粤

　車墩鎮は松江区の経済発展が比較的早い地に属し、聯建村の経済水準は、車墩鎮のなかでも屈指である。1999年、村の居住人口971人、外来人口250人余り、年平均の労働力分配収入は1.1万元余りである。村民の生活は比較的裕福であり、生活様式は都市化しつつある。50年代以来、婚姻習俗は絶え間なく変化しており、伝統的な婚姻習俗の主要な過程と基本的内容は現在でも保たれているが、しかし、習俗の細部に関しては簡略、省略化されつつある。最大の変化は、元来、その成立に関して媒酌人の言葉、父母の命令が強い意味を持っていたのが、自由恋愛と変化したことである。若い男女は公然と交際しても、社会的譴責を受けることはなく、寛容に受け止められるようになった。また物質的な豊かさは、結婚に関して大々的に行なう条件となった。そして、都市的な婚姻習俗、西洋的な婚姻習俗が聯建村に徐々に影響を与えつつあり、都市的な婚姻習俗を真似ることが時代の流行となっている。外部の婚姻習俗が、今まさに、この地の婚姻習俗へとけ込みつつあるのである。

出嫁女儿与娘家

刘晔原

在中国有"娘亲舅大"的习俗，在所有亲属关系中，舅舅有至尊的地位。舅舅是由姐妹的婚姻而来，从送姐妹结婚开始，就有了"小舅"的特殊接待礼仪。从此代表娘家与姐妹的家庭打交道。本文通对舅舅为大这一习俗进行梳理，并透过这一习俗探讨出嫁女对母家的权利与义务。

关键词
  舅舅 做七

考察地点
  上海市松江区车墩乡联庄村

考察对象
  联庄行政村一组北新屋自然村吴献珠（女）；联建行政村一组施家埭自然村施光明（男），沈家埭自然村沈友良（男）等。

考察方式
  直接调查。对面交谈，调查对象的语言可以交流。

中国江南的民间谚语说"除了舅舅无大人"。我的调查对象沈友良老人说"舅舅不好做"。舅舅，是出嫁姐妹的儿女对母亲的兄弟的称呼。但为什么舅舅在亲戚里边是有权威的人，当舅舅的本人会感叹舅舅不好做，这里面包含哪些习俗的原因？带着这样的问题，我在本次考察中不断地询问各种身份的人。从出嫁女儿与娘家的权利与义务上入手，对这一习俗进行分析。

中国农村的妇女，在1949年后已经在法律上取得了与男人一样的权利和义务，尤其是妇女权益保障法的颁行，妇女在财产的继承和分配上取得了与兄弟同等的权力。但是这一法律在实施中受到了传统习俗的挑战，在农村里仍然是民俗

支配着男女在财产方面的分配数额和方式。下面以车墩乡联庄村的调查为例加以说明。

调查对象叫沈友良，今年68岁，1932年生。他有一个儿子，三个女儿。在他年轻的时代，当地的婚俗是10岁订婚，13岁的时候再确认一次，然后13岁至17岁结婚。越是穷人家，订婚就越早，这样可以省钱。姑娘小家里贫穷的可以接来做童养媳，一般还过得去的人家不愿让女儿做童养媳的也只能拖到十四五岁。男家只要经济条件允许，订过婚的女孩，过了13岁可以随时商量迎娶。这样女孩在娘家待的时间最多也就是15年，基本上不能够有任何经济上的收入或劳动力的贡献。到结婚的时候，娘家要给她一定的嫁妆，一般被子、衣服、头面、橱柜、盆、桶等都要准备周全。沈友良妻子的娘家经济条件较差，当时的陪嫁是四条被子，一个马桶，一只木桶，两只脚桶。这样，男家送过来的彩礼全部用光还不够数，女家往往要再添上一些才能够办齐嫁妆。此外，新媳妇还要在娘家另外准备好一条被子、一套衣服送给婆家作为礼物，这代表着新娘子的针线活的水平。所以都要精工细作。因而当地形象地把女孩叫作"赔钱货"。

当女儿第一次怀孕后，娘家要来送礼物，由兄弟挑着鸡蛋、桂圆等营养品，这个礼仪当地叫作"催生"。女儿的孩子出生之后，娘家又要送来尿布、衣服。当新生儿满月后，舅舅要来接回母子住上三个月，担当起最初的照料责任。以后女儿8岁，男孩13岁，当地叫作"收头"，意思是开始留头发，女孩开始梳辫子，男孩开始用成人的发型，是成人之前的准备，舅舅又要送来礼物。再以后出嫁女儿的孩子订婚、结婚、盖房，舅舅都要送钱、送礼，礼金要比其他人多，礼物要比其他人重。以现在的情况，如果妹妹生孩子满月摆酒席，当舅舅的最少需要有500元的礼金，如果是姐妹的女儿出嫁，则最少要送一台电器。如果一个男人有两三个姐妹，而姐妹又各有三四个孩子，当舅舅的几乎要累断腿，掏空家底，所以当地形象地说"舅舅难做"。

正因为舅舅对姐妹的孩子有很大、很重的义务，舅舅在姐妹的孩子面前也有相当的权威。在结婚的仪式中，新娘的舅舅是最尊贵的客人，要坐在首席、首位。招待舅舅的酒菜要有一定规格。即便在解放前和60年代的困难时期，招待舅舅也必须用一只猪腿，当地称为"蹄髈"，猪肝，鱼，鸡等。在其他的亲戚朋友聚会的场合，只要有主人的舅舅在，也必须给予相当的尊重，如果同时有几个舅舅，大舅舅的尊严、地位最尊贵。在姐妹的儿女长大之后要分家产的时候，家里的叔叔、伯父甚至父母的权威也比不上舅舅。舅舅出面主持分家被认为是最权

威、最公正的。如果老人感到儿女不孝顺受到委屈，也是要请舅舅出面来调停矛盾。由此可以看出，一个做舅舅的人，从姐妹的孩子未出生起就开始承担义务，从出生到成婚，盖房，分家一直到他们的孩子再订婚、娶亲，舅舅的关怀一直陪伴着他们的一生，直至下一代。与父母不同的是，舅舅不享受他关怀对象的回报。姐妹的孩子对他们的舅舅没有任何义务，甚至送礼的习俗也很少。正由于舅舅只尽义务，而没有任何报答，所以当地才说"除了舅舅无大人"。

出嫁女儿的弟弟是未来的舅舅，俗称小舅。他来送姐姐出嫁，也受到格外的关注，男家一般都要另外准备一个红包，如果有不如意的地方，小舅也有权力闹一下。

舅舅的奉献实际上是出嫁女儿权利的表现，也就是说娘家对于出嫁的女儿的义务由舅舅来承担。这是因为同是父母生养，在财产的继承上存在着绝对的不平等。女儿得到的是一次性的嫁妆。如果在出嫁的时候，娘家相对穷困，嫁妆很少，而以后自己的父母有了相当的实力，也不能再给女儿任何财物。当父母去世，兄弟可以平分父母所有的动产与不动产。女儿却再也没有权利参加继承。当地的俗话是"男分家，女无份"，不仅女儿在固定财产上不参加分配，现金首饰无份，连日常母亲的遗物，女儿也只是象征性地拿一样东西作纪念而已。即便父母在世时，如果给女儿的东西多了，儿媳也会表现出不满。女儿的命运、生活水平全由婆家的财力决定。人们形象地形容为"儿的江山，女的饭店"。女儿所得极其有限，终生的机会仅仅是出嫁的嫁妆。因此在当地流行的"哭嫁歌"中就有出嫁的女儿要嫁妆的歌。据吴献珠老人讲述，她的嬷嬷在出嫁时与外婆两人曾唱过有关嫁妆内容的对唱。内容大致是：女儿希望嫁妆多一点，嫁过去在婆家有面子，而家中贫困，拿不出更多的嫁妆，当娘的骂女儿没良心，逼迫爹娘置办嫁妆。这里简单引用几句：娘唱"蚕豆开花累沉沉，养个小囡黑良心。棉花秸秆拿干净，还说嫁妆不称心。棉花秸秆拿干净，还说嫁妆不称心。"女唱"场角上种棵芭蕉树，养我女儿心焦哩。养哥哥是新打薄刀除棉花，结成果子再开花。养我这个囡，新打薄刀切芜葱，切来切去两头空。嫁妆铺陈太多了，上能碰到房梁上，下边碰到门坎上。"这里前几回是将自己和哥哥作对比，讽刺父母的偏心和自己的失落。后两回则是说反话，意味自己的嫁妆太少。母亲当然听得懂女儿话里的讽刺，所以接口唱："家里穷得无典当，拿你女儿人典当。大礼拿来买嫁妆，小礼拿来买花粉。大礼小礼吃干净，娘不欠你半分文。"意为家里虽然穷，并没有拿你去卖钱养家，你订婚的财礼全部用光，家里并不占你的。以下还有新娘与

嫂嫂等人关于嫁妆的对唱，这里不再引述。这说明在女儿要嫁妆的同时，也等于最后一次与生身父母在财产上的分割。哥哥嫂嫂对姐妹嫁妆多少的关注实际上是男女在父母财产占有权利上的表现。所以姐妹出嫁后，作为父母财产继承人的舅舅对于姐妹的子女单方面的义务，可以看作是民俗对出嫁女儿在财产分配上的一种补偿，是出嫁女儿对娘家财产权利的表现。

出嫁的女儿在得到兄弟的照应的同时，对娘家的父母仍然有相当的义务。这主要表现在以下几个方面：

一、为父母作寿。父母六十岁、七十岁、八十岁都是整寿，作寿的排场很大。所有的亲戚朋友都会来吃酒。当地的习俗是儿子办酒席，女儿办衣服。老人里外上下要一身新。儿子虽然有花费，但因为来的人都带着礼金，儿子会得到一些补偿。女儿却不能分到礼金，只尽义务。

二、正月里为父母打年糕。一到农历的十二月，出嫁的女儿就要给自己的父母准备年糕，有条件的往往要推上一小车，条件差一点的也要挑上一担子。

三、给老人办丧事。在给老人办丧事的过程中，出嫁女儿要承担以下费用：1. 办寿衣。儿子准备寿材，女儿准备寿衣。当地风俗老人的寿衣要准备七套，最外面的是披风，需要大红的绸缎。里面的六套也很讲究，一般都需要绸缎面料，还要有两双布鞋，这在当时也是不小的开销，如果女儿的家庭实在贫困，也可以只准备鞋子。2. 办丧事的当天。儿子准备酒席、寿材（现在是骨灰盒），请土工（专门给死者穿衣服的人），女儿则要承担乐队（当地叫吹打）、道场（请和尚、道士念经作法）的费用。乐队一般是三至四人，他们住在丧家，从死者穿寿衣，接受吊唁一直到抬出家门，跟到殡仪馆，最少需要3天。这些也是一笔不小的支出。3. 丧事后的纪念日，当地叫作"做七"。"做七"以去世后的第三个七天最重要，这一天凡是来帮助做丧事的亲戚朋友都要来吃酒席。这是办丧事的人家对于在丧事中帮忙的亲戚朋友的答谢，也是再一次纪念死者的隆重场合。有钱的人家做三七场面很大，他们要在宽阔的空地上搭一个一间房大小的木板房，里面摆上应有尽有的家具、电器、死者生前的用具包括成箱的衣服，都要在祭祀后烧掉。这一天，民俗称死者不吃"自家饭"，因此在这个祭祀中，要由嫁出去的女儿置办祭菜。祭菜是论桌的，每个女儿都需要准备一桌祭菜，祭菜的规模要求大小40盘，包括12个热炒，8个冷盘，8个大菜，两盘点心和各种小吃8盘，此外还有烟酒饭，这样每桌的价格至少需要500元，还要负责锡箔钱以及道士和尚的费用。如果女儿困难，哥哥有时暗中给一些补贴。虽然在做七的过程中，女

儿的贡献要大于儿子，但是主祭者仍然是儿子，女儿和女婿只能跟在儿子的后面，如果女儿女婿抢到了前面，会被人怀疑想分占家产或者是死者生前多补贴了女儿。只有当姐姐大，弟弟很小还担当不起祭祀的任务或者姐夫当了几年的上门女婿，对家里贡献很大，为了表示对他的尊重和答谢，才在这样的祭祀中让姐姐姐夫出面。4. 以后的纪念日，父母去世60天、百日、周年以及三年以内的清明、夏至、七月半、十月朝、冬至、年夜祭祀的时候，女儿都需要有相应的表示，除了年夜之外，都要赶回娘家来。5. 为死去的母亲梳头发。之所以把这项义务放在最后，是因为只有这项服务是有报答的，母亲有耳环，不论价值多少，都归梳头的女儿，如果母亲没有耳环，当哥哥的需要拿出一些钱来补偿，一般是100元左右。如果死者同时有几个女儿，梳头的权利归大女儿。总之，在父母的丧事中，一个女儿的花费需要1000至2000元。

总之，通观出嫁女儿与娘家兄弟、父母的来往，以及她们的权利与义务，可以看出，所谓"除去舅舅无大人""舅舅难做"所表明的恰是两个方面。前者表明舅舅在尽了自己的全部义务之后所享受的尊重，而后者却只表明舅舅应对姐妹的孩子尽很重的义务。这个问题以前曾有人以"母系氏族社会习俗遗留"的角度进行过有益的探讨。本文变换角度从姑舅姻亲的形成以及他们对财产的分配关系入手进行阐释。在传统的财产继承习俗中，"男分家，女无份"除一次性的彩礼之外基本上剥夺了女儿的继承权。民俗又是充满人情的，为了对于出嫁女儿给予亲情的帮助和实际的关注，变相地规定了娘家财产的继承人对于出嫁女儿给予一定的帮助。这是对女儿被剥夺继承权的一种变相补偿。舅舅的义务恰恰就是出嫁女儿对娘家财产的权利。也就是说出嫁女儿有权利得到娘家的人力、物力支持。另一方面，女儿作为家庭的一分子在出嫁之前并不能给娘家创造任何财富。她不仅要带走娘家的一部分财物作嫁妆，还要在婚后继续得到娘家的支持，因此她也必须对父母尽自己作为后代的义务。这主要表现在生养和死葬两方面：当父母六十岁进入老年失去劳动能力之后，女儿要为之祝大寿，为之送上丰美的食物。当父母过世之后，女儿要拿出相当的钱财为父母办丧事，并以此为契机形成了姑舅姻亲在民俗上的特殊关系。从以上两次的调查看来，要在实际上实现法律所规定的男女平等继承，民俗上还有相当的距离，至少在农村中，还需要相当的时间。

要旨

嫁と実家

劉　曄原

　本章では、松江区車墩鎮聯庄村と聯建村の資料を主として、嫁入りの実家に対する権利と義務を重点的に論ずる。当地のことわざと習俗によると、舅舅（母親の兄弟）が親戚中に特殊な地位を占めることがわかる。本章で筆者は、舅舅が自らの姉妹及び姉妹の子女に対する義務にかんして分析を行う。いわゆる「除舅舅無大人」（おいにとって、舅舅は最も重要な目上である）、「舅舅難做」（舅舅としては、おいの面倒を見なければならないので、大変辛い）ということわざが表しているのは、まさしく権利と義務関係である。前者は舅舅が自らの義務を全て果たした後に、おいに尊重されるようになることを示しており、後者は舅舅が自らの姉妹の子女に対する大変な義務を持つという意味である。以前、ある研究者が母系氏族社会習俗の遺留の視点からその問題に関する有益な論議をしたが、本稿では、筆者は「姑舅姻戚」の形成、及び彼らの財産分配関係の側面に着目して、その問題を論ずる。伝統的な財産相続習俗において、「男分家、女無分」のように、娘は一回だけの婚資を除いて、財産相続権が殆ど剥奪された。嫁いだ娘に実際の援助及び注意を与えるため、形を変えて実家の財産相続者が嫁いだ娘にある程度の援助を果たす義務は規定されていた。それは、嫁いだ娘に対しての形を変えた補償であろう。舅舅の義務はちょうど嫁いだ娘の実家の財産に対する権利に相当する。即ち、嫁いだ娘は実家から労力と物資の支援を得る権利を持っている。他方、娘は実家の一員として、嫁ぐ前に、実家にいかなる財産的寄与も果たさず、逆に、彼女は嫁入り道具として実家の一部の財産を持ち去るだけでなく、結婚した後に、また実家からの支援を受け続けている。それゆえ、彼女は自らの両親に対し、後代の義務を果たさざるを得ない。それは主に生前の扶養と死後の葬儀に表れる。そして、それをきっかけとして、民俗上に「姑舅姻戚」の特殊な関係が成立したと筆者は考える。

信　仰

古家　信平

1. 庵の破壊と再建

　聯庄村では南草庵という庵が「文化大革命」で壊され、最近再建されたことをめぐり村の婦女幹部と再建した当事者である老人から話が聞けた。南草庵はもとはそれぞれ5部屋をもつ2棟の建物があり、楊老爺を祭り、70年ほど前には一人の僧侶が両親とともに住んでいた。現在、ある橋のたもとに再建されており、5メートル四方、高さ2メートルほどのトタン葺きの祭祀場である。かつての姿からすれば、粗末なもので、入り口から入ると正面にロウソクをともす燭台があり、錫箔を焼く簡単な炉があるが、人が寝泊まりするような設備はない。場所も破壊される前と同じところに再建されたのではない。

　村の婦女幹部の話によると、橋が使われなくなった5、6年前に橋のたもとにできた、ということであり、次のように語っている。以下の話は婦女幹部としての立場を反映しており、後に述べる再建した当事者との見解の相違をよく表している。

　　昔からこの村に寺はなく、もし祭りに行きたいなら、ほかの村や紹興県に行きました。家庭で節の時、両方とも供えるかこっちに来てやるか、自分は分からないが、最近死んだ家族がいない場合は簡単に家で老祖宗を祭り、もし最近死んだ家族がいる場合には家でもやりここにも来て拝むのではないでしょうか。
　　ここの名称は分かりません。
　　ほかの家でも一緒に祭ろうとしていましたが、争いになりそうになって、今は一つの家で祭っています。

1回は村の役所がこれは迷信なのでこの家に壊すように命令し、作った当事者は自ら壊すのがいやでしたから、よその家からの労働力を使って壊しました。人件費はその家に出してもらいました。しばらくして、その家はまた作りました。村の役所は仕方なくそのままにしていますが、また<u>上からの命令があれば壊すことになります</u>。

　下線を付したところから、この村に庵があったことすら記憶されておらず、現在の祭祀についてもあやふやである。上部機関からの命令を執行する立場にあり、破壊することも躊躇しないことが分かる。これと、こうした祭祀対象を再建するものとは見解が相違するのは当然であって、次にその当事者（75歳）の説明を述べる。

　　村に昔、南草庵という庵があり、「文化大革命」のときにここに（保管してあった）<u>経疏</u>も一緒になくなりました。石の牌ではなく本に書き留めてあったもので、旧正月の前にお坊さんが家々を回って、家々ではお金や米（1斗）をあげました。南草庵は仏教ですが、特に仏教徒でない家でも回って記帳していました（記帳していたのか、祖先の数を教えていたのか不祥）。ほとんどの家は経疏を書いてもらいました。

　　（今、橋のたもとにある祠について）

　　私が作ったものです。昔（「文化大革命」の前）はこの村に南草庵があったのに、壊されたために家族が病気になったときには参るところがなかった。そのため最初は面積は大きくなく、小さく祭る場所として建てたのです。仏というといろいろあります。楊老爺、孟老爺、観音、海龍王（普蛇山にある）などがあるので、小さな面積では足りないと思って、さらに今のような建物を建てました。

　　ここには4人の<u>仏様</u>が祭られており、具体的にどんな病気をどの仏に頼むかは決まっていません。ただ、そこに行って線香などを祭って、4人の<u>神様</u>が一緒に相談して、その病気がどうしたら治るかとその人に教えます。私に分かるように今の病院のことをたとえに説明してくれました。もし、足が痛いなら、ある医者に行くと、見てくれた医者が必ず一人で治してくれるのではなく、ほかの医者と相談してみんなで治してくれる。それと同じです。

再建のきっかけは6年前に妻が病気になり、たぶん妻は海龍王の話を聞きました。そして孟老爺が住むところがほしいと言っているということを聞いたのです。

　　妻が病気にかかったときに、ウーポ（巫婆）のような人が、海龍王の代理として病気について話しました。普通の人は海龍王のことは聞いても分からないが、この人は分かります。海龍王は一つの建物を造って欲しいと言っている、と妻は私に言いました。

　　この海龍王の代理として見てくれた人は（浙江省の）普陀山村にいます。その人がここに来て病気を見てくれました。その人がこの村の信者たちを一緒に連れて、普陀山に祭りに行ったこともあります。自分は行かなかったが、他の村の人も加えて7～8人で行きました。3年前にはいつも再建した南草庵に行って神様にお願いをしました。少し元気になったら、自分もお願いに行くようになり、今のように元気になりましたので信じるようになりました。南草庵には六節には行かないで、年に1回、年末に行って祭ります。とくに病気が治ったときには、年末に感謝の気持ちを込めて肉、魚をもって行き、錫箔を焼いて祭ります。毎月1日15日にはロウソクと線香をつけ錫箔を焼いています。その時には健康を守ることを祈ります。病気にかかった人は病気が早く治るように、病気になっていない人は健康を祈ります。お願い事によって錫箔の量は違います。多い場合は1000枚、少ないときには100枚。中元のときに家で錫箔を焼くと老祖宗に対してですが、ここでは4人の菩薩に対してで、病気を治してくれるのだからお金をあげたい。そうしないと健康を守ってくれない（と思う）。

　　15軒ないし20軒の家がお参りに行きます。今、本当に祭りたい人は紹興県などに行きますが、年寄りはこのような近くに行きます。

　　錫箔は今はいろいろな所で売っています。

　　3年前に役所の指示で壊されました。あそこは私の家の土地ではありません。もともと村には南草庵があったのだから、橋の付近の土地は田にする土地ではないし、橋の脇のところで南草庵を作ってもかまわないと理解しています。

　　下線を引いた経疏は聯建村でも聞かれる。話者によって説明がまちまちであ

って、聯庄村のある話者によると各家ごとに僧侶が氏名、生年月日時刻、死亡年月日時刻を世代ごとに1枚ずつ書いてあり、六節の際に各家を回ってそれを渡し、家の者が錫箔と一緒に焼いた。灰と煙が家の方向に飛んでいくと老祖宗が満足した印とされた。経疏は毎年台帳を見ながら僧侶が書いたが、解放後間もなく僧侶が老齢となり、寺もなくなって、書き手がいなくなり、「文化大革命」のときには迷信として禁止された。庵を再建した人によると、各家の3代分の先祖の名前が記録されていて、これによって中元のときに供える箸の数を決めていた。正月に僧侶が回って来たときに1斗米を経疏を管理してもらっている礼として渡していた。氏の家では40組の箸を用意していたというから3世代以上さかのぼって先祖を算定していたはずであるが、詳細は不明である。

南草庵の祭祀対象を仏様、神様、菩薩と三様に表現しているのは楊老爺、孟老爺、観音、海龍王の性格を言い得ているようであるが、要するに霊的対象として一括していて区別をつけなくともよいのかもしれない。実際には赤い4本のロウソクによって示されている。ウーポ（巫婆）のような人とは師娘ともいわれる霊的職能者であり、この人の口を借りて海龍王が託宣を出したのである。婦女幹部が知らなかった祭日は毎月の1日15日と年末であることが示されている。

このような再建された例に、興余村の呂堂廟があり、楊老爺（楊家将）が祭られており聯庄村からここに毎月1日15日に参りに行くものもいる。楊老爺を信仰することによって病気が治った夫人が呂堂廟を再建したといわれ、再建の事情も似ている。南草庵よりも規模が大きく、付近には線香、ロウソク、錫箔を売る家もあるというが、神像はなくロウソクをたててある点は同じである。病気になると楊老爺の養子になり、守ってもらうこともある。

2. 産育儀礼

子供が生まれたとき、天生婆婆を祭った。子供の数が多いときには、最初の子が生まれたときだけ、三朝酒（セーゾジュ）の時に天生婆婆を祭った。祭り方は家の経済状態によって異なり、貧しい家では非常に簡単ですませた。一間の部屋に住んでいた人の例では、親戚も来ず、ただ、卵と肉を少し供えて祭っただけであった。天生婆婆はごちそうを食べた後、焼いてあげた錫箔をもらう

とすぐに戻る。いつまで子供を守ることができるかという点については明確な答えは得られない。産婆が介助していたころには、難産のときには天生婆婆に早くわたしの子供をお送りくださいと唱えた。送子観音と天生婆婆は、役割が同じで、信仰によって、それぞれ送子観音に願ったり、天生婆婆に願ったりした。天生婆婆と送子観音は陰界にいる神様であるが、送子観音の方が地位が高い。例えていうと、毛沢東も神様、鄧小平も神様、村の村長も神様とすると、神様の地位が違い、村長は上の神様の言うことを必ず守る。これと同様に、天生婆婆は送子観音の話を聞かなければならない。つまりこの世の中に毛沢東、鄧小平、普通の村の村長がいるように、陰界でもやはり観音が高い位にいて、天生婆婆は低い位にいる。現実の官僚制と同じような構成になっている、ということである。

　別の話者によると、三朝の日に接生婆が祝いに来て、客庁に供物をのせたテーブルを前にして、生児を抱いて、集まった親戚たちの前でハサミをもって「これからは健康で有能な人になるように」、といったことを天生婆婆に祈った。天生婆婆は母子が好きで、血を汚いものと思わず、産婦の部屋に入って鬼が魂を取らないように守る。

　生後30日目に親元に子供を連れて行く時に、子供の鼻の下に鍋墨をつけて行った。今もそういう習慣があり、今回の調査中に若い人でもこの話題になると口を挟むことがあった。子供の健康と安全のためで、邪鬼を防ぐためである。昔はそういう習慣が分からず、そうせずに実家に抱いて帰ったものもいたのに、その子供も邪鬼にあったことがないから、現在はそうする必要もなかったのだと説明する者もいるが、ほとんどの人は、万一のためにそうしたという。そうしなかったら、後で病気にかかったり死んだりした場合に、さかのぼってそのことが原因と言われた。

　別の話者（60歳）によると、実家に帰るときには鍋墨をつけるのは邪気を祓う、避邪のためで、今日では食紅で赤い点を額につけるように変化している。野鬼が鍋墨を見るとこわがるためにそうするのであるが、灶君老爺の象徴としての鍋の墨であって、灶神が生まれた子を野鬼から守るのである。遠方に外出して夜帰ってくると、野鬼が一緒に家に入って来ないようにと台所、つまり灶君老爺の祭られているところを通るようにして入ったものである。解放の前ま

では灶神の像を描いたものをカマドの上に貼ってあり、旧正月と1月15日、8月15日には錫箔、線香、ロウソク、お茶、ご飯、カボチャの餅などを供えて祭っていた。灶神に飴は供えないが、錫箔で折った元宝を糖元宝と名付けていた。天に昇って玉皇上帝に報告するという。実家に帰るときには、このほかに生児の服にニンニクとタマネギを入れた。ニンニクはその匂いを野鬼がきらうためで、タマネギは葱と聡の発音が音通であることから、聡明な子供になるようにという願いがこめられている。さらに、魚を捕るための網で子供を背負ったが、この意味は分からない。

　首に銀の飾り物をし、お守りとしたこともあるが、貧しかった家では何もしなかった。犬の骨（背骨あるいは胸の骨という）を一つ紐に通してお守りとする例もあり、これを狗元玉という。

3. 解放前の葬儀

　普通に死んだときに、亡くなってすぐに蚊帳を屋根の上に投げるという事例が『松江民俗』に報告されているが、今回の調査ではそうした事例は聞かれず、意味についても明らかにできなかった。

　死後の肉体と魂霊の関係について、後に述べるように死者の服を数カ所で焼くことに対する意味付けや、回陽での魂霊の一時的帰宅の言説との関連で、まず呼吸が停止したことと魂霊の分離を聞いてみると、人は息が止まってしまうと、すぐ魂霊が出て行ってしまうと言われる。

　死体には新しい下着、服とズボンを着せて家堂（家屋の中央の部屋）に移すのが順序で、死者の寝ていたベッドで着替えさせて家堂の外したドアの上に置いた。頭が南で足が北に置くが、年配の死者は部屋の真ん中において、若者はやや西の方に置いた。年齢が上になるにつれて部屋の真ん中に置くようにした。若者を西の方に置くのは、親が生きているので、親たちが葬式のときに簡単に通ったりできるという実際的な効用のほか、もし真ん中に置いたら陰界にあるスペースも先に行った若者が中央をとってしまう。そのため西の方に寄せて置くのである。他人に自分の家族が亡くなったことを教えるシンボルとして白い布を頭のところにさげた。

　死んだ人の服をベッドのわきで3回焼いた。1回目は亡くなってすぐにベッド

の前で1セットの服とズボンを、2回目は死体をはずしたドアの上に置いてから、ドアの前の「場」（前庭）で一部分の服を焼いて、3回目は残りの服を道の交差した所で焼いた。亡くなってすぐに魂が死者の身体から出たら、すぐに新しい服を着て陰界に行こうとする。だからすぐにベッドのそばで焼いて、魂が服を着て陰界に行く助けとする。ドアを出るところも陰界に行く通り道にあたりここでも一部の服を取って行くことになる。道路の交差のところもやはり陰界に行く途中でさらに一部の服も取って行く。

　リンイブブのために、死んだ人の頭のところにテーブルを置き、一組の箸を置いて、それに直交して隣に一本の箸を置いた。2本のロウソクとその間に線香を置き、目玉焼き（荷包蛋：ウポデ）をひとつ置いた。その脇にお椀を置いてサラダ油に灯心を入れ火をつけ灯しておいた（サラダ油に灯心をおいて火をつけたものを油灯：ユータンという）。リンイブブが魂霊を道案内してくれるので、火はその道案内の目印になる。このテーブルは70センチ四方、高さ80センチくらいの太平台子というもので、死者を送り出した後も家堂の南東の隅に一年間置いて毎日食事を取り替えた。テーブルの上に亡くなった人の牌位を一年間置いた。一年後亡くなった人の箸を、籐（錫箔を入れて置く容器）に入れた錫箔と一緒に焼き、食事を供したお椀は捨てた。牌位は家堂にある老祖宗と一緒に並べた。ここまでで死者の服を焼く3カ所が陰界への道順を示し、灯火が案内役の目印であるというように魂霊の行方が具象化されているのが特徴といえよう。

　土葬を実施していたころは棺を畑においてすぐには埋めず、1〜2年放置していた。

　亡くなった日、あるいは出棺する日に、家の経済条件によって道士か僧侶を呼んだ。

　棺（棺材：クンゼ）を生前に用意しておくことがあり、もし、経済条件がゆるせば60歳になると家族がいい木を買って用意した。棺にはくし（木梳：モッスー）、ハンカチ（絹頭：ジュダ）などを入れたが、これも経済条件によって違った。これらは新しいもので、死者が使っていたものは焼いた。

　家から棺を出す日は地理先生（この村にはいなかった）に見てもらった。出棺のことは出殯：ツァッピンという。

棺を1、2年置いておく場所も地理先生に聞いた。

　回陽の日にリンイブブが道案内をして家に魂霊が戻ってくる。字義は陽界に戻るということで、回陽までの間、亡くなった魂霊は、陰界に行っていると考えられている。そして呂堂廟（興余村、聯庄村から20分ほどにある廟）に行って、人が生まれると戸籍を登録するように、魂霊が呂堂廟に行って陰界の登録をした。家族も死亡の翌日に行き、線香とロウソクをあげた。陰界の登録をするほか、回陽までの間に死者が生前に犯したことに対する罰が呂堂廟の上司（上級：サンチェの訳）である岳王廟で決められる。死者に罰を決めることを喫官司：チョクースという。回陽には、死者の寝ていたベッドからドアごとに長椅子を渡すように置いた。草縄（ワラの縄）を真ん中に通した餅、茶碗にご飯（上に少しの料理）、コップ、箸、線香、ロウソクを置いた。道士を呼んで、亡くなった時刻に出て行くように唱え言をしてもらった。呼ばないときには、自分で包丁で出て行けと心で念じながらたたいた。一つ一つのドアでやって大門まで行ったら、場（前庭）の先に料理を捨てて、場で錫箔を焼いた。この一連の行為は亡くなった人の魂霊に出てもらいたいからではなく、サーザンすなわち野鬼に出てもらいたいためという。包丁でドアをたたくのは野鬼に出てもらいたいのである。そこで問題になるのは、亡くなった人の魂霊との関連であるが、この日に魂霊はいったん帰ってくると言われ、また、陰界に戻って行くとされる。しかし、包丁でドアをたたくのは、亡くなった家族の魂霊を出すためではない。死んだ人と一緒にほかの野鬼が来てしまうので、追い出さなければならないのでは、と問うと、首を横に振る。魂霊を案内してくるリンイブブは神の最下位に位置づけられる。野鬼ではないはずだが、ここで、もしサーザンと混同されているとすると、サーザンが死者の魂を連れて帰り、そのまま居残るのを防ぐために包丁をたたいて追い出すことになり、サーザンは野鬼であるから、止まられると困るため、とすると筋は通る。そうするとリンイブブが死後、陰界に案内することとは齟齬を来すことになる。ここでは結論は出せないままである。

　聯建村の話者（48歳）によると、回陽にはすべての部屋を掃除してベッドに帰ってくる死者の象徴として元宝を人形の形にして置き、そのそばにゆで卵を一つ置く。話者はゆで卵に歯形が残っていたのを見たことがあり、死者が戻っ

て来た証拠という。各ドアには長椅子を置き、線香、ロウソク、カボチャ餅2個（麦藁で結んだもの）、豚の肺（麦藁で結んだもの）を置き、死亡時刻の1時間前までに元宝の人形を焼き、ドアを寝室から順に包丁でたたいて前庭まで行く。たたく意味は一度戻って来た魂霊に出て行ってもらうためである。野鬼も一緒に追い出す。人が亡くなると野鬼は自分たちの仲間が増えると知って、遊びに集まってくるが、回陽の時にも集まっている。ここでは先述の聯庄村の話者と異なり、包丁で追い出すのは魂霊と野鬼としており、ニュアンスが一方は出て行ってもらう、一方が追い出す、というように違うだけである。行為から見ると、魂霊の方は元宝によって象徴されているところから、それは焼くことによって陰界に戻り、包丁で出て行くようにせきたてるのは野鬼の方に重点があるともいえる。包丁でたたきながら客堂の入り口まで来た後に、近くの場（前庭）でバン（漬物を入れる容器）を割り、大きい音に野鬼を驚ろかせて逃げ帰らせるといわれるのも、この推測を支持する。

4. 解放後の変化

　家堂に死者を置いたり、白い布を張ったりすることは現在も行っている。土葬の替わりに火葬になっている。

　1998年に亡くなった人（夫人）の場合、2日間遺体を家堂に置いて3日目に火葬し、火葬場から持ち帰り、家堂の南東の壁に骨壺を置いたままにしている。骨壺を見上げるような位置にある。1年間はそこの下に朝夕の食事を供えることになっている。そうしない場合には一、二、三、四七にテーブルを骨壺の下に置いて食事を用意した。五七は重要な日なのでテーブルを家堂の真ん中に出して料理を置いた。埋葬するのは、夫が亡くなった時で、夫婦を一緒に埋葬する。骨壺の上には火葬場で骨壺を入れる箱を買うときに一緒にくれる飾りがつけてあり、遺影をそばに飾ることもある。

　五七は重要で道士を頼んで儀式を行うものがいる。道士は年を取っているが、過度橋などを行う。依頼者の立場からすると生者も死者も平安に過ごせるように行う。

　墓地は村にある。自分のたんぼのところとか、みなが所有するところに埋めるときもある。中国の都会では公墓に埋めることがあるが、値段が高く、1平

方メートル1万元で、10年間使える。3年間子孫たちが余り行かないと管理者が掘り出してしまう。3年間は普通子孫が必ず行くが、3年の後行く人が減っているかもしれない。10年たって人が来ないならば管理者が掘り出してしまう。10年は保証されているが、10年たった後は、管理費としてお金を払わなければならない。農村の人は自分のたんぼの土地を利用するので（土地利用の詳細は不明）、公墓を買う人は少ない。なお、生後間もなく死んだ子供を葬る台基（デージ）が聯建村では17の生産隊に1つあった。2〜3歳までに死んだ子供はここに埋葬し、そうすると野鬼にならないので、生者に悪い影響が及ばないとされた。これは「文化大革命」で破壊されて今はない。現在では2〜3歳までに死んだ子供は火葬して先祖の墓のそばに埋葬する。あるいは、火葬もせずに木の棺に入れてそのまま先祖の墓のそばに埋める。このくらいの年頃では死んでも野鬼にはならない。祭祀もせず六節にも行事はない。

「文化大革命」のときには昔の墓は皆壊してしまい、古い墓はなく、今あるのは80年代以降の墓である。

5. 変死者

水死のように普通の死に方をしなかったとき、死体は大門から入れてはいけない。裏門から入る。それから家堂に死体を置いたら普通のとき葬儀と同じである。

死体が発見されなかったときにはワラの人形を用い、裏門から入れてドアにのせる。ワラの人形は付近で焼く。こういう場合は回陽などもやるが、外で死んだので確実に死んだ日は確かではないため、日取りは確実ではない。そのほかは一緒である。

6. 鬼配親

死亡している者に配偶者を見つけて結婚させることを鬼配親：ジェペイチンという。2000年の清明節に埋葬したばかりという鬼配親の事例を以下に記すことにしたい。

この話をしてくれた48歳の話者の兄の娘が10年前に18歳で死亡した。この子は長く病気がちであったが、病状がひどくなったのでこの子の両親（話者の

兄夫妻）と祖母（話者の母）が葉榭鎮にいた師娘の所に行った。そこで質問されたのは、その子が話者の家の田の近くにあったかつての杜家庵（「文化大革命」で破壊された）に行ったことがあるか否かであった。確かに野菜を取りに行ったときに近くを通っていたことに思い当たり、そのように言うと、その時に杜家庵の神に出会っていて、この子は陰界に行く番であると決められてしまった。だから、病気は治らないと言われた。しかし、この師娘はよくできると見込んで、この子を師娘の養子にしてもらった。それ以後、師娘は子供の家を訪ねてくるようになり親しくなった。子供は結局死に、火葬して遺骨は家堂の東南の壁に置いてあった。こういう場合には、結婚相手が見つかるまで埋葬できない、と話者は言う。その後、話者の兄のもう一人の娘が病気がちになった。 師娘によると、亡くなった女の子が障りをもたらしていて、家に戻って来て妹と遊んでいるのではないかと言われた。鬼と人が遊ぶのは危険であるから、錫箔を焼いて家から追い出す方がいいと言った。この子の母親が錫箔を焼いたので、病気はすぐによくなったが、また悪くなりさらに錫箔を焼くというように、全快することはなくこのことが繰り返された。やがて師娘が、この子が結婚したがっていることを指摘した。

　去年（1999年）に埋葬する予定であったが、年回りがよくなかったので延期していたところ、師娘が結婚相手の男性を探してくれた。この師娘が知り合いの師娘を通して探し出した。先に話者は女性が死んだ時点では結婚させないと埋葬はできないと言っていたが、そうなる前に埋葬させる予定にしていたのは、娘の祖父（つまり話者の父）が死亡して、年長の連れができたために埋葬しても陰界で野鬼にいじめられる心配がなくなったためである。師娘が探してくれた相手方はすでに埋葬が終わっており、特に家族に問題を起こしてはいなかったが、その男性の両親は今後もそうした平穏な状態が続くとは限らないと判断して、鬼配親を受け入れた。浙江省のある老爺を守り神とする師娘の家で聞いた内容は次のようであった。師娘はベッドに横になっていて、10年前に死んだ女性の魂霊が入って話者の兄と妻が「何が欲しいんですか、お金ですか」と聞くと、「お金は十分です。結婚したいんです。」と言った。亡くなった女性の声に似ていた。師娘の口の回りには泡も出ていた。師娘はさらにこの女性が陰界で男と恋仲になっていると言った。浙江省の男性の家と話者の兄の家で

は、それぞれ別々に師娘のところに行って、今二人が恋をしているか、式の希望などを聞きに行った。男性の家族が聞きに行ったときには、師娘に男性の魂霊が入り「パパ、ママ、今わたしはうまく恋をしています。清明節に式をしてください」と男の声で言った。両家が合意して男性が養子になることになり、訂婚はせず、結婚披露宴を行った。

　披露宴の前日に男方から800元、女方から1000元を人情（ニンチン）として送った（送人情）。この事例では男性が養子に入るが、通例は女性が嫁入りする。そのときは男性方で祭菜、領菜を作る。ここでは女性方で作った。そして男性方から女性方にきて夕食を食べるべきだったが、それはしなかった。祭菜、領菜は夜は置いたままにしてあり、料理の上に皿ごとに四角の赤い紙を喜事を意味するものとして置く。4時間おきに蒸すか、熱いスープをかける。なぜならば、祝い事があることを聞き付けて集まってくる鬼が、食べるのではなく湯気や匂いによって満足するからである。結婚式のとき、嫁入りの場合には男方から女方に迎えに行き、1台目の車に骨壺を積み、2台目の車に嫁装、布団などを積む。この中の一部は本物であるが、紙で作られたミシン、洗濯機、冷蔵庫、アパートのミニチュアなども持参する。これらは陰界で生活に必要なものとして焼かれ送り届けられるもので、アパートのミニチュアは800元ほどする。この事例では養子であるため、こうした物品の移動はなく、嫁装などは自前で準備した。すべてに死んだ女性の名前を書き、それを収納した箱にも名前を書いた。そうしないと野鬼に取られてしまうからである。式では両人の骨壺をテーブルに置いておかなければならないが、女性の骨壺だけであった。これは男は既に浙江省で埋葬されていたからであって、結婚の披露宴も別々に行うという例外的なやり方であった。15テーブル準備した披露宴を行った。招待客は礼金をもって来た。このときの媒人は師娘で、女方の披露宴に出席していた。

　披露宴が終わると埋葬である。家を出るときに家堂の中央のテーブルに置かれた骨壺に対し、年下の者が拝み、爆竹を鳴らす。これは野鬼に立ち去るように、埋葬の邪魔をしないように、という意味である。このときに家族に拝むことのできないものがいるときにはその許しも乞う。墓ではその北側が裏になるので、いったん南に大きく迂回してから北に向かうようにして墓穴に近づくとよいとされる。墓の南側には暖かいごちそうを用意しておき、30分ほどで埋葬

を終える。骨の箱を入れるときの注意は東から太陽がさしているときに、東南の方から埋めると人と死者（骨壺を入れた箱）の影が墓に映る。このように生者と死者（鬼）が重なると不幸が生者におよぶので避ける。また、潮の満ち引きとも関係があり、満ち潮と埋葬の時刻が重なるとひどい目に遭うというので、満潮の前に埋葬を済ませなければならない。埋葬を終えると爆竹を鳴らし、野鬼が近づかないようにした。嫁装などを燃やすときにも、回りに石灰で白い円を描いて野鬼に取られないようにした。帰宅して食事をして、同じものを墓にもって行き死者にも供した。清明節は15日間続くが、その最終日にも墓参し、20塊（1塊は10刀、1刀は1000枚）の錫箔を石灰で描いた白い円の中で焼いた。話者は「父と姪が元気で暮らすように、野鬼にいじめられないように」と名前を呼びながら祈った。この一連の鬼配親にかかった経費は5000元であった。その後、病気がちだった話者の兄の娘（鬼配親を行った女性の妹）はすっかりよくなったということである。以後3回の清明には親戚が集まって、昼食後墓に行って錫箔を焼くなどにぎわい、4年目から兄弟子供だけで祭ることになる。

　なお、この事例では話者の父（鬼配親を行った女性の祖父）の埋葬も同時に行われた。そのため披露宴の前日の祭菜、領菜は話者の父のものも用意しなければならなかった。披露宴の前日には老祖宗を祭った。すべての料理の準備が整うと、死者よりも年少の者が世代の高い方から順に拝んでいく。死者よりも年長の者が拝むと死者が気味悪がるのでしない。六節では昼食の前に祭りごとは済ませるが、葬儀がらみの場合には夕食後に行う。祭菜、領菜の分担はつぎのとおりであった。話者の兄弟（男5人、女1人）のうち兄（長男）だけは父と娘の分の領菜を用意した。そのほかの兄弟のうち、婚出した女性と養出した男性1人はそれぞれ父の分の祭菜を分担した。残りの男性3人はそれぞれ父の分の領菜を用意した。兄には3人の子供（女2人、男1人）があり、長女が鬼配親をし、男女各1名はそれぞれ姉の分の祭菜を分担した。

7. 鬼、神、老祖宗

　先祖祭祀をめぐるさまざまな話のなかに霊的存在として鬼、神、老祖宗の三者が登場する。これらがどのような関連でとらえられているか、以下に記すこ

とにしたい。

　まず指摘できるのが、人間が亡くなったら幼児を除いて全員が、鬼になるということである。その鬼の中でも楊老爺、観音菩薩のように名前がある鬼は神である。それらの間には現実の世界で、普通の人は地位の高い者、あるいは官吏の話を聞かなければならないのと同じように、普通の鬼は神の話、実はやはり地位の高い鬼の話を聞かなければならない。だからもし人間が病気のときには、人間が錫箔を楊老爺に焼いてあげて楊老爺がそれを受け取ると、管理者として病気の原因をなした鬼に命令して害をなすことをやめさせることになる。

　このほかに野鬼、老祖宗という表現もされる。人が死ぬと老祖宗として子孫によって祭られることになるが、子孫の有無でいうならば亡くなった人の中で本当に子孫のいないものはない。自分の子供がいなければ兄弟の子供もその子孫となって祭ることができる。そして、野鬼は祭ってくれる子孫がない鬼のことではない。野鬼は生きている間に悪さをした人のことである。もし自分の先祖も悪さをしたら、自分の悪さをした先祖に対してはいくら悪さをしていても、老祖宗という。その場合、他人は自分の悪さをした先祖に対して野鬼という。自他の境界は霊的存在に言及する文脈によって異なる。例えば、五七の儀礼を親戚が集まって行うときには、そこに領菜や祭菜をもってくる人々からするとそこでの祭祀対象は老祖宗であるが、隣人から見ると野鬼とされるかもしれない。また、生前に悪さをしたかどうかを問わず、よその村人がこの村に来て亡くなったら、この村の人がその人に対して野鬼という。この場合は自己と同一の村人か否かということが自他を分けるポイントになる。

　このように幼児で死んだ者以外はすべての死者が鬼になることは共通しているにしても、現世と同じく階層をなすという考え方の下で神と区別される。神にいたらない死者は野鬼、老祖宗と区別されるが、その場合には言及する主体によって同じ対象が異なるとらえられ方をされる。このように言及する主体を中心に置いた霊的存在の見方はこれまで指摘されなかった。

8. 治病と太保、師娘

　病気にかかったとき、家族が付近の南草庵や呂堂廟に行って、ロウソクを灯して焼香し錫箔を焼いて祈願した。錫箔は折って元宝の形にし、5つの元宝を

一串とし麦藁でつなげてある。六節の時に家で老祖宗に錫箔を焼くときにはひとつひとつ折ってあればよく、串でつないでなくてもよい。今は治病祈願のときにもそのように折ることは少なく、一枚一枚焼くことも多い。一枚一枚の錫箔と元宝に折ったもの区別は、病気を治すためであって、早く治す方がいいから一枚一枚折る手間をかけなくともよい。

聯庄村で定期的に寺に行く機会は、5月13日と9月13日に黄浦江を渡って南に行った関羽老爺を祭る寺に行くのと、6月19日の南草庵の観音の誕生日、6月24日の呂堂廟の楊老爺の誕生日であった。

解放の前には寺でくじを引き、内容を寺の僧侶等に説明してもらった。その説明で、何人かの太保を呼んで行事をやってもらった方がよいということになった。太保は馬前人（ムージーニン）ともいい、道士のように自分の家に住んでいて何かあったときによばれて行った。聯庄村にはいなかったが、同じ鎮の衛生村に3人いた。皆、男性ですでに3人とも亡くなっている。太保は筈を使って判断し、どこの医者に診てもらうか、その方向も筈で決めていた。筈で判断することを丟筈という。形は三日月型のを二つ組み合わせたものだった。聯庄村には記憶される限り道士はいなかった。興龍村に住んでいたが、今はその人もいない。そのためか道士の関与については聞かれなかった。

いよいよ病気が治らないときには師娘の所に行き、師娘は神様のかわりに教える。ここでは他で聞かれた「鬼作怪」のほかに「蛇作怪」（スーツォックヮ）という言葉が聞かれる。蛇をこわがる人が多く、どこの蛇が作怪しているかを教える。現在でも師娘は活動しており、98年に葬式が出た後に、残された遺族に対して隣人たちが師娘の所に行って、いま、死者が陰界で幸せであるか、お金が足りるかどうか、苦しい生活をしているかどうか、確かめたらどうかと、すすめたことがあった。

聯庄村の60歳の話者によると、1983年に氏の夫人の父が病気になったときに、華陽鎮興龍村の師娘の所に行ったことがある。始めに少し話してから師娘の寝室に行き、師娘はベッドに横になって、目を閉じて、父の病気は医者では治らず死に至るであろうが、出来る限り楊老爺に頼んで生きながらえるようにする、と言った。10分ほどつぶやくように言ってから起きた。礼金として20～30元支払い帰って来たが、父は2日後に亡くなった。病気の原因については教

えなかったが、この託宣は当たったと考えられている。もう一つ同じ村の女性の例をあげると、5～6年前にガンと診断され、上海の有名な病院の医者に助からないといわれ、薬を求めて奉賢の霊的職能者（男性）の所に行って楊老爺に頼んでもらったところ病気が治った。この人は医生と呼ばれている。一般に師娘はどこの医者がよいということは言わないが、医者に行くことは反対せず、神仏の力を借りるのもよいであろう、という態度で接するという。最近はやっているのは紹興県の師娘で、祭壇に神像は飾っておらず、玉皇大帝の学生と称し、自分は神で、自ら食事をしなくともよいといい、信者は彼女を神と信じ毎月1日と15日には託宣を聞きに集まる。家族を亡くした者は陰界で苦しんでいないかどうかをたずね、お金が足りないという答えであれば、錫箔を焼いたりする。礼金は10～20元で、100元支払う人もいる。

摘要

信　仰

古家信平

　　对联庄村和联建村的庵的重建、送葬礼仪、神汉等进行了调查。从庵的破坏和重建的情况来看，政府和信徒在立场上的差异尤为突出，神汉参与了重建。在民间信仰上，并不一定年长者就对之了解得详细，对之的关心度因经济上的宽裕度而不同。也可以看到神汉把所具备的知识传授给某个经济富裕的委托人场面。对所谓驱灾、作祟、妨碍那样的感觉，具体上是在什么样的场面，以什么样的行为表现出来的，必须更加深入地调查。因人不同，对鬼和老祖宗的区分也非常清楚。生前功绩不同判断也有所不同，像即使被邻居当作鬼，对于本人来说仍然是老祖宗那样，判断主体的观点不同，同一死者的性格确定也会不同。

岁时习俗

尹荣方

车墩镇是松江区二十个镇之一，位于上海市区西南，松江区的最东部。东临上海闵行经济开发区，南濒黄浦江，西连松江工业区，北靠沪杭高速公路。

车墩镇四季分明，雨水调匀，日照充分，属亚热带季风气候。

联建村位于车墩镇南部，总面积约1300亩，现有农户273户，解放前粮食作物主要种植水稻。人口1021人，分为10个小队（村民小组）。

1999年11月以及2000年8月，笔者作为中国江南村落民俗志研究考察团成员，两次赴联建村作岁时习俗的访问调查，访问了村民成顺发（男，76岁，文化程度初小）；赵世昌（男，71岁，文化程度初小）；王永珍（赵世昌妻，女，70岁，自述没读过书）；陈文彬（男，77岁，自述没读过书）等多人。下面是有关调查内容的报告。

正月初一（俗称过年，又称"春节"），过去年节，人们最重正月初一。节前，往往要添置器具衣物，置办年货，打扫卫生，做好过年的各项准备。

年初一起来，放鞭炮，称放"开门高升"。然后"点天香"，也称"点天香蜡烛"，"点天香"是祭天，或称"斋天""敬天"，"点天香"祭天时要开大门，祭品主要是茶、饭。用三只盅子盛饭，三只盅子放茶，称"三盅饭"与"三杯茶"。过去稻作生产全靠天，稻子要长得好，俗信须"斋天""敬天"，"斋天"用的饭，任由村里的穷人上门取去。经济条件好的人家"斋天"用大香斗。

跪拜"斋天"后，家人每人喝一杯糖汤茶，糖汤茶内放蜜枣（穷人家有用两只黑枣代替的）两只，取甜甜蜜蜜之意，为讨口彩。

村里少数大户人家，还要"拜影"，将祖宗几代的影像挂在墙上，用长生果、西瓜子、水果等供，家人跪拜礼祖。祖宗像挂至正月半才收起。

初一早饭称"年朝饭"，要吃干饭。年朝饭吃的菜过去一般吃素，忌吃荤菜。

菜主要有长梗菜（一种青菜）、线粉、油豆腐等，长梗菜、线粉等忌弄断。初一早饭一般还要吃豆腐，这里俗语称：吃了豆腐土地肥。"年朝饭"，家里养的牲畜，如牛、羊、猪、狗等都要给吃一点。

初一上午，家里有小孩的人家，都要让小孩"爬门闩"，俗信这利于小孩快快长高；家长给小辈"压岁钱"。

初一这天，禁忌倒马桶，倒水，不扫地，亦不能骂人，要讲吉利话，妇女一般不做针线活。家人团聚，常打牌九，搓麻将娱乐。

初一不能用茶汤淘饭，俗信如此则出门遇雨多。淘米箩里的米不能倒光，表示有余。

初二要开大门，如有客人来，必请喝"糖汤茶"。

初三要"点天香"，与初一略同，初三这天吃素也与初一同。

解放后，春节仍是一年中最大的辞旧迎新的传统节日，仍称"过年"，大年夜这天，家人团圆吃年夜饭，现在由于生活水平提高了，菜肴远较过去丰盛。

大年夜（或小年夜）祭祖（过时节）又渐渐恢复，现在很多人家都"过时节"，祭品较过去为丰盛，除了六道或八道菜，还要上点心、水果等。

大年夜刚过，12时刚到，现在鞭炮、高升、焰火一齐放，乒乒乓乓，热闹非常。

初一早上起来，家人每人一如以前，喝一杯"糖汤茶"，取甜甜蜜蜜之意。

初一上午的"年朝饭"已不限于吃素，远较过去丰盛，但长梗菜、线粉汤等传统讨口彩的食物多数人家仍保留。

初一过去一般不走亲访友，现在则有所松动，有些年轻人初一即出门访亲拜友。

初一现在的主要活动，是打牌、搓麻将、下棋或走亲访友等。

年轻的恋人选择春节结婚的不少。但常选择初二、初四、初六等成双日。

正月十五日，又称"正月半""元宵节"。夜里家家"斋天"，祭品用"稻棵圆子"，又称"圆团"，俗信稻棵圆子要做得大，做得大稻田里稻谷长得饱满，收成好。一般用6只稻棵圆子，代表水稻。蒸圆子时要用筷子在圆子上点小圆点，一个小圆点代表1月，二个代表2月，依次类推，蒸好圆团，如代表某月份的圆团圆点上水多，则表示该月水多。村民以此来占当年的水信与天候。

正月十五日夜，村里儿童、少年，去自家田里"退拉子"，"退"，是用火慢

慢烧之意,"拉子"是一种蚜虫。他们手挥点燃的捆束的稻柴,在田埂田头边跑边叫:"炭拉子"入地里,别人田里出颗草,自家田里出颗稻。田里一片红通通,通过"退拉子"烧掉田里部分野草与越冬虫子,对水稻生产有利。

"退拉子"之俗,1956年,农业合作化运动后渐无。改革开放后,极个别人家正月半又开始搞"退拉子",形式与过去同。

正月十五"接灶君",将灶君神像贴在灶上烟囱旁,点香烛,家人跪拜,祈求灶神保佑家人平安。

正月半村里"出龙灯",又称"舞龙",边舞边走,人们还敲锣打鼓,热闹非凡,村人扎狮子灯、鲤鱼灯、兔子灯、蚌壳灯等,或挂在家门口,或随舞龙队游走。还有"荡湖船",主其事者男扮女装,跟在舞龙队后面边荡边唱各种小调。看灯容易产生男女私情,故这里有"好男不出灯,好女不看荡"之谚。解放后此俗渐渐消亡。

十月十五夜里,年轻姑娘要玩"请坑三姑娘"或"灶高姑娘""壁高姑娘"的游戏。一般由两个女孩以食指托一饭箩,饭箩上插针或筷,又一姑娘磕头请神,根据筷或针在米糠上所画图纹以判吉凶是非,实际上是一种"扶乩"活动。请坑三姑娘要到厕边请;请"灶高姑娘"到灶边请,请壁高姑娘到墙角请。灶高姑娘,又称灶君姑娘,俗称请灶君姑娘最灵巧,请炕三姑娘臭来(会留下臭味)。此俗1958年前后渐消亡。

二月十二日,百花生日。村人,主要是妇女小孩,用线一根,一端扎红纸(或红布),另一端扎在桃树、李树或杏树上,俗信如此则花开得好,果子结得多。此风俗现犹存,但不如过去普遍。

二月十九日,观音菩萨生日,村里老人特别是妇女要吃素,上庙烧香,过去本村有庙名"陀家庵",供观音、三官、弥陀佛等,1958年此庵被拆除。

三月,清明节,家家"过时节",祭祖,客堂间置一八仙桌,八仙桌上之纹路要东西向,俗信祖先已在西天。桌上置酒肴,菜肴要成双,或四盘,或六盘,或八盘。酒盅则视祖宗人数,一只酒盅代表一个祖宗。往酒盅倒酒时要用双手,表示对祖宗的敬意。点香烛,家人要到齐,跪拜,还要烧点锡箔,此俗1958年后渐消亡,70年代渐恢复。

清明节要上坟,上坟必带"草囤","草囤"内放锡箔等物,"草囤"要焚化,所以上坟又称"烧囤"。囤上贴红纸条,上写死者姓名。上坟时,先拔草整土,

然而上香磕头，再焚化"草囤"。

落葬一般选清明日，过去落葬前要请"地理先生"来看；落葬要看潮水，一般潮水来时落葬，是为讨口彩。俗信如此则家运好，如落潮时落葬，家运也会落下去。解放后，开始实行火化。但骨灰盒入葬深埋村人仍选择涨潮时分。

立夏，家家给孩子称重量。家家还要吃蚕豆、毛针、"摊粉头"（用"草头"摊饼，称"摊粉头"，又称草头饼）。俗话称：立夏日不吃蚕豆，死起来（死时）无人拱头；立夏日不吃毛针，死起来没人敲钉；立夏日不吃摊粉头，死起来没人摊被头（被子）。俗信孩子吃了病少；有的人家将狗钵头洗干净，将摊好的草头饼在狗钵头里放一放，再让家里小孩吃；老蚊帐剪下一小块贴在小孩衣服上，俗信如此蚊子不会咬，不长痱子，天热不会中暑，不会晕吓，上述立夏风俗现在仍存，但已不如过去普遍。

四月初八，传说释迦牟尼生日，村人要上庙烧香放生，放生一般去青浦佛家寺庙，过去青浦有放生池，买点鱼、田鸡、黄鳝等放生。

五月初五，俗称"端午节"，本地又称"当五"。家家用菖蒲、桃树枝、莲蓬头，捆扎成束，放在屋檐下，或床边，以压邪。家家点"蚊子药"，一般一间房点一根，俗信点了蚊子药，蛇等毒虫不敢进房。端午日村人还用雄黄浸酒，涂在孩子额上、脚下，俗信如此则百脚等毒虫不咬。1958年后此俗渐无。

端午节家家裹粽子，此俗现仍存。但有的人家不是自己裹粽子而是买粽子吃。

五月十三日，俗传为关云长生日，村人到得胜港关帝庙烧香，以避恶祈福。关帝庙前有集市，这里称"集场"，关帝生日这天，赶集人甚众。解放后，此俗逐渐消失。

六月三日，村人以是日占雨，如初三日下雨，则全年雨多。

六月六日，俗谓一年中最热的一天，这里谚有"六月六，猫狗浴"，村人于是日给家里牲畜洗浴，是日小孩不能洗澡。

六月二十四日，村人要去"吕塘庙"，拜祀"杨老爷"；过去六月二十四日这天，庙前集市甚为热闹，"吕塘庙"1958年拆毁。近年有人在"吕塘庙"原址建一房，供观音、弥陀等，逢初一、十五烧香者不少。

七月十五日，俗称"七月半"，家家祭祖（过时节），妇女结伴去松江或其他地方庙里烧香。七月半祭祖"过时节"之风，60年代后逐渐消失。70年代中期

开始恢复。现在村里老人七月半，（特别是老年妇女）除了去松江，也有结伴到杭州灵隐寺去烧香的。

照片1　松江西林寺的大雄宝殿，村民常来此烧香礼佛

七月三十日，传说地藏王生日，村人家家点香烛，在家里四周地上插"棒香"，以礼地藏王。

八月十五日，俗称"八月半"，又叫"中秋节"，夜里点天香蜡烛以斋天，"斋天"祭品主要有菱、藕以及用南瓜做的塌饼和水果等。

八月半，除了吃月饼，村人还吃芋艿、毛豆等。

九月九日，重阳节，村人要做"塌饼"，做糕，糕上插旗，称"重阳糕"。重阳日，村人家家祭灶，点香烛，跪拜，求灶君保佑家人幸福平安。重阳节祭灶习俗1958年后渐无。

九月九日重阳节，现在又称"敬老节""老人节"。镇上及村里干部这天要拜访慰问老人。召开座谈会给村里老人，送礼物，如1999年老人节，村里75岁以上老人聚餐。另外，每人送一身衣料、桂圆、西洋参各一盒。村里老人这一天到"老年活动室"，吃吃瓜子、饮饮茶，搞诸如打牌、搓麻将的娱乐。

十月初一，称"十月朝"，设斋，祭祖宗（过时节），60年代此俗渐无，70年代中期，此俗渐恢复。现不少人家十月朝仍"过时节"，一般在十月一日前一二日。祭品除酒肴，现在有的人家还要"敬烟"。在祭桌上放一包香烟、一只打火机，其他时候"过时节"同。

照片 2　十月朝祭祖，除了点香烛，备酒肴，现在有的人家祭桌上还放香烟

冬至，设斋祭祖宗（过时节），形式祭品与其他时间祭祖同。此俗 60 年代后渐消亡。70 年代中期渐恢复。

十二月二十三，灶君上天日，家家"斋灶"；用灶君神像（模张）供于灶上，点香烛，供品有"糖元宝""塌饼"，经济条件好的人家还用水果。家人用糖水在灶君神像的嘴上抹一抹，要"灶君"上天说好话，保佑一家人平安。家人向灶君跪拜后，将灶君神像烧掉，表示已送灶君上天。"祭灶"习俗 1958 年后逐渐消亡。

十二月二十五，"献土地"：一般用三只画有土地公公神像的"模张"，置桌上，供品一般用原只猪头、原只鸡、鱼、猪脚爪、蔬菜等。酒盅三只，点香烛，家人跪拜，放六下高升。过去穷人家亦有不祭土地的，献土地是答谢土地公公。也是请土地公公保佑。

"献土地"，也有在十二月二十六、二十七日的。"献土地"之俗解放后逐渐消亡。

献好土地，就准备祭祖"过时节"了，"过时节"必有一条鲤鱼，这里称"元宝鱼"。鱼头要对着屋内，不能朝向大门，表示财不外流。祭祖用的菜肴，要再到灶上摆一摆，不如此据说忘性会大。

十二月三十，称"大年夜"，又叫"除夕"。除夕前，家家蒸糕，表示节节高，做塌饼，大门贴对联，又称"春联"，内容大体是"福如东海大，寿比南山

高"之类。门上亦有贴"姜太公在此，百无禁忌"以及"福"之类字样；猪棚也贴诸如"六畜兴旺，五谷丰登"之类的联语。

晚上一家人团圆吃"年夜饭"。菜很丰盛，内有大肠粉丝等，不能弄断，为讨口彩，取"长"之意。

晚上用红纸剪成"元宝"状，贴在门缝中间叫"封门"，睡前放关门高升3下。

三十晚上，要将明日的米淘好。在米缸舀米时边舀边说：天一升地一升，猫狗畜生合一升，家里每人一升。这是讨口彩，是祝愿来年家里富足安康。

新节日

新节日全用公历。1月1日，元旦。法定假日一天。村里家家户户欢聚一起，小辈往往于是日看望长辈。

3月8日，国际妇女节，村里妇女参加镇里集会，举行座谈会、文娱晚会集体活动，2000年镇里组织拔河比赛。给妇女发礼品。

5月1日，国际劳动节，法定假日三天，但加上"双休日"及调休，"五一"假期往往长达一星期。家家欢聚，人来客往。年轻人喜出门旅游，老年人到老年活动室喝茶、看电视、搓麻将娱乐。

10月1日，国庆节。法定假日三天，加上"双休日"及调休，国庆节假期往往长达一周。村里或举行联欢会，村人走亲访友，欢庆节日。近年年轻人喜欢在节日期间出门旅游，老年人到老年活动室喝茶、聊天或搓麻将、看电视娱乐，年轻的恋人选择十一结婚的也不少。

外来节日的影响

2月14日，情人节，近年年轻的情人间于是日互送礼物，如玫瑰花、音乐玩具、娃娃等，以此表示爱慕之心。

12月24日，圣诞夜，近年主要是年轻人，结队到上海徐家汇教堂做礼拜，然后聚餐、跳舞、玩乐。

要旨

年中行事

尹　栄　方

　本章は車墩鎮聯建村のかつての年中行事に関する調査報告である。本稿では、筆者は聯建村の元日（旧正月）、元宵節、二月十二、清明節、立夏、端午節、七月半、中秋節、重陽節、十月朝、冬至、送灶日、大晦日などの伝統的な祝祭日の民俗を記述した。また、それらの現代の実態も記述した。さらに、解放以後の新たな祝日、たとえば、元旦（西暦）、三八婦女節、五一節（労働者の祝日）、国慶節（建国記念日）など、またバレンタインデー、クリスマスなど外来の祝日活動についても簡単に報告した。

　本稿は、聯建村の昔と現在の年中行事の輪郭を描き出しており、聯建村の歳時及び祝日活動の特徴を見つけることは困難ではないだろう。

信仰与文艺

陈勤建

　　车墩镇，地处上海黄浦江上游之北，与张泽镇隔江相望，交通较为便捷，得地之利，车墩镇较之相对封闭的张泽镇，经济文化更为发达多元。由此而来，其民间信仰祭祀艺能，同样的内容，呈现出不同的特色。具体表现：

请灶家姑娘

　　传统的坑三姑娘在这儿大抵已衍化。更多的以灶家（或称灶角）姑娘，金鸡姑娘，壁角姑娘等变体来代替。形式似乎相同，所祭之神却被置换了。但在普通的百姓心目中，似乎不碍什么事，也不会影响自己对神的祈愿。这是很奇异的习尚。在当地人信仰观念中，那些具有神性的无形的姑娘，在民居中无处不在。他们是各种功能性生活场景的神灵，但是又具有相同的出众智慧、灵巧手艺、善良心肠。她们善解人意，助人为乐。一样的为女性争光彩，保太平。同时，她们又是纯洁的，美的化身，像人间天真无邪的少女一般。故人们更喜欢尊其为"姑娘"，而不特意加上"神""菩萨"一类尊号，称谓的生活化的随意，更显示了她们与人间的亲密关系。虽然按大小，既有三姑娘，必然还有大姑娘（或一姑娘），二姑娘。但是，在车墩民间与张泽一样，前面二位是虚的，三姑娘，才是实的，内里流露出民间崇三，人间喜三子或三囡以及三女婿、三媳妇的奇特文化心理。车墩镇联庄村六队（原名马家村，叶家宅）的叶桂宝（女，52岁，文化程度，小学三年级）称，她在少女时代与女友，怕请不到坑三姑娘，还惹了一身臭，故按当地的习尚，到灶间去请"灶家姑娘"。她说，坑三姑娘时辰，天寒地冻，到粪坑边上去请，不是一下就能请到。一些调皮围观的男孩，常会乘机恶作剧地向粪坑里扔瓦片、土块，溅起大粪，弄脏请坑三姑娘的少女，所以，她们就去请灶家姑娘。

灶家姑娘

神位在农户灶间角边上,又称灶角姑娘,坑三姑娘的变体。据叶桂宝介绍,除灶家姑娘外,还有壁角姑娘等。她们也都没有具体的形象为偶像,仅是住房某一部位为她们的寓所。是日,叶桂宝与她的女友,就在此位置(图片1),请她降临。具体过程如下:

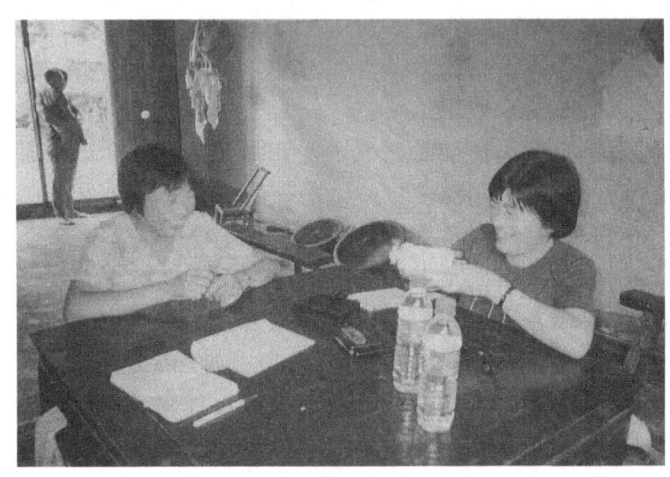

图片1 叶桂宝请灶家姑娘的寓所

一般是三位女性,以少女或少妇为主,准备就绪后,虔诚地一起来到主家的灶间灶头下脚(即灶边角),烧几只银锭(锡箔做的银元宝)燃两支烛,点(即燃意)三支清香,由一人磕头,另左右两人,各伸出一对食指,(即作扛竿之状)抬起淘箩请灶家姑娘出门上轿。淘箩,即农家日常家用的淘米箩,竹编、圆形,直径一尺余。此时,倒扣过来,箩底在上,箩筐沿在下。二女性各一对食指直托在箩筐沿边上,呈"抬"状,倒转的淘箩,意为"轿子",上面用旧时女性常用的装饰"额套",即箍在额头上的,又俗称阳套,套在淘箩上,再插上一根针,一般用旧时女性发髻上的头钗或竹针。针钗沿着淘箩编织的空隙,穿过阳套,顺箩筐边下来,稳固地露出筐边一二寸长,这也是整个活动的主要用具,请来的灶家姑娘,就神附在淘箩内。

叶桂宝介绍,在祭拜时,磕头人与抬轿(淘箩)人代理灶家姑娘家人开始一问一答唱山歌,请灶家姑娘出门上轿,唱词内容和形式都是从前传下来的:

问:大(dū)姑娘有来伐?(有没有在家啊?)

代答：勿来啦！　（不在家呵！）

问：二姑娘有来伐？　（有没有在家啊？）

代答：勿来啦！　（不在家呵！）

问：三姑娘有来伐？（有没有在家啊？）

代答：有来呀！　（在家呵！）

代问，请孥（读 ná 音）（我家）姑娘做啥？（做什么？）

答：望（màng，看望之意）先生

　　吃喜茶

　　看龙灯

　　走板桥

　　请孥（ná 音）姑娘豪扫（赶快之意）点。

抬轿人代答：孥姑娘还要打扮哩！

磕头人问：梳头来不及，

　　　　一木梳二篦哈（也）可以。

　　　　余塞（女性的围兜）来不及，捆捆哈（也）可以。

　　　　鞋（há）子来不及匦（穿），叉鞋（há）皮哈（也）可以。

　　　　抬轿先生等来脚麻手酸哩，

　　　　请孥姑娘豪扫点。

问：来阿有？　（来了没有啊？）

答：来阿哩！　（来了呵！）

问：来阿有？

答：来阿哩！

问：来阿有？

答：来阿哩！

最后问答三遍后，抬淘箩人将手指上的淘箩（故意）笃三笃（表示来了），请灶家姑娘上了"轿"，一路引到客堂里。客堂内，八仙桌上已均匀地筛了一台子砻糠，薄薄的一层，像雪花似覆盖了桌面。磕头人再祭拜，并请三姑娘主持，在桌子南首面北再求三姑娘施法，并讷讷有词道：

　　风大画棵树，

　　水大画只船。

　　…………

抬箩人，一左一右站在桌子东西两侧相向而视，双手指抬着淘箩，请已来的三姑娘，画画，写字。她怎么会画和写的呢？据说，淘箩在两小姑娘手指上会不经意地跳动，淘箩底下，露出一截的钗针，便在平坦的砻糠面上，画出各式花样和文字。等到三姑娘不肯画了，烧只银子，告（请）伊回去。

请金鸡姑娘

神位在客堂中央柱子。坑三姑娘的又一变体形式。联庄村叶家宅原流行请灶家姑娘，与其相邻的联建村地区原流行的是请"金鸡姑娘"。所祈请的神灵不同，仪式活动类似。据该村李寿珍（女，75岁，文盲）介绍，过程是这样的：

时间：农历正月半开始后的半个月内，哪一天都可以搞（请）。一般蛮（玩）四五个晚上。

准备：一只饭箩（淘箩一类）；一只挖耳（类似发钗，三四寸长）；一只阳套（旧时妇女戴的额套）。另将一只挖耳叉在饭箩上，阳套套在外头。另外，备香一股，红烛一副，茶一杯。旧时，农家经济困难居多。年终祭祖必备一点香烛，大多是精打细算后购买。像坑三姑娘活动，尚不列其间，祭品常由参加的少女自己解决。据同村的张华娣（女，64岁）讲，自己做姑娘时，每年一次请金鸡姑娘。家里穷，没钱买蜡烛，她便在大人祭拜家堂离开后，乘蜡烛刚燃不久，即用棒头（竿子）去戳下来，藏起来供日用。其他，元宝（锡箔）在折时（即做银锭时），趁家人不备，偷偷坑（藏）几只，香偷几支。或者，干脆到村旁路边的五圣庙去讨。年终时，五圣庙香火旺，一茬接一茬。做小姑娘时人小，胆大，到了五圣庙，道一声"阿太，讨个香烛"，头一磕拔了就走，一点也不怕。

对象：金鸡姑娘。它是何神，李寿玲、张华娣等老人也说不清，只知道请她时，到农家老房子客堂的中柱边上拜中柱。旧式农家房子建造，稍作地基后，即先打立圆木柱子构件，上梁，架好整座房子的木框子，再砌砖抹墙盖瓦。房子以正梁下中柱为基准，左右对称。上梁时，正梁中，即中柱部位，据前几年的调查，与张泽同文化圈的江浙沪农村，尚有举行挂金鸡的仪式活动，或用大雄鸡作牺牲，跑梁（以鸡血滴抹梁柱）（参见拙著《民间鸟信仰在现实中的遗存和衍化》，刊福田亚细男编日本文部省研究成果报告书《中国浙南民俗文化——环东海农耕民俗文化的民俗学研究》），李寿珍娘家在车墩以东二十余里，行政上属上海县，张华娣娘家在车墩以南二三十里的奉贤，请金鸡的称谓和程式她们都说是上一辈传下来的。她们嫁到本村后还参与当地的请金鸡姑娘活动。

程式：三个姑娘，二人抬由饭笞、阳套、发钗组成的"轿子"。一个人磕头请姑娘，也是一问一答。磕头人问，抬轿人代答。

问：一姑娘来啦伐？

答：勿来啦！

问：二姑娘来啦伐？

答：勿来啦！

问：金鸡姑娘来啦伐？

答：来啦噢！

问：做啥？

答：请伊吃喜茶，走三桥，看龙灯，望先生。

问：轿板路（意即抬轿）先生脚麻手酸哩，

请侬豪速（快些）点，

衣裳来不及穿，披着来，

鞋子来不及拔，叉（còu）着来，

头发来不及梳，一木梳，二（liǎng）篦机（意为用木梳快速梳头发），

叉（còu）时就扎起（把头发箍一下即可，不必编辫子）。

答：来了！

如何判断要请的姑娘已经上"轿"了呢？李寿珍说，抬轿——负担饭笞的人会感觉到。旁人也可观察：凡问答后，当作抬扛的一双手指微微颠动几下，则表示姑娘上轿了。请她到客堂后，磕头人再请求："潮大（dú）画只船，潮小画棵树。"饭笞的钗针，即会在二人所持的手指上跳动——画起来。李寿珍认为，稀奇，手没动，它自己就会画，画起来像起（很像）像起（很像）。画到后来，便不耐烦，光火了，轧辣（意不和谐嘈声）轧辣（意不和谐嘈声）吵透（意吵闹）就烧些银元宝，送伊回去。

车墩镇的坑三姑娘，已明显为其他神性的姑娘取代。据同村的高金秀（女，55岁，小学文化）讲：她与女伴们有时请的是壁角姑娘，或灶角姑娘，以前者为多。心情好时，几个中年妇女聚起来，一块儿搞。请壁角姑娘来，有辣起［在（家）的话］淘笞笃三笃（颠三颠），呒辣起［没在（家）的话］，笃三笃（颠三颠），有时感到真的在笃（即有神在）。坑三姑娘处不去，天冷，又怕溅一身臭粪。

坑三姑娘，从现实调查的材料考察，在半个世纪前，已逐步演化为娱乐性为

主的信仰祭祀艺术。解放后，在破除迷信活动中逐步匿迹。在这场基本由女性展开的活动中，女性间的遣情、逗趣、游玩占了较大比重。

精怪传说

信奉精怪与相关的说道，这是车墩地区民众一种普遍的观念，这是民众传统神灵鬼怪信仰氛围下的一类故事。其中一部分，因其有迷信的成分，常被排除在民间故事之外，但它们在实际的展示中，既有故事的因素，又有信仰的倾向，所以，将它们与民间祭祀艺能相提并论。一些讲述者在谈及这些故事时，常以亲自经历，亲耳所闻叙述这类故事。一方面加强了故事的可信性，从另一方面也反映了该信仰在民众中的影响力，社会文明到了今天，仍有它遗存的角落。

据调查，当地民众很久以来就流传一种崇信，即任何物体，日久会成精——可由异物变成人形——兽人互化成物人互变。如鱼可化为人形鱼精，羊可化为有人形的羊精，树可化为人形的树精，甚至于墙角，灶边那些无生命的物体也会成精。前面所述的壁角姑娘，柴仓姑娘就是。表现了一种十分古老的万物有灵，生命互相转化的神秘观念，从而构建了这类信仰传说的发生与发展。今天仍颇有市场。该地现存的精怪信仰与传说，主要有以下几种：

田螺精

相传从前有一个男人家，孤身一个人，生活蛮苦的。种稻时踏车（抽水灌田）人家二个人踏，伊只有一个人踏，呒没白天、黑夜。回到家，冷灶冷锅，还要自己做饭，汰衣裳，日脚（子）过得十分苦恼。有一天，他在水车边拾到一只大田螺，便带回家中，放在水缸里养着。第二天中浪头（午饭时），他回到家中，推门进去，只见桌子上已摆好了热的饭菜。这是谁帮助做的呢？左邻右舍都说不是他们。一连几天都这样。他想探个究竟。一天早晨，他假装去种田，不久就偷偷回到家中，躲在房外从门缝里张望。突然水缸里爬出了他拾的大田螺，在地上一滚，转眼变出了一个年轻美貌的姑娘。只见那姑娘忙开了。做好饭菜，又回到了田螺壳水缸中。他听了村里老人教伊的办法，拷了一个饭团，在田螺精出来烧饭时，冲进屋里，塞进伊嘴里，再把壳敲掉，田螺精呒没办法了，壳壳呒没了，饭也吃过了，只好做人了。后来俩人成家，养了小囡。小囡长大读书了，在学堂里，另外一些小囡唱山歌，嘲笑伊："壳壳壳，侬阿（è）姆妈田螺壳，精精精，格辣（他的）姆妈田螺精。"小囡哭着回去告诉娘，娘生气了，问男人拿田螺壳，拿不出

来，娘就寻死了。另一说法是，田螺壳当时没敲掉，而是被藏起来，田螺精讨着了，又钻了回去。所调查的车墩联庄村，联建村都有田螺精传说。

蛇精

当地人们相信，家中的蛇精，能使人显富，又称蛇富。相传一户人家，米囤米突然满起满来（形容米很多，米囤装不下了）。上面盘着一条蛇，人家说这就是蛇富。胆大的人把它的尾巴一刀斩掉，一米囤米满满的，就是他的了。如不斩掉，蛇尾巴一挥，一米囤米就一扫而光了。

蛇精会给住户带来横财，但本地人相信，富了，也要有运气，没运气，不来呃，要出事体。据李寿珍等老人讲，当地有一户人家火着（火烧），灶角里出现一摊银洋钿。大妈去看看，有的；阿婶去看看，就呒有了。大妈把这些钞票作田（买田）25 亩。买好田，家中不好了。儿子生病死掉了。儿子养个小囡，也死脱了，就想抱养阿婶的小人（孩）作养子，阿婶不肯，便抱了个（姨家的）外甥来，外甥来了，人小，家中仍没有种田。人铲（死）光了，田呒人种，租出来给人家种，田就给我爷（即李寿珍家）种，共租了十七八亩，一直到解放。这户人家灶角冒出来的银洋钿，也是蛇富，蛇精带来的，但有没有福享用，就不一定了。

蛇精与蛇富，被采访的老人讲起来，绘声绘色，她们相信这些事就是她们身边发生的真实的事。

狐狸精

本地老人相信有狐狸精作怪。相传家里（自然村）一户人家夫妻在扦磨（推磨），另一户人家家里无人，却已传来香味，去一看，第一户人家刚磨下的糯米粉做的粉头（饼）已在锅里摊（煎）了。原来是由狐狸精躲在里面，把糯米粉偷过去了。又如还有一家人家，炒好茄菜，弥佗（茄菜梗上的突块）呒没了，肯定是狐狸精偷走了。狐狸精有自己住的地方。人们相传有一户人家有间房平时没人睡，但是日常人们发现，床排好，帐子张好，被子摊好，像平常有人住的一样。这间房内还有一个灶头。有时烟囱冒烟了，好像有人在烧饭，进去一看，呒没人，其实这里就有狐狸精。这户人家来了亲戚，没处睡，睡到这间空房床上，半夜醒来，已被拖在地上：一些人认为这是被狐狸精拖下来的。

五圣作怪

相信解放前，五圣会作怪的人，在当地有一定的数量，被调查的对象几乎无

一例外谈到相关的传说，李寿珍还以家族中发生的事例进行引证。她说，嬷嬷（姑姑）阿姐（表姐）到娘家去，回家的路上，五圣庙旁突然窜出一条蛇，把她吓了一跳，随口用唾沫，呋的一声，吐了一口。民间习惯，吐唾沫，可以除脏去邪。五圣一看，你竟敢嫌我渥泿（脏），就作怪，所以阿姐回去就生病，一个多月就死去了。病时，曾去了五圣庙去拜，也请了道士太保到家中念经，但，五圣不肯。当时阿姐被蛇吓后，怕魂灵落脱（丢掉），当即搞了几根青草放在发髻中，让魂灵回去，最后也呒用。

当地旧时流行信奉五圣。小孩生病，常去求五圣，用香烛锡箔，供品祭祀时，还要向其求情："五阿太，侬走开啦，小人小啦（小孩还小），不懂事，把些银子拔侬，让小人生病早点好。"五圣庙现已无存，原五圣庙庙址鲜有人去碰它，也有人去种上蔬菜。（图2、图3）

图2　张泽　四村　原村头的五圣庙，现为野生芦苇和野竹的生长地

图3　张泽　四村北村　原五圣庙改为自留地

无常鬼（ju）

无常鬼的崇信与传说，在当地民众间也颇为流行，至今尚有遗存。人们以为无常鬼长来（很高大），浑身煞白，谁碰上了就会触霉头，闹不好要死人。李寿珍自叙了家人遇无常鬼后的不幸：18年前，村里放电影，伊辣（家人）全去看电影。我的儿子跌了一跤，瘫在床上，没去。我到外面场院上去，门开出去，一看距自家房子三四间房子远的地方，堆着一个麦柴垛，旁边有一个老白老长的影子。十分钟、二十分钟后，再去看，没有了，心慌了，碰上无常鬼了。后来大媳妇没有了，准起准来（很准确之意）。经了解，她的大媳妇得急病过世的，在她看来，她是与无常鬼有关，她说她二媳妇也是在碰上无常后，其丈夫惯跤瘫痪，后也死去。另外有一个人在乘风凉，看到一个又长又白的无常鬼跳法，跳过来，跳过去，吓死了，赶紧逃到屋里。没几天，村里一个人无缘无故上吊死了，无常鬼来了，总要死人的。

无常鬼怎么来的呢？当地俗说，人死变鬼，屋里人哭，眼泪落在死人的眼睛里，就要由鬼变成无常鬼。无常鬼在月亮出来后，就要从棺材里跑出来拜月。人看到无常鬼拜月，要解脱（即不受其害）就在棺材上放把刀，无常鬼一走进去，就被刀戳死了，从此就不再出来（害人）。

僵死鬼

本地流行僵死鬼的传说。据了解，所谓僵死鬼，即是那些古墓中，或一般有年头的（时间较长）墓、棺内没有完全腐朽的死尸，俗称僵死鬼。相传僵死鬼也喜欢月光夜出来。一次一个木匠夜里走路，看到一个僵死鬼在拜月。今朝走过在拜，明朝走过来在拜。他一看是个鬼，用一把斧头砍上一刀，马上就成一摊血。

落水鬼

溺水而死的人，俗说变成落水鬼。落水鬼对人的威胁，俗说是"讨替"，即找一个替身，这样自己可以上岸了。所以，一条河浜，溺死了一个人就讨厌了。二年必死一个人。不拖一个替死鬼下河，自己也不好翻身上岸。过去，河浜死了人，多为小孩嬉水或不慎落水而亡，届时会引起周围一片恐慌，因为在人们心目中，日后它总要来讨替的，不知谁家的孩子会轮上，所以，一般大家都设法防或禳解。民间流行的破解法是，在溺死者落水后逢七，炒芝麻，赤豆若干，乘无人时，扔在死过人的这条河里，如此这般，满三年就不会来讨替了。但此事不好让

东家（死者的家人）晓得，东家知道了，要不高兴，死去的小孩不好落（上来之意）起来了，只好偷偷搞，现在还在搞。因为有小孩的人家都很急（害怕）担心，自己会偷偷去搞。

  此外，乡间还残存信奉吊死鬼、木壁鬼（老式房子阴暗墙壁处）等鬼怪传说故事，呈现独特的情感风貌。

要旨

信仰と文芸

陳　勤　建

　旧暦正月十五日の坑三姑娘の祀りは、車墩鎮でも、50年代頃まで、盛んに行われたが、坑三姑娘は激しすぎるので、たいていは灶家姑娘かあるいは金鶏姑娘、壁角姑娘を迎えた。冬場の少女たちの貴重な娯楽になっていて、この時期、何度も行うこともあったという。

　車墩鎮では、「精」や「鬼」の存在は、いまだ広く信じられており、身近な経験談として、これらに出会ったという話がさまざまに語られていた。蛇精、狐狸精、五聖などは、姿は見えないが、そのための部屋を用意して祀っておけば、富をもたらしてくれる。しかし、うっかりつばを吐くなどないがしろにすると、祟られて命を失う、という。「鬼」では無常鬼、僵屍鬼、落水鬼のほか、吊死鬼、木壁鬼などの伝説もある。迷信として排除される精怪伝説だが、民間文芸の中ではやはり重要な位置をしめていることがわかる。

わらべ歌

橋谷　英子

　車墩鎮で聞いたわらべ歌を紹介する。（張沢鎮では、謎は聞けたが、わらべ歌はほとんど聞けなかった。）顧頡剛の『呉歌甲集』上篇のわらべ歌を参考に、思い出してもらったものである。そんな歌は確かに聞いたことがあったけれど、忘れてしまったというものが半分近くあり、謎に比べてわらべ歌のほうが、歌われなくなると簡単に忘れられてしまうようだった。

　車墩鎮で最初に訪ねた聯庄村では、村の会計係の葉桂宝さん（51）の元の家で話をうかがった。現在は、新しい家を建てて村の別の場所に住んでいて、普段は空家になっている家だが、隣には葉さんの舅が一人で住み、その隣には葉さんの次男一家が住んでいる。また葉さん自身もこの村の出身で、彼女の弟一家もすぐ近所に住んでおり、近所中親戚という感じで、話を聞いていると、孫を抱いたおばあさん、小学生の女の子などが、交代でやって来て話に加わった。

　次の聯建村では村の事務所で李寿珍さん（75）にうかがった。李さんが思い出し思い出し歌の言葉を言っていたら、そばで一緒に聞いていた張華娣さん（65）が別の「はげ」(㉜)の歌を言ってくれた。帰国してから『江蘇歌謡集』3を見ていたら、張華娣さんの出身地奉賢の歌として類似の「はげ」の歌が載っていた。予備調査のときに「山歌をよく知っている人」と紹介された張華娣さんだったが、その時は、例を挙げて尋ねても、知らない、の一点張りで一つも聞けず、歌は忘れられたのかとあきらめていた。こちらが聞きたいと思っている事柄を理解してもらい、思い出して話してもらう難しさを改めて実感した。

　〔児歌〕

　①　→　㉘

　一捋摸　　　　　　　　　　ひとつ　あわせ

二捯摸	ふたつ　あわせ
三捯開花打大麦	みっつ　花が咲いたら大麦を打つ
劈劈拍　劈劈拍	パンパンパン　パンパンパン
大家一起来打麦	みんなで一緒に麦打ちだ
今年麦子好	今年は麦がよくできた
今年麦子収成好	今年は麦が豊作だ

聯庄村・葉桂宝・2000.8.14

◇手合わせ歌。二人向かい合って坐り、最初は二人の両手をすり合わせ、あとは「せっせっせ」の要領で手を叩く。　→類歌『江蘇歌謡集』第三輯 p191『松江歌謡分巻』p377

②

一只老雄鶏	一羽のオンドリ
飛在娘舅屋后辺	おじちゃん家の裏に飛んでった
娘舅叫了殺脱伊	おじちゃんが殺そうといったら
舅媽叫佬養啦去	おばちゃんが飼おうといった
養到開年孵小鶏	一年たったらひよこが孵る
小鶏孵来無道哩	ひよこが孵るはずがない
撒汚撒（＝拉屎）在青草里	青草の中に糞をすりゃ
青草不開花	青草に花咲かぬ
翻転地皮種黄瓜	畑に耕しキュウリ植え
黄瓜種来了両頭大	植えたキュウリは大きくなって
換給些老豆腐	豆腐と交換
豆腐焼来噴噴香	豆腐料理のうまそうなにおいに
貪嘴娘張了張（＝望）	食いしん坊のおばちゃん　きょろきょろし
有得喫　笑分分	食べ物あったら　大にこにこ
無得喫　罵両声	食べ物無けりゃ　どなりちらす

聯庄村・葉桂宝・2000.8.14

→類歌　『滬諺外編』上3b『江蘇歌謡集』第三輯p25 川沙

③

揺呀揺	ぎーこ　ぎーこ
揺到外婆橋	おばあちゃんのとこまで漕いできた
外婆説我好宝宝	かわいい子とおばあちゃんは言って
一個饅頭一塊糕	カステラ一切れ蒸しパン一個

聯庄村・葉桂宝・2000.8.14

◇子どもを膝に乗せ、揺らしてあやす歌。→類歌『呉歌乙集』上p5『松江歌謡分巻』p391

④

揺船　啥旦去（＝聯裏去）	船をこいでどこに行こ
揺到聯里去	どこに行こ
揺到娘舅啦水橋浜	水橋浜（シュイチァオバン）のおじちゃんのうちに
娘舅聴到仔声響	おじちゃん　音を聞きつけ
開出門来張一張	出て来て見れば
原来吾箇大外甥	やあやあ　うちの甥っ子だ

聯庄村・葉桂宝・2000.8.14

⑤　→類歌㉙

三姑三姑	三ちゃん　三ちゃん
gema（＝蚱螞）敲鼓	バッタが太鼓を叩き
螳螂　突起（＝拉過去）	カマキリ　引っ張り
走在娘舅門前	おじちゃんの家まで行った
娘舅告佬（＝叫了）里廂坐	よく来たよく来た、とおじちゃん
舅媽告佬柴倉蹲（＝灶辺焼水処）	灶の隅に坐れとおばちゃん
盛碗飯　冷冰冰	冷え切ったご飯
抽双筷　水淋淋	びしょびしょの箸
一塊老姜辣殺人	ひりりと辛い生姜が一切れ
舅媽是個怪妖精	お化けのおばちゃん

聯庄村・葉桂宝・2000.8.14

◇舅媽（おば、母の兄弟の妻）を罵る歌。→類歌『江蘇歌謡集』第三輯
　p71 川沙

⑥

和尚和尚（＝光頭小孩）光頭浪湯	坊さん坊さん　つるっぱげ
一記耳光　打啦里床	一発殴られ　ベッドの中に
里床一箇蛋	ベッドの中には卵が一つ
蛋里有個黄	卵の中には黄身があり
黄里有個小和尚	黄身の中の小坊さん
嘸啊嘸啊要喫斬白糖（＝麦芽糖）	ウエーンウェーン水あめほしい

聯庄村・葉桂宝・2000.8.14

◇頭を坊主にしている小さな男の子をからかう歌→類歌『江蘇歌謡集』第三
　輯 p158 松江

⑦

小痢痢　鉆介（＝在）稲草里	ちび坊や　稲わらにもぐりこんだ
稲草焼　痢痢跑	稲わら燃えて　坊やは逃げたが
焼 ting（＝剰、僅僅）痢痢　三根毛	坊やの三本の毛　燃えちゃった

聯庄村・葉桂宝・2000.8.15

⑧

蛍火虫　夜夜来	ホタル　ホタル
爺爺挑担西瓜来	おじいちゃんがスイカ担いできて
太太拿碗（＝一把）刀出来	おばあちゃんが包丁もってきて
媽媽一窩一窩切出来	母さんが一切れ一切れ切り分けて
弟弟妹妹喫一念（＝点）	弟妹もお相伴

聯庄村・葉桂宝・2000.8.15

⑨　→　㉗

節節頭長	指ゆび長い
節節頭飛	指ゆび飛んでいけ
飛到阿里起	どこまで飛んだ
飛到娘舅屋里起	おじちゃんの家まで飛んだ
到娘舅屋里白相起	おじちゃんの家でぶらぶら遊ぼ

聯庄村・葉桂宝・2000.8.15

◇膝に抱いた子の人差し指と人差し指をあわせるようにしてあやす歌。→類歌『呉歌乙集』上 p7

⑩
小弟弟小妹妹有志気	元気なちびさん
明朝領自（＝了）松江起（＝去）	明日は松江に連れてってやろ
看自（＝了）青皮甘蔗買不起	おいもが買えなきゃ
只好買只爛生梨	腐った梨でも買ってやろ

聯庄村・葉桂宝・2000.8.15

◇姉が弟妹をあやす歌。→類歌『呉歌乙集』上 p38

⑪
月亮来	お月さま
到我家来喫飯飯	うちでご飯を召し上がれ

聯庄村・葉桂宝・2000.8.15

→類歌『江蘇歌謡集』第三輯 p171 川沙

⑫
一根清香七寸長	線香一本七寸あまり
一忽想来爺老（和）娘	なつかしい父さん母さん
対口喂飯娘辛苦	口移しで食べさせてくれた母さん
敲冰汰納（＝尿布）娘喫苦	氷を割っておしめを洗ってくれた母さん
有鈿買点爺娘喫	お金があれば父さん母さんにご馳走しよう
無鈿説話当中笑笑娘	お金が無ければ話で笑わせよう
要望爺娘寿命長	父さん母さんいつまでもお達者で

聯庄村・葉桂宝・2000.8.15

◇子どもに言って聞かせる。→類歌『呉歌乙集』下 p84『滬諺外編』上 2b

⑬
小辮子　翹佬翹	短いお下げはピンピンはね
找個男人小佬小	見つけただんなは　ちいさいね

聯庄村・葉桂宝・2000.8.15

◇女の子の間で歌う

⑭

新娘子　揩台子	来たての嫁さん　食卓拭いてて
揩着二粒西瓜子	スイカの種二つ見つけた
喫了一肚子	腹いっぱい食べて
撒了一肚子	ズボンにおもらし
到河頭里廂汰褲子	川で洗濯して
拔着螃蜞咬脱一只卵頭子	弁慶蟹にかまれたよ

聯庄村・葉桂宝・2000.8.15

→類歌『江蘇歌謡集』3輯 p151　青浦

⑮

切切売　切切売	コッコッコッ
三斤胡桃換一斤殻	三斤の胡桃を一斤の殻と取り替える
蓬蓬蓬	トントントン
啥個人	どなた
張伯伯　李孀孀	張おじさん　李おばさん
来做啥	なんの御用
来捉只汚泥小狗	汚い子犬を捕まえに
阿勢（始）能［?］luoluo luoluo（叫狗声）	ホーイホーイ（犬を呼ぶ声…周りを回る子がしゃがんでいる子に向かって）
［斉声］（狗声）	ワンワンワン（しゃがんでいる子が答える）
luoluo　luoluo	ホーイホーイ（周りを回っていた子が，また犬を呼ぶ）

聯庄村・葉桂宝・2000.8.15

◇遊戯歌。子どもたちが丸く輪になってしゃがみ，一人が周りを歩きながら歌う→類歌『中国民間遊戯』p90

⑯　→⑰　㉛

| 儂姓啥 | 名字はなに |
| 姓李　李啥 | 名字は李　李はなに |

李蒿白　白啥	李蒿白　白はなに
白牡丹　丹啥	白牡丹　丹はなに
拿薬瓶　瓶啥	薬瓶をとる　瓶はなに
苹果炒　炒啥	苹果炒（いためりんご）炒はなに
炒羅卜　卜啥	炒羅卜（だいこんいため）卜はなに
耙地　地啥	耙地（まぐわでたがやす）地はなに
地力（＝荸薺）力啥	地力（みずぐわい）（＝荸薺）力はなに
瀝瀝干　干啥	瀝瀝干（みずきり）干はなに
甘油　油啥	甘油（グリセリン）　油はなに
油脂　脂啥	油脂　脂はなに
猪羅　羅啥	猪羅（ブタ）　羅はなに
鑼鼓　鼓啥	銅鑼と太鼓　鼓はなに
姑娘　娘啥	姑娘（グーニャン）　娘はなに
娘姨　姨啥	娘姨（おば）　姨はなに
姨夫　夫啥	姨夫（おじ）　夫はなに
夫老板　板啥	夫老板（主人）板はなに
扳脱儂　二記小屁眼	おまえの尻をひっぱたけ

聯庄村・葉桂宝・2000.8.15

◇尻取り式の歌。広く歌われたようで、『呉歌甲集』『江蘇歌謡集』ともに類歌が見える。今回も尋ねると、すぐ出てきたが、全体で意味のある歌ではないので、音の連想からさまざまに変化していたり、歌いだしだけで忘れられていたりする。→類歌『江蘇歌謡集』第三輯 p185

⑰

我姓黄	名字は黄
啥個黄　草頭黄	黄はなに　草頭黄（アサガオ菜）
啥個草　筆力草	草はなに　筆力草（？）
啥個筆　毛筆	筆はなに　毛筆
啥個毛　三毛	毛はなに　三毛
啥個山　高山	山はなに　高山
啥個高　年糕	高いはなに　年糕（高と糕は同音）

啥個年　1958 年　　　　　　　　　　年はなに　1958 年
格拉（＝他的）阿媽　養了墻瘌痢　　そいつの母ちゃんが　産んだ禿げ
淘米淘啦河頭里　　　　　　　　　　米をとぐのに川でとぐ

　　　　　　　　　　　　　　　　　　　聯庄村・周国強・2000.8.15

◇王桂華『中国民間遊戯』では、「手合わせ歌」とする。

⑱

小皮球　唐唐亮　　　　　　　　　　小さなボール　ポンポンポン
麻皮子開花二十一　　　　　　　　　麻に花咲く二十一
　二五六　二五七　二八二九　三十一
　三五六　三五七　三八三九　四十一
　四五六　四五七　四八四九　五十一
　五五六　五五七　五八五九　六十一
　六五六　六五七　六八六九　七十一
　七五六　七五七　七八七九　八十一
　八五六　八五七　八八八九　九十一
　九五六　九五七　九八九九　一百一

　　　　　　　　　　　　　　　　　　　聯庄村・周国強・2000.8.15

◇ゴム段をするときの歌。『中国民間遊戯』では、三人で三角形になるよう
　にはったゴムをとぶ、とする。

⑲

橘子花白蘭花　　　　　　　　　　　みかんの花　白蘭の花
三分四分　買一朶　　　　　　　　　三銭四銭で一輪買ったら
梁山伯　祝英台　　　　　　　　　　梁山伯に祝英台
一只胡蝶朝外飛　　　　　　　　　　一羽の蝶ちょが飛びだした

　　　　　　　　　　　　　　　　　　　聯庄村・周国強・2000.8.15

◇縄跳び歌、伝説「梁山伯と祝英台」で悲恋の二人は死んで蝶になったと
　いう

⑳

踩也　盤也　　　　　　　　　　　　内側で蹴って　両足交互に
趾也　上也　　　　　　　　　　　　外側で蹴って　膝でついて

・385・

ji（＝左）也　里也	左の内側　右の内側
han 也	内と外と続けて蹴って
一脚踢上去比人頭高	ポンと一蹴り　頭より高く
脚顛脚　摸蚌娘	足をひっくり返して　ハマグリ拾う
蚌娘売米（＝来）賤	ハマグリを安く売って
ju 去回頭娘（＝回去告訴）	帰って母さんに話したら
娘拷爺勧勧比一声汗	母さん怒ってひっぱたき　父さんなだめて汗みずく

聯庄村・周国強・2000.8.15

◇羽根蹴り歌。冬に遊ぶ。一蹴りごとに格好を変え、途中で落としたら負け。歌いながら羽根を蹴る。二人で競争する。

㉑

罩毽子	コマを握る
五只布做的毽子	布で作った五つのコマ
五只撒開　一只在手	五つ撒いたら　一つ手にとる

（おはじきの要領で五つをくっつかないように撒き、一つとって投げあげる）

卓一卓二卓三卓四　　　　　おひとつ、ふたつ、みっつ、よっつ

（一つ投げ上げては、その間に順に一つ拾い、ふたつ拾い、三つ拾い、四つ拾う）

把四　　　　　　　　　　　おさえてよっつ

（掌で四つを押さえつけてから、さらえるように取る）

捉烏 ju（＝亀）　　　　　　すっぽん捕まえ

（左手を机の上に起き、親指と人差し指をアーチ型に広げて、そこに一つ一つコマをはじき入れていく）

鉆狗洞　　　　　　　　　　犬の穴にもぐり

（一つを投げ上げている間に一つずつ左手の親指と人差し指で作ったトンネルをくぐらせる）

翻墻頭　　　　　　　　　　塀をひっくり返し

（一つを投げ上げている間に一つずつひっくり返す）

盤草棚　　　　　　　　　　藁小屋めぐり

（一つ一つ左手の指の間に置く）

生痒介瘡	おできができた

（指の間に置いたコマを指の付け根のほうに押し込む）

做塌餅	ビンを作ろう（掌でコマ全部を押さえつける）
han 塌餅	ビンを　？（一つずつ指の間からつまみ出す）
翻塌餅（翻過来）	ひっくり返して（合わせた指先で一つずつコマを抑えてひっくり返す）
拿塌餅（合起来）	手に持って
喫塌餅	ビンを食べる（四つのコマを全部さらえる）

聯庄村・葉桂宝・2000.8.15

◇抓子児（お手玉）の歌。ソラマメをおはじきの時のように台の上に撒き、一つ投げ上げている間に残りのソラマメでいろいろな動作をする。干したソラマメで実演して見せてくれたが、布のお手玉、小石など同様のことに使えるものならなんでもよい。

　この歌は歌い出しの三行と、まん中、後半のビンを作ろうという部分の三部に分かれ、別の歌のようでもあるが、葉さんや周さんは続けて歌っていたので一つの歌として載せる。

㉒

正月正調龍灯	正月一日　龍灯を飾る
二月二瓜菜落蘇斉下地	二月二日　瓜に菜っ葉にナスを蒔く
三月三荠菜開花結牡丹	三月三日　ナズナ・牡丹の花が咲く
四月四薔薇花開来四朶四	四月四日　四輪のバラの花咲く
五月五買了黄魚過端午	五月五日　イシモチ買って端午の節句を祝い
六月六買把蒲扇辟古咧拍	六月六日　うちわを買ってパタパタあおぎ
七月七買只西瓜轎上起（＝去）	七月七日　スイカを買って轎に乗る

八月八八個姑娘買只鴨	八月八日　八人娘がアヒルを買う
九月九九個姑娘多喫酒	九月九日　九人の娘はお酒を飲む
十月十十個姑娘斉嫁出	十月十日　十人娘はそろって嫁に行く
十一月斉回門	十一月　そろって里帰り
十二月殺猪羅献土地	十二月　ブタを殺して　土地神様祀る

聯庄村・葉桂宝・2000.8.16

→類歌『江蘇歌謡集』3輯 p120

㉓

南山頭花小籃（＝小姑娘）	南山のかわいい娘
新作媳婦真過難	新米嫁は本当につらい
早晨起来焼早飯	朝は起きたらご飯炊き
夜頭要焼汰浴湯	夜は行水の湯を沸かし
叔叔伯伯汰干浄	夫の兄弟　つかい終わり
自己汰浴水不燙	番が来たときは　湯も冷めて
一篤眼涙哭進房	思わず涙で部屋に戻れば
丈夫問要做啥哭	なぜ泣くと　夫が尋ねる
廿年媳婦廿年婆	嫁で廿年　姑で廿年
再過廿年做太婆	更に廿年は　大奥様

聯建村・李寿珍・2000.8.18

◇結婚前に歌う→類歌『江蘇歌謡集』3輯 p26 松江『滬諺外編』上 2b

㉔

南山頭上鵓鴣啼	南山の上でハトが鳴く
嫁囡嫁到太湖西	娘を太湖の西に嫁にやりゃ
大船去邀不回	大船で迎えに行けども帰らず
小船去邀仍不回	小船で迎えに行けども帰らない
露水濛濛自己回	水に濡れて自分で帰って来る
爺看見囡回	父さん　娘が帰ってきたのを見て
爬河過去買肉回	船で肉の買い出しに
娘看見囡回	母さん　帰ってきた娘を見て
揩台抹凳笑嘻嘻	テーブル、腰掛を拭いても笑顔がほこ

中国江南村落民俗志研究

	ろぶ
阿奶看見孫囡回	おばあちゃん　帰ってきた孫を見て
阿奶衣衫顛倒披	あわてて服をはおったら　裏表
大大看見孫囡回	おじいちゃん　帰ってきた孫を見て
掮起洋槍打野鶏	鉄砲かついで山鳥撃ちに
野鶏打不着	山鳥撃てずに
架転（就去）槍一只	一羽かっぱらう

聯建村・李寿珍・2000.8.18

→類歌『滬諺外編』上 5a『江蘇歌謡集』3 輯 39 頁川沙

㉕

月亮亮	お月さま
抱了小囡白相相	娘を抱いてお散歩に
撿到一只臭鴨蛋	腐ったアヒルの卵を見つけ
対是月亮拝三拝	お月様を三回拝み
撿到鈔票蔵好啦‥‥	拾ったお金をしっかりしまい

（まだ続くが忘れた）

聯建村・李寿珍・2000.8.18

→類歌『江蘇歌謡集』3 輯 p177

㉖

天上星　地上星	お星さま　お星さま
阿媽叫我拿点心	母さんがおやつをお食べと呼ぶ
拿啦啥点心	おやつはなあに
拿啦豆腐焼面筋‥‥	豆腐と生麩の煮込み

（まだ続くが忘れた）→類歌『江蘇歌謡集』第三輯 p172 金山

聯建村・李寿珍・2000.8.18

㉗

鶏鶏斗①	ニワトリがけんかして
鶏鶏長	ニワトリ強い

---

① 「鬪」であるが、この字はもとの原稿どおりのままにします。 修正なしです。

鶏鶏飛　　　　　　　　　　　　ニワトリ飛んでった
　　　　　　　　　　　　　　　　　聯建村・李寿珍・2000.8.18

◇あやし歌→⑨
㉘
一大麦　　　　　　　　　　　　大麦ひとつ
二大麦　　　　　　　　　　　　大麦ふたつ
三大麦　　　　　　　　　　　　大麦みっつ
問老伯伯借一百　　　　　　　　おじちゃんに百借りる
借来做啥　　　　　　　　　　　借りてどうする
借来糴（＝買進来）大麦　　　　大麦を買う
大麦種　　　　　　　　　　　　大麦植えて
老伯伯冲（＝趑趄）　　　　　　おじちゃんよろよろ
大麦回芽　　　　　　　　　　　大麦芽を出し
老伯伯蛮佳（＝身体好）　　　　おじちゃん元気いっぱい
大麦収起　　　　　　　　　　　大麦収穫して
老伯伯脚叉起（＝死掉）　　　　おじちゃん死んじゃった
　　　　　　　　　　　　　　　　　聯建村・李寿珍・2000.8.18

◇手合わせ歌　→①
㉙
揺一綳　　址一綳　　　　　　　帆をかけ　船漕ぎ
扯到娘舅啦水橋浜　　　　　　　水橋浜（シュイチァオバン）のおじちゃんのうちに
娘舅看見了挺我坐　　　　　　　おじちゃんが　座れといえば
舅媽看見了叫我柴倉坐　　　　　おばちゃんは　柴置き場に坐れという
一碗飯冷冰冰　　　　　　　　　冷え切ったご飯
一双筷水晶晶　　　　　　　　　びしょびしょの箸
舅媽 jiu（＝壊）　　　　　　　ひどい　おばちゃん
一団菜　三両根　　　　　　　　お菜は　きれっぱしが二、三きれ
舅媽是只怪妖精　　　　　　　　お化けのおばちゃん
　　　　　　　　　　　　　　　　　聯建村・李寿珍・2000.8.18

◇夏，夕涼みに歌う。　→④、⑤

㉚

蛍火虫　夜夜来	ホタル　ホタル
大大（＝祖父）拿把刀出来	おじいちゃん　包丁持ってくると
孫子孫囡跟出来	孫たちぞろぞろついてくる
買只西瓜嚩	スイカを買って
一窩（＝塊）一窩（＝塊）分開来	一切れ一切れ切り分けて
孫子孫囡喫干浄	孫たちすっかり食べ尽くし
兵兵兵兵打起来	えいえいやあやあ　けんかを始め
大大冤起来	おじいちゃん　怒り出した

聯建村・李寿珍・2000. 8. 18

◇　→⑧

㉛

儂姓啥	名字は何
吾姓李　李啥	わたしは李　　　李はなに
里介牌　牌啥	里介牌（？）　　牌はなに
白牡丹　丹啥	白牡丹　　　　　丹はなに
拿莎薬瓶　瓶啥	莎薬瓶（？）をとる　瓶はなに
平沙石　石啥	平沙石　　　　　石はなに
石牡丹	石牡丹

・・・・（まだ続くが、忘れてしまった）

聯建村・李寿珍・2000. 8. 18

◇　→⑯

㉜

喇唎一　先打辮子慢打結	一の禿ちゃんまずゆっくりお下げに結って
打死十喇唎	お下げの結えない十人の禿ちゃん
喇唎二　載両個帽子伊子（嫌）冷	二の禿ちゃん　寒いの苦手で帽子ふたつかぶり
凍死十喇唎	すっかり凍えた十人の禿ちゃん
喇唎三　陳橋蒲鞋織寿衫	三の禿ちゃんわらじに死に装束

要趣（要漂亮）十喇唎	おかしな十人の禿ちゃん
喇唎四　慢進学堂先識字	四の禿ちゃん学校に入るより前に字が読めた
聡明十喇唎	賢い十人の禿ちゃん
喇唎五　看見思姑叫丈母	五の禿ちゃん尼さん見つけて母ちゃんと呼ぶ
討見面鈿十喇唎	おべんちゃらのうまい十人の禿ちゃん
喇唎六　客人不劃到先買肉	六の禿ちゃん　来客を確認する前に肉を買う
要面孔十喇唎	面子を重んじる十人の禿ちゃん
喇唎七　買只西瓜橋上切	七の禿ちゃんスイカを買って橋の上で切り分けた
貪嘴十喇唎	食いしん坊の十人の禿ちゃん
喇唎八　寒豆箕上打滑灘	八の禿ちゃん　ソラマメの箕の上ですべった
横死十喇唎	むざむざ死んだ十人の禿ちゃん
喇唎九　九根頭髪一溜揪	九の禿ちゃん　九本の髪の毛ひっつかみ
揪死十喇唎	引っつかまれて死んだ十人の禿ちゃん
喇唎十　前門進　後門出	十の禿ちゃん　前から入って後ろから出る
敲死十喇唎	叩き殺された十人の禿ちゃん

聯建村・張華娣・2000.8.18

→類歌『江蘇歌謡集』第三輯 p147 奉賢

㉝

囡囝西　有志気	気概のある娘よ
一朝親　朝朝親	一旦姻戚となったからには
黄泥灶頭先要緊	第一に灶を大切に
囡囝西啊	娘よ
要給他們漲人家	子どもをもうけ
黄泥灶頭挨給挨	灶がさかえるよう

囡囡西啊	娘よ
頭盆面湯敬大人	洗面の湯は　まず舅にさしあげ
第二盆面湯敬丈夫（母唱）	次に夫の分を用意しなさい（母が歌う）
阿媽養大女囡黒心人	母さんが育てた娘はだいじょうぶ
寒豆（＝蚕豆）花開来黒沈沈	そら豆の花は黒い
灶頭斜角拿干浄（女児唱）	灶の隅々までぴかぴかに（娘が歌う）
囡囡啊　有志気	気概のある娘よ
喫他們飯　像他們人	嫁に行ったら　その家の人として
姑娘嫂嫂不可以惹厭（母唱）	義妹や兄嫁と仲良くしなさい（母が歌う）

聯建村・李寿珍・2000.8.18

◇哭嫁歌（嫁入り前に歌う）

参考文献

顧頡剛『呉歌甲集』北京大学歌謡研究会 1925

王翼之『呉歌乙集』民俗学会叢書 1928

林宗礼・銭佐元『江蘇歌謡集』3 輯（滬海区）江蘇省立教育学院出版 1933

胡祖徳『滬諺外編』1933（朱介凡編『中国謡諺叢刊』1、1974 再版）

『中国民間文学集成　上海巻　松江県歌謡分巻』　1990

王桂華『中国民間遊戯』上海教育出版社 2000

[类歌一览]

1

一箩麦　二箩麦

三箩开打麦

拍拍拍　拍拍拍（南汇）

《江苏歌谣集》3　191页

一箩麦

二箩麦

三箩打大麦

劈劈啪　劈劈啪

大家来打麦

大麦打得多

送你一大箩

大麦打得少

今夜不睡觉

《松江歌谣分卷》377页

2

小叔小叔无道理

撒尿撒在青草里

青草不开花

翻转地来种黄瓜

黄瓜满肚子

为你阿妹耽八字

我家阿妹年级（纪）小……（川沙）

《江苏歌谣集》3　25页《沪谚外编》3b

3

摇摇摇

摇到外婆桥

外婆叫我好宝宝

糖一包

果一包

还有团子还有糕

《吴歌乙集》上　5页

摇呀摇

摇到外婆桥

外婆叫囡好宝宝

又拿糖来又拿仔跑

《松江歌谣分卷》391页

5　29

摇船　千浦

摇到外婆家去吃喜果

厅劳作厅老座

娘舅叫我柴仓登

一晚（碗）饭　冷冰冰

一双筷　水淋淋

一碗小菜还有两三根

再问舅妈讨三根

一根门闩打出门（川沙）

《江苏歌谣集》3　71页

6

和尚　和尚

一记耳光

打到里床

里床一只缸

缸里一个蛋

蛋里一个黄

黄里一个小和尚

咿唔要吃绿豆汤（松江）

《江苏歌谣集》3　158页

9　27

鸡鸡斗

斗鸡鸡

共共飞

飞到高高山上去吃白米

《吴歌乙集》上　7页

10

小弟弟

有志气

开年带奈城里去

橄榄橘子买勿起

买串烂荸荠

我吃肉来奈吃皮

《吴歌乙集》上　38页

11

月太太

下来吃夜饭

吭啥小菜

萝卜干老臭咸蛋（川沙）

《江苏歌谣集》3　171页

12

一枝清香七寸长

呜呜沉沉哭爹娘

哭得长江水乾河底迸

铁树开花难见娘

《吴歌乙集》下　84 页

13
梁山头上挂蒲鞋
风冰橘子两边排
有钱哥哥买点爹娘吃
无钱哥哥眼泪揩
《沪谚外编》上 2b

14
小麻子　推车子
一推推到陆家嘴
拾着一包西瓜子
连忙解开吃瓜子
烂污撒子一裤子
走到河边净裤子
被卖菜客人射仔一篙子（青浦）
《江苏歌谣集》3　151 页

15
笃笃笃　卖糖粥
三斤核桃四斤壳
吃侬肉　还侬壳
（讨狗着）笃笃笃　张家姆妈嘞啦哇？
（张家姆妈）嘞啦，做啥？
（讨狗着）问侬讨只小花狗，好哇？
（张家姆妈）好！侬要哪只小花狗？
（讨狗着）我要一只××狗。
《中国民间游戏》　90 页

16　31
侬姓啥？　我姓李

李啥？	李太白
白啥？	白牡丹
丹啥？	丹成入九天
天啥？	天官赐福
福啥？	福禄寿星
星啥？	猩猩去勒尾巴
吧啥？	巴门舰（槛）
嵌啥？	嵌胡桃
淘啥？	淘饭
犯啥？	犯官
观啥？	观音婆
孤啥？	狐狸精
精啥？	精拴（怪）
拐啥？	拐子
纸啥？	纸囡
暖啥？	暖钱（锅）
姑啥？	姑娘
娘啥？	娘姨
姨啥？	姨夫
夫啥？	夫妻
切啥？	切面
面啥？	面筋
经啥？	经布
胡啥？	胡桃
桃啥？	桃木
摸啥？	摸蟹
蟹啥？	蟹王
王啥？	王弟
店啥？	店开
开啥？	开学　（南汇）

《江苏歌谣集》3　185页

22
正月好
看龙灯
二月二
黄瓜茄子尽落地
三月三
荠菜开花结牡丹
四月四
一个铜钱四个字
五月五
买条黄瓜过端午
六月六
买把蒲扇霹雳朴
七月七
买个西瓜切个切
八月八
买只鸭来杀个杀
九月九
九个婆婆来吃酒
十月十
十个姑娘都嫁出（青浦）

《江苏歌谣集》3　120页

梁山头上挂小篮
新作媳妇实在难
早晨提水烧茶饭
到夜提水矮（焐）浴汤
红鞋子　踏水荡
眼泪汪汪哭进房
丈夫说　不要哭

二十年媳妇二十年婆

再歇二十年做太婆（南汇、奉贤、松江、宝山、金山）

《江苏歌谣集》3 26页《沪谚外编》2b

24

梁山头上鹁鸪啼

嫁囡嫁在太湖西

脚踏高山望不见

水白遥遥哪得归

《沪谚外编》上 5a

25

月亮亮

家家小子出来白相相

拾着一只钉

打把枪

触杀观音没肚肠（青浦）

《江苏歌谣集》3 177页

26

天上星　地上星

阿妈叫我吃点心

啥来吃？豆腐炒面筋

　面筋咸　　买只篮

　篮末漏　　买包豆

　豆末香　　买只羊

　羊末叫　　买只鸟

　鸟末飞　　飞忒啥人屁股里？（金山）

《江苏歌谣集》3 172页

32

癞痢一

辫子稍上打个结

又像乌龟又像鳖

戴两个帽子厌仔冷

瘌痢三

陈旧布鞋改短衫

瘌痢四

未进学堂先识字

瘌痢五

看见师姑叫丈母

瘌痢六

看见鱼　要吃肉

瘌痢七

买个西瓜摆在桥上切

瘌痢八

旗杆头上打滑ta（脱）

瘌痢九

九根头发一绺绺

滚来滚去像个大蒜头

瘌痢十

前门进后门出

老鹰抓脱背脊骨

成治成治喊弗出（奉贤）

《江苏歌谣集》3　147页

摘要

儿 歌

桥谷英子

　　本篇文章里介绍的儿歌主要是以联庄村叶桂宝女士所唱儿歌为主。叶桂宝女士是村里会计，大概是这次考察对象里面最年轻的一位。但是她记得的儿歌比较多。儿歌种类也丰富，包括游戏歌、催眠歌、滑稽歌、数数歌、顶针歌等等，其中传统的儿歌比较多。另外再简单地介绍一下联建村李寿珍女士所唱的儿歌。李寿珍女士75岁。笔者所提出的儿歌她说都曾唱过。遗憾的是最近没有唱歌的机会，所以很多歌词已经都忘却了。

中国江南村落の民俗誌的研究
― 上海近郊村落の民俗 ―

2001 年 2 月 28 日

編集・発行　　福　田　アジオ
　　　　　　　神奈川大学大学院歴史民俗資料学研究科
　　　　　　　〒221-8686 横浜市神奈川区六角橋 3-27-1

印　　刷　　　有限会社　新　疆